北京市社科基金项目（项目编号：10BaLS053）

社科文库

元代北京城市文化研究

傅秋爽 著

中国社会科学出版社

图书在版编目（CIP）数据

元代北京城市文化研究/傅秋爽著. —北京：中国社会科学出版社，2020.5
　ISBN 978-7-5203-1384-1

　Ⅰ.①元… Ⅱ.①傅… Ⅲ.①城市文化—文化史—研究—北京—元代 Ⅳ.①K291

　中国版本图书馆 CIP 数据核字（2017）第 269493 号

出 版 人	赵剑英
责任编辑	刘　艳
责任校对	陈　晨
责任印制	戴　宽

出　　版	中国社会科学出版社
社　　址	北京鼓楼西大街甲 158 号
邮　　编	100720
网　　址	http://www.csspw.cn
发 行 部	010-84083685
门 市 部	010-84029450
经　　销	新华书店及其他书店
印　　刷	北京明恒达印务有限公司
装　　订	廊坊市广阳区广增装订厂
版　　次	2020 年 5 月第 1 版
印　　次	2020 年 5 月第 1 次印刷
开　　本	710×1000　1/16
印　　张	22
字　　数	317 千字
定　　价	118.00 元

凡购买中国社会科学出版社图书，如有质量问题请与本社营销中心联系调换
电话：010-84083683
版权所有　侵权必究

目 录

前言 ··· (1)

第一章　概述元大都文化成就 ································· (1)
　　第一节　元大都全国文化中心地位的确立 ··················· (1)
　　第二节　元大都文化融合创新的成就 ·························· (13)
　　第三节　散曲与国家文化中心地位之关系 ··················· (39)
　　第四节　元大都文学在文化发展史上的地位和价值 ······ (51)

第二章　元大都文化特征 ·· (62)
　　第一节　多元文化调和与牢固的儒家思想根基 ············ (62)
　　第二节　陶渊明在元代的文化价值和广泛影响 ············ (77)
　　第三节　元代大都城市文化与元杂剧作家气质 ············ (105)
　　第四节　元大都城市文化对文人价值取向和职业抉择的
　　　　　　影响 ··· (116)

第三章　元大都文化环境 ·· (131)
　　第一节　元大都杂剧繁荣的政治原因 ························ (131)
　　第二节　元大都杂剧繁荣的客观条件 ························ (147)
　　第三节　元大都创新能力探源 ································· (164)

第四章　元大都文化人才 ·· (185)
　　第一节　人才茂盛是元大都文化繁荣的必备条件 ········· (185)

第二节　杂剧领袖关汉卿的贡献与价值 …………………（200）
　　第三节　政治经济因素对文化人才及创作的影响 …………（209）
　　第四节　元朝的文化政策及大都对文化人才的吸纳 ………（221）

第五章　元大都文化影响 ………………………………………（240）
　　第一节　元大都文化的号召力 ………………………………（240）
　　第二节　散曲对元大都文化发展的巨大贡献 ………………（270）
　　第三节　元大都文化的传播及影响 …………………………（283）

参考文献 …………………………………………………………（303）

后记 ………………………………………………………………（325）

前　言

一　课题提出的缘由

本书是北京市社科基金项目"元大都文化——北京世界城市建设的历史参照"（项目编号：10BaLS053）的最终成果，项目已经顺利结项。

"世界城市"是一个现代专有名词，指高度一体化世界经济环境下国际大都市的高端形态。世界城市的本质特征是具有全球控制力，其中最为重要的是全球文化影响力。所以，世界城市评价体系中最重要的软指标是文化实力，即文化软实力。

"文化软实力"的概念，由美国著名政治学家、哈佛大学教授约瑟夫·奈在他的《软实力——国际政治的制胜之道》一书中提出。文化软实力集中体现了基于文化而具有的凝聚力、吸引力、生命力、创造力和影响力、传播力，是一个系统完备的文化发展体系。这个体系具有三个层面的基本含义：一是指文化传统、价值观念和制度体系；二是指建立在公共文化服务体系基础上的民众精神和品格培育、继承和发展；三是指可以产业化运营的文化产业。近年来对发展文化软实力强调得很多，我国政府把增强文化软实力作为国家发展的根本战略布局来对待。北京更是将提高文化软实力作为未来城市发展的重中之重，先后提出建设人文北京·科技北京·绿色北京、将北京打造成为世界城市、将北京功能定位于"全国政治中心、全国文化中心、国际交流中心、科技创新中心"等目标口号。

本书无意对这些口号的概念、内涵、外延等做过多的解读、演变梳理和定性分析，而想要强调的是北京作为闻名世界的历史文化名城，作为世界排名第二大经济体的首都，作为全国政治文化中心，作为首善之区，理应具有与之地位相匹配的更为强大的文化力量。应该将城市的文化发展定位在具备强大凝聚力、吸引力、生命力、创造力和影响力、传播力的目标上。

文化，最基本的含义是人类社会历史发展过程中所创造的物质财富和精神财富的总和。特指精神财富，如文学、艺术、教育、科学等。本文所涉及的文化含义乃是狭义的范畴。

在北京城市文化发展道路上，如果一味地按照各种西方研究体系所提出的硬性数据指标来谋划未来发展，或者照搬、照抄纽约、伦敦、东京、巴黎这些著名的世界城市的发展模式，本质上是延续了此前已经证明存在偏差的GDP式思维，未必能够通过走中国特色道路，实现我们的文化发展目标，最终达到科学发展的目的。因为，中国有中国的文化特质，北京有北京的历史优势。不同的文化基因，有不同的生长脉络和发展规律，我们不能轻易丢掉自己所长，东施效颦。丰富、深厚、高度包容的文化内涵，适宜高端人才聚集成长与发展的人文环境，文化与经济的高度关联，科技与文化的高度融合，这些既是一个城市文化能量的重要指标，又是建设文化城市的必由之路。北京在未来的现代化发展进程中如何发展繁荣文化，营造怎样的人文环境，怎样达到文化与经济的相互促进，协调发展，成为必须解决的课题。在这个方面，元大都文化可以成为一个非常有价值的历史参照。

元大都，指的是元朝国家首都大都，其治所与今日北京行政辖区存在高度重合。所以"元大都文化"虽然不能简单地等同于北京元代文化，但其中存在的高度关联和历史发展脉络却清晰可见。

之所以选择元大都，选择元大都文化，是由其在北京历史上无可替代的地位、在文化上所取得的辉煌成就以及所发挥的深远而广泛的影响决定的。元大都是北京成为现代意义统一国家首都的正式开始（辽、金未完成国家的完全统一），为明、清建都于此奠定了基础，开启了北京城市建设的全新纪元。从这个意义上说，元大都可算作当今北京世界城市建设的渊源和起点。

世界城市的概念提出虽然较晚，但具备世界城市那样的文化软实力特征和特质的城市早在元代就已经在中国出现，并且让全世界都强烈地感受到了它的存在。这就是北京的前身——元大都——中国元朝时期的首都。元大都事实上就是古代影响巨大的世界城市，即使运用今天的理论定义和实质精神衡量也毫不逊色。大都是中国疆域最为辽阔时期国家政治、经济、文化的中心；孕育出了历史上多元色彩最为突出浓重的文化，高雅与世俗并驾齐驱，传统与创新相互辉映，文学、艺术、宗教、科技、教育等全面发展，充满生机和活力，展现出强大的生命力和创造力；商业、手工业、交通、运输、印刷、出版也堪称昌盛繁荣。当时的大都，以强大的文化引力，吸引了全世界的目光，吸引着各地域各民族的文化人才和文明成果。世界各地先进的科技、宗教、艺术、商贸人才等随着贸易商队、国家使团、宗教使团等源源不断地汇聚到了大都，带来了新理念、新文化、新科技。同时，又通过大都这个最便利快捷的门户，将中国的物质文明和精神文明远播四方。

元大都城市文化的凝聚力、影响力、传播力，并不止步、局限于周边的亚洲国家和地区，更远及欧洲、非洲。以中日交往为例，元成宗大德三年（1299），元朝派遣高僧一山一宁赴日，阐明朝廷结束两国战争对峙、修复中日睦邻友好的本意。一宁法师离开他住持的普陀寺，从九州博多登岸后，以高尚的德行和深厚的宗教学养，征服了日本百万士庶乃至公卿大臣，所驻之处，门庭若市，信众如潮。对日本精神界影响深远。他留居日本近二十年，为日本佛教界造就了一大批颇有影响的人才。他的日本弟子高僧龙山德见深受他的影响，追慕中华文明，跟随日本商船来华。此后日本高僧来华的数量与日俱增，使得由于战争而中断多年的日人赴华留学重新兴盛起来。他们成群结队，有时每年竟然能够达到数十批之多。仅在日本史册上留下姓名的元代入华僧人就达到了220人，这些人都是在宗教发展历史上很有影响、做出过极大贡献的名僧。而一般的没有留下记载的日本入华人数更是多到不计其数。当时来华的日本人，很多曾驻足大都，或者目的地就是大都。元代文学家柯九思在他著名的《宫词》一十五首中曾说："万国贡珍罗玉阶，九宾传赞捧珠帘。""万里名王尽入朝，法宫置酒奏箫韶。"① 可见当时中外往来频繁，万国来朝，已经成为元朝宫廷的基本常态。

　　元大都的文化辐射力，超乎想象地强大且悠远长久。13世纪意大利商人马可·波罗跟随家人为了贸易来到中国，受到元廷关照，他在中国滞留多年，据称甚至一度担任过元朝官员。回国后他口述自己传奇的东行经历以及在元帝国的所见所闻，以《马可·波罗游记》之名流传，在西方产生了巨大影响。时称"汗八里"的大都城，在他的描述中，有着巍峨的宫殿，雄伟的城池，井然有序的街坊，还汇聚着来自世界各国各地各族的人们进行商品贸易、科技活动、宗教传播、文化交流；繁荣的经济，便利的交通，夜以继日的歌舞宴饮以及令人叹为观止的科技、多不胜数的财富和奇珍异宝，使大都成为全世界罕见的东方神奇所在，引起了整个世界尤其是欧洲数百年的神思向往。从此之后，探险家、旅游者、宗教使团、商贸团队，不仅从陆路上来，更试图开辟海上航线，这直接引发了数百年之后哥伦布发现新大陆。须知，他们商队的本意是要寻求马可·波罗曾经到访过的那个神秘的东方古国以及繁华无双的大都城。

　　元代开始，作为帝都的北京文化更加多元，不仅吸纳统一国家南北各个区域民族的文化精华，而且在内外文化交流上，也发挥出更加广泛的作用。中华文明也通过交流得到广泛传播。据记载，忽必烈就曾命令中书省平章政事赵璧用蒙文翻译了《论语》《大学》《中庸》《孟子》等儒家典籍，命令色目大臣安藏翻译了《尚书》《贞观政要》《资治通鉴》《申鉴》等重要的史籍经典，为蒙古统治者学习和了解汉文化提供了帮助。到元朝中后期，天历二年（1329），又设置了艺文监"专以国语（指蒙古语）敷译儒书"。当时的高丽和安南等国，也多次遣使到大都学习儒学经典，使得中华文明得到了广泛传播。由于刊刻印刷技术的提高和流行，元代的图书生产和流通已经非常发

---

① （元）柯九思：《宫词》一十五首，见（元）柯九思等《辽金元宫词》，北京古籍出版社1988年版，第3页。

达。元大都作为国内外贸易中心，在文化传播方面发挥出极大的作用和影响。《三字经》《百家姓》《千字文》并称为三大国学启蒙读物，它们都是宋人撰写的。收录在《东听雨堂刊书·儒先训要十四种》中的《童蒙须知》，是由南宋大儒学家朱熹撰写的，在南宋后期开始流行，到了元代更成为富庶人家必备的儿童行为规范读物。这四种读本在元代被确定为儿童启蒙必读，广为刊刻，大量售卖。史料记载当时在大都有很多专门从事文化用品采购贸易的外国商人，他们在大都和外贸口岸或者大都与本邦之间定期往返，笔墨纸砚之外，图书，包括少儿图书是采购的重要品种。这四种蒙童读本，后来在日本、朝鲜等国广为流传，影响甚大。并陆续有了英文版、法文版、拉丁文版、意大利文版等译本。这样广泛的影响，当与元大都文化能量和辐射力相关。对世界历史发展进程产生过巨大影响的中国四大发明，其中的印刷、火药、指南针三种，都是在元代辗转传入西方的。

大都作为统一帝国的首都，是政治、经济、文化的中心。它本身有着强大的文化内生力、创新力，元代是雅文学和俗文学的分水岭，戏曲、小说等俗文学自元而盛。元代文学的时代巅峰散曲和杂剧都产生并辉煌于大都。

元代文化对后世的影响极其深远。关汉卿的代表作《窦娥冤》，被列为中国古代四大悲剧之首。至今在戏曲舞台上常演不衰，并被翻译成十几种文字搬上各国舞台，是中国最具影响力的古代戏剧作品。同样，纪天祥的《赵氏孤儿》也是如此，该剧流传甚广，早在18世纪初就已经流传到了欧洲，曾在法国皇家剧院演出，有法、英、俄、德、意大利等文字的译本流传。而关汉卿、纪天祥都是生活并活跃在元大都文坛的杂剧作家，关汉卿所代表的作家群和珠帘秀所代表的杂剧艺术家表演群体，共同撑起了元大都全国杂剧中心的天地。没有元大都文化，也就没有元大都的影响力，也就没有这个古代世界城市的辉煌。

选择元大都作为历史参照的另外一个原因，就是元大都文化不仅活跃度高、体量大，而且各种文化要素比较全面，类似于现在文化产业的商业文化开始在戏剧和小说等领域萌芽发展。元代文化是中国文化历史发展的重要阶段。

当然,至关重要的一个更为直接的原因是,元大都与今日北京是城市生命历程的不同阶段,而文化之于它们的重要价值、意义、作用、影响却一以贯之,自相始终。因此,除了政治制度、历史发展阶段以及经济发展体量等时代不可克服的局限因素之外,元大都与今日北京在世界城市这个题目下,对文化的关注有着最多的交集点和相似之处。这就是选择元大都作为当今北京文化建设参照的重要原因。

研究元大都文化的内涵、特色、价值,文化的理论、实践与建构,总结正反两个方面的经验和教训,对于今日北京世界城市建设中文化发展的方式、方法、目标、路径等,无疑可以提供指向确切的借鉴。同样可以成为当今北京城市建设的宝贵财富,继续发挥更大、更重要的作用。

二 研究对象的时间和空间范围

这里首先需要厘清几个基本的概念,并作出时间和空间范围的规定。

元代,以"大元"(简称"元")作为国号,是1271年确定的。在此以前,这个政权称为"大蒙古国"。元代是历史上统治中国时间较短的王朝,如果从元世祖至元八年(1271)改国号为"大元"开始算起,到元惠宗(顺帝)至正二十八年(1368)明军攻下大都,蒙古皇室北迁,统一的元王朝宣告灭亡为止,时间仅为九十七年。如果从至元十三年(1276)元军占领临安(今杭州),南宋王室灭亡,元朝统一全国算起,则时间更短,只有九十二年。而在习惯上,人们从未将元代的起讫时间等同于元王朝的起讫时间,一般都是从蒙古王朝灭亡金朝(1234)统一北方算起,这样元朝的国运稍长,共计一百三十四年。也有的将时间推得更早一些,明初官修《元史》,就把元朝从成吉思汗建立大蒙古国(1206)到元惠宗退出中原期间统称元朝。明清人研究元代,基本上始于金亡,大蒙古国统一北方,讫于明王朝的建立,约定俗成。本书从史俗,自1206年始至1368年终。

北京元代文化的空间涵盖范围。北京是个有着三千多年历史的古都，历史上的称谓非常多，燕、蓟、幽、燕京、南京、燕山、中都这些名字都曾使用过。①而它们的建置沿革又极为复杂，所辖区域虽多有重合，但是大小范围却相差很大。其复杂多变甚至需要专门的著述论之。尹钧科先生主编的《北京建置沿革史》总结其特点时说：首先是名称更改频繁，如废金代中都之名，复用燕京之号，又改燕京为中都，再改中都为大都。其次是县升州者多。再次是治所迁移明显。最后是境域变化大。②鉴于以上这样复杂多变的情况，我们只能对此进行简单化处理。我们此处所指称的"元大都"，大体遵循北京在元代行政辖区的划分以及历史上"燕京"所辖的沿革习惯。除了闻名世界的称为"汗八里"的大都城之外，还有在今北京境内的大都路下辖的七州，即通州所领的潞县和三河县北部、漷州之武清县北部、涿州之房山县、蓟州之平谷县、龙庆州（今北京延庆）之东部、顺州（今顺义）及檀州（今密云）。实际上晚至1272年，元朝统治者才正式定都北京，才有了"大都"之称谓。但为了历史性的空间概念的前后一致，以上地域不仅统统纳入元大都文化论及的空间范围，且为论述方便，避免概念混乱，皆笼统地以"大都"或者"北京"名之，有时或以"燕京"称之，且三者之间常常交替使用，但实质上这三个名称之间严格意义上是有极大区别的。好在，因为本课题论述的重点在城市文化本身，故皆以今日北京的空间范围和历史文化地域相结合笼统论之，笼统视之，并不会"因名害义"，引起误读。其实元朝当时绝无"北京"之称，且可能亦并不始终以"大都"名之，这是需要特别说明的。

有关元大都文化研究考察对象入选的范围和标准。首先是文化现象和文化事件发生在北京。其次，具有时代的典型性和代表性，或者说有较大的文化影响力。当然，文化的主体是人。人在特定的文化环境中成长生活，地域文化造就了此地人文的共性；与此同时，人又是文化的生产者、享有者和文化环境的营造者。所以北京人作为文化主

---

① 王岗、尹钧科主编：《北京建置沿革史》，人民出版社2008年版，第137—153页。
② 同上书，第152页。

体成为研究的主要对象。所谓北京人，指出生在北京，此后仍长期在北京生活和虽然离开北京，但在文化方面做出过重要贡献的人。因为这部分人的文化贡献，是个具有标志性的指标，他们的多寡，成就的高低，影响力的大小，既能反映出文化发展繁荣的程度，也能够标示出该地文化生态环境的优劣。影响这个环境的因素非常多，各种因素之间的关系复杂交错。它们包括了该地社会生活的安宁与动荡，统治政权的清明与昏庸，物质生活的富足与匮乏，历史文化遗存和影响的正负双面影响，宗教、教育、文化积淀的薄厚、水平的高低、以及思想、文化活跃程度等。这些因素对文化人才的成长和成就有着巨大的影响。元曲尤其是杂剧发展繁荣，充分印证了这一点。本课题研究，将关注的焦点始终锁定在这部分人身上。据王国维对《录鬼簿》所录元杂剧发展前期五十七名最优秀剧作家的分析，其中近半数生活并创作在大都。围绕在大都关汉卿、王实甫、马致远这些杂剧领军人物周围，出现了一大批才华横溢的杂剧作家和最优秀的杂剧艺术表演家。他们是庾天锡、王仲文、杨显之、纪君祥、费君祥、费唐臣、张国宾、石子章、李宽甫、梁进之、孙仲章、赵明道、李子中、李时中等，这些土著的杂剧作家无疑是重点论述的对象。在大都散曲的发展过程中，这批人同样是不可忽视的重要力量，他们的创作更具有自然潇洒的韵致，本色、天然，较为完整地保留了散曲在肇源地时的原生态风貌。诗文作家何失、张进中等也属此类。另外还有些人，籍贯北京，或本身生于北京，在这里有着较长时间的生活经历，后来因仕宦或其他种种原因，曾经离开。由于他们对故乡有着特殊的感情，故乡的生活曾给予他们不可磨灭的影响和记忆，这些人同样是课题研究关注的对象。贯云石属于此类，宋本、宋褧兄弟也属于此类。耶律楚材最辉煌的文学成就产生于随成吉思汗西征途中，这部分作品虽与大都无涉，但是其在文学史上元代文学奠基人的崇高地位由此确立，并且此后耶律楚材基本生活在北京，他对北京文坛的影响力应该是不言而喻的，所以也选入并进行了重点论述。

如果说北京人更多体现的是北京地域文化的本土特色，那么来自全国乃至世界各国各地区的为元大都文化做出过巨大贡献、产生过重要影响的人们，他们共同铸就城市辉煌，则更多体现了北京文化的首都特色。与中国其他地域或地区文化不同的是，北京自辽、金确立为王朝都城，到元代更一举成为统一国家首都，成为全国统一政权的政治、经济、文化中心，它的文化在表现地域特色的同时，便具备了鲜明、浓重的首都特征。所谓首都特征，是指因为不同原因来到首都的人们，他们身份有别，民族、宗教、信仰、文化更存在着较大的差异，驻留的时间也长短不一，在此所产生的影响大小各异。由于他们各自携带不同文化因子而来，便为北京文化建设发展增添了更多样的色彩。在研究中，他们的文化贡献不容忽视，如元大都城市的设计者刘秉忠，大都水利系统的创建者郭守敬，来自异域的著名雕塑家刘元，课题的关注点不仅仅是这些人的文化成就，更要将大都对这些非本籍文化人的接纳、吸引、推崇、褒奖、扬誉，作为一种城市文化来研究，以彰显北京文化生态、文化环境对文化人才尤其是文化领军人物文化伟业的成就之功。

三 同类课题研究现状

目前有关北京建设世界城市的研究方向和阶段性成果，大多着眼于人口、经济、环境、交通等硬性指标和共性特点的总结，着眼于北京与东京、伦敦、纽约、巴黎等世界城市横向的表象对比。而对北京自身的文化特点、优势及其在世界城市建设中所应该具有的地位、作用、影响力研究较少，对文化必须保持鲜明个性的重要性认识不足，强调不够。

硬性指标和共性特征尽管重要，横向比较也很有价值。但是任何一个世界城市，其存在的理由都一定是独特的。这个独特性就是它自身的历史，它自身的文化，它固有的文化基因。事实上，目前这些被全球所公认的世界城市，也都极为重视自身文化的保护、继承和发扬，重视文化在城市形象塑造中的地位和作用。所以，只有充分重视软性的文化品质个性，才能实现硬性的可衡量的共性目标。北京只有保持迥异于其他世界城市的文化个性，才能成为东京、伦敦、纽约、巴黎之外的另一个必要存在。如果在此问题上含混不清，我们的发展建设将会迷失方向，对自身文化造成不可修复的重创。

元大都文化在今日北京世界城市建设中，除了在文化个性和文化传统方面可以给予我们一定的借鉴外，更在发展途径、手段、方式、方法等具体可操作层面上提供许多的启示。

中外相关元代文化的研究成果并不少，如陈高华的《元代文化史》、周良霄的《元史》、杨镰的《元代文学编年史》、田建平的《元代出版史》、郭绍基主编的《元代文学史》、王岗的《北京政治史》、李宝臣的《北京风俗史》、王建伟的《北京文化史》、刘仲华的《北京教育史》、郑永华的《北京宗教史》、赵雅丽的《北京著述史》、朱耀廷主编的《北京文化史》丛书，傅海波（德）、崔瑞德（英）合著的《剑桥中国辽西夏金元史》等，都或多或少地涉及了元大都文化，但是这些著述多是对元大都文化成就进行分门别类的专业化描述，而较少关注那些突破传统分类、涉及多个文化领域的，有关社会文化发展战略的话题。例如，整个大都的文化环境和文化生态、文化传统与文化创新之间的关系、文化人才成长聚集活跃的条件、文化领军人物的成长与影响、各艺术门类之间的相互关联和影响、文化与经济发展的关系、文化与科技进步的关系、文化创新力与城市文化消费的关系、人们对文化职业选择的动能、文化从业者的素养气质与城市文化的关系、城市吸引力和凝聚力的来源、文化影响力辐射力与城市的关系等，而这些恰是本课题关注和研究的焦点。

需要特别说明的是，本课题虽然不打算用世界城市的所谓指标体系来衡量北京的过去，但是却愿意借用这个名词作为对元大都进行研究的切入点和视角。因为，如果仅仅着眼于"元大都文化"这个视角的话，至少比世界城市的视角缺少两个维度。世界城市的研究视角强调的是：第一，立足现代研究视角，俯瞰剖析古代文化。我们所强调的是以现代城市发展的理念回首打量那个曾经让世界震惊的创造了无数辉煌的古代城市，审视、分析、研究它的各种文化要素。而不是对它曾经的辉煌和成就进行照相式的展览和表述。尽管整个研究依然必须以此为基础和前提。第二，拂去历史尘埃，发掘文化要素之间的内在链接和生命肌理。以世界城市的文化视角，我们所强调的城市文化就非全景式的、浮泛的表征，而是深入其中，抓住城市文化遗产的影响、城市时代精神内涵、城市文化特征、文化生态、发展环境、城市民众素养等，找出各种文化因素之间的内在联系，从而使得元大都城市文化的生命力、创造力、凝聚力、吸引力和影响力、传播力等得以彰显。

所以，本课题的重点在于阐述元大都的文化内涵、文化特色、文化价值、文化环境、文化人才、文化政策、文化影响等所有可能对当今北京世界城市建设产生启发和借鉴作用的重要方面。这就要求论者既要了解古代城市文化的成就、脉络、走向，又要对现实城市文化建设有清晰、全面的掌握。

其一，落笔古代，却时刻以现实问题为参照。研究必须实事求是，严格以历史事实为依据，才能得出科学的、严谨的、有现实参考价值的结论。而元代研究的史料芜杂缺失是学界公认的事实，所以梳理整饬功夫要下足。

其二，除了具备掌握和运用古代史料的能力之外，还必须具备现代城市学、文化学、经济学、社会学等广博的相关知识，才能以全新的视角，在繁杂甚至是陈旧的史料中发现、总结、提炼出有价值的、有实践性的理论和观点。

其三，要有较高的理论和学术水平，才不至于就事论事，庞杂无序，才能够达到提炼、总结、概括并产生自己观点的学术要求。

四　本课题的主要内容

本课题最终成果以专著的形式呈现。它由四个部分组成。第一，前言。解释课题，对一些基本概念进行解释和规定，对课题的提出、意义、价值，同类课题研究现状，研究重点、难点、思路、方法、路径，以及研究创新之处等进行简单扼要的说明。第二，正文。是研究的最终成果展示。由论点、论据和论证过程组成。第三，参考文献。第四，后记。对课题进行过程中的相关情况进行必要的说明和补充。

专著的正文由5章组成。分别是：概述元大都文化成就；元大都文化特征；元大都文化环境；元大都文化人才；元大都文化影响。每一章又由 3 节或 4 节也就是 3 个或 4 个分专题组成。下面以章为单位分别介绍。

第一章，概述元大都文化成就。这个题目其实比较难写，因为在梳理元大都文化成就的时候，从城市面貌，如规划、布局、建筑、功能设置等，到元大都的文化制度，如政治、宗教、科技、教育等，从大都民众生活，包括民俗、体育、文化娱乐，到文学、艺术、学术等，简直包罗万象，涉及内容异常繁多，逻辑的层次构架也极为复杂。如果面面俱到地描述，恐怕单此一章就可以成为厚厚一部专著了，所以只能概而要之，强调它的全国文化中心地位、强调这个中心自身文化发展和推广文化的优势、强调元大都文学对全国文化中心地位取得的价值和贡献。分为元大都全国文化中心地位的确立、元大都文化融合创新的成就、散曲与国家文化中心地位之关系、元大都文学在文化发展史上的地位和价值。

第二章，元大都文化特征。本章第一节中，以元朝开国元勋、元朝文学奠基人耶律楚材为例，论述元大都牢固的儒学思想根基及多元文化的广泛影响。元大都最大限度地体现了元代多元文化特色。同时，以传统儒家文化为核心的汉文化基因得以完整继承和保存。这与蒙元统治政权建立过程中对多民族的征服有关，与统治者的政治、民族、宗教、文化政策有关，与大都的城市地位、城市功能、发展历史、人口构成等诸多因素有关。之所以选择耶律楚材为剖析的文化样本，是因为他身为辽国皇族后代，是少数民族对汉文化吸纳、接受、传承、传播的典范；他作为曾经的金朝贵族和官员，出仕蒙元，通过"楚才晋用"的方式，承担起促进蒙元统治对汉文化保护和传承的历史责任；同时他又是元代文学的开创者和奠基人，代表着一代文化的创新；他是儒家文化的坚定捍卫者和践行者，同时他的身世、民族、行迹、宗教信仰、审美偏好以及在元朝政治生活中的地位和影响，又都决定了他本人是深受多元文化影响的集大成者。本章第二节，论述陶渊明在元代的文化价值和广泛影响。以陶渊明的元代影响为题，阐述元大都文坛主流文化思潮。陶渊明除了文学上的巨大贡献之外，他给予中国人在生活情趣、审美追求、人生境界等方面的引导和影响都是旷世无双的。不仅影响了一代又一代的中国文人,对整个中国文化都影响至深。至少在元代,陶渊明的影响是巨大的。不仅表现在时间跨度长、人群覆盖广和文学艺术门类更为宽泛等方面,还表现为人们已经由对陶渊明文学成就的赞赏,提升到了对陶渊明生活道路选择的认同;进而又将其推演到人生价值、道德标准的层面。赞美、体悟、领会后,更能以不同方式、程度不同地转变成为社会行为准则和规范,这种学习陶渊明精神方面的知行合一,在其他任何朝代虽然不乏其人,但是形成普遍的社会思想文化潮流,却是独一无二的。从这点上看,陶渊明在元代已经不再简单地是一个标准的诗人或者文化标识,而被赋予了某种宗教精神领袖的特质。剖析陶渊明现象,能够使我们更好地理解元人的精神世界,他们的价值观念、审美情趣等,从而更透彻地理解元人的文化艺术品质。尽管这不可能是一种精神的全民覆盖,更不是元人精神世界的全部。但是纵观历史,哪一种思潮又不是如此呢?聚焦论点,不及其余,也是文章的一种通常做法。故此,本章第三节,是论述元大都文化对作家气质形成的影响。认为杂剧作家在人生追求、艺术禀赋和文化素养等方面,都表现出与传统诗文作家迥然相异的特征。而这是由元大都文化明显区别于中国传统城市文化所决定的。本章第四节,阐述元大都城市文化对元大都作家价值取向和职业抉择的影响。这是元大都文化不同于历史过往、不同于其他地域的关键所在,是元大都城市生活和文化环境最为独特之处。元大都的这些文化特点以及对于生活在其中人们的影响实际上具有客观规律性,至今依然可以作为北京文化发展的参照。

第三章,元大都文化环境。本章皆以元杂剧为例,论证政治、经济、城市发展、市民素养等对杂剧发展繁荣的影响和不同作用。本章第一节,阐释蒙元统治者的文化政策。因为政治是任何国度、任何时代文化繁盛与衰败最重要甚至是起决定作用的环境条件。同样也是元代以杂剧为代表的文化繁荣不可忽视的重要因素。最高统治者对包括杂剧在内的文学创作的宽容态度,对戏曲样式的爱好,对音乐和演艺人才管理的重视以及科举制度的荒废等,这些政治因素都对杂剧等文化形式的兴旺和创作人才的成长产生了深刻影响。本章第二节,论述了元大都成为全国杂剧中心的前提和客观条件。包括物质条件、人才条件等，意在揭示经济、文化等环境对于文学创作和文学家成长的作用。本章第三节，元大都创新能力探源。在论述了元代以及元大都文化创新的成就，并表述了其中所表现出来的共性特征之后，在此节中探讨文化创新需要怎样的条件，这些创新的人才来自哪里，创新的动能又是怎样产生的。认为城市经贸的繁荣，市民阶层的壮大，多元文化的刺激，文化需求的旺盛，审美诉求的多样，是元大都城市文化发展的客观环境，也是戏剧发展的必备条件，更是元大都成为元曲中心的重要原因。元大都深厚的优秀传统文化积淀，多民族、多宗教、多元文化的全方位影响，城市开放式的发展格局和发展理念，造就了元大都特殊的市民群体。他们的思想观念、生活方式、价值取向和审美倾向，决定了杂剧题材、内容、形式的形成和基本面貌，并对其发展、繁荣产生了极其深刻而全面的影响。一个城市的文化有没有生命力，体现为它的文化创新能力。元杂剧的兴盛、题画诗的繁荣、文人画的兴起、青花瓷绘画题材的丰富、全相本图书的流行等，都体现了创新。而这种创新，是人们打破习惯禁锢，消除艺术壁垒，各个文化艺术门类之间相互影响、相互借鉴、相互学习而产生的。每一种新的文学艺术体式的诞生或者传统体式的变革，都体现了对传统的继承和其他门类艺术的借鉴、吸纳和融合。总的趋势是文学艺术从崇高、庄重的代言，走向世俗化情感和通俗化方式的表达；从壁垒森严、区分明晰的各专其本，向手法多样、通感共享的各美其美发展。而这种转变是由时代文化思潮影响所产生的，同样与城市文化环境密不可分。

第四章，元大都文化人才。文化人才的兴盛是文化大发展、大繁荣的前提和必备条件。一个时代的文化发展状况如何，首先需要看有没有足以代表时代成就的文化领军人物的出现。如唐诗之有李白、杜甫、白居易，他们作为时代文化的代表，登上唐代诗歌发展的巅峰；他们的创作有独特风格，对后世影响巨大；他们的斐然成就为当时所广泛认可，成为一面面旗帜，具有强大的号召力，且不乏继承者。其次，要看有没有出现一批创作生命力极其旺盛的文化人才，他们各美其美，风格多样，不断出新，但又美美与共，共同努力，形成了潮流，创造出足以令时代骄傲的辉煌奇迹。在文化人才这样一个题目下，文化人才产生、成长、聚集、相互影响等便成为焦点。本章第一节，指出人才茂盛是元大都文化繁荣的必备条件。元大都作为全国杂剧中心，杂剧的发展与繁荣离不开以关汉卿为领军人物的大批剧作家的成长、聚集，离不开以珠帘秀为代表的大批表演家们对艺术的积累、传承、创新。元大都为这些文学艺术人才的发展、提高、相互交流学习、密切合作提供了得天独厚的条件和氛围，他们相互砥砺，切磋技艺，启发思想，彼此促进，共同开创了元大都杂剧艺术的鼎盛时代，也使得北京一举成为多民族统一国家名副其实的文化中心。本章第二节，介绍这一时代杂剧文学代表的文化领军人物关汉卿。历来大师级文化人才的出现，是衡量一个时代文化繁荣的重要尺度。关汉卿是元代杂剧的旗帜。他的出现，是元代杂剧鼎盛的标志，也是元大都剧坛辉煌的原因。他以卓越的创作成就，奠定了在中国文学史上无可撼动的崇高地位；他以超凡的才华和作品独特的魅力，冲破阶层壁垒，获得上至王公大臣、文人士子，下至普通大众的广泛认可和欢迎，创造了覆盖广泛堪称时代文化代表的杂剧神话；他以杰出的组织才能，以对杂剧作家、表演艺术家、杂剧组织管理者们最广泛的团结与合作，确立了中国戏曲行业全新的规程；他的号召力、影响力和示范作用，带动了使杂剧勃兴繁荣的一批艺术家，创造了一个时代文化的璀璨星空；他不仅书写了一个时代大众文艺的传奇，也为通俗文学和流行文化的结合开辟了广阔的未来。本章第三节，论述政治经济因素对文化人才及创作的影响。探讨社会政治、经济对文化人才产生和发展的影响作用。元杂剧发展繁荣，与文学和商业的密切结合息息相关。杂剧演出市场的兴盛，是杂剧创作繁荣的显性后果，也是促进其大力发展的强劲动因。这在一定程度上改变了文学、政治、经济三者的关系，改变了文学家与统治集团之间的关系。当杂剧创作成为艺术演出市场链条中最重要环节时，杂剧作家有了在社会生活中安身立命的空间，他们在赢得经济自由的同时，自身也获得了心灵解放与人格独立，这些在他们的作品中得以凸显。杂剧作家和作品所表现出来的全新面貌，对作家地位和文学功能都具有革命性变革意义，也在一定程度上决定了未来文学发展的历史走向。本章第四节，介绍元朝的文化政策及大都对文化人才的吸纳。

第五章，元大都文化影响。从三个方面进行梳理，一个是变革出新，在中国文化史上的地位和影响，强调的是历史贡献；一个是对全国文化的辐射，强调的是文化影响力；一个是对世界文化发展的贡献，强调的是中国文化独特性的地位。本章第一节，阐述元大都文化的号召力。元代杂剧发展的鼎盛之时，元大都成为全国杂剧中心。与此同时，山东的东平、河北的真定、山西的平阳，也呈现出杂剧繁荣兴旺之势，形成既相互联系，又相对独立的地域性杂剧中心。他们与元大都交相辉映，形成了历史上罕见的"三星拱月"文化奇观。研究戏曲兴盛的原因，如果只以元大都为样本，不免受到首都全国政治、经济、文化中心等复杂因素的影响。而将三个同时代、不同地域的杂剧地域中心纳入考察范围，进行相互之间的横向比较，则更容易发现其文化共性。可以帮助我们更深刻地理解元大都杂剧发展过程中，哪些是起到决定作用的根本因素。有利于我们更深入地揭示戏曲兴盛发展的内在规律。本章第二节，揭示散曲对元大都文化发展的巨大贡献。"元曲"作为元代文学的代表，这是极为精到恰切的。但是以往人们把更多关注的目光投射到了元杂剧，而对于散曲只是将其视为一种新兴的文学样式来看待。事实上，元散曲的时代贡献不容小觑。第一，没有散曲就没有元杂剧。杂剧是戏曲，以歌唱为主，以歌唱塑造人物，以歌唱推演故事，以歌唱抒发情感，散曲是杂剧的血肉脉络，散曲连缀产生杂剧，没有散曲就没有杂剧，散曲是杂剧最基础的构成。第二，杂剧又通过故事情节的精彩设计、人物艺术形象的精心塑造、表演艺术家在舞台的完美演绎，使得杂剧的基本构成——散曲在更为广泛的范围内传播。第三，散曲在元大都把进行诗文等严肃文学创作的士人与进行杂剧等通俗文学创作的群体联系起来，相互借鉴艺术、相互影响风格、相互扩大影响。第四，散曲肇源于燕京，既为元大都世界城市文化中心地位的确立做出了贡献，又借助首都地位广泛传播。本章第三节，介绍元大都文化的传播及影响。主要分析元大都文化的凝聚力、号召力、引领力。以杂剧为例，说明首都文化对全国文化发展方向的引领作用。强调的是首善之区文化建设的重要性。

五　本课题的难点和创新之处

本课题的着眼点是通过元大都文化为当今北京世界城市建设提供启示借鉴，所以如何钩沉古今之间的共同点、差异性，在两者之间建立可参照可借鉴的层面或连接，建立历史的、理论的和实践的内在关系成为难点。简而言之：

其一，寻找历史和现实的契合点。研究必须从现实出发，以历史事实为参照。这就要求论者既要了解古代，又要对现实问题有清晰、全面的掌握。而元代史料芜杂缺失，现实问题复杂交织，使问题的讨论不仅要精细科学，下足基础资料搜求集合之功，更要开阔视野，准确把握全局。

其二，北京现实与元大都历史的差异性。元代距今800多年，时代变迁，差异巨大。为了在巨大的时代差异中寻找文化的共同点、问题的交集点，并在更高的，超越特定历史、社会制度、政治背景的层面上对其进行有针对性、指向性明确的讨论，必须具备哲学的智慧和历史的敏锐。

其三，必须具备现代城市学、文化学、经济学、社会学等广博的相关知识，才能以全新的视角，在繁杂、陈旧的史料和纷纭复杂的现实中发现、总结、提炼出有价值的、有实践指导性的理论和观点。

其四，要有较高的理论水平和学术能力，才能避免庞杂无序就事论事，才能够达到学术研究所要求的客观描述，高度概括、科学总结。

当然，这样的高度，虽为愿景，实难实现。既有个人能力水平的原因，又有时间精力的局限。仅就研究所得，启发思路，抛砖引玉，虽有敝帚之嫌，实奉殷殷之心。

在研究实施的过程中，遇到了很多的困难：

第一，研究视角全新转变后，可参考、对照、借鉴的研究成果极度匮乏。

第二，对历史资料重新梳理、钩沉，发现前人所未见或者以往研究者们所忽略的问题。这是极其漫长且投入精力甚大的系统工程。阅读量千万字之多，读书笔记达数百万字，除了本专著呈现的成果之外，已经总结、系统、条理化了的文字竟然也有数十万之多。

第三，各个学科都有各自的话语体系，本课题属于跨学科研究，要想将这些不同的专业表述融汇在城市文化的统一表达之中，不仅要掌握一定的语言技巧，更要具备打通学科壁垒取得通识的能力。

以上的诸多难点，注定本研究瑕疵纰漏在所难免。当然，妄自菲薄也不是科研应有的态度，本课题的收获和创新随处可见，瑕不掩瑜。试举一二：

第一，采取新视角，对元大都诸多文化现象有了新发现。

新发现了一些值得关注的文化现象："元代，全国杂剧中心大都（今北京）集中了大批最为优秀的杂剧作家，他们中的绝大多数都是本籍人士，这是北京地域文学史上极为罕见的特例。"

第二，提出了新的观点，并进行了充分论证。

例如，在探讨元杂剧繁荣的原因时，对以往传统的杂剧繁荣原因提出质疑，认为："关于元代杂剧的勃兴，以往学者，多从民族压迫、科举废弛、士人地位低下等方面寻找原因，似乎不得'枢要'而居，才是杂剧作家不得已从事创作的动因。但通过对以关汉卿为首的作家群体的分析，却发现这完全是基于小农经济的官本位思想主导下的历史性误读。为官是'不得'还是'不屑'，创作是被迫还是自觉，在辉煌的一代文学元杂剧面前，便不只是充满差异的纯个体性的表达，而是上升到文艺理论高度的艺术规律了，这就使得对大都文化的剖析，具有典型价值和普遍意义。"

第三，用新的理念对各种文化现象进行新的解释。

运用政治经济学原理，针对旧的文化史观分析社会文化现象得出的结论，进行重新的分析评价。"所谓'畸形繁荣'说的立论根基，依然是以中国传统经济模式重农轻商的保守思想为基础的。这种思想基础之上所制定的发展国策，必然导致中国长久以来的农业立国，广袤的农村从事着落后的农业生产，占国家人口绝大多数的农民被孤立地、分散地、牢牢地束缚在土地上,缺乏必要的流动性,城市数量和城市规模发展停滞不前,缺乏生机活力。如果以农村与城市的数量以及二者之间人口规模相比较,农业立国的中国传统经济模式才是失衡的、不成比例的、'畸形'的,同时也制约了生产力进一步发展。世界经济和城市发展的规律告诉我们,必须有生产的专业化分工,产业的规模化聚集,科技、商贸、交通、运输的全面配合,市场的有效开发,经济才能获得发展活力,城市才能健康成长。"

第四,借鉴了多学科的研究理论。

例如,从传播接受学的角度,对元代杂剧获得巨大成功的原因进行了新的解释:"杂剧这种更高形式的具有复合形式特征的文化产品,是迎合了观众们日益提高的文化艺术品位而产生的。说明人们对文化的消费档次提高了,有了更高的要求。同时,戏剧的形式,又是元大都观众身份复杂、文化程度参差、欣赏口味差别化等矛盾之间相互妥协的结果。杂剧是集音乐、歌唱、舞蹈、诗歌、美术、朗诵于一身的综合艺术,以叙事为手段,以启发思想、拨动情感、传播审美为目的。杂剧这种手段、形式的多样化,使之较之以往诗、词、歌、赋体式的单纯或者是音乐、舞蹈、歌唱形式的单一能够吸引更多的观众。语言不通,可以欣赏华丽的装扮、优雅的舞蹈和身段;韵白不懂,可以品味优美的唱腔,享受悠扬的音乐;即使仅仅明了故事,也能够随着剧情牵挂着主人公的命运和结局,为他欢笑,为他哭泣。也就是说,无论你的审美重点在哪里,你在杂剧中总能找到属于你的那个位置和契合点。这种新的杂剧样式要比宋杂剧、金院本容量大得多,正如夏庭芝在《青楼集志》中所言:'唐时有传奇,皆文人所编,犹野史也,但资谐笑耳。宋之戏文,乃有唱念、有诨。金则院本、杂剧合而为一,至我朝乃分院本、杂剧而为二。'其丰富的内涵,能够满足观众不同的审美需求,吸引更多的人走进剧场。"

第五,在方法论上的创新。

把元大都文化看作一个与历史、与外部世界密切联系、时刻变化的整体,强调相互的影响和作用。把元大都文化发展视为一个有机体,关注元大都内部的文化环境,各个艺术门类之间的相互借鉴,各种文化元素和各种文化门类之间的相互作用。既强调各门类艺术的共性，又强调其个性，善于发现其发展规律。"杂剧与散曲是盛开在大都文坛的一对并蒂莲，杂剧在唱腔上与散曲曲调为同一系统曲牌，在语言习惯、音韵腔调、表达方式上本于一源。大都是散曲肇源地，又是元代散曲鼎盛之都。散曲较之杂剧创作参与者更多、文化层次更高，杂剧较之散曲有更广阔的观众市场和民众基础，二者之间相互影响，彼此促进。散曲上口便利，不择场地条件，学习较易，传播亦广，这就为欣赏杂剧艺术作了'预演''顺耳'的准备，使得杂剧具有了更广泛的民众基础。杂剧具有文学特性，但从传播角度考察，更主要的是依赖于其表演特性。"

尽管有不少理念和方法的创新，但是在研究专著的书写方式上，本课题并不想套用诸如世界城市文化指标的框架来组织自己的研究成果，也不打算借用过多的西方理论概念和名词，而愿意以中国传统的学术研究语言，以较为平实的结构，展示研究成果。

通过对参照物元代大都文化建构进行多侧面、多角度的观察、描述和探讨，充分挖掘北京可供开发利用的历史资源和能量，使之发挥现实的启示作用。北京深厚独特的文化底蕴，不仅是元大都成为古代世界城市的基础，也是当今北京世界城市建设中文化个性定位的历史原点所在，是明确可靠的借鉴。回顾历史不仅是为增强我们建设世界城市的信心，更是要找寻文化发展的方向和路径，利用已有资源、发挥个性优长，在城市文化建设和发展中走出具有高品质独特性的成功之路。

第一章　概述元大都文化成就

第一节　元大都全国文化中心地位的确立

元代是北京发展历史的里程碑。元大都于1272年被正式命名并成为大元帝国首都。随着其国家政治、经济、文化中心地位的确立和巩固，开启了北京作为统一多民族国家首都长达数百年并延续至今的历史。元代也以此成为北京文化和文学发展的分水岭，成为从"泛北京"的地域文化嬗变为"首都"文化的一个鲜明界限。作为元朝首都的大都，伴随着蒙元帝国疆域的不断扩大，统治势力的进一步强盛，在世界上的影响力日益增强，神奇般地发展成为闻名于东西方的世界城市。其影响不仅远超国力强盛的汉唐之都长安和堪称世界经济之冠的两宋国都汴京和临安，更建立了自己独特的属于时代的文化，在政治文明、科技发达、教育发展、宗教多元、文学繁荣、艺术兴盛等方面都取得了世界瞩目的成就。从此北京文化从"北京地域文化"而转变为"国家帝都文化"，产生了世界城市应有的文化辐射半径和超级能量。

一　元代社会背景与大都文化概况

元朝，是中国历史上第一个由少数民族建立并统治中国全境的王朝。蒙古族本是生活在我国北方草原地区的游牧民族。1206年蒙古族杰出领袖铁木真经过战争、联合等步骤，实现了漠北草原诸部落的统一，并被推举为最高统领，号称成吉思汗，建立大蒙古国，迈开了迅速向外扩张的步伐。13世纪中期，蒙古占领了人类历史上前无古人后无来者的庞大统治区域，其范围东临太平洋，西及黑海，南达印度洋，横跨欧亚大陆，远及非洲边缘。

早在蒙古国称"元"之前，贞祐二年（1214），金宣宗迫于蒙古国不断南侵的压力迁都南京（汴京）。第二年（1215）五月，蒙古铁骑攻克金中都，改中都路为燕京路，总管大兴府。这里成为蒙古统治者控制华北、中原的一个重要的战略据点。从成吉思汗到蒙哥汗的五十年中，燕京地区在饱受战乱之苦后逐渐恢复了在北部中国的政治、经济、文化中心的地位，为元世祖忽必烈在此建都打下了坚实基础。忽必烈以此为基地，在东部诸王和汉人将军以及儒士谋臣幕僚的支持下，打败了代表漠北草原贵族保守势力的阿里不哥，建立了与中原经济基础大体相适应的封建王朝。忽必烈时代，汉族幕僚刘秉忠、姚枢、郝经、许衡等对当时政策的制定和许多重大决策的形成起到过关键的作用。1260年忽必烈称帝，至元元年（1264）八月，改燕京路为中都路。此后不久，刘秉忠亲自设计并主持完成了新城址勘定，在中都城的东北郊营建新城。[①] 当时之所以选择燕京进行城市建设，主要是看中"幽燕之地，龙蟠虎踞，形势雄伟。南控江淮，北连朔漠。且天子必居中，以受四方朝觐，大王果欲经营天下，驻跸之所，非燕不可"[②]。至元八年（1271）十一月，根据刘秉忠的建议，建国号为大元。"元"，取自《易经》"至哉乾元"。"元也者，乾元之义。""元也者，大也。大不足以尽之，而谓之元者，大之至也。"[③] 至元九年（1272）二月，正式命名新建都城为大都，并确立为大元帝国首都。大都城从此作为统一的多民族国家的政治、经济、文化中心而闻名于世，奠定了北京长达数百年的首都历史。规模巨大、宏伟壮丽的大都，是元朝这个世界上最为强盛而庞大帝国的首都，时称"汗八里"。

至元十三年（1276）三月，忽必烈的元朝大军终于占领临安，灭掉觊觎已久的南宋，同年闰三月，宋降帝被押解到大都。当时

[①] 王岗、尹钧科主编：《北京建置沿革史》概述，人民出版社2008年版，第5页。
[②] 《元史》卷一百一十九《霸突鲁传》，中华书局1976年版，第2942页。
[③] 《国朝文类》卷四十《经世大典序录·帝号》。

"官属从行者数千人，三学之士数百人"①。元灭南宋后，把宋朝宗室权贵的大量财富劫掠到了大都，这对大都的迅速发展具有极大的影响和作用。经济上，江南数代积累的巨额财富和大批物资北运，为大都城市的繁荣提供了物质基础。而且，江南富饶的物产、精湛的百工技艺，源源不断地流入燕京地区，滋养充实了大都奢华的都市生活，使得社会风气为之改观。灭宋统一，这是五代后唐末燕云十六州被割给契丹后，华夏大地实现真正意义上的南北统一，也是继魏晋南北朝后，中国历史上又一次最大规模的具有深远意义和影响的南北文化大融合。

大都多元文化特征极其鲜明突出，这与蒙古统治者的政治、民族、宗教、文化政策密不可分，与大都的城市地位、城市功能、发展历史、人口构成等诸多因素紧密相关。

人口密集、民族众多是元大都最基本的特点。在整个帝国区域内，大都人口堪称数量之最。根据至元七年（1270）统计，当时大都有十一多万户，四十多万人口，其数量远远超过其他行政辖区，是上都的四倍。元统治者实行民族歧视政策，将帝国内的臣民分为蒙古、色目、汉人和南人四等。四等人在元大都高度密集交汇，既相互影响融合，又有足以完整保持各自文化个性的空间，形成不同的文化群体甚至生活群落。

蒙古人被称为"国人""国族"，其语言被称为"国语"，他们的政治地位和社会地位最高。生活在大都的蒙古人依然较为完整地保留着浓郁的草原游牧民族文化特色和生活习性。元朝诗人柯九思《宫词》一十五首中的第二首所描述的就是这一文化特性："黑河万里连沙漠，世祖深思创业艰。数尺阑干护春草，丹墀留与子孙看。"元朝的大明殿是宫城中规模最大、规格最高、装饰最为华丽的地方。至元十年（1273）建成，东西达二百丈，深一百二十尺，高九十尺。举凡重大节日、庆典、大朝会等礼仪活动，都在这里举行。大殿台阶三组，周围绕以龙凤玉石勾栏。殿楹四周都是方柱，饰以起花金龙云的

---

① 《元史》卷一百二十七《伯颜传》，中华书局1976年版，第3112页。

白石龙云。楣上有鹿顶斗拱，顶上有黄金双龙。殿内设有皇帝、皇后的宝座。元代制度规定，帝、后并坐临朝，共理天下。大明殿这样一个富丽堂皇的所在，台基上竟然种植着一种惹人注目的莎草，是特地从漠北草原移植过来的。世祖忽必烈想以此时时提醒子孙，不要忘记草原乃蒙古人的生命之源，不要忘记祖辈创业的艰危。诗下原作者有小注，云："世祖建大内，命移沙漠莎草于丹墀，示子孙无忘草地也。"明确诏示了忽必烈此举的深刻用意。

在大都生活的色目人也很多，他们或在官署机构任职，或从事商业活动，许多色目人尤其是回族人依靠为蒙古贵族经营产业或从事长途贸易而聚集了巨额财富。他们生活奢侈，酷爱舞乐，有着迥异于中原的商业文化观念和理想追求，不仅带来了全新的生活理念和浓郁的异域生活色彩，也使大都具有了鲜明的消费城市特征。随着蒙古军队进驻中原，来到燕京的还有漠北及西域的一些少数民族，他们聚族而居，形成村落，如在今北京海淀区的魏公村（原称畏兀儿村，或畏吾村），在今通州、顺义的高丽营，在今昌平境内的阿速村，当时都是少数民族聚居的地方。

汉人在元代并不简单等同于汉族，还包括了原金统治下的女真、契丹、渤海等民族，汉族在数量上占绝对优势。燕京地区历史文化悠久，又经过辽、金两朝作为北方政治文化中心经营数百年，故而文化昌盛，教化深厚，所以以传统儒家文化为核心的汉文化基因得以保存。李庭《送荆干臣诗序》通过荆干臣的人生际遇，描述了当时元大都这个文化深厚古燕所在的文化氛围："干臣家世东营，虽生长豪族，能折节读书。自幼游学于燕。夫燕，诚方今人物之渊薮也。变故之后，宿儒名士往往而在，干臣日夕与之交，得以观其容止，听其议论，切磋渐染，术业愈精。一旦崭然见头角，遂为明天子所知……出使万里之外。"[①]

南人是元统治者对中华大地上最后被征服地域人民的统称，主要

[①] （元）李庭：《寓庵集》卷五，《丛书集成续编》第 109 册集部，上海书店 1994 年版，第 87 页。

指原南宋统治下的臣民。元统治者对南宋降将旧臣多采取怀柔政策，凡归顺者，都给以原任官职。为便于把控牵制，将他们成批成批地迁往北方，大批江南文士最集中的聚集之地就是大都。灭宋时，随宋宗室一起被掳掠随行来到大都的还有大量的宫女、太学生。南人长期受到程朱理学的熏陶，文化基调不仅与蒙古人、色目人不同，就是与由于南北长期割裂对峙而独立发展起来的北方儒学也有较大的区别。元代文化的最大特色就是各个民族文化体系通过接触，相互影响，相互补充，相互吸收，相互融合，共同形成的以汉文化为主的多种文化相互辉映的独特文化。

在城市特征上，大都的文化个性极为独特。作为京城，不仅与中国历史上强大的汉唐首都长安、洛阳不同，与北宋汴梁、南宋小朝廷偏安一隅畸形发展的临安迥然相异，甚至与之前辽代南京（今北京）和金代的中都（今北京）也有着天壤之别。当成吉思汗用战马铁蹄勾勒了大蒙古帝国横跨欧亚大陆的巨大版图，荡平了历史上阻滞西进东来的重重关隘，也就开辟了大都作为元朝首都成为国际性大都市的可能。各国使节、属国来朝参拜的使团、僧侣、旅行者和贸易商队，从陆路和海上商道源源而来，络绎不绝。不仅有波斯人、阿拉伯人，而且还出现了欧洲人和非洲人。他们折服于强大帝都雄伟的风貌，壮丽的景观，先进的生产，繁荣的经济，丰富多彩的文化，往往流连忘返，甚至长期留居。欧洲大旅行家马可·波罗曾长期在大都生活，高丽国王也曾定居大都。这些人所携带的异域文化以各种方式影响浸染着大都。元代文学家袁桷有诗歌咏大都"煌煌千舍区，奇货耀日出。方言互欺诳，粉质变初质。开张益茗酪，谈笑合胶漆"[①]。描绘了城市的繁华，贸易的兴盛，以及操着各种语言的八方商客云集大都的盛况。城市经济的极度发达，城市功能的空前完善，都市生活的繁华多彩，元大都这些显著的特征显然与蒙古统治者的生活传统、文化理念有着密切的关系。蒙古族本是草原游牧民族，个性强悍、开朗、率

---

① （元）袁桷：《清容居士集》卷十六《开市十咏》。见王云五主编《丛书集成初编》二〇六八《清容居士集》（六），（上海）商务印书馆民国二十五年版，第287页。

真，对于生活的享受更多是直接的感官追求。他们在执掌了政权后，将帝国都城建设成为一个"华区锦市，聚四海之珍异，歌棚舞榭，造九州之秋芬"①的享乐之都也就是意料之中的事了。同时与国家实力也是密切相关，当时帝国的版图是如此之广，强大的霸业，使得天下珍奇，包括物质和文化的，有形的和无形的，统统汇集于大都这个帝国享有之所。因此，大都不仅"凿会通之河，而川陕豪商，吴楚大贾，飞帆一苇，径抵辇下"②，把全国各地的物产通过通达便利的水陆交通网络源源不断地输送而来，而且在这里"外国巨价异物及百物之输入此城者，世界诸城无能与比"③，充分享受着世界物质文明的硕果，成为一个具有非凡气势和异常发达商业的开放城市。城市商业理念的盛行，追求享乐的风靡，显然更多地来源于蒙古及西域民族的生活态度和西方文化的强烈影响，与正统的中原农耕文化存在较大的差异，这也决定了大都文化和文学鲜明的个性特征。

二 元帝国文化政策

蒙元统治起步于偏僻荒凉的朔漠之地，本以游牧为生，整个民族基本处于较为原始、简单、粗放的政治管理和社会文化阶段。金戈铁马东征西讨，在很短的时间内风卷残云般征服了诸多文明国度和部落，迅速夺得天下。由于建立统治的历史极短，掌有广袤地域和强大国力后的蒙古统治者，在政治、宗教、文化乃至人才政策方面，基本上采取的是自由开放、兼收并蓄、楚才晋用、拿来主义的策略。这决定了有元一代文化的基本走向，对大都文化发展产生了极其深刻的影响。

蒙古族有着深厚宗教文化信仰，也深谙宗教对于民众和社会稳

---

① （元）黄文仲：《大都赋》，见李修生主编《全元文》第四十六册，凤凰出版社2004年版，第131页。

② （元）李洧孙：《大都赋》，转引自《日下旧闻考》（一）卷六，北京古籍出版社1983年版，第90页。

③ ［意］马可·波罗：《马可·波罗游记》，冯承钧译，中华书局2004年版，第379—380页。

定所起到的重要作用。所以整个元朝，都极为重视对于宗教的管理和利用，极为懂得对各宗教不同派别领袖们的尊重与拉拢。元代的大都，佛教因为最高统治者的尊崇，空前兴盛；道教由于全真教长春真人丘处机受到过元太祖铁木真的赏识也日益兴盛起来；藏传佛教因为蒙古王公贵族的崇奉，获得了极高的政治地位和社会地位；其他宗教如伊斯兰教、基督教、天主教等也先后传入大都。他们在大都兴建寺庙、道观、清真寺、教堂、礼拜堂。当时的大都，城内城外各式各样的各种宗教建筑星罗棋布，交相辉映；各个宗教派别的僧侣甚至是宗教领袖或宗教代表也大批长期驻守都城，出入宫禁，宣传教义，举办法事，广收信徒，各出奇招，扩大影响。蒙元最高统治者先是信仰萨满教，后来信奉藏传佛教。但是他们对于其他各种宗教也自始至终均采取礼敬有加，保持尊重的态度。正如《世界征服者史》对成吉思汗所评价的那样，"因为不信宗教，不崇奉教义，所以，他没有偏见，不舍一种而取另一种，也不尊此而抑彼；不如说，他尊敬的是各教中有学识的、虔诚的人，认识到这样做是通往真主宫廷的途径。他一面优礼相待穆斯林，一面极为敬重基督教徒和偶像教徒。他的子孙中，好些已各按所好，选择一种宗教：有皈依伊斯兰教的，有归奉基督教的，有崇拜偶像的，也有仍然恪守父辈、祖先的旧法，不信仰任何宗教的；但最后一类现在只是少数。他们虽然选择一种宗教，但大多不露任何宗教狂热，不违背成吉思汗的札撒，也就是说，对各教一视同仁，不分彼此"[①]。所以当时元朝呈现出各种宗教齐聚京城元大都的千古奇观，这是中国历史上从未有过的；同时各种宗教都得到了不同程度的发展。佛教、道教最为兴盛，伊斯兰教取得了长足发展，各自都处于宗教发展史上非常重要的时期。这些宗教对于元朝和元大都的政治文化发展所产生的影响全面而深刻；对于社会生活的影响遍及各个阶层、多个层面，包括政治、文学、艺术、民俗，甚至是人们的着装服

---

① ［伊朗］志费尼：(据波伊勒英文本翻译)《世界征服者史》（上册），何高济译，内蒙古人民出版社1980年版，第29页。

饰。早期影响较大的是道教全真道龙门派创始人之一丘处机和佛教大师行秀。丘处机（1148—1227），字通密，号长春子，登州栖霞（今属山东）人。金大定二十八年（1188）开始在中都传教，己卯（1219），元太祖成吉思汗召见，次年，他以七十三岁高龄率弟子十八人从山东出发，经燕京、蒙古草原、天山，跋涉数万里，至大雪山觐见太祖，以"节欲止杀""内固精神，外修阴德""恤民保众，使天下安"向成吉思汗进言，被封为"神仙"。1224年自西域返回燕京，持玺书放奴为良救生达二三万人，世号"长春真人"。亦能诗词，其作平易如口语，多是悟道之言，著有《磻溪集》六卷、《青天歌注释》一卷、《大丹直指》《鸣道集》《摄生消息论》一卷。佛教大师行秀（1166—1246），世称万松老人，精通儒家经典，金明昌四年（1193）入宫说法，1197年迁燕京报恩寺。元太宗二年（1230）奉诏住持万寿寺，有《万松老人评唱天童觉和尚拈古请益录》，生平事迹见耶律楚材《万松老人评唱天童觉和尚颂古从容庵录序》《释氏新闻序》以及《万松老人万寿语录序》。对元初政治和国家重大决策产生过较大影响的耶律楚材是行秀的得意门徒，曾就之学佛三年。

　　文化方面元统治者采取了近乎"无为而治"的态度。科举自产生之日起，就是传播、灌输儒学思想最重要的渠道和载体之一。但是元代统治者始终对于科举制度抱着一种可有可无、游移不定的态度。元前期，曾开科取士，但是之后不久又取消了科举。仁宗延祐年间虽然恢复，但其后再度中断。这样的国策和时断时续的基本状态，使文人士子难以对科举寄予进身之阶的指望和依托。文人士子"修齐治平"的理想和宏道明理的使命，都难以通过科进的传统渠道和方式达成。但这却又从思想上解放了他们，促进了文学创作的繁荣。随着儒学思想统治地位的极大削弱，社会生活亦随之改观，如元代妇女较少封建礼教的严格限制，她们可以自由地外出、聚会、郊游。在元朝的宫殿之上，皇帝和皇后同御宫廷并坐听政，大都城里的女贵胄大长公主热衷书画鉴赏收藏，成为书画家和诗人聚集的艺术沙龙中高贵的女主人。

同时，元代也是中国历史上各个统一王朝中较少实施文字狱的一个朝代。在《南村辍耕录》"厚德"条记载了这样一件事情："徐文献公（琰），字子方。至元（1264—1294）间，为陕西省郎中。有属路申解到省，误漏圣字，案吏指为不敬，议欲问罪。公改其牍云：'照得来解内，第一行脱去第三字。今将元文随此发下，可重别申来。'时皆称为厚德长者。"① 这样的事情，在其他王朝是不可想象的像这样明显的误漏肯定会招致杀身之祸。如清朝雍正年间的徐骏，因为写了"清风不识字，何故乱翻书"这样自以为富有哲理和情趣的两句诗，被告发，竟然招致杀身之祸。雍正认为这两句诗是污蔑大清不知诗书，下令将徐骏处死。即使是倡导文治，号为宽容的北宋，虽然没有严酷到类似于明清典型文字狱那样的程度，但依然也是屡屡发生以文字、言论构造狱案的事件。其中具有典型性代表性的如仁宗时的"进奏院案"、熙宁年间构陷王安石的"《淮南杂说》案"、元丰二年牵连甚广的"乌台诗案"、元祐四年的"车盖亭诗案"、元祐六年的"刘挚书信案"、崇宁二年的"黄庭坚碑文案"。据保守统计，北宋一共发生文字狱18起左右。这些案件多是无中生有，罗织罪名，而且牵扯甚广。文字狱在北宋几乎成为政治斗争中击败政敌的利器。而这样的事情，在元代就很少发生。这实际上是上行下效的结果。

蒙古统治者以掳掠起家，"拿来主义"和"为我所用"似乎一直是他们的治世箴言。虽然蒙元自己的文化产品处于比较原始简单纯朴的发展阶段，可这并不影响他们对文化和文化产品优劣以及价值的判断能力。忽必烈就非常重视征服地传统的科技成果和文化遗产，在灭宋征战中更是如此。即使是在激烈残酷的军事战争中，忽必烈不止一次下令要保护文化成果和文化遗迹，多次下令大军和派驻官员，沿途搜集经籍、图书、书画等，至元十三年（1276）他下令："秘书省图书，太常寺祭器、乐器、法服、乐工、卤簿、仪卫，宗正谱牒，天文地理图册，凡典故文字，并户口版籍，尽仰收拾。……名山大川，寺

---

① （元）陶宗仪：《南村辍耕录》卷五，中华书局2008年版，第57页。

观庙宇，并前代名人遗迹，不许拆毁。"① 灭掉南宋后，又专门派遣使者到江南，搜集南宋遗留下来的官书版。这些宋书版，运到大都印书，就成了元版书，这就是很著名的"宋版元用"现象。这种手段似乎表现在对待物质和文化甚至是人才的各个方面。大都各级官僚机构叠床架屋，官吏众多，成为容纳、安置文化人才的巨大宝库。在此为官者，有本地人才，但更多的是外地进京为官者。在中统、至元年间，大都不但有前朝金代的社会名流出入新朝，而且宋代许多旧臣文士也聚居于此。元世祖以及之后的统治者更是不断选拔、吸引、征召各种人才至其麾下。不同政治、历史、文化背景下的众多官员和政府机构任职者，携带着各自深厚的文化烙痕聚合到大都，在此形成文化的碰撞与融合，使得大都文化异常活跃。

三　元大都多元文化基础

元代是自汉代以来唯一一个没有明确、严格以儒家思想为统一思想基础的王朝。蒙古统治者进驻中原之初，逐渐起用儒学人才。耶律楚材、杨惟中、姚枢、郝经、陈时可、赵昉等一批著名儒学家，先后被委任以中央或地方的各级要职。忽必烈是元初蒙古贵族中接受儒学影响较大、学养深厚的一位。在他的极力推荐下，一大批儒士得到了重用。刘秉忠、姚枢、窦默、许衡、张文谦、王鹗、赵璧等皆是。但是这些人的儒学思想，更偏重于治世之用。在征服南宋的过程中，又俘获了著名的儒学大师赵复，也将其送至燕京，令其教授传播儒家学说。赵复（生卒年不详）字仁甫，德安（今湖北云梦）人。在元军灭宋过程中，元将阔出攻占德安，德安民众数十万"皆俘戮无遗"，当时北方儒学大师姚枢恰巧在阔出的军中，他奉忽必烈诏命，承担着将儒生从战俘挑选后解救出来的职责。姚枢在即将变身为奴的被俘获人群中发现了赵复，将其解救，转送至燕京。当时由于宋、金和宋、元之间长期的军事对峙，造成了南北隔绝，所以南方和北方的儒学是按照各自的内循环轨迹来发展的，南方极为盛行成为显学的儒学研究

---

① 《元史》卷九《世祖本纪六》，中华书局1976年版，第179页。

成果和学术经典——此时主要是程朱理学——难以传播到北方。到达燕京的赵复在为他开辟的书院中，凭借自己惊人的记忆力将朱熹诸经传注默写下来，尽以付之姚枢，并在书院中开课授徒，主讲程朱理学。姚枢后来退隐苏门山，就使用赵复亲传的理学著作传授门徒。许衡、郝经、刘因都因此间接接受了程朱理学。这是南北割裂数百年，程朱理学在南方相对独立环境中发展百年的首次北渡，也形成了与北方独立发展起来的包括李纯甫、耶律楚材、王若虚等所信奉的儒学体系的首次正面交汇。大元灭亡南宋统一国家之后，江南的儒学思想随着儒学家的北上也传到了大都，其中最有影响的是南宋名儒吴澄。如此一来，在大都形成了儒学门派林立，相互争鸣、影响、借鉴、交汇甚至出新的局面，避免了一统的僵死。因而，有元一代，文人思想无拘无束，文坛也呈现出难得的自由与活跃。

中原农耕民族和北方游牧、渔猎民族共存交融构成了元代之前北京地域文化最基本的特征。元代开始，作为帝都的北京文化更加多元，不仅吸纳统一国家南北各个区域民族的文化精华，而且在内外文化交流上，也发挥出更加广泛的作用。中华文明在元大都通过交流，得到了最广泛的传播。据记载，忽必烈就曾命令中书省平章政事赵璧用蒙文翻译了《论语》《大学》《中庸》《孟子》等儒家典籍，命令色目大臣安藏翻译了《尚书》《贞观政要》《资治通鉴》《申鉴》等重要的史籍经典，为蒙古统治者学习和了解汉文化提供帮助。到元朝中后期，天历二年（1329），又设置了艺文监"专以国语（指蒙古语）敷译儒书"。当时的高丽和安南等国，也多次遣使大都，使得儒学为代表的中华文明得到了广泛传播。

学校的建设和发展对文化的传承发挥了重要作用，忽必烈在位时，大力推进教育，广建学校。至元元年（1264）九月一日，元廷设立翰林国史院。至元八年（1271），为大批培养蒙古族接班人，设立蒙古国子学，用《通鉴节要》教育蒙古学生。至元二十四年（1287），又在大都设立国子监，隶属于集贤院。至元二十六年（1289），在大都设立回回国子学。大德七年（1303），大都新孔庙建成。《大元一统志》再次修成。随着国子监的建立健全，学校课程也逐渐规范化，确立"凡读书，必先《孝经》《小学》《论语》《孟子》《大学》《中庸》，次及《诗》《书》《礼记》《周礼》《春秋》《易》"①。至元二十五年（1288），天下学校达到两万四千四百多所，大都是各类教育机构最为健全、数量最为庞大、教育资源最为丰厚的地区。

　　元代是我国古代科学技术发展的高峰期。我国传统的天文、数算、农学、医药等学科都取得了极大进步，在世界居于领先地位，成为中国科技发展史上最为辉煌的一页。元朝人实际的空间感较之中国以往的任何朝代都要壮阔宏伟得多；探索自然的好奇心，比任何按照传统方式在书斋培育出来的书生都要强烈执着得多。这不仅表现在他们对天空星辰运行规律和自己居住的星球有着强烈的求知欲望，不仅表现在他们对帝国疆域和黄河源头实际勘测求真求实有着强烈的追求，不仅表现在他们对奥妙无限的数算、历学孜孜以求进行不懈的探索，也表现在他们对阴阳相生的医药、对民生相关的农学、对复杂的水利工程以及天文、地理、时间等精密测量仪器的研究、设计、制造、应用中。而且，由于大都的文化地位和科技发展水平处于世界先进发达之列，所以科技交流空前活跃。中国学习吸纳着世界各国先进的科技经验和成果，天文、地理、医学、制造等无所不包，同时也影响着世界，尤其是对欧洲的科技发展、社会进步、生产力的提高做出了极大的贡献。元代科技整体能力与水平在元大都得到了集中充分的展现，元朝的科技人才在使用和管理方面都表现出了鲜明的时代特色。大都科技人才在科学技术创新与城市发展、社会生活中都发挥了巨大的作用，对大都文化发展做出了特有的贡献。

　　科技的进步为文化繁荣发展提供了有力支撑。如元朝的出版业得到了前所未有的发展，木版活字、锡活字、泥活字等多种技术发明得到普遍应用。先进的印刷术使得小说戏曲这些更受平民欢迎的叙事文学通过文本承载得以广泛传播，大都发达的书肆业为文学的市民化普及创造了不可或缺的条件。而交通的发达为文化传播提供了保障，元

---

① 《元史》卷八十一《选举志》，中华书局1976年版，第2029页。

朝的中外交通无论是陆路还是海路，都非常发达。元代对外图书贸易，以高丽、日本、安南为多。延祐元年（1314）高丽忠宣王曾在大都大批购书，元代对日本的图书贸易主要通过海路进行。大德五年（1301），安南使者邓汝霖就在大都的书肆中购买了地图、宫苑图本甚至还有元朝政府的禁书。①

第二节 元大都文化融合创新的成就

融合创新是元代文化发展的主旋律。元大都作为帝国之都，作为首善之区，作为全国文化发展中心，作为具有世界影响力的伟大城市，不仅定调、领奏这场音乐盛会，更以自身辉煌的文化成就，弹奏出了时代的强音。

元朝立国时间不过百年，又处在北方民族统治之下，但是在文化方面的发展与成就却毫不逊色于任何一个其他的王朝。元代北京文学在中国文学史上具有里程碑式的鲜明意义。其最为突出的表现就是叙事体的小说、戏曲登上文坛，改变了代言体的诗歌、散文长期一统的格局，为文坛注入了蓬勃的新鲜活力。就文学而言，元代同样具有里程碑式的意义。历代对元词的研究不多，有时宋词元词并提，实际上是将元代词当作宋代巅峰文学宋词的附庸。据唐圭璋的《全金元词》统计，元代词人有212家，词作3721阕，的确不能与《全宋词》收录词人1330家，词作20000阕相提并论。② 但是元词与宋词比，依然有它鲜明的时代特色。事实上，元词是唐宋词与明清词一个过渡的桥梁，没有元词对宋词的"引渡"，就没有其后清词的全面开拓与繁荣兴盛。诗文中，叙事的成分大大增加；在新兴的小说、戏曲等文体中，大量融入了诗词文赋的元素。正如胡适所评价："文学革命至元代而登峰造极。其时，词也，曲也，剧本也，皆第一流之文学，而皆以俚语出之。其时吾国真可谓有一种活文学出世。"③ 这成为元代文

---

① 田建平：《元代出版史》，河北人民出版社2003年版，第13页。
② 参见杨镰《元代文学编年史》序论，陕西人民教育出版社2005年版，第5页。
③ 胡适：《胡适古典文学研究论集》，上海古籍出版社1986年版，第12页。

学最突出也是最基本的特征。中国的小说并不是从元代发端,但是正是元代文学作品的书面语言大量地向口头语言的借鉴,才使得通俗小说成了大气候,在社会生活和文学发展史上占有一席之地。元代是白话通俗小说形式确立的阶段,在元代,由于不同民族喜好听故事的共同特点,使得小说、戏曲赢得了不同层次读者或者观众的喜爱。当然,小说从成型到成熟又经过了一个不算太长的阶段,到明朝中期,中国的白话小说才迎来了属于自己的繁荣阶段。中国的书法绘画、话本小说一直以来都以"宋元"并称。而中国画在元代之后,却失去了创新的契机。在书籍版本印刷史上,元代也有其特殊的地位,元朝的印刷术保持了宋朝所取得的高度,藏书界有"百宋千元"之说,乃是说元版的珍贵。其中"全相"这种带插图的书籍,兴盛于元代。这与元朝民族大融合和大都是一个国际大都市密切相关。传播手段和方式的创新,带来了文化更有效更广泛的传播和影响力,促进了书籍更广泛的传播。①

元朝创造出的文学新时代在大都文坛得到了极其鲜明、典型、集中、完美的体现,诗、词、文、赋、小说、戏曲异彩纷呈,同时,大都更是元代文学中最为辉煌的杂剧中心。

一 元代文化变革创新的基本特征

人类文明发展的历史,融合出新成为一个不变的规律。明末清初的思想家、经学家、史学家和文学家王夫之(1619—1692),作《读通鉴论》。在此皇皇巨著中,他分析中国社会历史演进过程,认为基本上是按照每隔一千五百年发生一次大变这样一种阶段性发展变化规律前进的。从轩辕氏开始,一共经历了禅让时代、封建时代、离合时代与纯杂时代四个发展阶段。自宋元开始,进入了前所未有之新进程,蒙元入主中原开启了纯杂社会的历史新时代。主要特征是汉族与少数民族政权交相为治。姑且不论王夫之的历史阶段划分方法是否符合客观史实,但蒙

---

① 参见夏志清《中国古典小说导论》,第9页。转引自[德]傅海波、[英]崔瑞德编《剑桥中国辽西夏金元史》参考书目第【194】条,中国社会科学出版社1998年版,第762页。

元入主中原给中国社会尤其是文化带来巨变，却是一个不争的事实。

在文化艺术上所表现出来的突出特点是：

（一）文化的通俗化倾向

元代文化具有里程碑式的意义，因为它是从"古典"走向"近世"的分水岭，是从"高雅"走向"通俗"的分水岭。这样的论断并不会引起太多的争议，但是对这个分水岭的内涵和意义所在，却很少有专门的文章作全面、系统的论述。

"通俗"一词在英文中为popular，是由名词populace（平民、大众）演变而来的形容词，具有"民众的、人民的、流行的、大众喜欢的"等含义。

虽然人们还不能给通俗化下一个准确的定义，但是其界定还是非常明确的，特征也极为明显。通俗化具有大众性、商业性和娱乐性等一些共同的基本特征。通俗化往往以生动形象的画面，强烈、刺激的故事情节，通俗易懂的表达形式，直接刺激接受者的感官，造成其心理的愉悦。在思想上，它不以主流道德、崇高理念为表述对象，而是以普通人的生活情趣、悲喜故事为关注中心，在价值取向上也是以普通人的人生观、价值观、审美观为标准。肯定人的正常情感和欲望、需求。通俗化具体的表现形式，大致应包括如下几个方面：思想上关注现实生活，情感上贴近普通民众，语言上平实易懂如家常，风格上简明通俗轻松，态度上真诚亲切近人，立意上以平常心写家常事，语言上口语加白话生动幽默。要考察一个时代文化的通俗化倾向，就要看其内容、形式、语言等方面是否适合民众文化消费的水平和需要，为他们所理解、接受和喜爱。通俗化是文化发展的历史必然趋势。社会生活的变化，必然导致人们审美情趣和阅读方式的相应变化。为了放松心情，大多数的作品都需要以富有亲和力的语言和简单明了通俗易懂的方式呈现。元之前，传统的代言体的诗歌、散文统治文坛。元代开始，叙事体的小说、戏曲作为新秀登上文坛，为中国文坛注入了新的活力。与此同时，在元代，"古典"与"近世"又是交汇的，也就是说，在诗、文等传统文体中，叙事的成分大大增加；在新兴的小说、戏曲等文体中，大量融入了诗词文赋的元素,这成为元代文学最突出也是最基本特征。

文学的通俗化倾向表现为两种形式:一是创造出新的通俗的文学形式,二是原有文学样式的通俗化。

元代最大的通俗化创新成果就是元杂剧。这种新的文学艺术样式,是集多种文学艺术样式为一体的综合艺术,最大限度地体现了时代文化的通俗性。在思想内容上,大都杂剧反映了广阔的社会生活,元人胡祗遹在著名的《赠宋氏序》中说:"上则朝廷君臣政治之得失,下则闾里市井父子兄弟夫妇朋友之厚薄,以至医药卜筮释道商贾之人情物性,殊方异域风俗语言之不同,无一物不得其情、不穷其态。"得其情、穷其态,实际上是从内容上关注现实,贴近民众。朱权在其《太和正音谱》中将杂剧分为十二科:"一曰神仙道化,二曰林泉丘壑,三曰披袍秉笏,四曰忠臣烈士,五曰孝义廉节,六曰叱奸骂谗,七曰逐臣孤子,八曰铗刀赶棒,九曰风花雪月,十曰悲欢离合,十一曰烟花粉黛,十二曰神头鬼面。"由此可见,题材广泛,可谓无所不包,丰富之极。大都剧作家们思想活跃,杂剧创作有的直接取材于当时社会现实,但也有相当一部分源自历史记载或者民间传说,但作家善于运用一切题材为现实服务,能够出于古而不拘泥于古,源自传说却不为传说所局限,表现出鲜明的现实性和时代特征。如《窦娥冤》取材于"东海孝妇"的民间故事,《汉宫秋》于取材《汉书》,《单刀会》取材于《三国志》《三分事略》等文学作品,但作者无不对旧有题材进行了重新剪裁和改造,使之歌颂人民、主张正义、抨击黑暗的主题更加鲜明突出。在杂剧中,社会地位低下的普通民众成为主角被大力颂扬,贪腐昏庸的统治集团人物成为被抨击、被讽刺的对象。作品揭露黑暗,反抗强权,颂扬英雄,伸张正义,肯定对爱情的忠贞和对幸福生活追求的合理性,充分体现了时代性、人民性,反映了普通民众的心声,维护着百姓的利益。这使得即使是数百年之后的我们,依然可以在杂剧中感受到作家思想跳动的脉搏和作品中蓬勃的时代精神。更值得骄傲的是,杂剧不仅感动着华夏子民,而且远涉重洋,使异国观众为之倾倒。能够使得北京文化借助文学的载体,远播国内外的,首先是杂剧在思想内容上的重大突破。关汉卿的代表作《窦娥冤》等抨击黑暗，歌颂英雄，肯定人性，无不彰显出人文关怀的光彩。王实甫的《西厢记》歌颂爱情，直率大胆，为人喜爱，影响巨大，甚至受到明代思想家李贽的充分肯定。[1]

　　元杂剧之所以能够走向世界，与其作品内容的民主性、时代性、先进性是密不可分的。除了其情节曲折、故事动人、人物形象丰满等因素使之更易于流传之外，与其在思想性和价值观念、审美取向等方面更符合世界普适标准也有着非常大的关系。因为它产生、昌盛在一个历史上从未有过的开放时代，一个国际化的都市，一个文化多元交融并存的环境，它本来就是为那些来自世界四方，有着不同宗教信仰、不同风俗习惯、不同语言和交流方式，共同汇聚在舞台前的观众写的，所以产生时思想文化根基、价值取向、人文观念、审美意趣就已经打上"世界文化"的烙印，它所颂扬的自由、平等、法治、民生以及对国家的爱、对父母的爱、对朋友的爱、男女爱情等，都具有恒久的普世价值，而且多层次、多角度反映了多姿多彩的社会生活，其思想、情感、审美的丰富性、深厚性，注定它重返世界舞台的脚步异常轻快。而这一切恰是文化通俗性在内容方面的表现。

　　至于杂剧艺术在语言方面的通俗性气象，可以借用钱玄同《儒林外史新叙》在论述以关汉卿为代表的元曲的地位、作用与影响时，将之视为文学发展史上一场伟大革命加以评价。钱玄同指出古人偶然尝试用白话写作，"不过站在补缀顾问的地位"而已，直到"元曲出世，关汉卿、马致远、白仁甫（白朴）、郑德辉这班大文学家才把以前的文体打破，自由使用当时的北方语言来做新体文学"，并得出结论"元曲可以说是方言文学"。[2] 这个方言文学无疑是以燕地语音为标准音、以北方话为基础、活着的大都语言。它标志着中国文学进入了一个崭新的历史阶段，树立起了以白话语言进行文学艺术创作的里程碑。它开后世京味文学之先河并成为内容丰富、层次多样、堪供学习摹写的典范。周德清的《中国音韵》云："欲作乐府，必正言语；

---

[1] （明）李贽：《焚书·续焚书》卷三《杂说》，岳麓书社1990年版，第96页。
[2] 朱一玄、刘毓忱编：《儒林外史资料汇编》，南开大学出版社1998年版，第459页。

欲正言语，必宗中原之音。"①周德清所言虽然是当时称为"乐府"的散曲，但是对于杂剧同样适用。因为杂剧的唱词曲调都是与散曲相通的。杂剧以"中原之音"为宗，是个不争的事实。当时的中原之音是以北方汉语的语法和北京话语音为基础的官方标准语，相当于现在的"普通话"。它的生动活泼、通俗易懂、诙谐幽默，乃是文学艺术通俗化最突出的表现。

另外一种新创的通俗化文学样式就是宋元的讲史话本。在史实选择、史料剪裁、情节描述、叙事方式、语言文字、口语应用等多方面，不仅使用白话替代正史文言，而且将大量的口语、俗语、谚语应用于叙述对白之中，这些都增加了读者与听众的认同感和亲切感，全面地体现出通俗化特征。以平凡多样的适合观众口味的世俗化方式，言说和传播历史，消解了历史的权威性，重现和传播了历史常识，醒示读者、教育听众，使得民众轻松地接近历史，了解历史，拆除雅俗文学之间的语言文字藩篱，消除了历史的神秘感和史学的威严壁垒，用通俗易懂的白话语言，使史学从少数文人雅士的独专变为民众的共享。

元杂剧和宋元话本，都是城市文化的产物，伴随市民阶层的壮大而发展成熟。它们在元大都受到广泛的欢迎，拥有广阔的市场，元大都是全国元杂剧中心。宋元话本的创作因为史料的缺乏，无法确定其确切的创作者和创作年代，但是大都却有着话本最庞大的听众和读者，这从话本类图书的印刷和销售数量都创出历史新高可以得到印证。

在其他各文学艺术门类中，元大都的世俗化倾向也是明显而普遍的。

（二）文学的叙事化特征

通俗化表现的另外一种方式就是原有文学样式的通俗化，尤其以诗文的叙事化倾向为基本特征。例如，诗文与代言体的小说和戏曲出现了靠近的趋势，诗文中叙事的成分增加，使得元文取得了与唐宋文

---

① （元）周德清：《中原音韵序》，见中国戏曲研究院编校《中国古典戏曲论著集成》（一），中国戏剧出版社1959年版，第175页。

并列的地位。

在这点上元大都文坛同样有突出表现。论述元大都文学的叙事化特征，就以王恽《员先生传》为例。

这是一篇篇幅不长的人物传记，写了员炎、阚举两位传主。他们都是与传统文人迥异的元代诗人，有着非常鲜明的个性。在大都文坛甚具影响的王恽此篇人物传记，非常典型地反映了元代诗文"叙事化"的时代特点。其中许多的细节描述，如阚举酒楼谈论诗作的神态、投币入井的狂态、酒后忘言的醉态，都描绘得惟妙惟肖，生动传神，表现出戏曲或小说创作的手法倾向，而这恰是元代诗文的新变化、新倾向。而且，王恽这样一个高居馆阁的著名诗人，将不入时流的员炎、阚举视为同调，并专为其撰文写传，表现了大都文坛高度的文化包容性。而"北漂"的阚举和"土著"的何失，不同于来自燕京世家的诗书传人，不同于寓居京师的馆阁清贵，不同于以气节相尚、自甘寂寞的金、宋遗老。他们来自社会底层，行迹近似游侠。诗歌是他们生活的一部分，他们是大都文坛的一部分。大都文坛因为有他们而显得更加绚烂多彩。元初著名的经学家郝经曾经特别写了《与阚彦举论诗书》一文，对阚举的诗歌创作提出了尖锐的批判。郝经是元初深受忽必烈器重的著名儒学大师，出身望族，是著名的文学家、教育家，这样一个有着高贵身份和显赫地位之人，并没有"文霸"学术的傲慢和专断，反而能够专门撰文，对一个举止诡异、落魄不堪、行迹类于粗鄙野夫之人的创作进行严肃认真的批评讨论。这种行为的文化意义在于："我可以不同意你的创作观点，但是我必须坚决维护你发表创作的权力，"这是一种平等和尊重。王恽与郝经的行为很让人为大都文化氛围赞佩感慨，因为无论是创作还是学术，最大的悲哀就是成果发表出去无人理睬。无论褒奖也好，批判也好，起码都能说明作家和作品的价值。但思想贫瘠的地方，往往用一片寂静来回应创作。阚举一个来自小地方的名不见经传的文艺青年，作为漂泊者独自来到京城，所期待的肯定是这种响应，希望遇到文学的知己。大都文坛没有辜负他，他的诗作在这里居然能够引起郝经、王恽这些重量级文化学人的关注，这些灿若星辰的大师竟然肯于亲自署文，详加评说，可见当时的大都文坛氛围是多么的健康活泼，充满生机活力。而元大都城内郝经、王恽们对人、对事、对待文学的态度，恰好证明了文学叙事化转变的社会基础。

　　元代的诗文表现出强烈的"叙事化"特征。不仅碑传文字，以形象塑造和细节描述见长，如姚燧撰阿里海涯传、欧阳玄撰贯云石祖孙二人传、虞集撰姚天福传、杨载撰赵孟𫖯传，都脱离了概念性的程式化描述，具有了形象的感召力，显然受到了小说创作的影响。词和曲也都是如此，《高祖还乡》《庄家不识勾栏》那些生动形象的描写和细节的刻画，简直与小说戏曲无异。

（三）多种文学艺术样式的交融借鉴

　　元代作为中国历史真正的变异期，社会整体文化呈现出从正统、高雅、庄重转向通俗、多元、普世的显著特征。这是一种时代的创新，而创新往往是通过融合来实现的。之前分工清晰、独立发展的专业门类通过超出想象的、多种多样方式的拼装、嫁接、重组、杂糅、全新架构，产生了内涵、外貌与本源门类迥然相异的全新文化样式：中国的小说并不是从元代发端，但是正是由于元代小说对于书面诗文和当时口语的全面使用和广泛借鉴，才使得通俗小说成了大气候，在社会生活和文学发展史上占有一席之地。

　　上图下文的"全相平话"作为民众喜闻乐见的新形式，打破语言文字庄重严肃的传统形象，与绘画的视觉形象相结合，将书籍带出书斋，走入民众，成为妇孺皆知、社会喜闻乐见的文化产品，是一种历史性的突破，也开辟了现当代连环画这种全新的文学艺术形式之先河；诗、书、画密切关联，使文人画和题画诗得到了长足发展并走向全面成熟；全新的釉色颜料与传统制瓷工艺相结合，产生了色彩纯正、对比鲜明、器形硕大、风格明朗、典雅宏丽、令人耳目一新的元青花。多种文化艺术形式的彼此靠近相互借鉴融合，是元代文化发展最为显著的特色之一。例如，诗文与小说和戏曲出现了靠近的趋势。具体地说就是诗文中叙事的成分增加，使得元文取得了与唐宋文并列的地位。同一个题材，会有多种文学艺术形式来表现。例如，陶渊明归隐的主题，在诗歌中有，在散文中有，在杂剧中有，在绘画中有，甚至在青花瓷器上也有。历史话本、民间传说的故事，纳入了新兴的文学艺术样式杂剧之中。而经过杂剧走红而家喻户晓的故事、人物、情节等，又进入到了说书人或者是小说甚至是绘画以及壁画之中。多种文化艺术形式的彼此靠近相互借鉴融合，是元代文化发展的特色之一。

这样的例子不一而足。其中最为丰硕的时代文化成果还是非杂剧莫属。

顾学颉认为"杂剧是一种市民文艺的较高级形式，事实上超越了以往的市民文艺形式"，所以在元代得到市民阶层的广泛欢迎，"突出地、活跃地、成功地发展起来，并达到非常兴盛的地步"[①]。无疑，杂剧这种更高形式的具有复合形式特征的文化产品，是迎合了观众们日益提高的文化艺术品位而产生的。说明人们对文化的消费档次提高了，有了更高的要求。同时，戏剧的形式，又是大都观众身份复杂、文化程度参差、欣赏口味差别化等矛盾之间相互妥协的结果。杂剧是集音乐、歌唱、舞蹈、诗歌、美术、朗诵于一身的综合艺术，以叙事为手段，以启发思想、拨动情感、传播审美为目的。杂剧这种手段、形式的多样化，使其较之以往的诗、词、歌、赋体式的单纯或者是音乐、舞蹈、歌唱形式的单一更能够吸引较多较广泛的观众。语言不通，可以欣赏华丽的装扮、优雅的舞蹈和身段；韵白不懂，可以品味优美的唱腔，享受悠扬的音乐；即使仅仅明了故事，也能够随着剧情牵挂着主人公的命运和结局，为他欢笑，为他哭泣。也就是说，无论你的审美重点在哪里，你在杂剧中总能找到属于你的那个位置。这种新的杂剧样式要比宋杂剧、金院本容量大得多，正如夏庭芝在《青楼集志》中所言："唐时有传奇，皆文人所编，犹野史也，但资谐笑耳。宋之戏文，乃有唱念、有诨。金则院本、杂剧合而为一，至我朝乃分院本、杂剧而为二。"其丰厚的内涵，能够满足观众不同的审美需求，吸引更多的人走进剧场。

这种杂糅、拼接、重构随处可见。戏曲和小说中，大量韵律鲜

[①] 顾学颉：《元人杂剧选》前言，人民文学出版社1978年版，第6页。

明、凝练雅致、对仗工整、讲求情感抒发的句式，显然是直接将诗、词等韵文纳入了其中。宋元话本在每一篇或者每一卷的开端都有诗歌一首，来概括、评论该篇或者该卷的故事，或者由故事生发总结出来的世事神髓。它们朗朗上口，与其说是诗歌，更像民间的顺口溜、打油诗。讲史话本中有时也会少量引用著名诗人的作品，他们一般都是人们耳熟能详、传唱甚广的名篇名句。这样的形式，确立了这种文学体式的仪式感，起到了画龙点睛的作用。

而对于北京来说，元代更具有里程碑意义，之前的辽之南京、金之中都，尽管已使北京登上首都舞台，但是真正使其各项功能完善成熟，正式承担起引领国家文化的历史重任却是从元开始。

二 大都文化变革创新的外部条件

（一）社会文化氛围的改变以及士人阶层自我期许的重建

一个植根中原文化或者深受中原文化影响的统治政权，大多都能形成比较清晰完整严密的文化政策。元朝却表现出迥异于前代、后世的独特个性，在中国文化史上应该也是个异数。元代统治者的文化政策与他们在其他领域，如经济、军事方面一样，显示了超强的灵活性、适应性，一切皆以现实实用为标准。同时，又始终极其顽强地坚守着自己独特、鲜明的民族文化，拒绝在融合中丢失自我个性。

在拥有中原之前，蒙古人的铁蹄已经踏平了远至欧洲乃至北非的广大疆域。所以，在蒙古人的文化版图上，中原文化不过是其广袤浩大的统治范围内一个特殊颜色的较大的拼块而已。"蒙古人关于'天下'的概念，远远超过了汉、唐、宋以及任何其他中国政权所能梦想的范围。一时间，中国不过成了一个大得多的政治秩序中的一部分。"[1] 在此情形和心理驱使之下，期望"见多识广"且以征服者和胜利者姿态出现的元统治者对所谓正统的中原传统文化顶礼膜拜，不过是一厢情愿的痴想而已。

---

[1] ［德］傅海波、［英］崔瑞德编：《剑桥中国辽西夏金元史》，中国社会科学出版社1998年版，第2页。

但是元代文化的发展，从某个角度来说，恰恰深刻地得益于蒙元对文化的这种"无识"与"无为"。戏曲的繁荣与忽必烈和蒙古朝廷的文化政策是紧密相连的。他们很少对创作以及演出进行政治性的干预，这就使得作家可以非常自由地涉猎和尝试各种主题，进行创作，无论是历史题材还是现实题材，无论是揭露社会还是宣扬道德，无论是崇尚宗教还是推崇英雄，以现在流传下来的剧本以及曲目看，可以说是百无禁忌。由此可以推断，人们并不担心政府的审查。他们让一些剧目进入宫廷演出，是对戏剧直接的褒赏和支持，对白话文的提倡，改变了以往对白话文的歧视与偏见，从根本上支持了作家们的创作，有着更为深远的意义。[①]

以往教科书给予人们这样一个强烈的印象，就是辽、金、元的统治者都来自荒僻寒冷的北方，都是以游牧、渔猎为主要特色的民族，所以文化处于比较原始的状态。诚然，这是符合基本历史事实的，但是人们却忽略了另外一个基本的事实，那就是他们不仅仅单纯依靠渔牧。作为能够长期独立生存发展的民族，他们始终重视贸易，有着进行大规模贸易活动的传统，以此作为单纯游牧业所造成的生产生活必然不足的补充。从汉唐时期中原政权与北方民族的边贸就可以看出贸易对于游牧部落不可或缺的重要意义。也因此，他们有着对商业的极端重视，并由此产生了不同于中原自给自足农业文明的商业文化精神，他们将这种精神带到了广大的被征服地域，并且随着被征服地域的增多，也始终不断充实、完善并且发展着这种精神。这对原来以中原传统文化为主的元代大都文化产生了极其深刻的影响。

尽管辽金两朝也是异族统治，但是中国社会结构总体上没有被打乱，具体体现就是中原传统的正统文化继续得到尊重、继承和延续，儒教得到尊重，文人学士通过科举进入仕途的渠道没有变化，各个阶层所处的社会地位架构没有大的变化，地主、农民、工匠、商人各行其事。而元朝是如此地不同于以往，整个的秩序统统被打乱，"个人、

[①] 詹姆斯·L. 克伦普的《忽必烈汗时期的中国戏曲》，对这一时期的戏曲进行了较深入的研究。转引自［德］傅海波、［英］崔瑞德编《剑桥中国辽西夏金元史》参考书目第【80】条，中国社会科学出版社1998年版，第748页。

种族、职业集团的原则充斥着元代的整个法律体系"①。每个社会阶层都受到了不同程度的冲击，造成断裂错移。其中落差最大，也是最令人难以适应和接受的是，除了被蒙古统治者接纳的少数人以外，大多数华夏传统文化的文人学士被排斥在政府权力以外，他们熟悉的仕进之途基本上被阻断了。在蒙古人的世界里，主流的精英分子是另外的一些人，除了蒙古贵族之外，还有来自中亚西亚的贵族、商人，他们充当着政府行政运行的管理者、商业经济运营和税收的管理者。元代中国政治有话语权的除了蒙古人之外，恐怕就是这部分掌握了国家经济命脉的西亚中亚商人了。他们在蒙古统治集团中有着相当强大的影响力。在元代的历史上，他们位居中枢高位，屡屡被重用，他们有着双重的手段：一方面以包税人的面目出现——以竞争的方式高价向朝廷争取征税的权力，将盘剥民众的权柄掌握在手中，通过不断加重税负来增加自己的利润积累财富；同时，又以放债人的面目出现——用蒙古宫廷和宗王提供的资金向无法应付高额税款的贫苦民众放高利贷，而高利贷暴利所得，也流入了他们的私囊。作为社会的"高等人"和"成功者"，他们的生活方式、价值取向、审美观点等，与作为"国族"的蒙古贵族一样，在社会上具有很强的示范带动作用，对这部分人最集中的大都的城市生活产生了潜移默化的较大影响。

以往传统封建王朝，国家给予地主士大夫特殊的优厚待遇和崇高的社会地位，似乎掩盖着另外的一个事实，就是对其他职业阶层不公正的排斥和歧视，造成了传统社会重农轻商、重农轻工的倾向。商人和手工业者受到轻视，士大夫阶层更是以"重义轻利""君子不言利"相标榜。而在蒙古人的价值体系中，一定程度上消除了这些歧视。手工业者、商人和科学家甚至是艺术家等从业者们都获得了更多应有的重视、尊重、保护和实际利益，也获得了较以往更高的社会地位。在元大都社会结构中，他们是市民阶层的重要组成部分。由于蒙古人自己工匠很少，而鞍马骑射的游牧生活所必不可少的手工业品必须仰仗

---

① ［德］傅海波、［英］崔瑞德编：《剑桥中国辽西夏金元史》，中国社会科学出版社1998年版，第31页。

贸易等手段依靠外族人来提供，所以出于实用主义的目的，蒙古人不仅豁免手工业者的徭役，而且给他们较高的工钱和食品等必需品的配给，还允许他们在完成每年朝廷规定的制造定额后销售自己的产品。这就在城市中形成了一个庞大的手工业阶层，他们被以世袭的户籍管理制度所限制，在蒙古人统治的13世纪后期，约有30万户被划为匠户。同样地，汉族正统文化中，轻视商贸，鄙视商人，历朝历代不仅对商人设置了许多限制，而且，作为唯利是图代名词的商人们的社会地位一直未能得到正面的评价与承认。而蒙古人却没有这些偏见，无论是战争阶段还是和平时期，蒙古统治者和以回族人为主的商人集团，始终保持着相当强的依存互利关系。加之纸币的广泛使用和流通，驿站系统的发展与完善，都为商业的发展提供了诸多的便利，使得中国商业在元代出现了异常繁荣的局面。马可·波罗对忽必烈时代的都城"汗八里"（今北京）有这样的描写："我相信世界上没有别的地方能聚集这么多的商人，并且比世界上的任何一个城市里的更贵重、更有用和更奇特的商品都汇集到这个城市里。"大都迅速成为帝国财富的聚集地和蒙古贵族、巨贾富商享乐的销金窟。这些城市特征显然与蒙古统治者的生活传统、文化理念有着密切的关系。城市商业理念的盛行，追求享乐生活的风靡，显然更多地来源于蒙古及西域民族的生活方式以及西方文化的强烈影响，与正统的中原农耕文化鄙弃商业追求耕读，鄙视奢侈崇尚简朴，反对靡费重视积蓄，克制享乐重视知识，等级严密强调尊卑的都城文化传统有着鲜明区别，这也形成了大都与之前传统帝都文化非常强烈的对比。从文化本源的意义上，元朝的大都使首都文明从较为纯粹的中原农耕文明向农耕与游牧相结合、更多吸纳多民族多宗教元素的多元文化文明转变，通过继承、融汇、贯通，创新出属于自己时代的独特文明。除此而外，蒙古人重视医学和科学，努力提高这些从业者的社会地位。在天文、历法和地理考察、地图绘制等方面都取得了令人瞩目的成就。而这种普遍性的惠及政策，造成了专以科举谋取仕途的士大夫阶层心理失落。因为现在他们不再被视为社会唯一的精英部分，不再成为国家管理团队的唯一成分和可预期的后备力量，而是成为整个社会中与宗教人士、艺术家、手工业者、科学家同等地位的群体，成为多种职业之一种职业的从事者。他们除了选择自由的职业外，在政府部门大多集中在翰林院、国子监、集贤院以及国史馆等。而他们当中兼具多种才能的人，则更容易受到统治者的重视和重用，如刘秉忠、郭守敬等。

历朝历代标榜应该具备"先天下之忧而忧，后天下之乐而乐"情怀，认为应该承担"天下兴亡匹夫有责"（尽管这是后世的表述）使命的儒家文化精英，此时却成了这个帝国政治、经济、军事核心决策的局外人。他们须兼具诗文之外的其他才干，方能侧身于统治的管理体系之中。这种社会结构的变化，对士人阶层造成的冲击无疑是巨大的。在整个元朝，他们中的绝大多数表现出了对蒙元统治情感上的强烈疏离。但是多数颇有精英意识的文人学士阶层并没有就此沉沦湮灭。被排斥在治国理政官场之外的他们，被迫有了更加广阔的选择——教师、医生、商人、地主和文学艺术创作、文化生产等。他们把自己的生活理想、价值观念、道德判断在更广泛的范围，以更加多样的形式进行了呈现与传播，即使是自幼经受中原传统文化熏陶，身处馆阁中的清贵们，在元大都这样一个商业氛围浓郁的城市，也不可避免地要受到城市文化的深刻影响。

西方的世俗化，发生在资本主义经济兴起之时，经过启蒙运动，作为对教会神学统治批判的结果而出现，比中国的世俗化晚了数百年，处在不同的社会发展历史阶段。但是有一点与元大都文化却是相似的，就是西方的世俗化也曾是市民社会形成和发展的结果。元代的大都，之所以产生世俗化的思想、观念、倾向，人们的审美追求在社会发展的这一时期和阶段发生变异，有其必然性和普遍性。大都城市商业和手工业的迅速发展，使得整个社会发生转型，数量庞大的市民阶层崛起，结束了文化依附于统治政权的传统，整个社会从"政治国家"转向"物质国家"，改变了文化对于政治的仆从关系，解构了文化倚重政治而居于社会生活中心的境况，旧的、传统的思想权威渐渐失去了一定的威力，百姓的文化生活不再是过去知识精英们所主导的政治化的、神圣化的、理想化的，禁锢与束缚已经大大减弱，造成了正统文化的流离失所和传统文人的生存危机。从而开辟了文化与政治、经济三极并立的新时代，以市民阶层为主体的，代表了其切身利益的平凡、平民、庸常的文化，获得了相对独立的社会定位。民众的判断成为道德的基石和文化的真谛。而科举的废止和仕途道路的阻隔，也使得文人们放下了以往的身段，以轻松、游乐、享受、消闲的态度来对待文学和创作。当两股潮流力量合拢纳入同一个河道时，产生蔚为壮观的时代的文化巨浪也就不是奇怪的事情了。

更主要的是文化产品的商品化，使得文学必须走出正统和高雅严肃，走近民众就是走近市场。文人不再依靠国家的供养，而是直接面对市场的选择和考验，依靠市场，依靠文化消费，来决定文化商品的成败与得失。以市场为出发点，就必须以世俗关怀为核心。这种世俗关怀表现为对以市民阶层为代表的世俗大众生活情趣、人生态度、审美理想的认同，抒发他们的理想和信念：自信、善良、仁义、忠信、孝慈。民众的欣赏口味成为至关重要的决定因素。世俗化的深层，隐藏着民心所向。

在《剑桥中国辽西夏金元史》一书中，作者很肯定地说"因为中国以前以科举为教育的中心，科举的废止，使教育系统一片混乱"[1]。这话实在是过于武断了。命运之神将科举仕进之门关闭的时候，却又打开了文化立身的窗子。知识分子在文学艺术创作的舞台上依然表现出极强的精英责任意识和英雄末路的情怀。而且，永远不要忽视中国教育强大的生命力和渠道代偿能力。事实上，中国的传统教育，在元代基本上保持了原有的框架，并且得到了部分的加强和改善，在大都以及各地的重点城市，府学、州学、县学都有复兴。而在大都，各种针对蒙古、色目子弟进行系统教育的学校和医学的、天文学的专门学校也都建立起来。按照元廷的规定，无论是各级官学、私学还是这些学校，也都是把四书五经等中华经典作为基本内容进行传授的。

---

[1] ［德］傅海波、［英］崔瑞德编：《剑桥中国辽西夏金元史》，中国社会科学出版社1998年版，第455页。

（二）借鉴——"拿来主义"思维方式的示范

事实上辽、金、元每一个少数民族王朝的统治者，为了交流便利和王权永固的需要，都曾试图创立并传播一套本民族语言的文字系统。契丹人分别在920年和925年创制了所谓的契丹大字和表音的契丹小字。女真人则在1119年和1148年分别创制了自己的所谓的女真大字和小字。这些文字都曾推广使用过，并最后随着推广者政治统治地位的丧失而逐渐湮灭。之后强盛起来的蒙古人，有意识地不去创制复杂而难以推广普及的文字书写系统，而是以始终所秉持的"拿来主义"雄伟气魄，用畏兀儿字母书写自己的语言。之后蒙古人又于1269年颁行了蒙古族的第二套民族文字，它以藏文字母为基础，用来书写所有语言。这就是八思巴文字，它同样是"拿来主义"的产物。但与契丹文字、女真文字命运截然不同的是，这两种文字至今依然活着，是当今依然可以进行阅读和使用的文字。

在文化与文学上，这种"借用"和"拿来主义"也极为风行。如元代文学的插科打诨幽默风趣，实际上很多都来自禅宗的表达方式。元杂剧无名氏的《汉钟离度脱蓝采和》第一折【点绛唇】曲中明确地说"打诨通禅"。禅宗的谐趣幽默、善于戏谑是其最为明显的特色。这对元代杂剧和话本的影响巨大。元代文人和宗教人士交往密切，经常一起谈论文艺，斗机锋，所以禅宗的幽默诙谐的表达方式就不可避免地影响到了文人的创作态度和表达方式。一方面这种玩世不恭、戏谑玩乐的生活态度，使得作家们某些压抑痛苦的心理得到了少许缓解，在不平中保持了一份潇洒自在、任性逍遥的平衡；另一方面，也使得元代的文学从思想内容、语言风格到表达方式，都呈现出了接近民间的通俗化倾向。元代文化的通俗不是艳俗、低俗、庸俗，而是质朴、直白、坦诚、本色、健康、清新、自然，少矫饰，不做作。

元朝是通俗艺术在中国历史上是最为繁荣的时代，这与元朝统治者提倡和使用白话文密切相关，白话文比任何其他朝代更受重视，应用范围更广，甚至已经无处不在地渗透到了元代文学创作的各个体式之中。虽然我们找不到太多忽必烈直接支持文学发展的具体证据，但是蒙元统治集团为了上情下达贯彻执行的需要，为了交流的便利，他们强调使用白话文。每个初次翻检元代资料的人，都会因为里面充满了半生不熟且夹杂着很多外来语的大白话留下极其深刻的印象。与以往朝代讲究礼仪，讲求章法，注重遣词用句的文章是如此的不同，很多不登大雅之堂的俗字俚语方言甚至出现在很正式的写作之中，出现在君臣的对话之中，出现在朝廷的公文之中，人们并不对它进行辞令的严谨修饰和文雅严肃的匡正。这样的情形，常常使人疑惑，觉得必定是一个文化水平极其有限的人编纂、杜撰出来的。但这就是元代风尚，是元代语言的实录。这样的一种风习，对小说、戏曲的发展，有着潜移默化的影响。因为褪掉严肃、雅正走向世俗化，正是这类文学样式蓬勃兴盛的基础。无拘无束的自由书写，有益于更生动真实地描摹社会生活中的各种人物，有益于小说、戏曲在平民间更广泛传播。

（三）世界城市的文化多元

作为元帝国首都和世界城市的元大都，与一般的广袤的农村地区是截然不同的情景。由蒙古人、色目人组成的军队和以蒙古人为首领进行统治的行政机关就驻扎和安置在那里，随之而来的还有大批的为其服务或为了追逐利润而来的各国、各地域、各民族的商人，他们是来自欧洲和西亚、中亚的被称为色目人的人们。这样庞大而复杂的族群高密度地汇聚居住在大都，深刻影响并改变着大都的社会生活和文化面貌。

首先，在这里可以清晰地看到多民族为保存其原有文化独立性、完整性、鲜明性而做出的努力。南希·S. 斯坦哈特在她的博士论文《蒙古影响下的都城建筑：忽必烈的帝都大都》以及论文《忽必烈的都城规划》中，引用陶宗仪《南村辍耕录》和萧洵《故宫遗录》的材料，对当时大都的建筑及其规模进行了描述：在大都宫中花园中设有蒙古帐篷，帐篷中挂着皮毛帘帐，忽必烈与宫妃子嗣许多时候更习惯于在此安寝，而不一定是在砖木结构建成的巍峨的宫殿之中。对皇家宫廷生活相当熟悉的著名画家和诗人柯九思创作了大量的《宫词》，其中的一首说："黑河万里连沙漠，世祖深思创业艰。数尺阑干护春草,丹墀留与子孙看。"① 元朝的大明殿又叫长朝殿,是宫城中规模最大、规格最高、装饰最为华丽的地方。至元十年建成,东西达二百丈,深一百二十尺,高九十尺。举凡重大节日、庆典、大朝会等礼仪活动,都在这里举行。大殿台阶三组,周围绕以龙凤玉石勾栏。殿楹四向都是方柱,饰以起花金龙云的白石龙云。楹上有鹿顶斗拱,顶上有黄金双龙。殿内设有皇帝、皇后的宝座。这样一处富丽堂皇的宫殿,这样一个常常举行重要国事活动的所在,台基上竟然种植着一种惹人注目的莎草,这种专门派人从漠北草原移植过来的植物叫誓俭草,是世祖忽必烈为让子孙不忘草原,牢记祖辈创业的艰辛特地移植而来的。柯九思宫词所描述的正是皇宫中这一特殊景观。诗下还作有小注,云:"世祖建大内,命移沙漠莎草于丹墀,示子孙无忘草地也。"由此可以印证,蒙古人要世世代代保持自己民族文化特色的决心。柯九思的另外一首《宫词》:"万国贡珍罗玉陛,九宝传赞卷珠帘。大明前殿筵所秩,勋贵先陈祖训严。"② 描绘的是元廷重大庆典或者节日时列国进贡珍宝及赐宴百官的情景。每逢这样重大的场合,王公贵族筵宴必须陈放宣读成吉思汗大札撒(遗训法典)作为仪式不可或缺的部分,以示不忘祖宗遗训。作者在此诗后自注云:"凡大宴,世臣掌金匮之书,必陈祖宗大札撒以为训。"这再次印证了蒙元统治者注重本民族传统教育,尊重祖宗遗训的事实。在有元一百多年的历史过程中,统治者始终坚持了对本民族文化的保护和继承,这包括风俗习惯和完整遵循传统举行各种庆典和仪式等,如出征前的用马奶酒祭天仪式,移帐前的祭天祷告仪式。③ 蒙古贵族还一直都保留了狩猎的习俗,即使是生活在元大都这样的大城市也从未中断。根据马可·波罗的描述,忽必烈架着训练有素的鹰隼,带着经过驯化的狮子、豹

---

① (元)柯九思等:《辽金元宫词》,北京古籍出版社1988年版,第3页。
② 同上。
③ [德]保尔·拉契内夫斯基:《中国汗廷中的蒙古祭礼》,《蒙古研究》第426—428、434—442页。转引自[德]傅海波、[英]崔瑞德编《剑桥中国辽西夏金元史》参考书目第【411】条,中国社会科学出版社1998年版,第789页。

子等猛兽打猎，捕获的猎物有野牛、野驴、野猪这些大型动物，甚至有熊，还坐着由大象作为驾辕的辇车指挥打仗或者出巡。在各种庆典、节日都要举行盛大奢侈的宴会甚至彩妆游行，宴会上，身穿统一的质孙服，毫无节制地狂吃滥饮。在婚俗上，蒙古族也始终保持了特有的民族习俗和传统。服饰上，更是始终身着标准的民族服装，而没有入乡随俗或者是强迫被征服者易装易服。

所以，大都就是这样一个神奇之地。来此的每个民族，都试图努力保持住自己民族的文化特色，避免被其他民族文化溶蚀、湮灭，走向消亡。这种传承、保护与挣扎，是一种非常有益于文化多元的努力，并且取得明显的成效。但长期的共居共处和近距离的接触之下，交流融合是趋势，变化与革新都是不可避免的。

忽必烈采用了汉人所能理解和接受的方式，表明与儒家建立良好关系的愿望和立场。主要的做法有：

在将大都确立为首都并开始建设时，采用刘秉忠的建议，其都城形制规划基本采用了儒学理念，与中原政权都城在建设的基本格局上一脉相承；1267年，下令在大都建造太庙，并且制作了祭奠祖先所需要的祖宗牌位，这在蒙古民族历史上是史无前例的；1271年，采用刘秉忠的建议，根据汉族传统经典《易经》中"乾元"之意，新朝取国号为"大元"；1271年忽必烈在朝廷中重新实行传统的儒家礼仪以及与之配套的乐舞；[1] 忽必烈指定真金为继承人，并对其进行治国理政理念和行为能力培养的教育，这完全颠覆了蒙古传统的选举程序，而遵循了中原汉族王朝帝制传承的方式。事实上，元英宗硕德八剌18岁即位，他是整个元朝唯一的一个真正按照汉人长子继承传统和平移交获得皇权地位的皇帝。[2] 他与他的父亲元仁宗爱育黎拔力八达一样，较多受到汉儒家文化的影响，老师中包括王集、周应极这些著名儒学家，和柯九思这样著名的画家、书

---

[1]《元史》卷六十七，中华书局1976年版，第1665—1666页；《元史》卷八十八，中华书局1976年版，第2217页。

[2] 参见［德］傅海波、［英］崔瑞德编《剑桥中国辽西夏金元史》，中国社会科学出版社1998年版，第533页。

法家和鉴赏家,还有著名诗人贯云石。元仁宗热心文教,赞助出版的汉文著作有儒家经典《孝经》、刘向撰写的《列女传》以及元代官修农书《农桑辑要》。同时下令翻译了《贞观政要》,要求蒙古人和色目人能够诵读之,指出该书有益于国家的管理和统治。[①] 英宗本人能够背诵唐诗,并擅长书法。[②] 元文宗图帖睦尔在元朝所有皇帝中以最为饱学和多才多艺著称,有极好的汉学功底和较为丰富的历史知识,在诗歌、书法甚至绘画方面都表现出了非常高的造诣,并且成为书画方面具有卓越见识的鉴赏家和藏品丰富的收藏家。

对于学者而言,他们最为重视的是儒家学说的理念和观点是否能够得到传播的保障。忽必烈为他们建立传播的平台并提供了实质性的支持。一方面,忽必烈鼓励将儒家经典如《孝经》《书经》等翻译成为蒙古文,建立学校,任命许衡为国子祭酒。许衡非常务实,有学者认为他"不涉及纯理论、形而上学的内容或者更高深的内容",用极为务实的态度和方式方法来教育经过招聘选拔出来的蒙古以及其他少数民族子弟。另一方面,儒家学者历来重视修史,1261年儒家学者王鹗(1190—1273)建议搜集辽、金以及早期蒙古史,并提出了在翰林院下建立翰林兼国史院作为记录和撰写辽史、金史的体制保障,忽必烈批准了这些建议,并且赞同以传统的方式记载元代的历史。[③] 以上诸种,都被汉族知识阶层解读为蒙古统治阶层对于儒学核心价值观认同的表现。

同样,为了统治的需要也为了交流的顺畅,忽必烈还进行了新蒙古文字的创立。作为一个少数民族统治者,管理着一个地域辽阔、人口众多、民族繁杂、语言不同、文化多样的帝国,实用而统一的文字是必不可少的,以便适应记录、传达有关国家事务管理方面的

[①] 《元史》卷二十四,中华书局1976年版,第544页。
[②] 转引自[德]傅海波、[英]崔瑞德编《剑桥中国辽西夏金元史》参考书目第【758】条杨镰《贯云石评传》、第【816】条《柯九思年谱》,中国社会出版社1998年版,第187页;《元史》卷一百八十七,中华书局1976年版,第4269页。
[③] 陈学霖:《王鹗(1190—1273年)》,《远东史集刊》第12期,第43—70页;陈学霖《元代官修史学:辽、金、宋三史的修撰》,《蒙古统治下的中国》第64—66页。转引自[德]傅海波、[英]崔瑞德编《剑桥中国辽西夏金元史》参考书目第【52】条。

需要。成吉思汗时期，蒙古人用畏兀儿字母拼写自己的语言。忽必烈最初的宫廷文件也是用蒙古文书写，然后翻译成汉语白话。同时他也依靠汉人做书记官，但这些人更习惯使用文言文书写，这势必给蒙古等少数民族统治者造成阅读、闻听、理解、掌握、使用方面的困难，所以忽必烈强迫他们用白话文书写。尽管如此，蒙汉文字之间的转换还是生硬而困难的，正是在此背景下，忽必烈决定创建既能准确记录汉语语音，又能准确记录蒙古语语音的文字，这就是八思巴文字创制的初衷。这种 1269 年由吐蕃人八思巴创建的文字，能够记录包括蒙古语、汉语以及其他语言的语音，忽必烈称为"蒙古字""国字"——国家文字。不仅命令用此书写官府文件，并且通过学校加速这种文字的推广。尽管作出了许多的努力，八思巴文字实际的推广效果并不尽如忽必烈之意，在语言的历史惯性之下，这种新创制的文字始终没有能够取代蒙古文和汉文在传播使用上的优势地位，而且随着元朝的灭亡而消亡，仅仅在钱币、印章、瓷器上留下了稍许的蛛丝马迹。

总之，元代大都单纯的一元核心被打破，形成了民族多种，宗教多样，开放、解放、包容，多元文化价值观体系并存的格局。如果对元朝的文化政策做总结的话，应该是坚持蒙古传统，接受包括汉人在内的各个民族、地域的文化习惯，力求广泛性。在此之下，创新是融合的必然结果，也是历史规律。在北京居庸关保留的碑刻中，就同时保留了梵文、汉文、蒙古八思巴文、畏兀儿文、藏文和西夏文。此碑修建于 1345 年。在官方认可的秤砣上铸造錾刻着汉文、蒙古文和阿拉伯文字。这些保留下来的文物准确无误地表明，在元大都，多民族聚集，多种语言混杂，多种生活方式并存，所有一切彰显元代文化的多元性，同时也彰显着文化融合的必然趋势。

三　大都文化融合创新的内在规律

创新，往往由融合而产生，是融合的必然结果。大都的融合创新，带有鲜明的首都特色。与这里的多民族聚集、商业发达、科技先进、艺术氛围浓郁、消费需求旺盛等密切相关。对诸多文化现象进行综合比对，会发现其中确有规律可循。那么融合到底是怎样产生并发展的呢？

（一）旺盛而多样的文化需求是创新的最大内驱力

从思想到语言、从风格到形式的文学创新，直接遵循传播学规律，也是追求商业利润最大化的结果。"全相"这种带有精美插图的书籍，首先与雕版刊刻印刷技艺的大幅度提高直接相关；同时也与大都移民城市性质密切相关。这里有来自中亚西亚甚至欧洲的商人，有汉语听、说基本未"达标"的蒙古贵族，有来自全国操着各地方言的文人学者宗教人士。城市中不仅多民族聚集，而且来自西域甚至外国的手工业者众多，人们汉字识别能力参差不齐。况且都市生活节奏较快，没有太多闲暇时间去学习汉字阅读。而他们同样都希望享有丰富多样的文化生活，迫切而旺盛的需求，使得那些能够跨越语言文字障碍的具有轻松快乐特征的文学艺术形式大行其道，受到特别的欢迎。元杂剧具有这样的特性，所以繁荣昌盛；图书中的"全相"具有这样的特性，所以也应运而生，担当起文化传播使者的角色。它使得元代书籍面对的读者更宽泛，文化普及效果更加显著，堪称元版书之冠冕。

元人的大胆在于创新没有禁区。文学上宋元话本的"全相"带来读者的增加和商业利润的提高。但是将严肃的被奉为圣人之学的儒学经典也做了"全相"化的处理，这是以前很难想象的。为了更好地学习儒学，忽必烈等元帝都积极探索用多种方式了解和学习儒家经典。除了借助儒臣参与国家管理，处理军政要务，忽必烈也很重视对儒家经典的学习，命人有计划系统地翻译儒学经典，中统二年（1261）王恽等奉命"图写历代君臣可法政要及古太子贤孝等事"以备进讲事见[1]。到至元三年（1266），又宣谕儒臣"朕宜听何书，其议选来讲"。为此，商挺及姚枢、窦默、王鹗、杨果等又特地精选编纂了《五经要语》二十八类，作为专为皇帝授课的讲义。事见《敕

---

[1] 王恽：《中堂事记上》，见《秋涧先生大全集》卷八十，《影印文渊阁四库全书》集部一四○别集类，台湾商务印书馆1986年版，总第1201册。

赐经筵题名碑》，许有壬《至正集》卷四十四，《元史》卷一百五十九《商挺传》均有记载。著名的散曲作家贯云石，西域人，出身贵族，深受皇廷恩宠。他把《孝经直解》进呈给当时的太子爱育黎拔力八达（即后来的元仁宗），这本书以图文并茂的形式，用元代当时的口头语言解释儒家经典，便于非汉语的少数民族人士研习，对于普及文化经典有示范作用，实际效果甚佳。

（二）自由激发人们融合创新的潜力

蒙古统治者的默许和支持，是创新必不可少的外部环境。但是这种支持并不直接体现在法律条文或者政府典章制度方面，而是通过尊重规律、保护人才、营造环境来实现的。

对以游牧为生的蒙古民族而言，稀缺的手工业者永远是值得保护和尊敬的财富以及必需品的创造者。蒙古人在取得了政权之后，依然继承并严格遵循着这一认知和古老的习俗和传统。在此情形之下，元朝包括陶瓷在内的手工业都得到了长足的发展。元廷对手工业、商业、科学以及艺术不仅给予较之以往朝代更多的重视与尊重，而且给予相关从业者更大自由发展的空间和经济自由支配的权利。他们提高手工业者社会地位，克服管理上僵死的模式，给予更多宽待与自由。这个宽待就是待遇较为优渥，生活水平有所提高；这个自由就是在规定完成额度之外的生产，可以用于市场的自由交换。这样，由于生产和个人所得紧密联系起来，所以充分调动了劳动者的生产积极性。为了追求更大的市场、更广的销路、更高的利润，劳动者开始对生产投注了更多的关切。为避免同质竞争，获得更多客户，他们会千方百计推陈出新提高质量，做到人无我有，人有我优，以迎合消费者的需要。这个过程中，每个环节都被生产者自觉地变为创新着力点。整体来看，元朝的管理是成功而又有成效的，在手工业者户籍制度之下的管理，既充分保证了御用所需，又通过其余产品实现商品属性，鼓励了他们的生产积极性，刺激了平等竞争之下的不断创新，使得劳动者在不断提高生产效率的同时，增加花色品种。由于元代疆域的辽阔、内外文化和商贸交流的顺畅，产品不仅能够满足统治者的需求和国内市场，还由于海外贸易能带来巨大的利润而走向世界。元朝的瓷器生产正是这样。元朝的陶瓷工匠们不必像宋朝那样，只能接受皇家或者是士大夫阶层的美学观点，刻板而严格地进行官窑御制生产。——那样的生产，尽管精美绝伦，但是却禁锢了他们的想象力，限制了他们的创新。元朝的陶瓷工匠们，会在陶瓷器型、陶瓷绘画的花色、绘画图样的内容方面发挥想象，大刀阔斧地进行改进创新，以适应不断变化的市场，博取有着不同文化需求的消费者们的欢迎。有个杂剧很受欢迎，他们就画进去；有个传说大受青睐，他们也画进去；文人画大行其道，他们把题画诗引进来；西洋人喜欢某些特殊题材，没问题，满足他们。这样"鬼谷子下山""负荆请罪"等市民喜闻乐见的题材就被描绘到了人们日常使用的青花罐上，而展现诗歌、书法、绘画之美的书画瓷，往往会被读书识字的汉人所赏爱；至于那些充满异域风情的西番莲纹饰等，原本就是外国人的定制，自然会沿着海上丝绸之路到达遥远的所在。如此，陶瓷艺术表现的空间和内容都大为扩展，达到了前人无法想象的程度。与此同时，陶瓷工匠们也将蒙古族的审美观点很自然地融合到了自己的作品之中。于是器型硕大，用色讲究，风格狂放的元白、元青以及令世界叹艳的元青花就在这样的氛围之下产生。当时中国的陶瓷产品等通过与东南亚和中亚的贸易，获得了极为可观的商业利润。由此可以说，制度建设和管理创新也都是生产力，成为文化创新的助燃剂。

　　凡有创新结果，必有创新的原因。杂剧是元代最大的创新，那是因为元代戏曲的写作者、表演者、组织者、观赏者，都处在了不同以往的新状况之中。身在贱籍的艺人，在元代依然归教坊司管理。他们在金元和宋元战争中，被当作财富争夺，归属了胜利者蒙元，在新朝依然没有取得平民的身份，婚配、择业乃至子女的婚配和择业等还要受到严重的歧视和严格的管理，没有平民的自由。但是即使是他们，这些在以前总是被社会视为贱民的男女演员，根据新规定，除了为宫廷和官府服务完成特定的任务之外，其余的时间他们是可以通过商业化的演出在文化市场上获得一份属于自己的丰厚酬劳的，由此他们的生活大为改善。一些知名的演员，因为技艺高超，广受欢迎，所得丰厚，物质上奢华甚至毫不逊色于王侯。经济地位的改变，也悄然改变着他们的社会地位，他们发现自己的地位有所提高，优秀演员在元大都这样的大中型城市，成为一般市民羡慕的对象。

元代，除了知识结构单一的传统士人地位下降之外，其他职业的从业者地位都有所提高。如专业从事绘画并以此为生的那些人。以往他们的绘画技艺被视为末业，无法纳入科举，也无法与诗词歌赋等相比。但是在元代，他们显然受到了更多的重视。蒙元在攻克南宋后，就下令将南宋皇家收藏运抵大都，在大都由几位汉人组成的鉴定小组对这些收藏进行鉴别和分类。并以此为基础，通过对画家的庇护，得到他们的作品，开始了元廷对绘画作品的搜集与珍藏。在这方面，他们掌握的途径正确，所以收获极为丰厚。[1] 在元代，尽管也有著名的画家如郑思肖等通过绘画艺术表达自己对异族统治的不满和反抗，但与此同时，许多的画家如柯九思等人受到赏识和重用也是不争的事实，这是一个非常突出和特别的现象。元廷任命李衎（1245—1320）为吏部尚书，任命高克恭（1248—1310）为刑部尚书，任命书法家鲜于枢（1257—1302）在御史台和太常寺任职。这些都是现成的例子。元代最著名的画家非赵孟頫莫属，而他是宋宗室后裔，以书法和画马而闻名于世。他发现蒙古统治下的画家比在宋朝有更大的创作自由。他曾经论证说宋朝宫廷画院制度使画家变成了统治者随心所欲的御用工具，而毫无个性和独立存在的价值。而元朝的不干扰艺术家创作的态度，所营造的宽松自由的环境和氛围，反而有利于艺术家的成长与创作。

自由，不仅仅体现在那些过去被视为贱民的人们实际社会地位的提高——在元代，这样一个时时事事都要冲破传统的时代；在大都，这样一个拥抱世界的城市。那些从事特定职业的人们，可以和传统社会中的读书人一样，获得实实在在的社会存在感。更重要的自由体现在人们的精神领域。由于文化管理上的宽松，没有思想的禁锢，没有

---

[1] 参见李雪曼、何慧鉴《蒙古国时期的中国艺术，元代（1271—1368）》，转引自［德］傅海波、［英］崔瑞德编《剑桥中国辽西夏金元史》，参考书目第【282】条，中国社会科学出版社1998年版。

文字狱的威慑，没有仕途利益的时时引诱，所以，知识阶层也获得了自由——职业的自由、心灵的自由，创作的自由。

（三）开阔的文化视野使创新得以实现

国家首都元大都的人们，首先具备了开阔的文化视野。继而，由于辉煌的文化成就，元大都取得了全国文化中心的地位。与此同时，成为文化的首善之区，引领了整个时代的文化。

元大都不仅有"请进来"的多元文化，同样也深受"走出去"文化的熏陶。在大都这样一个国际化都市中，统治者对不同文化的一视同仁，利于融汇多种风格，包容不同思想，消除门户之见，打破传统格局，造就了艺术的丰富多样。正是由于忽必烈对阿尼哥等人的支持，才使得大都城市建设出现了西藏、尼泊尔才能见到的建筑风格。同时，一个开放时代的帝国首都，又聚集着最多的经历过多种文化熏陶广有见识的人们。元代史料中曾记载了很多行迹堪称传奇的官员、能吏、文臣。他们"走出去"足迹到达过遥远的异域甚至外邦，这些有地位有影响的人们，将他们的经历写成书，从另一个渠道和角度，开拓着人们的视野。如足迹远至万里之外的耶律楚材、丘处机等。耶律楚材辅佐成吉思汗和窝阔台远征四方，曾随蒙古大军西征万里，在那里度过了长达十年的边地生活。熟悉边疆的风土人情、山川景物，创作了西域诗50多首，生动真实地描绘了奇瑰壮丽的西域风光。其中《西域河中十咏》最为人称道。全真道掌教丘处机，1221年应成吉思汗之约，前往大雪山（今阿富汗兴都库什山）觐见。《长春真人西游记》是丘处机的弟子李志常跟随丘处机西行写的日记，该书成书于1228年，共两卷。上卷写丘处机师徒西行来到大雪山西北坡八鲁湾成吉思汗行宫觐见，然后回到中亚名城撒马尔干（今乌兹别克斯坦）的过程。下卷记载丘处机讲道的经过、东归的行程。此书不但记录了丘处机一行沿途所见的山川地理、风土人情，还记录了丘处机的生平，以及途中诗作。赵良弼（1216—1286），字辅之，元代著名的外交家。他是元代高丽、日本等外交事务方面的专家。主张中国待日以亲藩之礼，被世祖采纳。《元史》卷一百五十九记载了他出使日本的传奇经历。其事迹见《元朝名臣事略》卷十一《枢密赵文正公》。他将出使日本所历所见写成了《日本纪行诗》。赵良弼不以诗闻名，这些日本纪行诗也没有留下来。所幸有张之翰《西岩集》中《题赵樊川日本纪行诗卷》，姚燧《牧庵集》卷三中《赵樊川集序》等做了记载。元初人亲历异域，并留下了大量诗文创作，都是中外文化交流史上不容忽略的事情。元代文化的世界眼光和国际倾向，是使得大都成为世界城市的前提。这种影响是广泛而深远的，使得日常生活的方式和内容、消费生活与闲暇生活的质量都发生了很大的变化。一个民族一定时代的文化时尚、文化品位，一定会通过该民族一定时代的文学艺术表现出来，因为文学艺术从来都是文化发展的表征。

第三节　散曲与国家文化中心地位之关系

散曲是元代文学最重要的组成部分，具有鲜明的时代特征。散曲肇源于金元时的燕京，对大都成为元代全国文化中心具有重要的促进意义。首先，从散曲对音乐的依赖程度可以推断，其产生一定与燕京（今北京）及周边地区，与北方少数民族音乐的兴盛有着密不可分的关系。其次，在语言文字的运用上，散曲也带有鲜明的以燕京（今北京）语言为基本标准和典型代表的北方方言特征。再次，散曲的特点，决定其必然产生发展于商贸繁荣市井发达之地，燕京作为辽、金、元三代都城，发展这种"市井俗曲"的文化生态环境得天独厚。最后，以散曲与杂剧的密切关联度亦可佐证其肇源地就在燕京的推断。同时，北散曲的发展、繁荣以及久远保留和广泛的传播，都依赖元大都国家首都地位和影响。

一　学术界对散曲产生时代与地域的各类说法

任何一种文化生命体，都会以独特的形式，表现其鲜明的无可磨灭和改变的初始基因。散曲产生的时代以及肇源地问题，是元代文学和散曲研究的重要课题，历来为学界关注。元人将散曲以"乐府"名之，杨朝英的《乐府新编阳春白雪》和《朝野新声太平乐府》是也。

明清人又称"曲者,词之变"①。这些认知,基本揭示了散曲继承中国古典诗歌传统,是韵文体式新的表现形式这样一种基本特性。它的形成,与唐诗、宋词一样,是语言发展和音乐变化共同作用的结果,是当下语言入于当下新的流行音乐而成的歌咏形式。正如明代王世贞《艺苑卮言》所言:"自金元入主中国,所用胡乐,嘈杂凄急缓急之间,词不能按,乃更新声以媚之。"尽管散曲有南曲和北曲之分,但是有元一代,"基本是北曲的天下,保留至今的元曲也主要是北曲"②。而北曲的基本曲调,正是燕乐体系与北方少数民族音乐融合而成的。

关于散曲兴起的时代,影响最大,最有代表性的是中国社会科学院文学所邓绍基先生主编的《元代文学史》中的观点:"曲牌中的【中吕·叫声】,就是宋仁宗至和、嘉祐年间根据叫卖声衍生的市井俚歌。【仙吕·太平令】是北宋末、南宋初的曲调,民间艺人张五牛还据此撰为'赚曲';【仙吕·拨不断】也是宋时俚曲。"③ 四川大学中文系王文才撰写的《元曲纪事》也认为:"北曲虽盛于元,始行自在宋金之际。时燕乐渐衰,中原乐曲乃融契丹、女真、达达之乐,滋演新声,自成乐系。燕乐旧调若用于北曲,亦属偶存。"④ 而有关散曲的肇源地,杨栋《中国散曲学史研究》明确认为散曲即北曲"发源于北宋末市井俗曲"⑤,并认为肇源地在东京汴梁。

以下这些史料在论述北曲起源时间、地域时经常被提及引用。宋代王灼《碧鸡漫志》记载:"长短句中作滑稽无赖语,起于至和(1054年三月—1056年九月)、嘉祐(1056年九月—1063年)之前,犹未盛也。熙宁元祐间(大体指1068—1094年),兖州张山人以诙谐独步京师(指汴梁,今开封)。时出一两解。泽州孔三传者,首创诸宫调古传,士大夫皆能诵。"这段文字在从风格特征的角度论证北散

---

① (明)王世贞:《艺苑卮言·曲藻序》,见中国戏曲研究院编《中国古典戏剧论著集成》(四),中国戏剧出版社1959年版,第25页。
② 傅璇琮、蒋寅总主编:《中国古代文学通论》,张晶主编之"辽金元卷",辽宁人民出版社2004年版,第113页。
③ 邓绍基:《元代文学史》,人民文学出版社1991年版,第297页。
④ 王文才:《元曲纪事》,人民文学出版社1985年版,第281页。
⑤ 杨栋:《中国散曲学史研究》,高等教育出版社1998年版,第62页。

曲源出汴京时常被引用。《宣政杂录》记载："宣和（1119—1125）收复燕山以归朝，金民来居京师（指汴京），其俗有《蓬蓬歌》，每扣鼓，和'臻蓬蓬'之音为节而舞，人无不喜闻其声而效之者。"《臻蓬蓬歌》是女真歌舞。宣和初由于宋一度收复燕山（指燕京，即今北京地域），一批金朝民众移居到北宋京师汴京，蕃曲流行，汴京人模仿其声调歌舞，产生了新的曲牌。其曲牌已经明显带有北地民族特色——而这正是散曲的音乐特征之一。这是从曲牌的角度论述散曲源出及形成。宋代曾敏行《独醒杂志》卷五中的"先君尝言，宣和间客京师时，街巷鄙人多歌蕃曲，名曰《异国朝》《四国朝》《六国朝》《蛮牌序》《蓬蓬花》等，其言至俚，一时士大夫皆歌之"，同样经常在从曲牌的角度论证散曲成形于北宋京城时被引用。到南宋，都城临安也曾一度流行女真歌舞，而《续资治通鉴》孝宗乾道四年（1168）臣僚言："临安府风俗，自十数年来，服饰乱常，习为边装，声音乱雅，好为北音，今都人静夜，十百为群，吹【鹧鸪】，拨洋琴，使一人黑衣而舞，众人拍手合之"，则常被用以说明北地文化包括女真歌舞影响曾深入江南腹地南宋都城临安，甚至直接作为散曲在江南流行的佐证加以引用。

  以上史料都非常重要，但这些并不能直接或者间接证明北散曲早在北宋时期就已出现，并肇源于两宋京师。因为：单纯从曲牌名称来考察散曲的肇源也许并不是一个非常科学的方法，事实上词与曲牌同名这种文学现象并不鲜见。宋是词大行天下的时代，焉能判断所举例子恰恰是词牌名而非曲调名，并且是后来意义的散曲牌名？王国维先生就曾依据《中原音韵》所收录的335个北曲曲牌统计，指出其中出于唐宋词的牌子就达75个之多。[①] 但是词调和曲调的区别是显而易见的，可知二者同名而非同种，是两种完全不同的韵文体式。何况，即使是在同一曲牌之下，其音调、韵律、声腔是否就是一成不变的？更重要的是，能够决定其为元曲"这一个"个性的并不仅仅是曲调一

[①] 王国维：《宋元戏曲元杂剧渊源》，见《王国维戏曲论文集》，中国戏剧出版社1982年版，第57页。

种因素，而是多种因素的集合。从宋仁宗至和（1054—1056）、嘉祐（1056—1063）直到北散曲大为兴盛的元代，在时间上，二者之间相距长达两百年之久，其间两度改朝换代，这中间不仅隔着一个历史并不算短的金代，而且其语言、音韵、乐曲完全是另外一个系统。明朝徐渭《南词叙录》说："中原自金、元二虏猾乱之后，胡曲盛行，今惟琴曲仅存古曲，余若琵琶、筝、笛、阮咸、响鞭之属，其曲但有【迎仙客】、【朝天平】之类，无一器能存其旧者。至于喇叭、唢呐之流，并其器皆金、元遗物矣。"一二百年间乐器的品种差异变化尚且如此巨大，亦足可想见音乐流行的沧桑巨变。如此，应曲而歌的散曲岂能独存不移？

文学发展的脚步走过宋、元，由词而曲，这是一种历史性、革命性的更替。明代王世贞《艺苑卮言》说"词者，乐府之变也。词兴而乐府亡矣，曲兴而词亡矣，非乐府与词之亡，其调亡也"，就明确地描述了不同时代歌唱形式的历史性变迁及其发展轨迹和规律。吴梅《词学通论》也谈到"元人以北词登场而歌词之法遂废""盖入元以来，词曲混而为一，而词之谱法，存者无多，且有词名仍旧，而歌法全非者，是以作家不多"[1]，从宏观角度论证不同历史阶段，韵文体式的深刻变化。元末陶宗仪也明确说"金季国初，乐府犹宋词之流"[2]，认为金代流行的歌唱还深受宋词的影响，而其言之凿凿的立足点，正是以已然形成独特风格的元曲为比照对象的，说明曲与词之间存在着本质性差别。何况游牧为主要特征的金元文化与宋代农耕为主的中原文化之间区别巨大，而它们恰恰是曲和词各自产生繁荣的根本基础。四库馆臣认为："词、曲二体，在文章、技艺之间。质品颇卑，作者弗贵，特才华之士，以绮语相高耳。然三百篇变而古诗，古诗变而近体，近体变而词，词变而曲，层累而降，莫知其然。究厥渊源，实亦乐府之余音，风人之末派。其于文

---

[1] 吴梅：《词学通论》，上海商务印书馆1933年版，第127页。
[2] （元）陶宗仪：《南村辍耕录》，中华书局1959年版，第332页。

苑，同属附庸，亦未可全斥为诽优也。"① 说明诗、词、曲之间的变异、更替，都是社会文化变迁的历史性必然和具体反映。作为集中体现文化以及审美流行时尚的词、曲，发生翻天覆地的变化亦势在必然。金人刘祁《归潜志》卷十三云："唐以前诗在诗，至宋则多在长短句，今之诗，在俗间俚曲也，如所谓【源土令】之类。今人之诗，惟泥题目事实句法，将以新巧取声名，虽得人口称，而动人心者绝少。不若俗谣俚曲之见其真情，而反能荡人血气也。"说明唐诗、宋词、元曲虽皆为不同时代各自的时尚流行之歌曲，但是在艺术气质和审美追求上却有着本质区别。其间的更替多发生在一种文学样式逐渐衰微，不能满足时代审美需要之际。词的全盛之时，散曲并不具备萌芽成长的基础，从文学发展的一般规律而言，这种词曲并驾齐驱的可能性也微乎其微。

二　散曲肇源于金末元初燕京之证据

这从几个方面可以得到证实：

（一）首先，从散曲对音乐的依赖程度可以推断，其产生一定与燕京及周边地区北方少数民族音乐的兴盛有着密不可分的关系

在有散曲记载的金代，其音乐就是多种北方音乐融合而产生的。《金史·乐志》说："金初得宋，始有金石之乐。然而未尽其美也。及乎大定（1161—1189）、明昌（1190—1196）之际，日修月茸，粲然大备。"并说："……有本国旧音，世宗尝写其意度为雅曲。"到元代，初期"若其为乐，则自太祖征用旧乐于西夏，太宗征金太常遗乐于燕京"，国家南北统一，又征南宋雅乐："至元十九年（1282），王积翁奏请征亡宋雅乐器至京师，置于八作司。"② 由以上记载不难看出，作为金中都和元大都的燕京，都是国家音乐机构设置所在，集中了来自各方最多、最优秀的音乐人才，汇集了各国、各地域、各民族最精良、最完备的乐器、乐谱，交汇融合着多

---

① 《四库全书》研究所整理，（清）纪昀等编：《四库全书》，见《钦定四库全书总目》卷一百九十八"词曲类一·总述"条，中华书局1997年版，第2779页。
② 《元史》卷六十八《志十九·礼乐二》，中华书局1976年版，第1128页。

种民族、多样文化典型性、代表性音乐,其音乐之嬗变最为丰富多样,也最能得其变化新趋势新风尚之先。陶宗仪《南村辍耕录》卷二十八的"乐曲"一条就明确记载说金元时期少数民族乐曲所弹奏的音乐与汉人曲调迥然相异。王国维在《宋元戏曲史》"余论"之三中指出:"北曲双调中《风流体》等,实女真曲也。此外如北曲黄钟宫之《者剌古》、双调之《阿纳忽》《古都白》《唐兀歹》《阿忽令》、越调之《拙鲁速》、商调之《浪里来》,皆非中原之语,亦当为女真或蒙古之曲也。"① 如此,以散曲与新音乐关系之密切,推断其产生于这些新型乐器被广泛应用,这些新兴音乐广泛流行的燕京及周边地区当不无道理。

事实上,散曲音乐之节奏风格也很能反映其产生源头的地域音乐特征。明代魏良辅《曲律》就说:"北曲以遒劲为主,南曲以婉转为主,各有不同。至于北曲之弦索,南曲之鼓板,犹方圆之必资于规矩,其归重一也。"王世贞《曲藻》更进一步阐释说:"凡曲,北字多而促,促处见筋;南字多而调缓,缓处见眼。北则辞情多而声情少,南则辞情少而声情多。北力在弦,南力在板。北宜和歌,南宜独奏。北气易粗,南气易弱。"元人夏庭芝《青楼集》中特意记载了几位以擅长"曼词"著名的歌妓很值得我们关注。她们是"尤长于曼词"的解语花②、"善小唱,能曼词"的小娥秀③、"善唱曼词,杂剧亦精致"的王玉梅④、"工小唱,尤善曼词"的李芝仪⑤、"能曼词,独步于时"的孔千金⑥。尤其是张玉莲⑦"旧曲其音不传者,皆能寻腔依韵唱之。……南北令词,即席成赋"。在这里,作者夏庭芝特别强调这几位歌妓因"善曼词"而"独步于时"。这从一个侧面反映了

---

① 王国维:《宋元戏曲史》,百花文艺出版社2002年版,第130页。
② (元)夏庭芝:《青楼集》,见中国戏曲研究院编《中国古典戏剧论著集成》(二),中国戏剧出版社1959年版,第18页。
③ 同上书,第21页。
④ 同上书,第29页。
⑤ 同上书,第35页。
⑥ 同上书,第40页。
⑦ 同上书,第31页。

与金元词更加相像的"曼词",到了元代已成"绝技"——或曰几近"绝迹"了。而我们也特别应该注意到:第一,这些能曼词的歌者数量很少,占《青楼集》群芳谱5%左右。第二,她们多不是燕京人。除了解语花明确生活在大都,曾在万柳堂献艺外,李芝仪"维扬名妓",张玉莲盛年活跃于南方某地,后生活在昆山一带,而王玉梅、小娥秀生活、活动地域不详,以作者对大都艺坛的熟知和对其中艺妓描述的详尽,对比二人介绍的简略,推想二人应该不在此地。"曼"同"慢"。夏庭芝的记载与《曲律》以及《曲藻》中对南曲的描绘极为吻合,能曼词者绝少,也说明了这种风格在大都或曰燕京地域的非主流流行形态。

关于散曲鲜明的地域特征,芝庵的《唱论》说得则更为明确:"凡唱曲有地所,东平唱【木兰花慢】,彰德唱【木斛沙】,陕西唱【阳关三叠】、【黑漆弩】。"这段话说明了这样的一个事实:一地有一地曲调传唱的特点、风格和偏好。这是因为在传唱的过程中,虽然曲牌相同,或者对于艺术演唱形式相互借鉴,但具体的演唱却由于地域不同,由于音乐、方言、韵调的差异而发生若干变化,使之带有了鲜明的地域色彩。元周德清《中原音韵》的论述特别值得关注:

> 南宋都杭,吴兴与切邻。故其戏文如《乐昌分镜》等类,唱念呼吸,皆如约韵——昔陈之【后庭花】曲,未必无此声也——总亡国之音,奚足为明世法!惟我圣朝,兴自北方,五十余年,言语之间,必以中原之音为正。鼓舞歌颂,治世之音,始自太保刘公、牧庵姚公、疏斋卢公辈,自成一家……予生当混一之盛时,耻为亡国搬戏之呼吸;以中原为则,而又取四海同音而编之,实天下之公论也。①

---

① (元)周德清:《中原音韵·起例》第二二则,见中国戏曲研究院编《中国古典戏剧论著集成》(一),中国戏剧出版社1959年版,第219页。

由这段话不难看出，以"中原之音为正"的中原，必然不是亡国之音的南宋临安，同样也不应该指有着相同亡国命运的北宋汴京，而应该是与"圣朝"有着更紧密联系的中原腹地燕京。在时间上，虽然"五十余年"仅是约数，但也不应有太大的出入。在这点上，同是元人的孔齐在《至正直记》卷一中也说："北方声音雅正，谓之'中原雅音'。"虞集《中原音韵序》也说："我朝混一以来，朔南暨声教，士大夫歌咏，必求正声；凡所制作，皆足以鸣国家气化之盛，自是北乐府出，一洗东南习俗之陋。"而唯有作为帝国首都的元大都，在语言上才能够取得"上自缙绅讲论治道，及国语翻译、国学教授言语，下至讼庭理民，莫非中原之音"[①]的高度统一。

（二）在语言文字的运用上，散曲也带有鲜明的以大都语言为基本标准和典型代表的北方方言特征

散曲作为一种从民间走向文坛历史不算太久的诗歌新形式，通俗是其最大特性。如果说传统诗歌以"雅正"为宗，善于表达重大主题；那么起源于晚唐五代、兴盛于宋的词，则是以"情"见长，长于表达细腻、委婉、雅致的情感。前者用字庄严、宏大，后者用字清新、雅致。诗、词由于发展历史已久，距离配乐歌咏渐远，纸质化已成基本流传方式。雅化日深，加之各种理性化、学术化的探讨、规范，所以已经日益演变为非常规范的、书面性极强的"大一统"面目了，在诗词中已经很难寻觅到当下的、活着的、民间的语言特性和活力了。

而刚刚脱胎民歌小调，作为当时"流行歌曲"必须歌唱的散曲，具有如下基本特征：第一，必须开口，按乐就调而歌；第二，是其传播与接受方式大多口耳相传，不以纸质媒介为主。文人专业化创作时间不长，雅化程度不深，所以遣词用字更多保留了民间、民俗，具有绘声绘色、平易通俗、自然直率、口语化入曲的"原生态"特征。明末清初人黄周星在《制曲枝语》中说："曲之体无

---

① （元）周德清：《中原音韵·起例》第二十则，见中国戏曲研究院编《中国古典戏剧论著集成》（一），中国戏剧出版社1959年版，第219页。

他，不过八字尽之，曰少引圣典，多发自然而已。"文坛的创作者们，无论是来自北方，还是江南，也都不约而同自觉地遵循、模拟其基本风格特征，力保"原汁原味"以求"正宗"。即所谓："方言常语，沓而成章，着不得一毫故实。"①王骥德在比较诗词曲三者之间的区别时，更是一语中的："诗与词不得以谐语方言入，而曲则惟吾意之欲至，口之欲宣，纵横出入，无之无不可也。"其结果是散曲在客观上较多保留了其肇源地充满生命力的语言文字风貌。散曲作为一种民间流行的时尚文化，在最初的流传过程中，其通俗本色的原生特点和形态得到基本保留，即元明时人称为"蛤蜊""蒜酪"的味道。正是因为这种味道的存在，使得我们通过比较、分析散曲语言特征，进而推测其肇源地之所在具有了很强的科学性。首先把蛤蜊风味形容为元曲的一种鲜明审美特征和风格的是元曲家王举之。他在小令【双调·折桂令】《赠胡存善》中，就曾明确地提出了胡存善曲作的"蛤蜊风致"特征及其主要表现。他用自问自答的形式进行解释与介绍：

问蛤蜊风致何如？
　秀出乾坤，功在诗书。云叶轻盈，灵华纤腻，人物清癯。采燕赵天然丽语，拾姚卢肘后明珠，绝妙功夫。

所谓"燕赵天然丽语"，当作"大都、河北一带活着的、民间的、流行的语言"之意解释和理解，考虑到自古燕、赵统称的传统和中国语言词义中的偏重现象，对这句话的正确理解应该是：散曲所用就是燕京——或曰大都流行语。

在用韵方面，散曲与唐诗、宋词也大有不同，它是以散曲初兴、盛行之地民众口头的自然语音用韵为标准，即周德清所总结的"中原音韵"。元代曲学家周德清本身是江南人，但是在前人研究的基础上，

---

① （明）凌蒙初：《谭曲杂札》，见中国戏曲研究院编《中国古典戏剧论著集成》（四），中国戏剧出版社1959年版，第225页。

总结散曲音韵，写出了《中原音韵》一书。该书分十九个韵部，四个声调。平声分阴阳，上、去声不分阴阳，入声派入平、上、去三声。可以说，《中原音韵》是基本忠实完整地保留了散曲的音韵原貌的。因为散曲具有"以词应歌"的特点，所以入声字不入韵部，这与大都语言音韵体系入声已经消亡的事实完全一致。

（三）金元时期燕京地区城市的发展和商贸的繁盛，为散曲这种"市井俗曲"产生发展提供了丰厚土壤

虽说散曲是当时的流行歌曲，来自民间，但是与一般意义的民歌小调却有很大不同。它是"市井俗曲"，与繁荣的商业，喧闹的市井和有着大致相同审美取向的众多市民为特征的城市文化密切关联。在北方，前称中都、燕京，后称大都的北京正是这样一个独特的繁胜之地，商品之发达，物产之丰富，人口之众多，整个北方地区乃至全国难有出其右者，是当时不折不扣的具有国际影响力的世界城市，我们从《马可·波罗游记》以及世界历史研究的各种资料中都不难得出这样深刻的印象，而这是"市井俗曲"产生的社会文化基础。

（四）从散曲与杂剧的密切关联度上也可以看出其肇源地的端倪

大都为元代全国杂剧中心，这是不争的事实。而散曲正是杂剧音乐曲调构成之基础。散曲的格式、体制一同于杂剧中的剧曲。没有散曲，就不可能产生杂剧。而在产生时间上，散曲也略早于杂剧的诞生和成熟。所以反过来说，杂剧正是在散曲兴盛的基础上产生的。由此推断杂剧中心即为散曲中心，应该是符合文学发展规律、历史逻辑和事物发展常识的。

一个证据也许不具有排他性，但是当多项证据组成链条，指向都统一在同一个方向时，我们就不难基于分析做出自己的推断与结论，此判断与结论即是：散曲肇源于燕京，勃兴于大都。

三　大都在散曲发展及传播过程中显示出的文化能量

在散曲走向文坛前台，扩大广泛影响，疏通流传渠道，从北方传播到江南乃至全国，使之成为一代文学之代表的诸方面，大都作为帝

国首都、文化名城和世界城市的意义和作用都是至关重要的。因为如果没有一大批具有相当高学养和很大影响力的人们的积极参与、搜集、整理,进行高质量艺术留存、提升,如果没有一个广阔开放的舞台,汇集创作、演艺、搜集、整理、出版不同领域精英的力量,如果没有地域的政治和文化强势可以依靠并进行大力推广,那么作为散曲前身的"市井俗曲",其命运是可以预见的:很可能如中国历史上众多的民间小调一样,很快就会自生自灭,消失在时间的长河中,终究难以逃脱昙花一现或偏于一隅的命运。其间任何一个环节都是不可或缺的,而在当时的中国,具备所有这些必备条件的,当非元大都莫属。从这个意义上讲,大都既是元代散曲生长成熟的摇篮,又是散曲发展繁盛广泛传播的高台。

其实,作为一个刚刚进入南北统一的多民族国家,方言杂陈,发音各异,恐怕是再自然不过的现实情况了。虞集在为周德清《中原音韵》所作序中批评各地之音多不雅正时,特别举例说明:

> 大抵雅乐之不作,声音之学不传也久矣。五方言语,又复不类。吴楚伤于轻浮,燕冀失于重浊,秦陇去声为入,梁益平声似去,河北河东取韵尤远,吴人呼"饶"为"尧",读"武"为"姥",说"如"近"鱼",切"珍"为"丁心"之类,正音岂不误哉![1]

这就以"排除法"从另一个角度说明了散曲出处既非江南的吴楚之地,也非保留了入声字的秦陇和平声似去声的梁益,更非与"中原之音"音韵大相径庭的河北、河东,甚至不是方言重发音浊少受外界影响的燕冀方言保留地,而是音乐、音韵、方言等广泛交流、充分融汇之后成就了"正音"的燕京核心之地大都。

燕京作为散曲肇源地的意义不仅在于在此基础上,大都进一步成

---

[1] (元)虞集:《中原音韵序》,见中国戏曲研究院编《中国古典戏剧论著集成》(一),中国戏剧出版社1959年版,第173页。

为一代文学之代表杂剧创作、表演的全国中心,形成了大都文化的空前繁荣和兴盛,而且它成为改变北京文化地位的历史转折点:

第一次通过创新,产生了非输入性的、原创的文学样式;

第一次据此确立了北京全国文化中心的地位;

第一次使本土作家正式规模性登上文坛,其典型是以刘秉忠为首的馆阁散曲作家和以关汉卿为首的具有杂剧作家身份的散曲作家;

第一次从"被化"转为"化他",具备了融汇机能,大批来自全国各地的文人士子参与,共同创造了大都散曲的繁荣兴盛,并将之远播四方;

第一次赋予文学普世的民众文化的意义,元代文学改变了中国文学的走向,使得俗文学正式登上文坛,形成与雅文学共进的格局,其中散曲的作用功不可没。

四 散曲发展在国家文化史上的意义和作用

在时间上,散曲的创作贯穿元代全程,从金朝末年一直到元代结束,散曲创作长盛不衰,且影响后世,明、清乃至民国都有仿作;在范围上,参与者众,上至馆阁重臣,下至市民艺妓,都可成为创作者和传播者;在地域上,元曲由大都而全国,不仅盛行于京师,而且流行于村野,不仅北方传唱,而且南方也多有创作;在创作题材和作品风格上,丰富多彩,较为全面地反映了社会生活的各个方面,且具有传情达意灵活生动的特征;在影响上,广泛而久远,形成与诗、词创作同样重要的文学新体式。琐非复初序《中原音韵》这段话可以作为这几个方面的印证:"以余观京师之目、闻雅乐之耳,而公议曰:德清之韵,不独中原,乃天下之正音也。德清之词,不惟江南,实当时之独步也。"[①] 这种观念,在明初依然盛行。明代张羽在《古本董解元西厢记序》中说:"国初词人,仍尚北曲,累朝习用,无所改。更至正德之间特盛。毅皇帝御制乐府,率皆北调,京师长老,尚能咏

---

① 俞为民、孙蓉蓉主编:《历代曲话汇编:新编中国古典戏曲论著集成》(唐宋元编),黄山书社2006年版,第233页。

歌之。"① 可见其影响深远广大。

周德清《中国音韵》指出"言语一科，欲作乐府，必正言语；欲正言语，必宗中原之音"②，因而元代散曲的兴盛与流行，对幅员辽阔、方言繁复的华夏民族的语言媒介的规范化、标准化，有着特别深刻的意义。

第四节　元大都文学在文化发展史上的地位和价值

元代是中国文学史"古典"与"近世"的分水岭，是其历史发展走向由"雅"而"俗"革命性的转折点。在元代之前，传统的代言体的诗歌、散文统治着文坛。元代开始，叙事体的小说、戏曲占据文坛更重要的位置，成为文学主力军。同时，元代文学又表现出"古典"与"近世"相互交汇融合的鲜明特征，诗、文等传统文体，叙事成分大为增加，承前启后，孕育出新的发展格局；而小说、戏曲等新兴文体，又随处融入了诗词文赋等传统元素，使之渊源深厚，广泛传播。胡适评价这一时期文学发展的历史性成就达到了"登峰造极"的高度，词、曲、杂剧堪称"一流之文学"并称赞它们是"活文学。""活文学"成为元代文学最突出也是最基本的特征。

一　大都文坛体现出元代文学典型的时代特征

元代文学，在北京文化发展历史上有着里程碑式的意义。大都，作为元朝强大统一国家的首都，不仅是当时政治、经济的中心，同时也首次取得了全国文化中心的地位。这其中，文学对这一中心地位的取得功不可没。因为，文学新时代在元大都（今北京）文坛得到了

---

① 伏涤修、伏蒙蒙辑校：《西厢记资料汇编》（上册），黄山书社2012年版，第81页。
② （元）周德清：《中原音韵序》，见中国戏曲研究院编《中国古典戏剧论著集成》（一），中国戏剧出版社1959年版，第175页。

极其鲜明、典型、集中、完美的体现。诗、词、文、赋、小说、戏曲各种文学体式齐备，风格多样，异彩纷呈。诗词文赋等传统文学体式方面，活跃于大都文坛的既有耶律楚材、刘秉忠等地域特色鲜明、成就斐然的北方雄奇浑厚一派，也有杂糅了南北之长，影响巨大的"元诗四大家"虞集、范梈、杨载、揭傒斯等；既有在城市文化中独树一帜的本籍诗文作家鲜于枢、何失、张进中，也有深受汉民族传统文化滋养，影响巨大的"华化"群体。少数民族诗人群体的崛起是元代文坛一个突出的文学现象。元代有作品流传至今的蒙古诗人有二十余人，色目诗人约一百人。① 而他们中相当一部分人活跃在大都文坛，耶律楚材、贯云石、马祖常、廼贤、萨都剌、赵世延、李公敏、伯颜、不忽木、阿鲁威等都是。他们或以诗文著称，或以散曲称雄，或长于辞赋，或精于小令，甚至还有的能够创作杂剧。清代诗论家顾嗣立在《元诗选》中评论元代少数民族诗人，认为他们的成就堪与最杰出的文学家媲美："有元之兴，西北子弟，尽为横径。涵养既深，异才并出。云石海崖、马伯庸以绮丽清新之派振起于前，而天锡继之，清而不佻，丽而不缛，真能于袁、赵、虞、杨之外，别开生面者也。于是雅正卿、达兼善、廼易之、余廷心诸人，各逞才华，标奇竞秀。亦可谓极一时之盛者欤！"② 在创作风格上，大都文学也成为集南北之长创新变革的典范。由于元之前是长达数百年的南北对峙，其间虽然文化交流并没有完全隔绝停止，但交流在宽度、广度、深度和力度上毕竟有限，始终是一种相对封闭的状态，基本格局还是各自独立发展。这在文学上，就形成了各个地域比较鲜明的地域特色。随着蒙元南下，"大一统"时代的到来，南北之间人为的重重阻隔消除，交流成为潮流，范围广且呈现出时尚化趋势。江南的典雅清秀、精美婉丽，北方的雄浑壮伟、豪放率真，通过交流融汇，相互影响，使得各自文风发生了极其微妙的变化，南方文士消除了纤弱靡丽，北方文士增加了清雅周密，共同将文学推向了新的高度。元人欧阳玄在《圭

---

① （元）周德清：《中原音韵序》，见中国戏曲研究院编《中国古典戏剧论著集成》（一），中国戏剧出版社1959年版，第175页。

② （清）顾嗣立：《元诗选》戊集《天锡门集》，中华书局1987年版，第1186页。

斋文集》卷七《潜溪集》序中曾对当时的文坛给予描述："中统、至元之文，庞以蔚；元贞、大德之文，畅以腴；至大、延祐之文，丽而贞；泰定、天历之文，赡以雄。"① 而这样的时代特征，透过大都文坛的诗文创作体现出来。

当然，对北京文化发展贡献最大、影响最深远的当数元曲，尤其是元杂剧。因为它奠定了北京全国文化中心不可撼动的地位。

二 大都文坛代表着元代文学的最高成就

王国维说："凡一代有一代之文学：楚之骚，汉之赋，六代之骈语，唐之诗，宋之词，元之曲，皆所谓一代之文学，而后世莫继焉者也。"② 元朝立国不过百年，文学上却取得了和唐诗、宋词并驾齐驱的成就，不能不说是由于杂剧艺术辉煌发展的贡献。元曲是元代文学的典型，代表着元代文学最高成就，是元代文学对中国文学最独特的贡献。元代杂剧的兴盛，肇源于大都，正像元末明初贾仲明在赵子祥吊曲【凌波仙】中所赞美的那样："一时人物出元贞，击壤讴歌贺太平。传奇乐府时新令，锦排场，起玉京。"特殊的历史文化环境，使得燕京（今北京）幸运地成为杂剧、散曲为代表的新兴的俗文学的肇源地、核心聚集区和全国辐射源。大都，作为新兴文学全盛时期的中心，见证了这场历史性转变的全过程，并当之无愧地成为影响中国文学未来整体走势的轴心，而且在世界文学史上产生了巨大而深远的影响。在此期间，北京文学完成了从中国文学发展的部分剪影转而成为完整缩影的历史性的转变，实现了从被影响到全面、强力、大范围释放影响，从被辐射到发挥全国性辐射作用的实质性飞跃，从较为单向的"被他化"逐渐完善、强化了"化他"的诸项功能。

元代北京文学，在北京文化发展历史中是最重要的一个环节。元人周德清《中原音韵序》则从"盛""备""难"三个方面衡量，表述了元曲的繁荣兴盛："乐府之盛、之备、之难，莫如今时。其盛，

---

① （元）欧阳玄：《潜溪集序》，见《圭斋文集》十五卷，上海商务印书馆缩印明成化刊黑口本《四部丛刊初编集部》，上海书店1989年版，第1页。
② 王国维：《宋元戏曲史》，中华书局2010年版，第1页。

则自搢绅及闾阎歌咏者众。其备，则自关、郑、白、马一新制作，韵共守自然之音，字能通天下之语，字畅语俊，韵促音调；观其所述，曰忠，曰孝，有补于世。其难，则有六字三韵，'忽听、一声、猛惊'是也。"① 这段话对杂剧的成就与作用概括得较为全面。

第一，杂剧成为全社会最重要的文化生活，上至宫廷宴饮、官府庆典、外交接待，下至黎民百姓、客旅游商，从都城到乡村，观看杂剧演出成为社会文化生活最为重要的部分，成为民众最主要的娱乐方式；

第二，关汉卿等领军人物的创作，在将杂剧推向繁荣鼎盛过程中，起到了至关重要的作用；

第三，杂剧产生了广泛深远的影响，在语言方面，它使得以燕京（今北京）语为基础和标准的语音通过念白、唱韵广为传播，成为"能通天下之语"，促进了全国通行语音的形成，这对国家统一、民族团结和文化交流融合都具有深远意义；

第四，在思想内容上，杂剧以"有补于世"为标准，奠定了此后中国文学创作关注现实、关注民生的优良传统。

大都本籍作家蓬勃成长，形成了一个以"元曲四大家"为旗帜的庞大杂剧创作阵营，将杂剧艺术迅速推向鼎盛。这一时期的杂剧作家绝大多数是北方人，其中尤以京城大都最为集中。大师级作家的出现，历来都是文化繁荣的重要标志和衡量标准之一。代表杂剧创作最高成就的元曲四大家，有三个在大都，他们是关汉卿、王实甫、马致远。而伴随大师出现的是一批优秀作家，据《录鬼簿》统计，元代杂剧作者著名的达150人左右，《太和正音谱》统计为200人左右，其中，属于鼎盛时期的作家主要集中于北方，如河北真定、山西平阳、山东东平等地，而尤以大都人数众多，创作活跃。而据王国维对《录鬼簿》所录元杂剧前期57名作者的分析，近半数生活创作在大

---

① （元）周德清：《中原音韵序》，见中国戏曲研究院编《中国古典戏曲论著集成》（一），中国戏剧出版社1959年版，第175页。

都。① 活跃于大都的剧坛作家最著名的有庾天锡、王仲文、杨显之、纪君祥、费君祥、费唐臣、张国宾、石子章、李宽甫、梁进之、李仲章、赵明道、李子中、李时中等，这些《录鬼簿》中著录的最优秀的杂剧作家以丰硕的创作数量，个性鲜明的艺术风格，以及在民众中所产生的广泛深刻的影响，实现了文学从内容到形式的全面解放和创新。《青楼集》等文献记载了元代百年最优秀的杂剧散曲表演艺术家，而其中生活并活跃于大都的就高达44人之多，他们以搬演杂剧和吟唱散曲闻名于世。杂剧作家与表演艺术家共同创造了元曲的辉煌，成为中国文学史上继唐诗、宋词之后又一个新的文学艺术巅峰。从钟嗣成的《录鬼簿》中，可以发现很多杂剧作家、表演艺术家相互之间不仅是生活挚友，也是艺术知音、事业同道、合作伙伴，关系非常密切，相互协作也很多。例如：关汉卿与杨显之、梁进之、费君祥等为好友；马致远和李时中、花李郎、红字李二等同为"元贞书会"中人；关汉卿与珠帘秀关系密切，之间时有唱和；杨显之文化素养较高，号称"杨补丁"，亲力亲为地为他人修改润色剧本。著名的馆阁作家胡祗遹等人与珠帘秀等表演艺术家们保持着广泛而亲密的关系，并时常对表演艺术发表精辟见解和评论。创作、表演、评论相互启迪，彼此影响；作家、演员、理论家相互交流、切磋，共同合作；同行之间相互学习、竞争，不断创新，整个大都剧坛异常活跃，充满生机活力。

杂剧作家勤奋创作，佳作不断，产生了一大批在中国文学史上堪称经典的伟大作品。关汉卿的社会剧《窦娥冤》、爱情婚姻剧《救风尘》《望江亭》、历史剧《单刀会》，王实甫的爱情婚姻剧《西厢记》《破窑记》，马致远的历史剧《汉宫秋》，纪君祥的历史剧《赵氏孤儿》等，都是在中国文学史乃至世界戏剧史上难得的优秀之作。

大都作家的作品风格多样，异彩纷呈，有的慷慨悲壮，有的清丽婉转，正如著名戏剧理论家、评论家吴梅在其《中国戏曲概论》中

---

① 首届元曲国际研讨会组委会编：《首届元曲国际研讨会论文集》（上下册），河北教育出版社1994年版，第706页。

《元人杂剧》一节所指出的:"尝谓元人剧词,约分三类:喜豪放者学关卿,工锻炼者宗实甫,尚轻俊者号东篱。"[1] 大都杂剧种类齐全,无论是悲剧、喜剧、正剧,均有上乘佳作传世。

大都杂剧在艺术上达到了很高的水平,刻画出许多在中国文学长廊中不朽的艺术形象,有的行侠仗义、机智勇敢,有的逆来顺受、委曲求全,有的深明大义、浩气凛然。红娘、崔莺莺、窦娥、赵盼儿、关云长、李逵一个个人物呼之欲出,栩栩如生,个性鲜明。元代剧作家在书写人物命运,赋予他们鲜活的生命方面,达到了前所未有的艺术水准。

三 文学对大都文化实力巨大的强化作用

北京建城很早,至今已有三千年,贸易传统也非常悠久。但是在辽金之前,其地位不过是北方一个军事重镇而已。其文学,固然已经形成了独特鲜明的地域特色,如其多以追慕古代圣贤,歌颂军旅,描绘雄奇山川景色,记录多姿多彩民风、民俗以及社会政治生活为内容;风格上,以直率、质朴、真诚、雄放为主调,常带有慷慨悲凉的英雄主义色彩。[2] 但它仅是全国众多个性鲜明的地域文学中的一个,其影响也仅仅决定于作家自身在全国文坛的地位高低和影响力大小,整个地域文学并未形成鲜明、独特的文学个性,也未取得突出、卓著的成就。能够成为一代之文学代表的秦文、汉赋、唐诗、宋词的耀眼光芒从来都未曾在此地辉煌过,只能或多或少投射进来几缕阳光,作家少,影响小。本地在文坛具有全国影响和号召力的除了郦道元、卢思道、张说、贾岛等数量有限的几个优秀作家外,整体上是数量少、影响弱,声势浩大的本籍作家群体更是从来都没有能够形成。辽金时期,尽管北京已登上国家首都舞台,但是其各项功能并不完备、成熟。北京成为全国文化中心,成为国家首善之区,承担起引领国家文化的历史重任是从元代开始。

---

[1] 吴梅:《吴梅戏曲论文集》,中国戏剧出版社1983年版,第137页。
[2] 傅秋爽:《北京文学史》第一章,人民出版社2010年版,第1页。

元曲开启了北京文学的全新时代。北京开创出真正属于自己的文学辉煌自元代始，自杂剧、散曲始。同时，诗文的创作也呈现出有别于前朝后世和其他区域的独立个性。这些，既是北京已然成为全国文化中心的标志，也是这个中心建立的雄厚根基。其意义不仅在于文学本身，更在于其对北京文化实力的整体提升。

　　北京文学的个性是在元曲发展繁荣的辉煌中成熟、完善，并逐渐凸显出来的。元曲是个坚实的基础，奠定了北京文坛俗文学的千年根基。杂剧的观众、作者、表演者共同的合力，决定了杂剧表演的内容和艺术的追求，这是叙事化倾向形成的原因。杂剧是叙事化文学的典型，而杂剧的内容，是当时社会生活和民众愿望的真实体现和反映。这决定了从此之后京味文学的鲜明个性和基本走向。因此，北京通俗文学的个性就是元曲的个性。最突出的表现就是：作家秉承多元文化的滋养，具有开放的胸怀，通过描写人物和事件，将目光和笔墨聚焦在普通人关注的问题，表现出对政治的关心，对民生的关怀，对社会现实生活的关切。语言风格鲜活、形象、生动，富有意趣，并带有北京口语特点。表现手法多样，但无论是悲剧基调还是喜剧色彩，都能以略带冷幽默的笔触出之。所描绘的无论是宏大事件，还是卑微人物，都具有鲜明人民性和时代特征。元代之后，无论是曹雪芹的章回小说《红楼梦》，还是现代伟大作家老舍的小说、戏剧，凡是典型的京味文学，都具备以上的特点。而这一切的源头，正是从元代，从大都，从元曲，尤其是从杂剧开始的。这是个非常优秀的文学历史传统。

　　元曲之于大都，意义在于，这是第一次确立了北京在中国文坛的特殊地位。之前的北京文学，不过是众多地域文学之一种，并不具有完整、充分的个性和广泛影响力。杂剧，使北京成为全国文学的一面旗帜，最优秀的作家集中在这里，最优秀的作品出现在这里，许多的风格流派汇聚到这里，从此开启了北京文学可以代表中国文学的历史。

　　钟嗣成在《录鬼簿》中点评关汉卿时不仅说他是"驱梨园领袖，总编修师首，捻杂剧班头"，更点明他"姓名香，四大神州"[1]，有着

---

[1] （元）钟嗣成等：《录鬼簿（外四种）》，上海古籍出版社1978年版，第8页。

无可比肩的世界影响力。在点评马致远时,也特点明其"四方海内皆谈羡"①的影响,而王实甫的《西厢记》,获得"天下夺魁"②这样的时评,绝非枉誉,而是为当时所承认为后世所证明的历史事实。

这是北京第一次担负起引领全国文学的重担。以当时的大都为中心,形成了元代前期北方杂剧的兴盛。灭宋统一之后,大批的元曲作家和艺术家南下,更将杂剧艺术的火种传遍江南,使戏剧在其引领之下,呈现出全国燎原之势。

这是北京第一次作为先锋和主导,彻底改变了整个中国文学史的既有轨道,完成了从诗词等雅文学为正宗到俗文学确立了在文坛地位的转变,使得真正反映民众心声呼唤的俗文学,第一次完全压过雅文学而登上了雄踞文坛的霸主地位,从此开拓了俗文学在中国文学艺术史上的广阔发展道路。

这是北京第一次凭借自身的文学实力,而非政治或军事强势,突破地域局限,将大都文化广播四方。在大都所具有的众多魅力中,杂剧带给人们的,是一份不可或缺的精神食粮,无疑大大增加了城市的美誉度和吸引力。

以杂剧为开端,北京文学开始了一个全新的历程,构成了这个城市成为全国文化首善之区的重要组成部分。

能够使得北京文化借助文学的载体,远播国内外的,首先是杂剧在思想内容上的重大突破。关汉卿的代表作《窦娥冤》等抨击黑暗,歌颂英雄,肯定人性,无不彰显出人文关怀的色彩。王实甫的《西厢记》歌颂爱情,直率大胆,为人喜爱,影响巨大,甚至受到明代思想家李贽的充分肯定。他说:"《拜月》《西厢》,化工也,《琵琶》,画工也。夫所谓画工者,以其能夺天地之化工,而其孰知天地之无工乎?今夫天之所生,地之所长,百卉俱在,人见而爱之矣,至觅其工,了不可得,岂其智固不能得之欤!"③元代杂剧中每一部优秀的作品都一定是当时社会生活的真实再现,表现了广大人民的理想与追

---

① (元)钟嗣成等:《录鬼簿(外四种)》,上海古籍出版社1978年版,第12页。
② 同上书,第13页。
③ (明)李贽:《焚书·续焚书》卷三《杂说》,岳麓书社1990年版,第96页。

求。它从形式到内容表现出来的人民性、现实性，使之不仅在当时受到民众热烈欢迎和持久拥护，而且具有恒久的生命活力。在中国，元代杂剧的许多剧目保留了下来，并不断被其他剧种或者艺术形式移植、改编，如被称为元杂剧"四大悲剧"的《窦娥冤》《汉宫秋》《梧桐雨》《赵氏孤儿》，如喜剧《望江亭》《救风尘》《墙头马上》《西厢记》《李逵负荆》《看钱奴》，如悲喜剧《谢天香》《燕青博鱼》《曲江池》《秋胡戏妻》《两世如缘》《渔樵记》等，不仅在当时脍炙人口，屡演不衰，而且，几百年后依然活跃在戏剧舞台，继续感动着千千万万的观众。

更值得骄傲的是，杂剧不仅感动着华夏子民，而且远涉重洋，使异国观众为之倾倒。《窦娥冤》早就有了法、日、英、德、俄等译本，《汉宫秋》有英、日、法等译本，《赵氏孤儿》有法、英、德、日等译本，《墙头马上》有日、俄等译本，《西厢记》有法、英、德、俄、意、日、拉丁文等译本，《看钱奴》有英、法、日等译本，《货郎旦》有法、德、日等译本，《忍字记》有法、德、日等译本，《破家子弟》有法译本，《黄粱梦》有法、德等译本，《老生儿》有英、法、日等译本，《合汗衫》有法、德、日等译本，《灰阑记》有法、德、日、英等译本，《倩女离魂》有日、英、德、法等译本，《㑇梅香》有法、日等译本，《金钱记》有日、德、法等译本，《来生债》有法、德、拉丁文等译本。① 这说明元杂剧不仅是中国戏剧文化的瑰宝，而且亦被世界人民视作珍品，从而对世界戏剧文化的发展产生了重大的积极影响。

元杂剧之所以能够走向世界，与其作品内容的民主性、时代性、先进性是密不可分的。除了其情节曲折、故事动人、人物形象丰满等因素使之更易于流传之外，与其思想性与价值观念和审美需求上更符合世界标准也有着非常大的关系。因为它产生、昌盛在一个历史上从未有过的开放时代，一个国际化的都市，一个文化多元交融并存的环境，它本来就是为那些来自世界四方，有着不同宗教信仰、

---

① 参见奚海《元杂剧论》绪论，河北教育出版社2001年版，第1页。

不同风俗习惯、不同语言和交流方式，共同汇聚在舞台前的观众写的，所以产生时思想文化根基、价值取向、人文观念、审美意趣就已经打上"世界文化"的烙印，它所颂扬的自由、平等、法治、民主，以及对国家的爱、对父母的爱、对朋友的爱以及男女爱情等，都具有永久的普世性价值，而且多层次、多角度反映了多姿多彩的社会生活，其思想、情感、审美的丰富性、深厚性，注定它重返世界舞台的脚步异常轻快。

有关杂剧艺术在语言发展方面作出的贡献，钱玄同的《儒林外史新叙》在论述以关汉卿为代表的元曲的地位、作用与影响时，将之视为文学发展史上的一场伟大革命加以评价。指出古人偶然尝试用白话写作，"不过站在补缀顾问的地位"而已，至到"元曲出世，关汉卿、马致远、白仁甫（白朴）、郑德辉这班大文学家才把以前的文体打破，自由使用当时的北方语言来做新体文学"，并得出结论"元曲可以说是方言文学"。① 这个方言文学无疑是以燕地语音为标准音、以北方话为基础、活着的大都语言。它意味着北京文化借助杂剧能够传播得更远，影响更大，标志着中国文学进入了一个崭新的历史阶段，树立起了以白话语言进行文学艺术创作的里程碑。它开后世京味文学之先河并成为内容丰富、层次多样、堪供学习摹写的典范。周德清的《中原音韵》云："欲作乐府，必正言语；欲正言语，必宗中原之音。"② 周德清所言虽然是当时称为"乐府"的散曲，但是对于杂剧同样适用。因为杂剧的唱词曲调都是与散曲相通的。杂剧以"中原之音"为宗，是个不争的事实。当时的中原之音是以北方汉语的语法和北京话语音为基础的官方标准语，相当于现在的"普通话"。由于杂剧的繁荣发展，这种中原之音也随着杂剧所到之处广泛普及。中国幅员辽阔、方言繁复，从大都走向全国的杂剧将"中原之音"传播到华夏各地，这对民族语言的规范化、标准化，有着特别重要而深刻的现实意义和历史意义。

---

① 朱一玄、刘毓忱编：《儒林外史资料汇编》，南开大学出版社1998年版，第459页。
② （元）周德清：《中原音韵序》，见中国戏曲研究院编《中国古典戏曲论著集成（一）》，中国戏剧出版社1959年版，第175页。

没有元代北京文学的辉煌成就，元大都就无法赢得全国文化中心和古代世界城市的桂冠。文学，不仅是文化的承载和体现，更是文化传播的方式和手段。当下，北京建设世界城市，文学依然承担着重要使命。发展繁荣文化，使之具有时代高度和世界影响，历史经验值得借鉴。

第二章　元大都文化特征

第一节　多元文化调和与牢固的儒家思想根基

元大都，最大限度地体现了多元文化特色。同时，以传统儒家文化为核心的汉文化基因得以完整继承和保存。这与蒙元统治政权建立过程中对多民族的征服有关，与统治者的政治、民族、宗教、文化政策有关，与元大都的城市地位、城市功能、发展历史、人口构成等诸多因素有关。

一　多元文化的社会基础

元朝是个多民族文化高度融合的时代，元大都是多民族高密度聚集的所在。元朝统治者把治内臣民百姓分为四等，依次为蒙古人、色目人、汉人和南人。第一等是蒙古人。蒙古人被称为"国人""国族"，其语言被称为"国语"，他们的政治地位和社会地位最高，尤其是处于顶层的成吉思汗的直系后裔"黄金家族"。生活在元大都的蒙古人大多数依然较为完整地保留着浓郁的草原游牧民族文化特色和生活习性。第二等是"色目人"。"色目"一词，在唐代已流行，有"种类""诸色名目"等含义。在元代，成为特指。色目人不是一个民族，是对西域人的统称。除蒙古人、汉人、南人以外的西北民族，以及中亚西亚甚至远至欧洲的诸多人种都算是色目人。其地位在蒙古人之下，但又远高于汉人和南人。因为当时西域、欧洲人的民族成分很繁杂，所以色目人到底有多少种，很难精确统计。元末人陶宗仪在《南村辍耕录》中列举了三十一种,清人钱大昕的《元史氏族表》则列为二十三种。由于译名的差异和历史称谓的不一,其中难免有重叠或遗漏。色目人在蒙古帝国建立过程中,是较早被征服或主动归顺的民族。其后,他们在蒙古人更大范围地征服世界过程中,在政治、军事、经济、科技、文化等诸多方面贡献较大,所以受到蒙古统治集团的信赖和倚重。许多人成为军队将领、政府官员和带有蒙古贵族代理人性质的大商人。他们在元朝建立和统一全国的过程中,随军队和商队涌入传统的汉族居住地区。色目人在元朝各级政府机构中担任要职,在科举考试和入仕方面,几乎与蒙古人享有同等的特权。第三等是"汉人"。汉人在元代并不简单等同于现代民族划分意义上的汉族,还包括了原金朝统治下的女真、契丹、渤海等北方少数民族,汉族在数量上占绝对优势。第四等是"南人"。南人是元朝统治者对中华大地上最后被征服地域人民的统称,主要指原南宋治下的臣民。元朝统治者对南宋降将旧臣多采取怀柔政策,凡归顺者,都给以原任官职。为便于控制牵制,将他们成批地迁往北方,大批江南文士最集中的聚集之地就是元大都。灭宋时,随宋宗室一起被掳掠随行来到元大都的还有大量的宫女、太学生。南人长期受到程朱理学的熏陶,文化基调不仅与蒙古人、色目人不同,就是与北方独立发展的儒学也有较大的区别。元代文化的最大特色就是各个民族文化体系通过接触,相互影响,相互补充,相互吸收,相互融合,共同形成的以汉文化为主的多种文化相互辉映的独特文化。在元大都,从人口比重上看,作为土著的"汉人"占有绝对优势,在数量上远高于作为统治集团和次统治阶层的蒙古人、色目人,也远多于陆续远途迁徙而来的南人。因而,"汉人"所秉持的文化,也就成为元大都文化的底色。元朝开国元勋、元代文化奠基人、元代文学开创者耶律楚材,就是这种文化的典型代表。

二 传统儒家文化根基的历史成因

耶律楚材(1190—1244),字晋卿,号玉泉老人,法号湛然居士。生于燕京(今北京),出身于契丹贵族家庭,身为辽太祖阿保机的第九世孙,本人又是金朝贵族,世代尊贵、显赫,社会地位很高。十七岁时，耶律楚材以"宰相子例试补省掾"的成例出仕金朝。1214年夏，蒙古军队攻占中都（今北京）时，二十五岁的耶律楚材作为金留守尚书省左右员外郎驻守中都，他始终恪尽职守。中都失陷后，1218年春，由于得到成吉思汗赏识，他开始了三十年出仕新朝的岁月，成为成吉思汗和窝阔台时期最有作为的政治家。耶律楚材在蒙元立国过程中于政治制度、法律制度、经济秩序建立和税制改革诸方面都卓有建树。政治上，在他的进谏下，推动蒙古统治者结束裂土分民的分封制度，转为适于农耕经济发展的封建管理；实行了财、政、军三足鼎立分治，遏制了地方分权势力的恶性膨胀。法律上，对蒙古习惯法中有关难民、罪犯、俘虏、屠城等诸多法规成例进行了全面改革，这些举措，使无数不熟悉、不了解这些律条的无辜百姓避免了严厉责罚甚至杀身之祸。仅是元兵攻占汴梁城那次，就有一百四十七万名因躲避战火而逃到城里的普通百姓，因他对蒙元统治者的苦苦劝谏，而免遭屠杀。制度上，括户口籍为编民，便于管理；经济上，统一课税，制定了永额赋税，改变了统治者随性任意的无度掠夺，使严重的贪暴之风得到一定遏制。同时他对于汉文化的保护更是不遗余力。第一，表现在对知识分子人才的保护和对人才的引荐方面。在蒙古灭金、宋的统一过程中，许多文化才俊如元好问、赵复、窦默、王磐等，都因受到了耶律楚材的保护而得以避免殒命战火。第二，他力图通过制度建设开辟儒学人才迈入国家治理的通道。1237年，随着蒙元统治疆域的扩大，急需大量治国理政人才加入统治管理机构。耶律楚材不失时机地向最高统治者纳言："制器者必用良工，守成者必用儒臣。"窝阔台听从了他的意见，"乃命宣德州宣课使刘中随郡考试，以经义、辞赋、论分为三科，儒人被俘为奴者，亦令就试，其主匿弗遣者死。得士凡四千三十人，免为奴者四之一"[①]。通过考试，使得数千儒生避免沦落为奴，继续承担起中华传统文化传承与传播的责任。他们中的一些人，如杨奂、张文谦、赵良弼、董文用等，最终在接受汉文化影响较深的帝王忽必烈时代有所作为，成为一代名臣，为蒙元政权顺利完成由游

[①] 《元史》卷一百四十六《耶律楚材传》，中华书局1976年版，第2303页。

牧社会体制转变为汉化统治做出了巨大贡献。第三，受他的影响，蒙元政权逐渐了解了儒家思想对于政治统治不可或缺的作用，接受了他尊孔的文化主张。金亡后，他"遣人入城，求孔子后，得五十一代孔元惜，奏袭封衍圣公，服役林庙地"。在中国历代，元代给予孔子所上尊号是最长、最尊崇的。第四，他首创向统治集团进行系统讲经的制度，"命收太常礼乐生，及召名儒梁陟、王万庆、赵著等，使直释九经，进讲东宫。又率大臣子孙，执经解义，俾知圣人之道"[①]。这对于蒙古贵族建立的统治政权逐渐接受和采纳汉文化传统具有非同寻常的意义和价值。第五，迅速恢复官办教育，在京城设置了国子学等。在文献方面，他也做出了历史性的贡献。在战争中，过去蒙元军队所到之处，除了劫掠人口和财富外，对于图书典籍等往往会付之一炬。耶律楚材对最高统治者反复劝谏，由最高统治者诏命，各路将帅层层传令，之后蒙元军队所到之处，古籍典章图书等得以搜集保存，避免了毁于战火。在灭宋战争中，文化辉煌达于历史鼎盛的南宋域内，大量的图书、古籍、印版多被搜集、保存，运回元上都和燕京，使宝贵的文化遗产得以留存。另外，在他的建议和主导之下，在平阳、燕京等地设置相应的机构，整理编辑印刷各类经籍。

他个人各方面的能力极强，各种知识极为全面丰富，因而所取得的成就也是多方面的。《南村辍耕录》"麻答把历"条记载说："耶律文正王，于星历筮卜、杂算、内算、音律、儒、释、异国之书，无不通究。尝言：'西域历，五星密于中国。'乃作麻答把历，盖回鹘历名也。"这说明他不仅精研东、西方历，且深探其髓，知其然且知其所以然，所以才能创制新历。在追随成吉思汗的征战中，他也是屡建奇功。"丙戌冬十一月（1226），耶律文正王从太祖下灵武，诸将争掠子女玉帛，王独取书籍数部，大黄两驼而已。既而军中病疫，惟得大黄可愈，所活几万人。吁！廉而不贪，此固清慎者能之。若其先见之明，则有非人之所可及者。"[②] 可见，他对流行病发生、传播规律

---

① 宁欣主编：《中国古代史资料汇编》，北京师范大学出版社2009年版，第254页。
② （元）陶宗仪：《南村辍耕录》，中华书局2008年版，第24页。

以及预防、用药等都有很深的研究，所以才能有先见之明，提早准备下大黄储备起来，并及时用中药挽救了几万人的生命，有效地保存了战斗实力。同时他对礼制也有研究，《南村辍耕录》"皇族列拜"条记载说："己丑秋八月，太宗即皇帝位，耶律文正王时为中书令，定册立仪礼，皇族尊长，皆令就班列拜。尊长之有拜礼，盖自此始。"①可见建立于忽必烈时代的朝拜等制度，也是在他手中完成的。可以说，元代之立国，凡军国政要大事，皆见其规划之功。其最大的历史功绩在于通过推行汉法，将蒙古政权逐渐纳入封建轨道，构建了我国多民族统一国家发展模式的基础。所有这一切，实质上都是儒家思想治国理念的具体体现。

耶律楚材政治文化理念的形成，与他的家学渊源有直接关联。而这是通过数代的传承和积累完成的。耶律楚材八世祖耶律倍是辽太祖耶律阿保机的长子，聪敏好学，多才多艺，富于汉文化修养，不仅孔武有力，而且擅长诗歌。《辽史》卷七十二《义宗耶律倍传》记载他"市书至万卷，藏于医巫闾绝顶之望海堂。通阴阳，知音律，精医药、砭之术。工辽、汉文章，尝译《阴符经》，善画本国人物"。耶律倍不仅本人是契丹族人中遵循儒家传统道德的典范，而且很有远见，是儒学汉文化的积极推动者。史载，"时太祖问侍臣曰：'有大功德者，朕欲祀之，何先？'皆以佛对。太祖曰：'佛非中国教。'倍曰：'孔子大圣，万世所尊，宜先。'太祖大悦"。正是由于耶律倍的建议，辽朝才将孔子放在敬祀首位，②从此辽朝历代君主无不尊儒重文，世代传承，蔚然成风。耶律楚材对他这位先祖尊崇有加，曾经不无自豪地吟咏道："辽家遵汉制，孔教祖宣尼。焕若文章备，康哉政事熙。"（《怀古一百韵寄张敏之》）③后来耶律倍因为契丹贵族内乱而逃至中原，并在中原生活了一段时间。汉学的影响在这个家族得到了很好的传承、延续和发扬。自耶律楚材祖父开始，他们家族作为金朝达官贵族，以燕京为永久居留地。燕京有悠久的历史文化传统，又经过辽、金两朝北方政

---

① （元）陶宗仪：《南村辍耕录》，中华书局2008年版，第18页。
② 见《辽史》卷七十二《义宗耶律倍传》，中华书局1974年版，第1209页。
③ （元）耶律楚材：《湛然居士文集》卷十二，中华书局1986年版，第259页。

治、经济、文化中心地位的积累与夯实,这里汉文化基础雄厚。耶律楚材的父亲耶律履"通六经百家之书""弱冠已卓立",为金朝尚书左丞相。《元史》本传记载,他的父亲,在他还是幼儿时就曾私下对人说,"此子(指耶律楚材)吾家千里驹也",期望他成人后能够楚材晋用,大有作为,并为其取名"楚材"。耶律楚材三岁丧父,由出身显贵且文化底蕴极为深厚的母亲杨氏教养。耶律楚材秉承家族传统,精通汉文,自幼博览群书,旁通天文、地理、律历、术数及释老医卜之说,且在很小的时候开始学习儒家经典,确立了以儒学为宗、兼备诸家之长的文化思想根基。耶律楚材非常年轻的时候就踏入官场,《元史》卷一百四十六《耶律楚材传》:"金制,宰相子例试补省掾。楚材欲试进士科,章宗诏如旧制。问以疑狱数事,时同试者十七人,楚材所对独优,遂辟为掾。后仕至开州同知。贞二年,宣宗迁汴,完颜福兴行中书事,留守燕,辟为左右司员外郎。"元军围困中都燕京(今北京),绝粮六十日,困守危城的耶律楚材虽然非常年轻,但却"守职如恒,人无知者"[1],表现了一个臣子对朝廷应有的忠诚和对职责的恪守。第二年中都失陷,他并未以前朝遗老自居,自我疏离于新朝,而是正式皈依佛门,投在金元之际最著名的大德高僧万松行秀门下,"杜绝人迹,屏斥家务,虽祁寒大暑,无日不参,焚膏继晷、废寝忘餐者几三年"(《万松老人评唱天童觉和尚颂古从容庵录序》)[2]。这段潜心修行的经历,对耶律楚材一生思想、行为和创作影响重大。之后他应成吉思汗之召,远赴漠北,开始此后数十年出仕新朝的从政生涯。

三 多元文化依托与调和

耶律楚材一生内心充满矛盾,他的行迹与作品形成鲜明对照。例如:他时刻向往归隐,却又主动投身蒙元新主,入仕新朝;他否定功名,却又积极参与军政要务,在政治、经济、文化等方面做出的成就彰表史册;他醉心于俭朴自然生活,却始终滞留于污浊甚至龌龊的政

---

[1] (元)释行秀:《湛然居士集》序,中华书局1986年版,第1页。
[2] (元)耶律楚材:《湛然居士文集》卷八,中华书局1986年版,第190页。

坛，未能毅然归隐；他呼唤心灵自由，却又甘受官场桎梏。种种矛盾纠结，耶律楚材了悟于心。《和武川严亚之见寄五首》（其五）中他说自己是"故园日夜归心切，未济斯民不敢行"，这是一个精准的结论，概括了耶律楚材一生轨迹，也道出了所有不和谐不统一之所出。他一生的创作结集成《湛然居士文集》，其中相近的意思随处可见。例如《再用韵谢非熊召饭》"春风燕语归心切，夜月猿啼客梦残"①，《和移剌继先韵二首》（其一）"渐惊白发宁辞老，未济苍生曷敢归"②，《和竹林一禅师韵》"苍生未济归何益，一见吾山一度羞"③，《过间居河四首》（其三）"华夷混一非多日，浮海长桴未可乘"④等所表达的都是同样的情思。这些矛盾，恰恰是多种文化影响的作用和反映。

  他之所以一生始终未能脱离官场，是诸多因素综合作用的结果。首先，他认为改朝换代是不可阻挡的历史洪流。耶律楚材熟读史书，能够理解王朝兴亡更迭乃是必然的历史规律。事实上，无论是他任职的金朝，还是衰微的南宋，在蒙元铁军面前，都处于不堪一击的弱势，被蒙元替代乃是大势所趋。而一代天骄成吉思汗一统天下的伟业，也已展现出无比辉煌的前景。耶律楚材在自己诗歌创作中，不止一次对全新纪元表达出无限的激情与赞叹："天纵吾君大圣人，天兵所指弥烟尘。三齐电扫何须郦，六国雷驱不用秦。"（《过天德和王辅之四首》其一）⑤ 其次，耶律楚材一生将济世泽民实现尧舜之治作为人生奋斗的最高理想，他认为金元易代是千载难逢的历史大好契机，值此革故鼎新之际，自己可以将平生所学孔孟之道尧舜之德用于辅佐蒙元新君，使得仁政遍及四海，惠及天下苍生。他认为："君子之学道也，非为己也。吾君尧舜之君，吾民尧舜之民，此其志也，使一夫一妇不被尧、舜之泽，君子耻诸。"（《贫乐庵记》）⑥ 殷周是儒教所标

---

① （元）耶律楚材：《湛然居士文集》卷四，中华书局1986年版，第44页。
② （元）耶律楚材：《湛然居士文集》卷二，中华书局1986年版，第14页。
③ （元）耶律楚材：《湛然居士文集》卷四，中华书局1986年版，第50页。
④ （元）耶律楚材：《湛然居士文集》卷五，中华书局1986年版，第64页。
⑤ （元）耶律楚材：《湛然居士文集》卷二，中华书局1986年版，第30页。
⑥ （元）耶律楚材：《湛然居士文集》卷八，中华书局1986年版，第196页。

榜的理想盛世,尧舜是盛世之君,孔子和孟子认为可以通过像尧舜那样的君王,实施礼乐,达到盛世之治。耶律楚材赞美礼乐之治:《和冀先生韵》"尧舜文明盛,商姬礼乐全"①;《过阴山和人韵》"未可行周礼,谁能和舜韶?"②他将尧舜之治作为社会治理的最高境界:《和李世荣韵》"尧舜规模远,萧曹计策长。巍然周礼乐,盛矣汉文章"③。而实现理想的途径就是"济世安民""经国治世",他的诗文对此做了多重、反复表述"泽民济世学英雄":《用前韵感事二首》④;《李庭训和予见寄复用元韵以谢之》"殷周礼乐真予事,唐舜规模本素心"⑤;《和人韵二首》"安得夔龙立廊庙,扶持尧舜济斯民"⑥;《和杨居敬韵二首》"行看尧舜泽天下,万国咸宁庶绩熙"⑦。他期盼"礼乐之治"能够在更广大的范围内得到实施,而这只能借重当时世界上最为强盛的蒙元统治力量来实现:《和武川严亚之见寄》"衣冠异域真余志,礼乐中原乃我荣"⑧;《用前韵送王君玉西征二首》"从今率土沾王化,礼乐车书共一天"⑨。因而,辅佐一代英主成吉思汗实现这一旷古未有伟业成为他的不二选择:《过天德和王辅之四首》"唾手要荒归一统,汉唐鸿业未能过"⑩;《和谢昭先韵》"朔南一混车书同,皇业巍巍跨千古"⑪;"定远奇功正今日,车书混一华夷通"。所以,在他,步入仕途只是手段,而不是目的。他的人生目标只有一个,就是泽民济世拯救苍生:《用前韵感事二首》"唯思仁义济苍生,岂为珍羞列方丈。"⑫这种信仰支撑之下的耶律楚材,在新朝用世态

---

① (元)耶律楚材:《湛然居士文集》卷一,中华书局1986年版,第10页。
② (元)耶律楚材:《湛然居士文集》卷二,中华书局1986年版,第15页。
③ (元)耶律楚材:《湛然居士文集》卷一,中华书局1986年版,第2页。
④ (元)耶律楚材:《湛然居士文集》卷二,中华书局1986年版,第17页。
⑤ (元)耶律楚材:《湛然居士文集》卷十,中华书局1986年版,第148页。
⑥ (元)耶律楚材:《湛然居士文集》卷四,中华书局1986年版,第54页。
⑦ (元)耶律楚材:《湛然居士文集》卷二,中华书局1986年版,第23页。
⑧ (元)耶律楚材:《湛然居士文集》卷三,中华书局1986年版,第54页。
⑨ (元)耶律楚材:《湛然居士文集》卷二,中华书局1986年版,第16页。
⑩ 同上书,第19页。
⑪ (元)耶律楚材:《湛然居士文集》卷十,中华书局1986年版,第146页。
⑫ (元)耶律楚材:《湛然居士文集》卷二,中华书局1986年版,第17页。

度极为积极,在政治、文化、经济方面确也成就了宏大伟业。他是促进蒙古贵族接受中国传统文化的第一人,由于他的努力提倡,蒙古统治集团开始理解"天下虽得之马上,不可以马上治"①的道理,在他的不懈努力下,终于将蒙古政权逐渐纳入了封建统治轨道,结束了长期的分裂和战乱,为和平发展的盛世打下了基础,使先进的中原封建农业文明得以延续发展,为忽必烈建立元朝奠定了基础,这无疑是历史的进步,是"济世泽民"千古伟业。

但是为理想奋斗的过程极为艰难。蒙元统治者作为马背民族,统治和管理国家的观念简单、落后、野蛮,与儒家文化所倡导的礼乐之道格格不入,耶律楚材纵有千般治国良策,也常常陷入被误解、陷害、围攻的艰难境地。郝经《立政议》言:"耶律楚材为相,定赋税,立造作,榷宣课,分郡县,籍户口,理狱讼,别军民,设科举,推恩肆赦,方有志于天下,而一二不逞之人,设隙抵巇,相与排摈,百计攻讦,乘宫闱违豫之际,恣为矫诬,卒使楚材愤悒以死。"耶律楚材在诗中曾向友人抱怨道:"边城十载绝知音,琴断七弦鹤亦死。"(《和南质张学士敏之见赠七首》)② 可见一直以来他坚持推行王道的艰辛与寂寞。满腹经纶无人欣赏,壮志凌云不被理解,孤独凄凉不被重用,饱受排挤、诬陷、攻讦困境之下,备受挫折的耶律楚材不止一次想到了归隐。《湛然居士文集》十四卷,存诗共六百余首。其中有百余首,都表达了对隐逸生活发自内心的向往。开篇《和黄华老人题献陵吴氏成趣园诗》中他将中国隐逸之宗陶渊明引为异代知音:"丁年彭泽解官去,遨游三径真三友。悠然把菊见南山,畅饮东篱醉重九。献陵吴氏治荒园,成趣为名良可取。养高不肯事王侯,闲卧林泉了衰朽。……知音谁听断弦琴,临风痛想纱巾酒。嗟乎世路声利人,不知曾忆渊明否。"③ 其诗反复吟咏对归隐生活的向往。这种对隐逸生活的向往最多地表现为"故园之思",例如:《和人韵》"四海皇皇

---

① 《元文类》卷五十七宋子贞《中书令耶律公神道碑》。
② (元)耶律楚材:《湛然居士文集》卷一,中华书局1986年版,第11页。
③ 同上书,第1页。

无所归,梦魂常绕故园飞"①;《思亲用旧韵二首》(其二)"回首故园千万里,倚楼空望白云飞"②;《和竹林一禅师韵》"白雁纵传遐域信,黄华却负故园秋"③;《壬午西域河中游春十首》(其六)"异域春郊草又青,故园东望远千程"④;《用张道亨韵》"故园梦断几千里,燕然回首白云堆"⑤;等等。其他诗中没有出现"故园"一词,但是抒写思归主题的就更多了,如《和薛伯通韵》"间山旧隐天涯远,梦里思归梦亦难"⑥表达的同样是对"故园"的思恋。所谓"故园",本意指生活过的故乡、家园,多带有浓郁的感情色彩。田园诗派创始人陶渊明之后,故园成为特定的文化符号和文化象征,经过历代文人锤炼陶冶,内函更加丰富,象征性更为显著。基本点是:故园是亲朋故旧所在,是快乐时光记忆,是与官场仕途、声色名利、物欲凡俗等相对立的理想之地,是自然、本真、淳朴、率性、简单生活的代名词。引申而言,所代表的是人格的完整、自然、率真与任情,是生命本真的状态。在耶律楚材的诗歌语言修辞中,故园就是心灵的家园,就是精神的归所,是对生命本真的执着与坚守,涵盖对质朴生活矢志不渝的热切追求,其内涵极为丰富深厚,有着极强的象征意义,是对隐逸生活的高度概括。他的作品中,大量的归隐诗都可看作对"故园"的具体阐释描述。这些向往有时率真咏出:"闲听菱女歌采莲,轻舟一醉眠秋烟"[《和南质张学士敏之见赠七首》(其六)]⑦;"他年雅社结白莲,林泉杖履冲云烟"[《和南质张学士敏之见赠七首》(其七)];《思亲有感二首》(其二)"白雁来时思北阙,黄花开日忆东篱"⑧;《过天城和靳泽民韵》"何日解官归旧隐,满园松菊小庵

---

① (元)耶律楚材:《湛然居士文集》卷二,中华书局1986年版,第24页。
② (元)耶律楚材:《湛然居士文集》卷六,中华书局1986年版,第82页。
③ (元)耶律楚材:《湛然居士文集》卷四,中华书局1986年版,第50页。
④ (元)耶律楚材:《湛然居士文集》卷五,中华书局1986年版,第59页。
⑤ (元)耶律楚材:《湛然居士文集》卷十一,中华书局1986年版,第153页。
⑥ (元)耶律楚材:《湛然居士文集》卷一,中华书局1986年版,第4页。
⑦ 同上书,第7页。
⑧ (元)耶律楚材:《湛然居士文集》卷二,中华书局1986年版,第20页。

清"①;《再用韵》"尘缘淡处应忘世,逸兴浓时好解官。二顷良田何必觅,春山笋蕨亦供餐"②;"酷忆遥山寸碧呈,归耕何日乐余生"[《和李振之二首》(其二)]③。有时又借对琴棋书画诗意生活的羡慕委婉道来:《和景贤还书韵二首》"渊明幽隐掩柴关,琴已忘弦人亦闲。静倚书窗独寄傲,笑观庭树自怡颜"④;《寄景贤一十首》(其五)"琴书习气终难忘,岩麓荒园怎得还"⑤;《过武川赠仆散令人》"闲眠白昼三杯醉,静对青松一曲琴"⑥。另外,他的许多诗歌表现了对孝慈的思念和亲情的眷恋。耶律楚材自幼丧父,由寡母抚育成人,在追随成吉思汗远征万里之遥西域的十多年岁月里,他的思母之情越发强烈,《思亲二首》《思亲用旧韵二首》《思亲有感二首》等都是专门怀想母亲的主题之作。《思亲有感二首》(其二)"可怜游子投营晚,正是孀亲倚户时"⑦,《寄景贤一十首》(其三)"十载残躯游瀚海,积年归梦绕闾山"⑧ 所表达的都是对慈母的深深眷恋之情。耶律楚材的诗中还有一部分是写给子侄至亲的,多为教导叮嘱之语,关切之情溢于言表。《爱子金柱索诗》《为子铸作诗三十韵》《子铸生朝,润之以诗为寿,余因继其韵以遗之》均是此中佳作。诗作中还有很多是抒写友情的,情感真挚细腻,表达的也多是以田园为特征的所谓故园之思。

耶律楚材气质高贵,重精神而轻物质。《冬夜弹琴颇有所得,乱道拙语三十韵以遗犹子兰并序》中他自我描述说:"我本嗜疏懒,富贵如桎梏。……早晚挂冠去,闾山结茅屋。"他对故园的亲近并非得于后天的诗书熏陶,而是近乎天性的情有独钟。而他的历史观、价值观以及对生老病死、功名富贵的认识,也使得他坚定执守人性本真选

---

① (元)耶律楚材:《湛然居士文集》卷三,中华书局1986年版,第39页。
② (元)耶律楚材:《湛然居士文集》卷四,中华书局1986年版,第44页。
③ 同上书,第48页。
④ (元)耶律楚材:《湛然居士文集》卷二,中华书局1986年版,第22页。
⑤ (元)耶律楚材:《湛然居士文集》卷三,中华书局1986年版,第31页。
⑥ 同上书,第39页。
⑦ (元)耶律楚材:《湛然居士文集》卷二,中华书局1986年版,第20页。
⑧ (元)耶律楚材:《湛然居士文集》卷三,中华书局1986年版,第31页。

第二章　元大都文化特征

择。在诗人看来，历史长河中，千年百年，都不过是白驹过隙：《过东胜用先君文献公韵二首》（其二）"可伤陵变须耕海，不待棋终已烂柯"①；《和移剌继先韵三首》（其二）"千年兴废沤浮沈，百岁光阴电飞烁"②。人生一世，兴亡穷通，不过是一场空梦：《和李振之二首》（其一）"十年沧海尘空起，百岁黄粱梦乍惊"③；《赠侄正卿》"兴废人间战白蚁，荣枯枕上梦黄粱"④；《和冲霄韵五首》（其二）"古今兴废不堪听，宠辱都如梦一惊"⑤。世人孜孜以求的功名富贵，更全都是过眼烟云："蝇营得失都无念，狗苟荣枯总若惊"[《和李振之二首》（其二）]⑥；《游河中西园和王君玉韵四首》（其四）"百年富贵真堪叹，半纸功名未足奇"⑦；《和抟霄韵代水陆疏文因其韵为诗十首》（其五）"穷通荣辱皆真梦，毁誉称讥尽假音"⑧。在耶律楚材看来，人生百年，转瞬即逝，有限的人生，无限的欲望，以有限对无限，为锦衣玉食功名利禄这些外在利益忍受内心得失煎熬是愚蠢的：《和裴子法见寄》"人生都几何，半被功名役"⑨；《和李振之二首》"蝇营得失都无念，狗苟荣枯总若惊"⑩。他表现出对功名利禄发自内心的不屑和对符合本愿生活由衷的向往：《和竹林一禅师韵》"富贵无心羡五侯，随时俯仰浪西游。断无事业留千古，静看英雄横九州"⑪；《过云川和刘正叔韵》"深思篱下西风醉，谁羡班超万里侯"⑫；《再用韵感古》"回首兴亡都莫问，不如沈醉瓮头春"⑬。在《和张敏之诗》中他直斥官场的险恶与龌龊，"避祸宜缄口，当言肯

---

① （元）耶律楚材：《湛然居士文集》卷三，中华书局1986年版，第36页。
② （元）耶律楚材：《湛然居士文集》卷一，中华书局1986年版，第3页。
③ （元）耶律楚材：《湛然居士文集》卷四，中华书局1986年版，第48页。
④ （元）耶律楚材：《湛然居士文集》卷十四，中华书局1986年版，第201页。
⑤ （元）耶律楚材：《湛然居士文集》卷五，中华书局1986年版，第68页。
⑥ （元）耶律楚材：《湛然居士文集》卷四，中华书局1986年版，第68页。
⑦ 同上书，第61页。
⑧ 同上书，第44页。
⑨ （元）耶律楚材：《湛然居士文集》卷二，中华书局1986年版，第18页。
⑩ （元）耶律楚材：《湛然居士文集》卷四，中华书局1986年版，第48页。
⑪ 同上书，第50页。
⑫ （元）耶律楚材：《湛然居士文集》卷三，中华书局1986年版，第38页。
⑬ 同上书，第37页。

括囊。遭谗心欲剖，涉苦胆先尝"，可见其对政治龌龊的感受之深当非一般文士所能言。他赞佩的是《西域河中十咏》（其五）"为人但知足，何处不安生"①的知足，是《西域河中十咏》（其八）"异同无定据，俯仰且随缘"的随缘，他对名利的认识使他对官场难耐半刻，归隐之心迫不及待：《壬午西域河中游春十首》（其九）"不如归去乐余龄，百岁光阴有几程"②；《壬午西域河中游春十首》"衰翁老矣倦功名，繁简行军笑李程"；《是日驿中作穷春盘》"也与何曾同是饱，区区何必待膏粱"③。在他看来，"故园"可以安放心灵，因为在简陋朴实的寻常生活中可以体悟到盎然诗意：《壬午西域河中游春十首》（其十）"牛粪火熟石炕暖，蛾连纸破瓦窗明"④；《河中春游有感五首》（其一）"粝食粗衣聊自足，登高舒啸乐吾愫"⑤。耶律楚材的西域诗最为人所称道：《赠蒲察元帅七首》（其三）"主人知我怯金觞，特为先生一改堂。细切黄橙调蜜煎，重罗白饼糁糖霜。几盘绿橘分金缕，一碗清茶点玉香"⑥；"闲乘羸马过蒲华，又到西阳太守家。玛瑙瓶中簪乱锦，琉璃钟里泛流霞。品尝春色批金橘，受用秋香割木瓜。此日幽欢非易得，何妨终老住流沙"［《赠蒲察元帅七首》（其七）］⑦；《寄移剌国宝》"昔年萍迹旅京华，曾到风流国宝家。居士为予常吃素，先生爱客必烹茶"⑧。以上对寻常生活场景的描绘，满怀本真的喜悦体现的依然是故园之思，只是这个心灵的"故园"有时在遥远的异乡。

四　洁身自好与奋勇担当

"穷则独善其身，达则兼济天下"，这是传统士人遵循的信条和行

---

① （元）耶律楚材：《湛然居士文集》卷六，中华书局1986年版，第72页。
② （元）耶律楚材：《湛然居士文集》卷五，中华书局1986年版，第59页。
③ （元）耶律楚材：《湛然居士文集》卷六，中华书局1986年版，第83页。
④ （元）耶律楚材：《湛然居士文集》卷五，中华书局1986年版，第59页。
⑤ 同上书，第63页。
⑥ 同上书，第57页。
⑦ 同上。
⑧ （元）耶律楚材：《湛然居士文集》卷三，中华书局1986年版，第31页。

为准则，深受儒学浸淫的耶律楚材，显然并未超越。所不同的是，他少"任性"而多"韧性"，所以一般人眼中的"穷"途末路，在他看来却依然是济世泽民的通"达"之途。他告诉自己，乱世逢英主，这是千古难得实现社会政治理想的机遇。与辽金的没落相比，耶律楚材对蒙元新朝寄予厚望，在《和抟霄韵代水陆疏文因其韵为诗十首》（其二）中他非常正面地表达了对新朝的看法："新朝威德感人深，渴望云霓四海心。"[1] 他对英主给予的赏识和采信自己尊崇儒教的政治思想主张怀有深深的感激：《和王正之韵三首》（其二）"巨海洪深容弃物，新朝宽厚用愚夫。亨时嘉会千年少，圣主雄材万代无。文物规模皆法古，伫看明诏起真儒。"[2] 而且，自己的牺牲和努力已经初见成效：《和郑寿之韵》"圣主龙飞日月新，微才忝预股肱臣。民财已阜钱如水，驲骑长闲塞不尘。威镇西陲输定远，宴开东阁慕平津"[3]；《过天德和王辅之四首》（其二）"唾手要荒归一统，汉唐鸿业未能过"[4]。正是济世泽民大有作为的关键时刻，岂能轻言归隐，弃苍生于不顾？如此境况之下，自己纵使"归心切"，也只能殚精竭虑，牺牲自己，《和薛正之见寄》"贤臣圣主正时遭，建策龙庭莫惮劳"[5]，理想难以舍弃，所以终是"不敢行"。

自己高远的政治理想无人能够理解，蒙古贵族和利益集团不遗余力地排挤陷害，备受挫折的耶律楚材对归隐充满急切的渴望。欲归难归，他的诗中处处流露着不被理解的痛苦和无奈：《和李邦瑞韵二首》"泽民致主倾丹悃，邀利沽名匪素心"[6]；《和薛正之韵》"礼义不张真我恨，干戈未戢是吾忧"[7]；《感事四首》（其二）"赫赫凤鸾捐腐鼠，区区蛮触战蜗牛。……致主泽民元素志，陈书自荐我无

---

[1]（元）耶律楚材：《湛然居士文集》卷四，中华书局1986年版，第44页。
[2] 同上书，第52页。
[3] 同上书，第53页。
[4]（元）耶律楚材：《湛然居士文集》卷二，中华书局1986年版，第16页。
[5]（元）耶律楚材：《湛然居士文集》卷五，中华书局1986年版，第59页。
[6]（元）耶律楚材：《湛然居士文集》卷四，中华书局1986年版，第56页。
[7]（元）耶律楚材：《湛然居士文集》卷六，中华书局1986年版，第86页。

由"①。与信仰相比，功名算不得什么，就是人们所重视的毁誉名声他也不再顾虑：《和武川严亚之见寄五首》"功名未立不为慊，仁义能行亦足荣"②；《感事四首》（其四）"人不知予我不尤，濯缨何必拣清流"③；《自赞》"从他抹粉施朱，一任安名立字"④。但更多的时候，他感受到的是无人理解的孤独与寂寞：《和南质张学士敏之见赠七首》"边城十载绝知音，琴断七弦鹤亦死"⑤。痛苦无以排解，他只能自我宽慰，眼下的所有困境都是暂时的，经过不懈努力，一切都可能改变，要成就千古未有之大视野，就必须具有非凡的气度、容量、胸怀、毅力，自己必须耐心等待、忍耐：《用前韵感事二首》（其一）"忘忧乐道志不二，守穷待变变则通。岁寒松柏苍苍直，摩云直待高千尺。桃李无言蹊自成，此君冷淡人何寂。生平耻与哙伍行，杜门养拙安天常。泽民致主本予志，素愿未酬予恐惶。否塞未能交下上，何日亨通变爻象"⑥；《西域和王君玉诗二十首》（其十一）"小褚岂能怀大器，短绳那得汲深泉"⑦。他自有一份但求无愧我心，不求世俗理解赞赏的孤高：《用前韵感事二首》（其二）"唯思仁义济苍生，岂为珍羞列方丈。箪瓢陋巷甘孤穷，鸿鹄安与燕雀同。"⑧ 他宽慰自己，身处何处并不重要，关键是心灵的安放。虽然高居庙堂，也可以心归故园：《和松月野衲海上人见寄二诗》（其二）"小隐居山何太错，居廛大隐绝忧乐。山林朝市笑呵呵，为报禅人莫动着。"⑨ 何况将来随时可以功成身退：《用前韵送王君玉西征二首》（其二）"功成莫恋声利场，便好回头乐玄寂"⑩；《和薛正之韵》"每怜丹凤能择食，常笑

---

① （元）耶律楚材：《湛然居士文集》卷五，中华书局1986年版，第65页。
② （元）耶律楚材：《湛然居士文集》卷四，中华书局1986年版，第54页。
③ （元）耶律楚材：《湛然居士文集》卷五，中华书局1986年版，第65页。
④ （元）耶律楚材：《湛然居士文集》卷十，中华书局1986年版，第145页。
⑤ （元）耶律楚材：《湛然居士文集》卷一，中华书局1986年版，第7页。
⑥ （元）耶律楚材：《湛然居士文集》卷二，中华书局1986年版，第17页。
⑦ （元）耶律楚材：《湛然居士文集》卷六，中华书局1986年版，第75页。
⑧ （元）耶律楚材：《湛然居士文集》卷二，中华书局1986年版，第17页。
⑨ （元）耶律楚材：《湛然居士文集》卷六，中华书局1986年版，第85页。
⑩ （元）耶律楚材：《湛然居士文集》卷二，中华书局1986年版，第16页。

黄龙误上钩。何日解荣偿旧约，扁舟蓑笠五湖游"①；《和武川严亚之见寄五首》（其一）"何日功成归旧隐，五湖烟浪乐余生"②；《过济源登裴公亭用闲闲老人韵四绝·再用前韵》"修竹茂林真隐地，但期天下早休兵"③。天下黎民百姓过上太平日子之时，也就是可以毫无顾虑地回归故园之日。为了"泽民之政"的实现，他表现出"不归"的勇气和牺牲：《还燕和美德明一首》"但期圣德泽天下，敢惜余生寄海涯。"④因而，归园心切却又不改初心的耶律楚材直到生命的终点也未能走上避世归隐之路，反倒成为历史上罕见的积极入世者。

对于耶律楚材如何协调出世入世矛盾，王国维在《耶律文正公年谱》中"以儒治国，以佛治心"的总结最为精到。这也为耶律楚材的《寄用之侍郎序》所印证："予谓穷理尽性莫尚佛法，济世安民无如孔教，用我则行宣尼之常道，舍我则乐释氏之真如，何为不可也？"

通过文化调和取得内外平衡，洁身自好且奋勇担当，这在众多参与蒙元政权国家治理的人士中，很有代表性。这种健康健全的人格，表现出文化锻造的力量。

第二节　陶渊明在元代的文化价值和广泛影响

儒学自汉代开始，在长达数千年的中国封建社会的大多数朝代，作为统治思想一统独尊。它甚至是中国士人的立身之本。但是实际上对中国人精神生活影响同样重要的是陶渊明。相对于孔子被尊为圣人，寺庙供奉，历代尊号无数，享受国家香火祭祀，陶渊明则寂寞冷落得许多。陶渊明仅仅因其创作，因为开辟田园诗派，而被标榜为中国历史上最杰出的文学家；只是作为一个隐逸诗人，一个田园诗派的创立者而被文学史记载和讲述。由于陶渊明本人缺乏系统的理论阐

---

① （元）耶律楚材：《湛然居士文集》卷六，中华书局1986年版，第86页。
② （元）耶律楚材：《湛然居士文集》卷四，中华书局1986年版，第54页。
③ （元）耶律楚材：《湛然居士文集》卷七，中华书局1986年版，第99页。
④ （元）耶律楚材：《湛然居士文集》卷四，中华书局1986年版，第49页。

释，甚至即使是在中国思想发展史和文学批评史上，也鲜有人论及其地位和影响。但实际上，陶渊明除了文学上的巨大贡献之外，他给予中国人在生活情趣、审美追求、人生境界等方面的引导和影响都是旷世无双，具有划时代深远意义的。不仅影响了一代又一代的中国文人，对整个中国文化都影响至深。至少在元代，陶渊明的影响是巨大的。不仅表现在时间跨度长、人群覆盖广和文学艺术门类更为宽泛等方面，还表现为人们已经由对陶渊明文学成就的赞赏，提升到了对陶渊明生活道路选择的认同；进而又将其推演到人生价值、道德标准的层面。赞美、体悟、领会后，更能以不同方式程度不同地转变成为社会行为，这在其他朝代是罕见的。从这点上看，陶渊明在元代已经不再简单地是一个标准的诗人或者文化标识，而被赋予了某种宗教精神领袖的特质。从某种意义上来说，他是中国文人心中的另外一个圣人，因为他为后世营造了一个可以安放心灵的港湾。

一　陶渊明是元代最具有影响力的文化偶像

翻检发现，学界对陶渊明的元代影响关注较少。即使是从传播学或者接受美学的角度，对其影响进行历史脉络梳理的专著或论文，提及元代往往也是一笔带过。"陶诗真正受到较为普遍的重视是从唐代开始的……到了宋代，对陶渊明的研究出现了一个高潮。……元代研究陶渊明的很少，到了明代才又逐渐多了起来。这一时期研究者的工作，大都是解释前代所提出的问题。到了清代，对陶渊明的研究又掀起了一个高潮。"[①] 这段话可以算作对陶渊明后世影响研究中颇具代表性的总结。

元代，表面看对陶渊明理论性的研究的确较少。这是一个事实，但是另外一个更重要的事实是，陶渊明的影响在元代不是弱化，而是增强了。打开林林总总的元代诗文集，陶渊明的气息就会扑面而来：叹世、隐居、及时行乐、否定功名，这些打着陶渊明鲜明烙印的思想

[①] 北京大学北京师范大学中文系、北京大学中文系文学史教研室编：《古典文学研究资料汇编·陶渊明资料汇编（上册）》《历代陶渊明研究情况简介》，中华书局1962年版，第1—2页。

俨然就是元代文学中最热门的话题。散曲中这样的主题占据了半壁江山，诗歌、散文、杂剧中同样的思想也充斥其间。陶渊明在元代有重要的社会影响：首先，表现为不再是个别作家创作主题，而成为几乎所有作家创作不可缺少的题材；其次，不再是表象化的议论、唱和、仿作，而是深化成为一种价值判断标准和人生理念；最后，不是停留在口头上，而是开始以一种新的形式落实在生活实践中了。而且，陶渊明的影响贯穿整个元代，对人们生活的影响更加全面、深入而广泛，影响到了文化艺术的各个层面。因而，元代不仅同样是中国历史上陶渊明研究中不可缺少的一环，是唐宋与明清之间继往开来的连接，更是一种别具一格的独特体现。

（一）元代士人消极避世的吟咏特盛，这种灰色基调从元初的耶律楚材和刘秉忠就已经开始，并贯穿整个元朝始终

虽说鄙视功名、归隐田园的创作主题自古有之，至东晋陶渊明更成为专门题材，但以往不过是文坛中创作的点缀，由少数作家偶尔为之。但到元朝竟然成为整个时代文学创作主色调之一，这是任何朝代所没有出现过的。一般而言，当一个新兴政权处于上升阶段，建功立业成为整个社会时代主调，陶渊明隐逸避世思想往往会减弱。即使提到陶渊明，呈现出来的也是热爱自然，追求人际关系和谐，坚持操守等欢悦、健康、积极向上的一面，唐宋崇尚陶渊明的角度和理由不同，但情况大抵如此。而元则不然，从元初，许多人的创作中，陶渊明隐逸避世思想就占有非常大的比重。以元朝开国功臣、元代文学开创者耶律楚材为例，他对元朝政治、经济、文化影响至深，可就是这样一位大有作为也深受成吉思汗等帝王信任的伟大政治家，却把陶渊明奉为异代知音。《湛然居士文集》开篇《和黄华老人题献陵吴氏成趣园诗》："丁年彭泽解官去，傲游三径真三友。悠然把菊见南山，畅饮东篱醉重九。……知音谁听断弦琴，临风痛想纱巾酒。嗟乎世路声利人，不知曾忆渊明否。"[①] 耶律楚材一生创作，结集为《湛然居士文集》十四卷，存诗六百余首，其中有相当的部分，表达了耶律楚

---

① （元）耶律楚材：《湛然居士文集》卷一，中华书局1986年版，第1页。

材对陶渊明个人情操、人生选择和生活态度的认可,追慕归隐、恬淡、简约、任真、热爱自然的内容在其整个创作中占有相当的分量,厌恶官场丑恶,备感孤独的悲观避世也随处可见。元初刘秉忠,深受忽必烈倚重,在元初政治、经济、军事、文化的舞台上发挥着重要的作用,在京城大都的选址、设计、建设中居功甚伟。就是这样一个挥洒自如、备受依赖、上下尊崇的人物,在散曲【三奠子】中所表现的却是一种人生的宿命:"功名眉上锁,富贵眼前花。"在【桃花曲】中所表达的则是远离功名利禄,寻求心灵宁静的强烈愿望:"桃源觅无路,对溪花红紫。"在【诉衷情】中,作者又将个人遭际归为历史必然,在自我宽慰中求得心灵苦难的解脱:"图富贵,论功名。我无能。"在中国历史上,成吉思汗、忽必烈作为世界上最强大帝国的开国、立朝之君,绝对算得上开明、纳言、用贤的圣明之君,在他们麾下曾经大有作为备受宠信的政治家们内心感受尚且如此,到了元朝中后期,随着社会政治黑暗的暴露,统治阶级内部矛盾的激化,官场生态进一步恶化,陶渊明消极避世、及时行乐的思想大行其道,也就顺理成章不难理解了。

(二)崇陶亲陶作家众多、文学门类表达全面

元代作家的身份与唐宋相比,可能更加复杂。唐宋,由于严格遵守科考用人制度,所以作家们都是已经成功迈入仕途的官僚或正行进在入仕道路上和脱离了仕途的士人。地位有高低,仕途各穷达,但是相对来说成分、背景比较单一。元代的作家则不同,由于科举制度时断时续,官吏晋升的渠道和途径也不一样,士人的职业选择又很自由,所以作家的成分前所未有地复杂多样。既有因祖荫而获高官的贵族,也有凭科举而入仕的官吏;既有王恽这样政府机构任职的翰林清贵,也有关汉卿那些依靠杂剧市场谋生的自由撰稿人;既有汉化了的少数民族,也有功底深厚的理学家或者宗教僧侣。但是几乎所有人的创作中,都能找到推崇陶渊明的内涵和影子,每个人的作品中,都诉说着对现实的不满和避世逃遁的愿望。

许衡(1209—1281),元代著名的理学家。他和姚枢、窦默等同是著名的北方理学家,与吴澄齐名,称为"南澄北许"。由于他任国

子祭酒时独尊朱、程之学,在使理学成为元代官学的过程中起了重要作用,被人尊为元代开国大儒。甲寅年(1254)忽必烈在潜邸,即以许衡为京兆提学。忽必烈即位后,召其为国子祭酒。其间,许衡极力向元世祖建议推行汉法。不久,谢病归。从此开启了反复辞官,又反复被任用的循环模式:至元二年(1265)复召至京师,命议事中书省,至元四年又归,至元五年复召,至元七年又归,至元八年召为集贤大学士,兼国子祭酒。元世祖开太学,由许衡主持教授蒙古、色目贵族子弟,后又与郭守敬等制定《授时历》。至元十七年(1280)请还,次年病卒,年七十三,谥文正。他曾对其子师可说:"我平生虚名所累,竟不能辞官。死后慎勿请谥,但书许某之墓。"(《宋元学案》卷九十)其《辞召命作》诗有"留取闲身卧田舍,静看蝴蝶挂蛛丝"句,亦可见其隐遁之志。《全金元词》录其词五首,多为长调,抒写归隐之怀。例如【沁园春】《垦田东城》:

  月下檐西,日出篱东,晓枕睡馀。唤老妻忙起,晨餐供具,新炊藜糁,旧腌盐蔬。饱后安排,城边垦劚,要占苍烟十亩居。闲谈里,把从前荒秽,一旦驱除。　　为农换却为儒。任人笑、谋月拙更迂。念老来生业,无他长技,欲期安稳,敢避崎岖。达士声名,贵家骄蹇,此好胸中一点无。欢然处,有膝前儿女,几上诗书。

许衡词的好处是真情,并未将田园生活做诗意美化或者是宽泛化,而是本能地对质朴的生活、本真的状态怀有纯真而热烈的追求。所以他的作品注重细节,粥是什么粥,菜是什么菜,住什么房子,房子内摆放什么,周边环境如何,怎样早睡早起,饭后如何,都想得非常细致,甚至住所局促,饭菜粗糙,被世人嘲笑也都预料到了,可见归隐的话并不是赶时尚,追时髦,的确是心向往之,随时准备践行了。

王实甫,大都(今北京)人,著名杂剧作家。著《西厢记》在内的杂剧十四种。由于曾经为官的经历,所以他对仕途险恶有着清醒的认识:【梧叶儿】:"退一步乾坤大,饶一着万虑休。怕狼虎恶图谋。遇事休开口,逢人只点头。见香饵莫吞钩,高抄起经纶大手。"(【梧叶儿】)散曲创作与现实生活关系密切,在其中明白直率地大讲处世、为官之道,经纶万种,"世故"十足,足见趋利避害、远祸免灾的这类话在元代竟然是可以直截了当、理直气壮地脱口而出的,不必像唐宋作家,总有一份不忠君报国济世泽民,便感到有愧先贤的不安和羞涩,须借着陶渊明遮掩,曲折表达。散曲【后庭花】则直接描绘了作者心目中在政治困境里得以保全身心的"理想"生活:"住一间蔽风霜茅草丘,穿一领卧苔莎粗布袭。捏几首写怀抱歪诗句,吃几百杯放心胸村醪酒。这潇洒傲王侯,且喜的身登身登中寿。有微资堪赡赒,有亭园堪纵游。保天和自养修,放形骸任自由。把尘缘一笔勾,再休题名利友。"自由、任性、保全天年,这些都已经成为元代人的价值取向和人生选择标准和方向了。

大都人身处京师,与权力中心接近,仰仗地利之便,耳闻目睹,深谙官场之丑陋凶险。马致远的【双调·夜行船】《秋思》就劝诫汲汲于官场的求进之人:"蛩吟罢一觉才宁贴,鸡鸣后万事无休歇,争名利、何年是彻?密匝匝蚁排兵,乱纷纷蜂酿蜜,闹穰穰蝇争血。"其对官场的态度,在杂剧作家群中很有代表性。

胡祗遹(1227—1295)[①],他是元代前期文化修养比较高的官员,为人非常豁达开明。他对散曲和杂剧这些新兴的艺术形式不仅打破正统观念全面接受,而且给予积极肯定,并时时能够提出较为深刻的评价和见解。他有【双调·沉醉东风】二首。第一首,把贪官暴吏比作虎狼,他愿逃离虎狼成群的官场,与鸥鹭为盟,做个"识字的渔夫",过隐居生活。第二首中,他赞美山居野处的渔樵,称他们是不识字的渔樵士大夫。他赞美那种没有贪欲知足常乐的生活态度。这两首小令写得恬淡平静,透露了诗人对世事的态度和个人所追求的理想。

[①] 《元史》卷十七本传言其卒于元世祖至元三十年(1293),年六十七。此说有误,详参丰家骅《胡祗遹卒年和王恽生年考》,《文学遗产》1995年第2期。

卢挚（1235—1314），字处道，号疏斋，涿州人。至元五年（1268）进士，受到忽必烈的赏识，元成宗大德年间，入朝为翰林学士，官至翰林承旨。是元代前期影响较大的文学家。他在【前调】《闲居三首》（其一）中同样吟咏出对田园生活的向往："雨过分畦种瓜，旱时引水浇麻。共几个田舍翁，说几句庄家话。瓦盆边浊酒生涯，醉里乾坤大，任他高柳清风睡煞。"这境界、语言以及质朴天然的风格简直就是陶渊明的《归园田居》诗在元代散曲中的穿越再版。

陶渊明研究者将陶诗的主题创新归纳总结为四种：第一，表现归隐主题；第二，表现饮酒主题；第三，表现固穷安贫主题；第四，表现生死主题。① 元代的诗词曲赋中，几乎继承了陶诗创新主题全部内容。这与唐、宋都是每个朝代各自有各自的侧重显著不同。在生死主题方面，元代尤其强调了避害远祸、及时行乐，感情也更为复杂。唐代推崇陶渊明的品德高洁，宋代称誉陶渊明的气节坚贞。而元代，则更多的时候在赞美陶渊明、许由、范蠡等人避害全身的人生智慧。而在赞美前者的同时，往往还会与屈原等历史上广受尊崇的圣贤对举，对后者因执着忠君或坚持己见而死于非命表现出不屑，有时甚至走向极端，发展成为对所有功名的否定。先后担任过元朝监察御史和翰林承旨、两次辞官的刘敏中，曾为弹劾权臣桑哥而险些丧命，他在其作【黑漆弩】《村居遣兴》中就写道："便宜教画却凌烟，甚是功名了处？"对青史留名这些历朝历代世人追求的最高境界持否定态度，而这在元代绝非特例。

二　元代陶渊明的追随者们

袁行霈先生总结说，唐宋以来的田园诗人和陶渊明相比，"虽写了田园风光和田园生活，但缺少躬耕体验的描写，也缺少对人生之道的深刻理解"②，这评价，精辟而中肯。恰恰在"体验"这一点上，元代表现出强烈的不同于唐、宋以及明、清的文化个性。深受陶渊明

---

① 袁行霈：《论和陶诗及其文化意蕴》，《中国社会科学》2003年第6期。
② 袁行霈：《陶渊明研究》，北京大学出版社1998年版，第119页。

影响的元人，无论曾为高官，在政治、经济、文化或科技生活中发挥过较大作用的政治家，还是与最高统治核心关系密切的皇族贵戚，抑或是沦落社会底层自食其力的文人，他们不仅通过自己的作品吟咏抒发着对陶渊明的仰慕，更通过实际行动彰显着对陶渊明避世退隐的认同与追随。

元代与中国历史上其他朝代一样，因为升官不得而痛苦不堪的"城外人"依然多如过江之鲫。这些人就像胡祇遹所描绘和讽刺的那样，为求一官半职，从全国各地聚集京师，"教授之于群有司，位卑禄薄，例以不知民事、不通庶政、短于干局、委靡软熟者为之。……三年大比，偶中一第，不过声律词章之士，修身齐家尚不自晓，以临民为政，可乎？……居是任者，不自知耻，以念诵批注为通经，以剽窃陈言为文章，以记问为博学，以浮艳小诗翰媒为才艺，以狂谈诡论为气识。下此一等，包苴奔走于达官贵人之门，邀求荐达。尘颜俗状，日陪父、老倡妓，迎饯使客于车辙马足之间。若此者十盖八九"[①]，奴颜婢膝，鄙俗不堪。但同时，却有不少身为官宦甚至已经跻身权力中心的"城中人"，视权位如草芥，弃官职如敝履，廉洁自守，清白为人。他们虽然不是多数，却代表了一个时代的良知。张养浩、不忽木、贯云石等，都是这方面的代表。而他们都是深受陶渊明影响的。

张养浩（1270—1329），汉族，字希孟，号云庄，又称齐东野人，济南（今山东省济南市）人，元代著名政治家，文学家。一生经历了世祖、成宗、武宗、英宗、泰定帝和文宗数朝。青少年时期因才学闻名而被荐为东平学正。历仕礼部、御史台掾属、太子文学、监察御史、翰林侍读、右司都事、礼部侍郎、礼部尚书、中书省参知政事等。后坚决辞官归隐，朝廷七聘不出。钟嗣成在《录鬼簿》中将张养浩列为"前辈名家"。散曲集有《云庄休居小乐府》，多为归隐后所作，《全元散曲》引述艾俊评价他的作品是"言真理到，和而不

---

① （元）胡祇遹：《贺丁适之得教授职序》，见《胡祇遹集》，吉林文史出版社2008年版，第232页。

流,依腔按歌,使人名利之心都尽"。【双调·新水令】《辞官》套曲是张养浩的代表作之一,用几只曲子反复吟唱,表达自己急流勇退,希望归隐山林的迫切愿望:"唱歌,弹歌,似风魔,把功名富贵都参破。有花有酒有行窝,无烦无恼无灾祸。"追求单纯、自在生活的心情溢于言表,真率而坦诚。【双调·水仙子】则表现心愿实现后的轻松、豁亮、满足:

中年才过便休官,合共神仙一样看。出门来山水相留恋,倒大来耳根清眼界宽。细寻思这的是真欢,黄金带缠着忧患,紫罗襕裹着祸端,怎如俺藜杖藤冠。

"黄金带"和"紫罗襕"都是典型的官员服饰,此处运用借代、比喻的修辞笔法,指代官场、名利等。说"带缠忧患""襕裹祸端"非常形象地道出了作者将仕途视为险途,将名利视为人生羁绊的真实心理。在【双调·沽美酒兼太平令】中他还刻画讽刺了那些口中喊着归隐,实际另有图谋的人:

在官时只说闲,得闲也又思官,直到教人做样看。从前的试观,哪一个不遇灾难?楚大夫行吟泽畔,伍将军血污衣冠,乌江岸消磨了好汉,咸阳市干休了丞相。这几个百般,要安,不安,怎如俺五柳庄逍遥散诞?

【中吕·朱履曲】更一针见血地揭示了为官的无聊:

那的是为官荣贵,止不过多吃些筵席,更不呵安插些旧相知。家庭中添些盖作,囊箧里攒些东西,教好人每看做甚的?

晚年他很为自己"也曾附凤与攀麟"而悔恨,深深慨叹"无穷名利无穷恨,有限光阴有限身"(【中吕·喜春来】)。

陶渊明的影响不仅及于张养浩这些饱读诗书深受传统文化影响的

中原文士,甚至深刻影响了蒙元政权中的少数民族显贵。贯云石、不忽木都是这方面的代表。

贯云石(1286—1324),号成斋、疏斋、酸斋,色目贵族,生于大都。少年时膂力过人,善骑射,可飞身上奔马,运槊生风,稍长即折节读书,文武双全。虽仕途遂顺,但由于深受汉族文化以及佛道思想影响,加之个性豪放、直率、洒脱,所以对功名不以为意。早年世袭父亲爵位,治军极严。数年后即大德末年毅然将职位让给弟弟,自己返回大都家族聚居地——大都畏兀儿村(又称畏吾村,即今北京魏公村)。并很快融入了大都的皇族生活,选取为英宗潜邸说书秀才,宿卫禁中,并受到元武宗、元仁宗的赏识。他的散曲创作与其禀性极为相合,豪放、遒劲、直率、清新,时人赞誉"俊逸为当行之冠"。叹世归隐、鄙弃功名,这些元代深受民族压迫、仕途艰难者散曲创作的主题,竟然也成为贯云石这样一位备受皇家贵族宠爱、春风得意者创作的主旋律。他不仅辞官,后来连在大都皇宫、贵族中周旋应酬也都懒得继续了,于是"称疾还江南",去过理想中自由洒脱的生活。【双调·清江引】就是延祐元年(1314)他南下之后所作:

竞功名有如车下坡,惊险谁参破?昨日玉堂臣,今日遭残祸。争如我避风波走在安乐窝。

避风波走入安乐窝,就里乾坤大。醒了醉还醒,卧了重还卧。似这般得清闲的谁似我?

弃微名去来心快哉,一笑白云外。知音三五人,痛饮何妨碍!醉袍袖舞嫌天地窄。

将人们竞相追逐的功名利禄形容为"车下坡",不仅形象生动,其大难临头惊心动魄实在触目惊心,足以警醒红尘中的迷途者。而作家心目中的"安乐窝"并非高不可攀,所谓的幸福俯拾皆是,触手可及,不过是辞去官职,挣脱羁绊,这样就能"醒了醉还醒,卧了重还卧"，如此生活一言以蔽之：简单、任性、随我所愿。正是这样思维逻辑的直率和表达的坦诚、直截了当，使他的作品散发出俊逸之气，比一般的避世隐逸之作更能打动人。

另外一个汉化程度很深，且深受陶渊明影响的是不忽木。不忽木（1252—1298），一名时用，字用臣，世为康里部大人。为高官贵戚，深得皇帝宠信。不忽木能用汉语写作，是著名元曲家，套数【仙吕·点降唇】《辞朝》是其代表作，现选择摘抄如下：

宁可身卧糟丘，赛强如命悬君手。寻几个知心友，乐以忘忧，愿做林泉叟。

【天下乐】明放着伏事君王不到头，休休，难措手。游鱼儿见食不见钩，都只为半纸功名一笔勾，急回头两鬓秋。

【游四门】世间闲事挂心头，唯酒可忘忧。非是微臣常恋酒，叹古今荣辱，看兴亡成败，则待一醉解千愁。

不忽木的这套《辞朝》之所以能在元代众多避世退隐题材中脱颖而出，不仅在于规模大，成系统，通过十四支曲子，把官场之险与归隐之乐一一对比，从多个侧面全方位阐释"辞官"的理由；更主要的是坦率真诚，剖白内心了无隐瞒。尽管历代从来不乏懂得"伴君如伴虎"道理的臣子，但是敢于面对君王说出口的却从来都没有，不忽木竟然直截了当地遣责最高统治者不仁不义，指出辞官不为别的，是因为到处都是"伏事君王不到头"的悲剧！并胆大包天地说"宁可身卧糟丘，赛强如命悬君手"，能说这话，也就是在帝王胸怀相对开阔的元代；也就是这个曾为太子侍从和顾命大臣，政治资本雄厚堪比皇族"家里人"的康里人；也就是这个直率如童子有着登天梯却弃之如敝履的不忽木！作者从对权力的自我疏离，到对官场"龙争虎斗"的极端厌恶，从脱离羁绊的逍遥，到山林隐居的自在，从世人半纸功名葬送一生的痴迷，到粗茶淡饭胜却高官厚禄的无虑无忧，全部一一道来,不矫情,不虚饰,不偏执,不故作高深,不标榜清廉,不放虚话空言,而是以人之常情,世之常理,平实之中详加分析,家常之中见性情,千古之后读之,依然真切动人。元世祖忽必烈曾拜请不忽木为国相,但不忽木坚辞不受。在处理交趾(今越南)外交事务时,因为不忽木的策略,达到了事半功倍之效,当忽必烈要厚厚重赏他的时候,他仅仅象征性地收下了笔墨纸砚等。桑哥当政,对不忽木非常嫉恨,曾唆使西域商人行贿送给不忽木美珠一篚,企图栽赃收买,不料不忽木不为所动,坚拒不受。大德四年(1300),不忽木卒,家贫无以葬。是元成宗赐钞五百锭,才了结丧事。这样的权贵,在贪腐成风的元代是极为少见的。

元代人们不仅以诗词曲的形式表现隐逸之情和归隐之愿,更亲身践行"大隐隐于市"的理念。诗人何失、张进中就是这方面的典型代表。

何失(约1247—1326),字得之,昌平(今属北京)人。他在大都文坛特立独行,属于"异数"。早年曾与鲜于枢、高克恭等一起学习作诗,以才气自负。一生都在践行"大隐隐于市"的追求。既不入朝为官,也不单纯以文人自居,而是在大都以织纱帽为业,自食其力。由于产品质量优秀,号称"售不二价",很得市场认可。每天晨起,他骑着毛驴去市场买纱备料,一路歌吟着穿过闹市,成为当时大都城里令人瞩目的风景。他风貌高古,举止脱俗,颇受世人推崇。其吟咏大都诗篇,出语自然,而意境悠远。他这样描述大都的生活场景:"一井当门冻,寒光照四邻""我住东街北,鼓楼在屋西"。身处繁杂都市而内心平和恬淡,也许正是他格外引人瞩目的原因。当朝公卿一再举荐他入朝为官,他皆坚辞不就。拒绝出仕的理由似乎也非常简单,"慈亲俱老大,稚子始狂颠。此日能完聚,称觞赖圣年"(《辞荐》)。既没有对当朝不满和抱怨,也不肯自我标榜清高脱俗,而是质朴无华地表明了自己无欲无求,无悔无怨,追求简单、本真、平实的生活态度和对慈亲稚子难舍的眷恋。也许这种质朴的生活态度和本真的精神追求,在物欲横流名利熙攘的大都太稀缺了,所以格外受到人们的珍惜与尊重。马祖常在为他所作挽诗中就赞其"手织乌纱日卖钱，全家闲住五云边"。《燕都杂题三首》《感兴四首》等为其代表作。其中《感兴四首》是大隐之作的代表，其一中写道：

> 大宝隐于石，哲匠莫核真。
> 猛虎走四野，尺草岂蔽身。
> 昧者虎不见，投石安足珍。
> 所以卞和泣，千载共沾巾。

本真、本分而不愚钝、顽冥不化，有洞明世事的智慧和权衡利害的哲思。他的许多见解，如"饮酒莫啜漓，结交当求知。论人先论行，相马不相皮。一谄余何敢，三谗亲亦疑。投身入屠钓，尤胜坐书痴""人皆欲富贵，我岂愿贫贱。青云一差池，如药弗瞑眩"都表现出了这种为人处世洞明、求实的风格。他与人结交注重的是心灵相通，彼此相知，在他心里也许根本就没有社会地位差异的芥蒂。所以李孟、吴珪这些元时名臣也愿意与之交往。而他对富贵贫贱又有透彻的了悟，所以富贵贫贱这些困扰世人的种种烦恼，在何失看来都是不该有什么分别的得失，因而面对世事纷纭自有一分了无挂碍的坦然淡泊和宁静。无论他同时代还是他去世多年后，都有许多文人写诗作文思念他、追忆他。揭傒斯有《寄何得之隐居二首》认为何失"达人在道府，不异山中栖"堪比"巢与夷"，后又作《过何得之先生故居五首》追思，虞集为之作跋。在大都，与何失齐名的还有张进中。张进中（1241—1320），字子正，大都（今北京）人，以制笔为业。这其中核心的串联，都不难看出陶渊明文化影响的痕迹。

王士熙在《张进中墓表》中说："余识京师耆老多矣，所敬者惟君及何失。失家善织纱縠，最能为诗，充然有得，如宋陆务观，可传也。日出买丝，骑驴歌吟道中，旨意良远。"并对"今张君何君相继以陨，求似者未之见"表现了深深的惋惜。可见，何失和张进中的形象，竟然已经成为混迹名利场上的都市人心灵的一个旗帜，或者是寻归精神家园的航标了。

阚举、员炎、何失、张进中、吴元德是中国元代诗坛的另类，既不同于馆阁诗人，也不同于寓居京师的文人，他们出自社会底层，风貌高古，特立独行，不以物悲喜，视诗歌为生命，在诗坛有特殊的一席之地，受到大都作家的普遍尊重。王恽、王士熙等著名文人学士纷纷为其作传或书写墓志铭，赞美他们身上所具有的精神和品质，他们本身是大都诗坛的重要组成部分，同时也被世人视为陶渊明精神的化身而受到普遍尊崇赞誉。

　　其实，在元朝，在商贸极度繁荣的京城大都，崇尚豪华奢靡享受是普遍的社会风尚。即使如此，也很有一些高居庙堂之上显赫的政治家实务家在个性品德和生活方式上，低调、简约、朴素。元初的耶律楚材和刘秉忠便是如此。耶律楚材一生功勋卓著，但对物质生活极为淡然，从政几十年，身边唯有素琴一张相伴左右。因为他把这琴当作与陶渊明心灵沟通的媒介。他的诗集中，有大量写琴之作，见到琴，他就想起了弹奏无弦琴的陶渊明，就想起了他高尚的道德和高洁的品质。据《元史·耶律楚材传》记载，耶律楚材病逝以后，有人诬告说他高居相位多年，天下的财富，恐怕有一半都被他中饱私囊了。当权者于是命令近臣前往，结果看到他家中空空如也："唯琴阮十余，及古今书画、金石、遗文数千卷。"可见他是多么的清廉。刘秉忠也是如此，他"久侍藩邸，积有岁年，参帷幄之密谋，定社稷之大计，忠勤劳绩，宜被褒崇"。在有元一代，汉人位封三公者，仅刘秉忠一人而已。由此足见其显贵程度。但是他同样是生活简朴至极。《元史》记载说："秉忠自幼好学，至老不衰，虽位极人臣，而斋居蔬食，终日淡然，不异平昔。自号藏春散人。每以吟咏自适，其诗萧散闲淡，类其为人。"

三　陶渊明成为元人价值观和人生观的标尺

　　元人不仅歌咏陶渊明，认同其生活态度，追随其简朴生活；而且这也成为他们评价人的标准和自我修养的准则。《析津志》是现存最早记述北京的一部专门志书，在北京的历史记载中占有显著而重要的地位。其作者熊自得也是一位颇能体会并践行陶渊明理想生活的人。他一生以笔为犁，笔耕不辍。元人顾瑛的《草堂雅集》卷六诗前序曰："熊梦祥，字自得，江西人，博读群书，旁通音律，能作数体书，乘兴写山水尤清古，无庸工俗状，以茂才举教官，不乐拘制辄弃去，以诗酒放浪淮浙间，卜居娄江上扁得月楼。与予为忘年交。旷达之士也，号松云道人。"明初胡俨在《题熊自得画》中盛赞熊梦祥的画："丰城熊自得，元时以艺事入都，有声于公卿间，此小画二方，真得米老家法而兴致幽远，固可与商高班矣。"熊自得元末以茂才异等被荐为白鹿书院山长，后任大都路儒学提举、崇文监丞。晚年与道士张仲举一起隐居京西斋堂村（在今门头沟区斋堂镇），以著书为乐，《析津志》即撰写于此。清初纳兰性德《渌水亭杂识》："元豫章熊自得偕崇真张真人往居，撰《燕京志》，欧阳元功①、张仲举（张翥）皆有诗送之。"明赵琦美编《赵氏铁网珊瑚》收录欧阳玄、张翥诗各一首，并于诗前作小序，称此地"山深民淳，地僻俗美，隐者之所宜居"。

欧阳玄诗云：

先生去隐斋堂村，境趣佳处如桃源。
西出都门二百里，山之鳌屋水浩亹。
一重一掩一聚落，一溪十渡深而浑。
羊肠险径挂山腹，蜂房小屋粘云根。
立当厄塞若关隘，视人衍沃同川原。
市朝甚迩俗尘远，土产虽少人烟繁。
锄畲藝陆宜麦莜，树栅作圈收鸡豚。
园蔬地美夏不燥，煤炭价贱冬常温。
前年熊郎入卖药，施贫者药人感恩。
熊君携笈今就子，绕舍木叶书缤繙。
崇真真人又继往，况是偓佺之子孙。
紫箫夜吹辽鹤至，林响谷应松风喧。

---

① 此处为笔误，欧阳玄，字原功，号圭斋。

登高东望直沽口，海日涌出黄金盆。
应怜漫倩恋象阙，坐羡庞公归鹿门。

欧阳之作描绘了斋堂村的地理位置，优美风景，古朴民风，熊自得来此的缘由，在这里简朴的生活，与道士崇真共同著述的佳话。而其取景要点，却全在陶渊明诗歌自我书写之神髓。

张翥对熊自得居处的描绘与赞美，着眼点也如出一辙：

燕垂赵际中有村，正在西湖之上源。
源头落花每流出，亦有浴凫时在氲。
隐居葺茅据幽胜，仿佛小庄如陆浑。
环之苍松数十树，拔出太古虚无根。
攒峰叠壁何盘盘，地多硗磝少平原。
先生生计虽苦薄，最喜静无人事繁。
黄精本肥术苗脆，疆场有瓜牢有豚。
吟诗作画百不理，一家笑语常春温。
功名只遣世途累，饱暖已荷皇天恩。
近闻京志将脱稿，贯穿百氏手自翻。
朱黄堆案墨满砚，钞写况有能书孙。
云晴辄寻羽客去，谷熟方来山鸟喧。
土床炕暖石窑炭，黍酒香注田家盆。
要知精舍白鹿洞，不待公车金马门。

这首诗的作者张翥也很值得一说。张翥（1287—1368），字仲举，号蜕庵，晋宁襄陵（今属山西）人。年轻时豪放不羁，好蹴鞠喜音乐，后幡然悔悟，闭门读书，昼夜不辍。起为国史院编修官，与修辽、金、宋三史，历应奉、修撰，迁太常博士，升礼仪院判官，又迁翰林，历直学士、侍讲学士，以侍读兼祭酒，除集贤学士，以翰林学士承旨致仕，官至从一品，进封潞国公。他写日常生活的诗作很多，从上朝、伴驾、扈从，到起居饮食，多轻松开朗，充满意趣。张翥居京为官二十多年后，才置办房屋，又因年高体虚而购买了皮袍，因为不宜骑马上朝，又添置了车子。他把这些个寻常生活变化都写进诗里，并自注："予京居廿年始置屋灵椿坊，衰老畏寒始制青鼠袍，且久乏马始作一车出入，皆赋诗自志"，诗三首：

> 五槐浓绿荫门前，东宇西房数十椽。
> 不是衰翁买屋住，归时留作雇船钱。
>
> 青鼠毛衣可御寒，秃襟空裹放身宽。
> 遮头更著狐皮帽，好个农家老契丹。
>
> 浅浅轻车稳便休，何须高盖与华辀。
> 短辕不作王丞相，下泽聊为马少游。

朝中位及从一品，却不治家产，照样租房"北漂"；年老体弱买件保暖的衣服，添辆代步的车驾，就高兴得不行，当作大事记下来。这种在寻常生活中发现审美，发现乐趣，采取一种欣赏的态度表现之，同样也是陶渊明精神的神髓之一。

陶渊明精神在元代的深刻影响，是多维立体的。不仅表现在纵轴，时间与元代相始终；还表现在横轴，所有的艺术形式几乎无人不言陶渊明；除了以上提到的诗、词、曲之外，在新的艺术表现形式中，也时常闪现陶渊明的身影，以元杂剧为例，现存的就有尚仲贤的《陶渊明归去来兮》，还有王子一的《刘晨阮肇误入桃花源》。而其他杂剧中提到陶渊明的唱词就更是随处可见，数不胜数。绘画方面，带有特殊文化意味标签的物象如"松""菊""柳""鸟""鱼""把酒""操琴""孤云""幽径"等这些陶渊明特有的标签，更是全面地进入元代绘画之中。从某种意义上来说，没有陶渊明，就没有文人画的神髓和文化依托。即使是元代的日用器皿青花瓷罐纹饰中，也有不少以陶渊明归隐田园为主题，它们与鬼谷子下山等题材一样受到人们的欢迎。

四 元代陶渊明现象的社会根基及其价值

任何文学史都是当代史。陶渊明之所以在元代拥有如此众多的拥趸,一方面固然是陶渊明诗文本身的丰富、多面、审美所决定的;同时,也是文化长久积淀的结果。正如林语堂所言:"因为田园生活的模式总被认为是最理想的生活方式。在艺术、哲学与生活中的这种田园理想,深深地扎根在中国普通人的意识中,它在很大程度上是我们今天的种族繁荣与健康的原因。……他们在诗歌、绘画、文学中一代又一代地宣传"[①];但是对于元代的士人来说,更重要的是陶渊明之于他们并不是这些生活之外的艺术点缀,而是愉悦情感的寄托和精神享受的补充。陶渊明对他们意味着身心的健康,是滋养精神生命的必需。元代是一个社会矛盾、民族矛盾较为尖锐的时期,科举制度的废弛,截断了文人"学而优则仕"的进身之阶。政治秩序混乱,社会黑暗,一个人的晋身处世往往都成为大问题。如何处污浊而不染,坚持操守,保持清白;如何积极对待人生,既有补于世而又不至于招致杀身之祸;如何坚守做人的信念而又能够保全身家安全;如何享受平凡又不至于萎靡堕落:这些在其他朝代可能比较清晰的人生准则与轨迹,在元代都受到了极大的挑战。在危机四伏步步惊心的官场,在物欲横流污浊不堪的乱世,如何自处和处世,都成为每一个人必须作出的选择和必须书写的人生答卷。

与耶律楚材际遇命运颇为相似的还有元朝开国元勋刘秉忠。他身处风云际会朝气蓬勃的元初,深受明君圣主忽必烈的欣赏重用,指点江山,人生酣畅,但依然需要陶渊明的精神支撑和抚慰。刘秉忠(1216—1274)为元开国名臣。十七岁曾出仕金朝,后削发为僧。元世祖忽必烈在潜邸为亲王时,随海云禅师被召入见,因博学多才,成为忽必烈的主要谋士,于是令其还俗,留侍左右,更名秉忠。他参与元朝建国初期几乎所有的重大政治决策。定国号为"大元",制定朝仪官制,以中都为大都,都是听从了刘秉忠的建议。元大都城址的勘

---

① 林语堂:《中国人》,学林出版社1994年版,第49页。

探、规划等,也都是他亲自主持的。在为政的三十余年间,举贤荐能,广罗人才,这些人后来在大都都身居要职,在元初政治、经济、军事、文化的舞台上发挥着重要的作用。其中以张文谦、张易、王恂、郭守敬、王文统等为最杰出的代表。卒后赠太傅,封赵国公,常山王,谥文贞。其自幼好学,至老不衰,为官后仍保持淡泊清净的生活。他不仅是元初最重要的政治家、儒学家,也是北京历史上最值得大书一笔的人物。尽管曾叱咤风云,左右朝政,但元世祖后,刘秉忠的仕途或者更确切地说是事业并不顺利,在官场上有很多难言之隐,雄志难伸,宏图难展,其情思多抑郁不得志的苦闷。所以悲秋、伤春、悼逝、离别、归隐又成了其吟咏的主题。在别人,归隐似乎是个很时尚的话题,而对刘秉忠来说则是心中的理想与归途。这种外表积极入世,而内心枯寂、悲凉、对人生充满绝望,使得其作品即使是及时行乐的慨叹也都缺乏生命的热度。这种"可怜夜深虚半席,不问苍生问鬼神"的悲哀,本是自古知识分子的共同伤感,只是在刘秉忠这样一个智慧超绝、透彻超绝的人身上更加痛入骨髓,传达出对世事上天入地从古到今都无法挣脱的绝望。

【桃花曲】青山千里,沧波千里,白云千里。行程问行客,更无穷山水。青史功名都半纸。念刘郎、鬓先如此。桃源觅无路,对溪花红紫。

【点绛唇】十载风霜,玉关紫塞都游遍。驿途方远。夜雨留孤馆。灯火青荧,莫把吴钩看。歌声软。酒斟宜浅。三盏清愁散。

【望月婆罗门引】午眠正美,觉来风雨满红楼。卷帘情思悠悠。望断碧波烟渚,蘋蓼不胜秋。但冥冥天际,难识归舟。大夫骨朽。算空把,汨罗投。谁辨浊泾清渭,一任东流。而今不醉,苦一日醒醒一日愁。薄薄酒、且放眉头。

刘秉忠的这种挣扎,一方面是"叹息肠内热"对国家、对百姓、对历史难以推脱的使命感和责任感;另一方面是圣君难遇、清浊不分、报效无门、走投无路的绝望。在"放下"和"放不下"之间，人被撕裂，智慧的灵魂却又清醒无比地看着它的破碎。有时，作者似乎决计要在庸常的生活里找到逃避的寄托，论文吟诗，品茗饮酒，赏山岚，观明月，陶然于内心是可以的，也能暂且求得片刻宁静。但是，心灵的苦闷毕竟难以排解，回望惊涛骇浪跌宕起伏的一生，刘秉忠不得不将其归结为人生的宿命。如【三奠子】：

念我行藏有命，烟水无涯。嗟去雁，羡归鸦。半生形累影，一事鬓生华。东山客，西蜀道，且还家。壶中日月，洞里烟霞。春不老，景长嘉。功名眉上锁，富贵眼前花。三杯酒，一觉睡，一瓯茶。

刘秉忠的确是个慧眼穿透古今，心胸超越天地，而又能时刻自省的千古奇人。像他一样充满矛盾的另一个人是著名大儒许衡。许衡平生曾十次被征召，深受忽必烈的尊崇礼遇。但许衡每次都是"君召辄往，进辄思退"，这是因为他既深知蒙元如此的政治班底和文化根基使得他的儒学主张难以真正施行，但是却又依然不可更改地"以道不行为忧"[①]。这种知其不可为而依然为之的矛盾，也曾使他痛苦不堪，他叹道："因时用舍固有命，与道卷舒还在人。百尺竿头愁据险，一庵林下乐为林。孰轻孰重何须问，梦想故园桑柘春。"[②] 同样表现了这种用事与归隐的强烈矛盾。

所以说，中国幸而出了个陶渊明，陶渊明幸而被元人重新记起。在元代，陶渊明不仅代表着穷通进退的智慧，还代表着操守，代表着做人的底线，他的世外桃源是"世人皆醉我独醒"人们的精神乐园和精神支撑。即使对于那些始终身处官场，难以摆脱，在"归心切"

---

① （元）欧阳玄：《文正公许先生神道碑》，《圭斋文集》卷九，《元中书左丞集贤大学士国子祭酒赠正学垂宪佐运功臣太傅开府仪同三司上柱国追封魏国公谥文正许先生神道碑》，《欧阳玄全集》上册，四川大学出版社2010年版，第177页。

② （元）许衡：《和先生姚公》，《皇元风雅前集》卷一，《四部丛刊初编集部》《皇元风雅集》，上海商务印书馆缩印高丽翻元本，第6页。

与"不敢行"之间反复纠结的人们来说，陶渊明依然有着无可替代的作用，他像一面镜子，规谏人们的清白；他像一个宁静的港湾，给风浪颠簸中的航船以心灵的安慰；他是冷眼淡看名利的清醒剂，又是摆脱仕途痛苦的解疼针。

说元人不对陶渊明进行研究也不完全符合史实。只是这种"研究"涂抹着浓烈的时代色彩和个人色彩。以济世泽民为终生追求，积极入世的耶律楚材，对明智、洒脱、任真、率性、以避世著称的陶渊明却存有惺惺相惜的深刻理解。在《和裴子法韵》序中，系统地表达了对陶渊明的认识：耶律楚材理解陶渊明的退隐是时代使然，因为大厦将倾，独木难支；指出在隐者巢由和圣者尧、舜之间是没有本质区别的，"洁己"与"治天下"之间不过是各有所安。假设陶渊明生于尧舜汤武那样圣明之君当政的时代，他本可有所作为，成为"泽施于万世，名垂于无穷"，以"济苍生为己任"的积极入世者，反之亦然。在耶律楚材看来，选择隐与仕关键在时代，而无论是任何时代，做任何选择，做人最重要的根本还是在一个"正"字，有了这个"正"字，则可以舒卷自如，进退从容，"否则卷而怀之，以简易之道治一心；则达扩而充之，以仁义之道泽四海"。耶律楚材序文中句句说陶，实际字字都是在阐释自己。

结语：元朝动荡、纷乱。历史上的陶渊明被重新解读，树立成为表率，很多人在仕与隐的选择上，少了些功名利禄和利害得失的痛苦纠结，多了些对避害全身、率真任性、享受生活的自我肯定和彼此认同。这对身处蒙元统治之下，为孔孟理想大道不行而痛苦的人们是一种心灵抚慰。就此而言，陶渊明确实有着非常浓郁的宗教文化意味。

五　元人的"金刚怒目"

陶渊明有明智避世、恬淡乐享闲适生活的悠然一面，同时也有《咏荆轲》那种拍案而起"仗剑而行"愤然悲歌的另一面。正如鲁迅所说："就是诗。除论客所佩服的'悠然见南山'之外，也还有'精卫衔微木，将以填沧海。形天舞干戚，猛志固常在'之类的'金刚怒目'式，在证明着他并非整天整夜的飘飘然。这'猛志固常在'

和'悠然见南山'的是一个人，倘有取舍，即非全人，再加抑扬，更离真实。"①事实上，如果把元人看得总是那样明哲保身、悠然享乐和玩世不恭，同样是片面而不真实的。元大都的文人们与陶渊明一样，也有着"金刚怒目"的另一面。

元初，南宋著名的忠君爱国之臣文天祥北上，是宋元改朝换代之际南北政治和精神生活方面举国瞩目的一件大事，在文人的心目中长久地发生着作用。当时许多文人写了很多诗歌来表明自己的态度和感慨。篇幅所限，不能展开，仅以《南村辍耕录》的相关记载来管中窥豹，透视世心、人心。

《南村辍耕录》卷四"挽文丞相诗"条：

> 宋丞相文公（天祥），其事载在史册，虽使三尺之童，亦能言其忠义。翰林学士徐威卿先竹（世隆）有诗挽之曰："大元不杀文丞相，君义臣忠两得之。义似汉王封齿日，忠如蜀将斫颜时。乾坤日月华夷见，岭海风霜草木知。只恐史官编不尽，老夫和泪写新诗。"可谓善风刺者矣。虞伯先生（集）亦有诗曰："徒把金戈挽落晖，南冠无奈北风吹。子房本为韩仇出，诸葛安知汉祚移。云暗鼎湖龙去远，月明华表鹤归迟。何须更上新亭饮，大不如前洒泪时。"读此二诗而不泣下者几希。②

《南村辍耕录》卷五"隆友道"条：

> 张毅父先生千载，庐陵人，而宋丞相文公友也。公贵显时，屡以官辟不就。江南既内属，公自广还，过吉州城下，先生来见。曰："今日丞相赴北，某当偕行。"既至燕，寓于公囚所侧近，日以美馔。凡三载，始终如一。且潜制一椟，公受刑日，即以藏其首。复访求公之室欧阳氏于俘房中，俾出焚其尸，先生收

---

① 鲁迅：《且介亭杂文二集·"题未定"草（六至九）》，《鲁迅全集》第六卷，人民文学出版社1981年版，第422页。
② （元）陶宗仪：《南村辍耕录》，中华书局1976年版，第52页。

拾骸骨，袭以重囊，与先所函椟南归，付公家葬之。后公之子忽梦公怒云："绳锯发断。"明日起视，果有绳束发，其英爽尚如此。刘须溪纪其事，赞于公画像上曰："闲居忽忽，万古咄咄。天风惨然，如动生发。如何寻约，亦念束刍。同时之人，能不颡泚。昔忌其生，今妒其死。"邓中斋题曰："目炯炯兮，疏星晓寒。气郁郁兮，晴雷殷山。头碎柱兮璧完，血化碧兮心丹。呜呼！会谓斯人，不在世间。"①

前一条，徐世隆、虞集尽管已经接受了蒙元新朝的封官进爵，并且把改朝换代视为不可抗拒的历史必然，但是对于南宋丞相文天祥这样一个宁死不降的忠勇节义之士，依然充满了深深的敬意。不仅要心中暗自敬佩，而且发而为诗，公开赞誉。后一条描写了一位舍生忘死的义士。这位义士钦佩文天祥丞相的忠勇，在他被俘后，却万里追随来到元大都，陪侍左右。至元十九年（1282），被元廷羁押数年之久的文天祥高声吟诵在囚室中写下的《正气歌》奔赴刑场，在大都柴市英勇就义。这位义士为文天祥这对夫妻敛尸南归安葬，实现其夙愿。而同样是他，对于之前文天祥为南宋丞相之时的屡次征召，他却都是坚辞不受，避而不见，很有点儿陶渊明避世的决绝。可见，金刚怒目和悠然南山并不矛盾，往往可以是同一人。

前边提到的那位在元代写"辞官"主题最著名的、天天嚷着不肯当官的不忽木，在朝时也从来都没有当和尚撞钟地懒政不为。他早年曾是皇太子真金侍从，受到了良好的汉文化教育。先受教于太子赞善王恂。十二岁得到国子祭酒、著名理学家文学家许衡赏识，许衡面请元世祖，"欲教之读书"。世祖从其请，命不忽木入国子监就读。不忽木在国子监不仅精进学业，且善于思考。一次世祖想要观看国子监学生们写的字，那年不忽木十六岁，独自一人写了《贞观政要》上的几十件事敬献给皇帝，寄托劝谏之意，忽必烈为之赞叹不已。许衡认为他有担任三公和辅相的才干，期许他"必大用于世"，特为他取

---

① （元）陶宗仪：《南村辍耕录》，中华书局1976年版，第63页。

名"时用",表字"用臣"。至元十三年（1276），在国子监学习的不忽木即将毕业，他又亲自执笔，与色目学生坚童、太达、鲁秃向皇帝忽必烈上书一篇，请求朝廷推行蒙古、色目子弟学习儒家经典制度。这就是被陈垣在《元西域人华化考》命名为《兴学疏》的千字文，原文保存在《元史》卷一百三十《不忽木》本传中。此文不但从立国根本大计论述了学习儒家学说的重要性，还设计草拟了实行具体步骤和管理办法，受到了元世祖的高度肯定。此后，国子监的许多制度都具体地体现了这样的精神。由此文可见，不忽木深得中国传统文化之神髓，所以反复强调了儒家经典对治理国家的至关重要。此文是西域人用汉语写作的最早文本之一，是研究西域华化的重要文献。不仅反映了元代多民族文化的充分交融，而且也反映了每个人身上文化的丰富性和多元性。即使过了血气方刚的少年时代，不忽木也依然保持着一片赤子之心，并没有因为心中深存"辞朝"之思，便懈怠了对国家、对朝廷的职责。至元后期长期担任枢要之职的权臣桑哥，就是因为不忽木的弹劾，而最终获罪被杀的。

至元十九年（1282），元大都发生了一件堪称古今之奇的大事。深受皇帝忽必烈宠信的朝廷重臣阿合马被刺身亡。阿合马是花剌子模人，在元朝属于色目等级。因替朝廷理财有功，深得忽必烈赏识，擢升为中书平章政事。由于他横征暴敛，荼毒百姓，引起天下公愤。阿合马不仅贪欲无度，还凭借权力，结党营私，大权独揽。对朝中担任要职的汉臣一律排挤倾轧。中书左丞崔斌揭发其罪行对他进行弹劾，反被他构陷加害置于死地。由于得到最高统治者的信任，朝廷上下各级官员敢怒不敢言。正值阿合马气焰熏天、炙手可热之时，义士王著通过与高和尚等人的周密计划，以迅雷不及掩耳之势干净利落地完结了阿合马的性命，其后王著挺身受捕。暴乱被平息，王著和高和尚被处死。王著临刑，面不改色，从容就义。这件事震惊朝野，连侨居大都的意大利旅行家马可·波罗也特意在他的《马可·波罗游记》中做了专门记载。据说当阿合马被杀消息传开，大都城内，人们无不欢欣鼓舞。即使是"贫人亦莫不典衣，歌饮相庆，燕市酒三日俱空"，很多有影响有地位的人甚至公然赞誉王著的义行。翰林学士王恽，当时已经是朝中清贵，文坛领军。他感佩王著"激于义，捐一身而为天下除害"的行为，不顾王著是被皇帝亲自下令处决的钦犯，特作《义侠行》文并诗，以饱满的激情，高度赞美了王著义举，为其树碑立传。诗中，以中国古代最为著名的侠义之士荆轲为燕太子丹刺秦王和豫让为智伯漆身吞炭谋刺赵襄子两个典故为引子，烘托王著锤击阿合马的智勇双全。又以荆轲、豫让只为酬一己之恩，反衬王著"一洗六合妖氛收""超今冠古"的人格境界。再以"潮头不作子胥怒，地下当与龙逢游"来赞美王著气贯长虹的悲壮。最后，诗人则直抒胸臆，表达自己对王著义举的震撼和赞叹。王恽之举，同样表现了元代文人的胆量、豪气和关切世事金刚怒目的另外一面。

这样的精神，在元代士人身上，贯穿始终。元朝后期，宫廷争斗更加激烈。致使身处官场者，无不自危。萨都剌（1305—1355），字天锡，画家、书法家，是元代重要的出身于色目人的诗人。他在诗坛非常活跃，其诗才很受时人的推重，虞集曾说："进士萨天锡者，最长于情，流丽清婉，作者皆爱之。"（《清江集序》）他对京城尤其是宫中生活颇多关注，其宫词创作也非常引人注目。元末文坛盟主杨维桢对他的诗作更是推崇备至，甚至说："天锡诗风流俊爽，修本朝家范。《宫词》及《芙蓉曲》，虽王建、张籍无以过矣！"（《西湖竹枝集》）将他与唐代擅写宫词的张籍、王建相提并论。但就是这位人称雁门才子的萨都剌，却不避时讳，创作了《记事》一诗。这首被称为元代史诗的创作，在文学史上享有很高的声誉。作品描述了元文宗图帖睦尔与其兄周王和世㻋争夺帝位的残酷斗争，而这是正史中所未曾记载的史实。致和元年（1328），泰定帝病逝于上都。一部分贵族拥护武宗长子周王和世㻋继承帝位。由于和世㻋远在漠北，燕铁木儿怕他受到漠北势力控制，影响自己未来的地位和权势，所以派人到江陵迎武宗次子、周王之弟怀王图帖睦尔来到大都即位，是为文宗。元文宗在夺得皇位之后，在即位诏书中曾许愿和世㻋："谨俟大兄之至，以遂朕固让之心。"（《元史》卷三十一《明宗纪》）表示只要哥哥和世㻋肯来到大都，自己就把皇位让给长兄。天历二年（1329）初，文宗先后派使者奉玺宝北上迎接周王和世㻋。二月和世㻋在和林之北即位，是为明宗。于是在元代的两都之间，再次出现了两帝并立的局面。四月燕铁木儿派人到达明宗驻地，上皇帝玉玺，明宗率众南下。八月一日，明宗和世㻋到达王忽察都（今河北张北县北），大都近在咫尺。八月二日，元文宗派燕铁木儿前往迎接，在到达王忽察都之地时，明宗举行宗王诸臣大会，立文宗图帖睦尔为皇太子，决定仿照武仁授受的先例，兄终弟及，叔侄相传。八月六日"明宗暴崩，燕铁木儿以皇后命奉皇帝玺宝授文宗"。为防止明宗旧臣发难，燕铁木儿率宿卫士兵，日夜扈从文宗。八月九日，燕铁木儿护文宗至上都，十五日文宗正式复位。（《元史》卷一百三十八《燕铁木儿传》）一场禅让的闹剧终于演变成为亲族之间血腥的谋害。《记事》直截了当地揭露元文宗为保住皇位而弑兄之事，显示了诗人的胆量和勇气。所以此诗又被誉为"诗史"。明初人瞿佑在《归田诗话》（卷中）中评说此诗"直言时事不讳"。经过这次事变，朝中权力被燕铁木儿掌握，元朝统治集团内部的矛盾进一步加深。萨都剌的《记事》所记载的正是这件当时讳之莫深的文宗登基的历史事实。文宗是元代历朝皇帝中受汉文化影响最深的一位。他擅诗文、能书画。即位之后，他采取了一系列崇儒文治的措施。天历二年（1329）三月，成立奎章阁。著名文人虞集、赵世延、沙剌班、巙巙、揭傒斯、宋本、欧阳玄等都曾入阁。因此，尽管文宗是凭借权谋手段占据皇位的，但其后依然得朝野上下称誉。所以当至顺三年（1332）八月，文宗晏驾，萨都剌当时在江南听到消息后，极为震惊和悲痛，写下《宣政同知燕京间报国哀时文皇晏驾》，以"雨倾盆""天柱倾""东南山水失颜色，一夕秋风来上京"来表达自己的哀思。而权臣燕铁木儿大权独揽，肆意无忌，终因纵欲无度而暴卒。萨都剌闻讯，写下《如梦曲哀燕将军》，对其一生发出无限感慨。

陶渊明"不为五斗米折腰"的精神，到了元人这里更加发扬光大。即使是文化商品有市又有价的情况下，依然有硬骨头饿死不弯腰。《南村辍耕录》卷四"不苟取"条：

胡汲仲先生（长儒），号石塘，特立独行，刚介有守，赵松雪尝为罗司徒奉钞百锭,为先生润笔,请作乃父墓铭。先生怒曰:"我岂为宦官作墓铭邪?"是日,先生正绝粮,其子以情白,坐上诸客咸劝受之,先生却愈坚。观此,则一毫不苟取于人,从可知矣。故虽冻馁有所不顾也。先生送蔡如愚归东阳诗有云:"蒲糜不继袄不,讴吟犹是钟球鸣。"语之曰:"此余秘密藏中休粮方也。"①

《南村辍耕录》还有"岷江绿"条:

太师伯颜擅权之日,剡王彻彻都、高昌王贴本儿不花,皆以无罪杀。山东宪吏曹明善,时在都下,作《岷江绿》二曲以风之,大书揭于五门之上。伯颜怒,令左右暗察得实,肖形捕之。明善出避吴中一僧舍,居数年,伯颜事败,方再入京。其曲曰:"长门柳丝千万缕,总是伤心处,行人折柔条。燕子衔芳絮,都不由凤城春做主。长门柳丝千万结,风起花如雪。离别重离别,折复攀折,苦无多旧时枝叶也。"此曲又名《清江引》,俗曰《江儿水》。②

敢于直陈时事,把尖锐讽刺批判的矛头直指当朝权倾朝野的伯颜。不是偷偷说,而是跑到了京城,将"大字报"贴到了京城的五门之上,元代文人的胆量真是非同寻常。这个贴"大字报"的是个怎样的人呢?曹德,字明善,衢州(今浙江衢县)人。《录鬼簿》将其归入"方今才人相知者",并记载说:"明善,名德,衢州路吏,甘于自适,今在都下。有乐府,华丽自然,不在小山之下。即赋《长门柳》二词者。"贾仲明所补吊词也称其"神京独赋《长门柳》"。《南村辍耕录》卷八【岷江绿】记载了原作及其本事,指出【岷江绿】即钟嗣成和贾仲明所说的《长门柳》。而伯颜又是谁呢?据《元

---

① (元)陶宗仪:《南村辍耕录》,中华书局1976年版,第49页。
② 同上书,第103页。

史》记载，权相伯颜为七朝元老，愚昧贪婪，当国时期，擅自专权，气焰熏天，不但禁止江南农家使用铁器，而且禁止戏文、杂剧，对汉人和南人极尽迫害，大搞文字狱，杀害剡王彻彻笃（即前文"彻彻都"），锻炼诸狱，殃及无辜，搞得民怨鼎沸。伯颜事败被贬病死于后至元六年（1340），所以曹德作两首小令并大书于五门之上时，当是伯颜权势熏天之日。曹德"大字报"之后，为避祸而隐居在江南数年，躲过了伯颜图形肖像的全国通缉搜捕。

曹德以散曲创作著名，陈乃乾所编《元人小令集》选曹德小令如《隐居》一首、《村居》三首，①《江头即事》《自述》《西湖早春》《等灵鹫山》②等，都是非常典型的学习陶渊明、以陶渊明价值观为标准的创作。

【三棒鼓声频】《题陶渊明醉归图》先生醉也，童子扶者。有诗便写，无酒重赊，山声野调欲唱些，俗事休说。问青天借得松间月，陪伴今夜。长安此时春梦热，多少豪杰，明朝镜中头似雪，乌帽难遮。星般大县儿难弃舍，晚入庐山社。比及眉未攒，腰已折，迟了也，去官陶靖节！

【中吕·喜春来】春来南国花如绣，雨过西湖水似油。小瀛洲外小红楼，人病酒，料自下帘钩。

【中吕·喜春来】春云巧似山翁帽，古柳横为独木桥。风微尘软落红飘，沙岸好，草色上罗袍。③

这些创作通篇用陶渊明典故，写陶渊明诗词意境，追随陶渊明生活方式，以陶渊明审美为审美标准。这样一个不问世事、不问俗事的高古隐逸之士，同时又是仗义执言不畏权贵的慷慨义士，两种截然相反的性格集于一身，两种截然相异的行为集于一身，曹德是个典型。

---

① 陈乃乾编：《元人小令集》，开明书局1935年版，第258页。
② 陈乃乾辑：《元人小令集》，古典文学出版社1958年版，第343页。
③ 任中敏编：《元曲三百首》（全一册），中华书局1945年版，第35页。

由此可见，元人学习陶渊明并非只有远祸避害的一面，同样也有"金刚怒目"的另一面，可见学陶渊明的元人学习得是多么全面而透彻。

陶渊明给身处乱世的士人树立了安身立命涉世为人的标准。

第三节 元代大都城市文化与元杂剧作家气质[①]

元大都不仅是全国政治、经济、文化中心，是举世瞩目的世界城市，也是元曲鼎盛时期全国杂剧中心。这里活跃着一大批最优秀的杂剧作家，他们绝大多数是本籍人士，这成为北京地域文学发展史上一个极为鲜见的特例。杂剧作家在人生追求、艺术禀赋和文化素养等方面，都表现出与传统诗文作家迥然相异的特征。独特的城市生活和特殊的文化环境，是这种气质养成的根本原因，为他们的创作提供了适宜成长和发展的环境。大都城市文化与杂剧作家以及创作三者之间的内在关联由此得以凸显。

一 杂剧作家的分布特点

翻检中国文学史，元代之前从先秦两汉到唐、宋、辽、金，杂剧之前从诗经、楚辞到唐诗、宋词，作家基本呈散点式分布，或曰大分散小集中，即作家出自全国各地，抑或某地人文茂盛，也仅是多出几位名家而已。即使是唐诗创作最兴盛在长安，宋词创作最繁荣于汴梁、临安，但是活跃于当时文坛的却大多并非本土本籍人士，其领军人物出于本地的更是罕见。唐代李白长于绵州（今属四川），杜甫寄居巩县（今属河南），王维生于蒲州（今属山西），白居易祖父迁居下邽（今属陕西）。宋代欧阳修祖籍庐陵（今属江西），苏轼生于眉州（今属四川），黄庭坚生于修水（今属江西），李清照生于章丘（今属山东），陆游生于山阴（今属浙江），秦观生于高邮（今属江

[①] 傅秋爽：《元大都城市文化与杂剧作家气质》，《天津师范大学学报》（社会科学版）2012年第4期。

苏)。到元代,人们喜用"四"来作为评定文学或艺术的最高标准。绘画有"四家":黄公望、王蒙、吴镇、倪瓒;道德文章有"儒林四杰":黄溍、虞集、揭傒斯、柳贯;吴澄、虞集、欧阳玄、揭傒斯被称为"四学士";元诗"四大家"则是虞集、杨载、范梈、揭傒斯。这些最为杰出的文学家、艺术家、理学家虽然大多最后集中到了大都,但他们来自天南地北,基本上都不是大都本籍人士。唯有元代杂剧在整个中国文学史上是个特例,或者说造就了一个不同以往的奇迹,这个奇迹属于这些杂剧作家,同样也属于这个国际性的世界城市——元大都(今北京)。

杂剧是元代文学之代表,就如诗之于唐,词之于宋,达于巅峰,以创作者众、影响面广、成就斐然和旗帜性领军人物的涌现而彪炳于史。杂剧鼎盛于元代前期,全国杂剧的中心在大都。前期作家绝大多数是北方人,其中关汉卿、王实甫、马致远、庚天锡、王仲文、杨显之、纪君祥、费君祥、费唐臣、张国宾、石子章、李宽甫、梁进之、孙仲章、赵明道、李子中、李时中这些在《录鬼簿》中留下姓名的最优秀的杂剧作家又占了北方剧作家中的绝大多数,而他们都是大都人,被誉为元曲"四大家"的四人之中关汉卿、王实甫、马致远三人竟然同为大都人。这些最优秀的作家不仅创作集中在大都,而且他们本身都是大都人,堪称典型土著。个别的杂剧作家如白朴,虽然出自周边同质的文化区域,却也经常来往于大都,与大都剧坛保持着密切关系。这种特殊的文学现象极为引人瞩目。它引发出一个有关地域文化生态和作家素养、气质的思考:戏剧创作人才的成长需要什么样的条件,具有怎样的禀赋素养才能成为最优秀的戏剧创作者?在这其中,元大都这座当时世界瞩目的国际大都市提供了什么环境,各种客观存在条件在其中发挥了什么作用?此中关联,自古鲜有系统论及。

二 杂剧鼎盛时期杂剧的基本特征与作家共性

元人周德清用"盛""难""备"三个字来概括元代杂剧鼎盛时期这门新兴艺术的基本特征:

乐府之盛、之备、之难，莫如今时。其盛，则自搢绅及间阎歌咏者众。其备，则自关、郑、白、马一新制作，韵共守自然之音，字能通天下之语，字畅语俊，韵促音调；观其所述，曰忠，曰孝，有补于世。其难，则有六字三韵，"忽听、一声、猛惊"是也。诸公已矣，后学莫及！①

这段话涉及杂剧创作有别于其他文体的特殊性。形式上，它对韵律、音乐、词语的运用有严格标准要求，而思想丰富、内容创新、杰出作家辈出也成为后学莫及其"盛"的关键所在。说明周氏已经清晰地意识到了杂剧艺术的特殊性以及作家禀赋素养的重要性。钟嗣成的《录鬼簿》正面阐述了作为杂剧创作者的禀赋素养，虽然简洁，却较为全面：

右所录，若以读书万卷，作三场文，占夺巍科，首登甲第者，世不乏人。其或甘心岩壑，乐道守志者，亦多有之。但于学问之余，事务之暇，心机灵变，世法通疏，移宫换羽，搜奇索怪，而以文章为戏玩者，诚绝无而仅有者也。②

这里一针见血地指出杂剧创作与一般传统的科考学问不同。前者，无论是科考登第的"显者"，还是安贫守道远离尘缘的"隐者"，都是"世不乏人""亦多有之"，极为普通普遍；而后者却是"绝无仅有"，极为罕见。因为他们具有特殊禀赋，才能成为剧作家。特殊在于"心机灵变，世法通疏，移宫换羽，搜奇索怪"，即才思敏捷，世情洞明，熟悉音律，创作创新求变。其中"心机灵变"是总纲和基础，其他三个方面是具体标准。

这是由杂剧这种新兴艺术的特点所决定的。杂剧是综合艺术，融音乐、舞蹈、诗词、表演、歌唱、舞台美术等为有机整体，通过故事

---

① （元）周德清：《中原音韵序》，见中国戏曲研究院编《中国古代戏曲论著集成》（一），中国戏剧出版社1959年版，第175页。
② （元）周德清：《中原音韵序》，见中国戏曲研究院编《中国古代戏曲论著集成》（二），中国戏剧出版社1959年版，第131页。

搬演，达到传情达意之目的。这是杂剧作家有别于传统文体创作者的关键所在。而元代杂剧的内容又是如此丰富多彩。《太和正音谱》曾列举杂剧十二科："一曰神仙道化，二曰林泉丘壑，三曰披袍秉笏，四曰忠臣烈士，五曰孝义廉节，六曰叱奸骂谗，七曰逐子孤臣，八曰铍刀赶棒，九曰风花雪月，十曰悲欢离合，十一曰烟花粉黛，十二曰神头鬼面。"足见杂剧反映社会生活之广泛。胡祗遹在元曲论作《赠宋氏序》中，曾概括杂剧内容丰富、反映世情广阔深刻的特征："既谓之'杂'，上则朝廷君臣政治之得失，下则间里市井父子兄弟夫妇朋友之厚薄，以至医药卜筮释道商贾之人情物性，殊方异域风俗语言之不同，无一物不得其情、不穷其态。"而要能够"得其情，穷其态"，将生活真实转变为舞台艺术，就必须密切接触社会生活，敏锐洞察生活，深刻把握人情物态，即"世法通疏"，才能高度艺术地再现生活。这是一种积累，更是一种能力。

　　元杂剧大家们尽管创作风格不同、作品题材有别，但在这点上表现出高度一致的共性。仅以元曲四大家中人为例：关汉卿这位杂剧领袖和剧坛盟主，在其创作的小令【四块玉】《闲适》中自称"世态人情经历多"，又以"我是个经笼罩、受索网苍翎毛老野鸡蹅踏的阵马儿熟"（套曲【南吕·一枝花】《不伏老》）来比喻自己饱经风霜历练的人生；马致远在套曲【大石调·青杏子】《悟迷》中概括自己半生"世事饱谙多，二十年漂泊生涯"；以《西厢记》"天下夺魁"的王实甫在所作套曲中慨叹"人间世，一目饱经过"。他们无不以阅历丰富，谙熟人情世态自许。而事实上，这也是他们的作品真切感人的基础。杂剧创作刻画人物，要在细节中求真实，在传神中见功夫。不像传统诗词创作那样，依靠刻苦攻读、长期积累、反复推敲可以取胜。它必须熟悉城市生活，浸染其中，阅人无数，经过长期细致观察，把握不同人物性格，才能建立起丰富的艺术形象储备，进而创作出性格迥异感人至深的作品。而且，杂剧本质上就是市井文学，城市士人对市民阶层的思维方式、价值取向、道德判断、审美习惯也更为洞悉，因而他们的创作才更易受到广大观众的欢迎。胡祗遹在《优伶赵文益诗序》中说：

醯盐姜桂，巧者和之，味出于酸咸辛甘之外，日新而不袭故常，故食之者不厌。滑稽诙谐亦犹是也，拙者踵陈习旧，不能变新，使观听者恶闻而厌见。后世民风机巧，虽郊野山林之人，亦知谈笑，亦解弄舞娱嬉，而况膏腴阀阅市井丰富之子弟，人知优伶发新巧之笑，极下之欢，反有同于教坊之本色者。于斯时也，为优伶者亦难矣哉！①

这段文字很好地阐述了杂剧创作、杂剧表演与市民文化之间相互制约、相互影响、相互生发的关系。由于"民风机巧"，一般郊野山林之人都懂得欣赏"谈笑""弄舞""娱嬉"，具有相当的艺术娱乐天分，更何况是市井子弟们，楼台歌舞本是他们生活中的一部分，见多识广，欣赏既精，眼界便高，胃口又刁，所以杂剧要赢得城市观众的认可赞许绝非易事，必须时时创新，才能将他们吸引到勾栏和酒楼，使之成为忠诚坚定的杂剧粉丝。而"教坊之本色"恰切地说明了杂剧艺术与城市文化之间密不可分的根基连带关系。

当杂剧如高安道在《嗓淡行院》中描写："暖日和风清昼，茶余饭饱斋时候。自叹抱官囚，被名缰牵绊无休。寻故友，出来的衣冠济楚，相貌端严，一个个特清秀。都向门前等候，待去歌楼作乐，散闷消愁。倦游柳陌恋烟花，且向棚阑玩俳优。"当杂剧如文中所写成为市民生活中须臾不可缺少的重要部分时，杂剧艺术就必须植根城市文化，杂剧创作者和表演者就必须贴近民众思想情感和审美，于是呈现出"鱼儿离不开水，瓜儿离不开秧"的关系。

杂剧不仅是书面文学，更是演唱艺术，合辙押韵入于曲律是其技术方面的基本要求。周德清在《中原音韵》中"乐府共三百三十五章"一节中列举了北曲常用的十二宫调及所辖的三百三十五支曲牌：

黄钟二十四章，正宫二十五章，大石调二十一章，小石调五章，仙吕四十二章，中吕三十二章，南吕二十一章，双调一百

---

① 隗芾、吴毓华编：《古典戏曲美学资料集》，文化艺术出版社1992年版，第60页。

章，越调三十五章，商调十六章，商角调六章，般涉调八章。

律调本已深奥，而且曲牌与表达感情之间的关系更是微妙。王骥德在《曲律》中解释说：

> 又用宫调，须称事之悲欢苦乐，如游赏则用仙吕、双调等类，哀怨则用商调、越调等类，以调合情，容易感动得人。其词格俱妙，大雅与当行参间，可演可传，上之上也；词藻工，句意妙，而不谐里耳，为案头之书，已落第二义；既非雅调，又非本色，掇拾陈言，凑插俚语，为学究、为张打油，勿作可也！①

周德清在《中原音韵》中也说：

> 要耸观，又耸听，格调高，音律好，衬字无，平仄稳。②

曲调丰富复杂，很难掌握，而要达到感人至深之目的，不仅要严格遵循规则，而且必须要娴熟掌握规律，可谓戴着镣铐舞蹈。这样的功底绝非书本传授可得，必须有大量的鉴赏积累和充分的创作实践机会，运用起来才能得心应手。除此之外，还要"大雅""当行""本色"，才能"格调高""词格俱妙"，即耸观，又耸听，达到可演可传的标准。而诸种复杂要素中，无论哪一点稍有不谐，则必然堕入或"学究"或"打油"等失败泽潭。所以，欲为杂剧，必经过充分的世事历练、特殊的文化陶冶，并相当娴熟地掌握运用各种艺术技巧。

三 大都提供给杂剧作家的艺术生活条件

作家禀赋、气质与诗文创作关系，早在魏晋南北朝时的文学批评家

---

① （元）周德清：《中原音韵序》，见中国戏曲研究院编《中国古代戏曲论著集成》（四），中国戏剧出版社1959年版，第137页。
② （元）周德清：《中原音韵序·作词十法·造语》，见中国戏曲研究院编《中国古代戏曲论著集成》（一），中国戏剧出版社1959年版，第232页。

钟嵘的《文赋》中就已经有所涉及，到了刘勰《文心雕龙》的《体性》《才略》等篇，更形成了略成系统的论述。杂剧作为一种新兴的、集合了诗歌、音乐、舞蹈、叙事等多种文艺形式的综合艺术，表现了与诗文等传统文体截然不同的特征，对其创作者在生活历练、艺术陶冶等方面自有其特殊要求。无疑，商业繁荣、文化发达、艺术生活极度丰富的元大都，为这种历练和陶冶提供了最佳的环境和最完备的条件。

在艺术气质、创作禀赋方面，居于繁华都市的士人和广大乡村传统耕读生活中成长起来的士人存在较大区别。一般而言，在思想解放程度，视野开阔程度，对政治的敏感程度，对于市民娱乐的了解程度，对时尚流行元素的把握程度，以及在音乐、歌舞、服饰等方面的基本素养方面，通常情况下前者都比后者更具天然优势，这与生活环境有直接而密切的关系。元人黄文仲在其《大都赋》中以铺张的笔法，渲染描述了大都城物质的富足、生活的奢华和文化生活的丰富："华区锦市，聚四海之珍异；歌棚舞榭，选九州之秾芬。……复有降蛇搏虎之技，援禽藏马之戏，驱鬼役神之术，谈天论地之艺，皆能以蛊人之心而荡人之魂。是故猛火烈山，车之轰也；怒风搏潮，市之声也；长云偃道，马之尘也；殷雷动地，鼓之鸣也。繁庶之极，莫得而名也。若夫歌馆吹台，侯园相苑，长袖轻裙，危弦急管，结春柳以牵愁，伫秋月而流盼，临翠池而暑消，褰绣幌而云暖。一笑金千，一食钱千，此则他方巨贾，远土谒宦，乐以消忧，流而忘返。"[①] 富足的物质生活，丰富多元的文化，各种新奇刺激的娱乐，社会关系复杂而多样，如此光怪陆离的城市生活，必然对生活其中的人们产生巨大影响，他们的见多识广，"世法通疏"，是以农耕为主的中国传统社会中单一、封闭、纯粹、缺乏流动交流的耕读生活所难以培养的。如果不是对青楼生活有相当的了解，不可能塑造出赵盼儿、宋引章这些特色独具、符合生活的典型形象（关汉卿《救风尘》）；一个只熟悉农村田园生活的人，也是不可能传达出相门之女既多情勇敢又优柔寡断的复杂性格（王实甫《西厢记》）。

---

① （元）周南瑞辑：《天下同文》卷十六，见明汲古阁抄本。

大都丰富、完备、无处不在的"戏玩"生活,造就了"以文章为戏玩者"的杂剧作家。在个人生活上,抱着戏玩态度生活和创作的杂剧作家不乏其人。关汉卿的【南吕·一枝花】《不伏老》虽然是他个人生活的描述,但在城市子弟中却具有典型意义,他们通晓多种艺术,具有较为全面的艺术素养:"通五音六律滑熟,甚闲愁到我心头?"生活中风流潇洒,各种时尚消遣无不精通:"我玩的是梁园月,饮的是东京酒,赏的是洛阳花,攀的是章台柳。我也会吟诗,会篆籀,会弹丝,会品竹;我也会唱鹧鸪,舞垂手;会打围,会蹴鞠,会围棋,会双陆。"贾仲明在《录鬼簿续编》中创作了许多吊词,对包括关汉卿在内的一大批最优秀的杂剧作家的禀赋素养、生活方式、个性特征进行了生动传神的描述。他说关汉卿是"珠玑语唾自然流,金玉词源即便有,玲珑肺腑天生就。风月情、忒惯熟"[1]。在为王实甫所作吊词中说他"风月营密匝匝列旌旗,莺花寨明飙飙排剑戟。翠红乡雄赳赳施谋智。作词章风韵美,士林中等辈伏低"[2]。所谓"风月营""莺花寨",代指教坊艺妓聚居之所,可见王实甫与艺妓交往同样非常密切。贾仲明吊词赞马致远"共庾、白、关老齐肩",并称其为"万花丛里马神仙"[3],可见马致远同样是出入声色场所,与艺妓们打得火热。其他杂剧作家的生活也大致相似。梁进之"翠裙红裹,鲜羊糯酒,肥马轻裘"[4];费唐臣"双歌莺韵配鸳鸯,一曲鸾箫品凤凰,醉鞭误入平康巷。在佳人锦瑟旁"[5];李宽甫"宴秦楼,宿谢馆。肉屏风,锦簇花攒"[6];石子章在散曲【八声甘州】中更直截了当地描绘自己的生活是"黄金买笑,红锦缠头。跨凤吹箫三岛客,抱剑携琴武陵游。风流,罗帏画烛,采扇银钩"。元代城市,艺妓合一,声色场所,固然是美酒佳人,香车宝马,但在逍遥自在、豪奢浪漫中,却也多有

---

[1] (元)钟嗣成、贾仲明:《新校录鬼簿续编》,巴蜀书社1996年版,第47页。
[2] 同上书,第71页。
[3] 同上书,第68页。
[4] 同上书,第104页。
[5] 同上书,第90页。
[6] 同上书,第100页。

歌舞相随的艺术熏陶和对创作、演唱进行艺术切磋的相互砥砺。胡祗遹是当时最为杰出的元曲理论家,对表演艺术进行全面总结,提出"九美"之说,其高超的艺术鉴赏力也是在与杂剧、散曲表演艺术家密切接触中培养、总结出来的,这样的生活对杂剧作家的创作更必不可少。这种艺术即生活、生活即艺术的基本状态,孕育了杂剧作家潇洒不羁的性格,与农家士子青灯苦读所培养起来的气质和素养迥然相异。

罗宗信的《中原音韵序》从创作手法的角度出发,准确地表达了杂剧作家与传统作家的不同,他指出:

> 学唐诗者,为其中律也;学宋词者,止依其字数而填之耳;学今之乐府则不然……当其歌咏之时,得俊语而平仄不协,平仄协语则不俊,必使耳中耸听、纸上可观为上,夫非止以填字而已,此其所以难于宋词也。①

元散曲在元代被称为乐府,是元杂剧基本的语言构成。能够驾轻就熟掌握其创作精要,既要"耸听",又要"可观"绝非易事。其难度远高于唐诗宋词的创作。这要求剧作家必须熟悉内在规律,精通各种手法,需要耳濡目染的培养熏陶和反复实践。特殊的城市生活造就了特殊的艺术禀赋和个性,贾仲明说石子章是"尊酒论文喜赏音,疏狂放浪无拘禁"②,说庾天锡"语言洒脱不粗俗,翰墨清新果自如。胸怀倜傥多清楚"③,这些看似悠闲、放浪的都市纨绔子弟生活,却成为培养艺术禀赋,成就文化气质,孕育创作灵感的温床。同时,燕京地区是元曲肇源地,杂剧以中原音韵为曲词、宾白的语音基础,这就减少了大都本籍人识别语言音韵方面的障碍,使之具有进行创作的天然便利与条件。

此外城市生活中,随处都充斥着商业因素,这使得城市士人对于

---

① 中国戏曲研究院编:《中国古代戏曲论著集成》(一),中国戏剧出版社1959年版,第177页。
② (元)钟嗣成、贾仲明:《新校录鬼簿续编》,巴蜀书社1996年版,第91页。
③ 同上书,第61页。

杂剧演出这种多人合作、跨行业（剧本创作、表演艺术、演出市场）协同的组织形式的运作流程以及利益分成等规程更容易理解和把握。所以杂剧兴盛之地，大多集中在商业发达、生活富足、文化丰富的繁华之地。

杂剧创作的特性，元人已经注意到了。钟嗣成在其《录鬼簿》"名公有乐府行于世者"的跋中就说：

> 文章政事，一代典型，乃平日之所学；而歌曲词章，由于和顺积中，英华自然发外。自有乐章以来，得其名者止于此，盖风流蕴藉，自天性中来。[1]

特别强调"风流蕴藉"之"天性"，认为只有如此，才能"英华自然发外"。王国维在《宋元戏曲史》中对元曲有一段非常著名的评说："元曲之佳处何在？一言以蔽之，曰：自然而已矣。……彼但摹写其胸中之感想与时代之情状，而真挚之理与秀杰之气，时流露于其间。故谓元曲为中国最自然之文学，无不可也。"[2] 所谓真挚之理，秀杰之气，强调的同样是作家创作的天分灵气。而此天分灵气一部分是与生俱来的，但其成长环境对此气质养成却起着至关重要的作用。事实上，虽然杂剧作家个人禀赋、气质千差万别，但依然可以从他们身上发现一些带有规律性的东西，如关汉卿的性格，《南村辍耕录》说他"高才风流"，《析津志辑佚》中记载说"风流倜傥，博学能文，滑稽多智，蕴藉风流，为一时之冠"。而他性格的这些特点，在大都其他杂剧作家中是不难发现的，仅以钟嗣成在《录鬼簿》中的记载为例，就有杜仁杰"性善谑，才宏博学"，王和卿"滑稽佻达"，王晔"善滑稽"。博学、睿智、滑稽、善谑、风流等，这些共同的性格特征，不仅需要特殊文化环境培养，也是作家天分灵性的表现。在杂

---

[1] 中国戏曲研究院编：《中国古代戏曲论著集成》（二），中国戏剧出版社1959年版，第104页。

[2] 王国维：《宋元戏曲史》第十二章《元曲之文章》，上海人民出版社2014年版，第85页。

剧创作中,是杂剧艺术的有机部分,吸引观众放松心情顺利进入欣赏阶段。

当然要达到这样的境界绝非易事,单以语言说,就有许多的要求。周德清在《中原音韵》"正语作词起例·造语"中总结了创作中用词的准则和规范,并提出了很多必须规避的禁忌,这些禁忌可以算作语言使用中的粗陋杂质,是必须要剔除的:

> 造语必俊,用字必熟,太文则迂,不文则俗,文而不文,俗而不俗,要耸观,又耸听,格调高,言律好,衬字无,平仄稳。
> 不可作俗语、蛮语、谑语、嗑语、市语、方语、书生语、讥诮语、全句语、拘肆语、张打油语、双声叠韵语、六字三韵语、语病、语滥、语粗、语嫩。①

可见,除了多方面的素养培育外,杂剧作家还必须遵循创作规律和创作规范,进行长期的创作实践,才能在千锤百炼中不断扬弃杂质,锻造出优雅精美又接地气的具有生命力的精品。

元朝是个实力空前强盛的帝国,始终奉行包容开放的政策。与欧、亚、非一百多个国家和地区建立起贸易关系和文化往来,相互交往通畅而频繁。形形色色的域外文化传播进来,对中国固有思想文化不断产生冲击、碰撞,使得中国文化得到补充、丰富、更新、发展,获得新的生命活力。元朝是中国历史上在意识形态领域最为松懈、自由、开放、包容的政权。大都城城内城外华夷杂处,各种思想在此交汇、融合,人才荟萃,人们接受新事物更多,心胸更为开放,思想也更少陈腐、僵死的条框束缚。这种自由、包容、开放,充满着各种文化碰撞的氛围,总能激起人们思考的浪花,是培育杂剧作家兼容并蓄开放创新最适宜的土壤。作家"心机灵变""搜奇索怪"尽由此来,作品表现出来的思想厚度,包括民主性、时代性、

---

① 中国戏曲研究院编:《中国古典戏曲论著集成》(一),中国戏剧出版社1959年版,第232页。

先进性，也都来自多种文化撞击带来的多重思考。甚至杂剧的题材、内容、形式也都是创新的产物，没有创新就没有元代杂剧。

要之，特殊的禀赋、气质是成为杂剧作家的必备条件，但不是他们职业选择的决定因素。以杂剧创作为业，有着更为深刻的社会政治、经济、文化根源。是时代风气和大都特殊的城市文化培育了杂剧作家特殊的禀赋、气质，决定了他们的人生选择和价值取向。没有大都这样的城市，就没有这些时代优秀文化的代表，就没有一代新文学的发展繁荣。

第四节　元大都城市文化对文人价值取向和职业抉择的影响[①]

元代，全国杂剧中心大都（今北京）集中了大批最为优秀的杂剧作家，他们中的绝大多数都是本籍人士，这是北京地域文学史上极为罕见的特例。关于元代杂剧的勃兴，以往学者，多从民族压迫、科举废弛、士人地位低下等方面寻找原因，似乎不得"枢要"而居，才是杂剧作家不得已从事创作的动因。但通过对关汉卿为首的作家群体的分析，却发现这完全是基于小农经济的官本位思想主导下的历史性误读。为官是"不得"还是"不屑"，创作是被迫还是自觉，在辉煌的一代文学元杂剧面前，便不只是充满差异的纯个体性的表达，而是上升到文艺理论高度的艺术规律了，这就使得对大都文化艺术的剖析，具有典型价值和普遍意义。

特殊的地缘关系，使大都文人对政治丑恶、官场倾轧有更多了解；浓郁的商业氛围、宽松的文化政策和多元的城市生活，造就了他们在人生理想、价值取向诸多方面都迥异于传统的时代个性。以杂剧创作为职业，是一种基于充分可能、可靠、可为和完全自愿基础的理性抉择。如此，元大都成就一代作家并使自身成为全国文化中心得到了合理解释。

[①] 傅秋爽：《元大都城市文化对文人价值取向和职业抉择的影响——元杂剧发达之因再探讨》，《中南民族大学学报》（人文社会科学版）2013年第4期。

杂剧创作群体在天赋、秉性、气质、修养等方面所共同表现出来的有别于其他文体作家的特征[1]，是其成为优秀杂剧作家的有利条件，但绝不是决定因素。在元代，选择杂剧创作为职业，有着更为深刻的社会政治、经济、文化根源。

一 历史的长期误读

将经济学、社会学、心理学引入文学研究，是文学研究方式方法革命性的创新和拓展，近年来探讨特定社会生活中元代杂剧作家的精神、心态成为热门话题。那么元大都（今北京）的作家是以怎样的精神状态投身创作，并构筑起杂剧艺术的辉煌殿堂的呢？以往学者大多从元朝统治者实行民族压迫政策，漠视中原文化，排斥、歧视、压制、打击士人等角度立论，认为元朝文人饱受民族压迫，入仕无门，匡世之志不得施展，愤慨与压抑之情无处宣泄，才驰骋于杂剧舞台，恃才述怀，从而导致杂剧的繁荣。这样的观点与认知在中华人民共和国成立后出版的各类文学史和大多数杂剧研究论著中始终占据绝对优势。但此论并非近几十年的新发明，早在《阳春奏·序》中，于苦海就很概括地强调说是元朝错误的统治政策将士人"逼"到了杂剧之路，他断言："要而言之，实所以宣其牢骚不平之气也者。被腥膻当国，凡秉枢要，悉任丑虏。而中原怀才抱艺之夫，仅仅辱在僚佐，此其所以慷慨悲歌，于仙吕诸宫、南吕诸调，悉诣其至极也。"[2]他认为杂剧作家的不平与牢骚来自：第一，民族歧视、对立；第二，仕途不畅，官场要职被蒙古人或色目人把持，中原士人屈居低位，志不得伸；第三，因而慷慨悲歌，发为剧作，借题发挥，宣泄不满。这段话前半部分肯定是对的，"不平则鸣"是一切创作的源泉和动力。而后半部分关于不平的原因却值得慎重审视，因为此类论点与元杂剧兴盛时期全国杂剧中心大都的实际情况并不吻合，出入较大。

首先是民族情感问题。早在后唐时，河东节度使石敬瑭为达到篡权

---

[1] 参见傅秋爽《元大都城市文化与杂剧作家气质》，《天津师范大学学报》2012年第4期。
[2] 转引自王文才编著《元曲纪事》，人民文学出版社1985年版，第8页。

称帝之目的，于清泰三年（936），就将包括燕京（今北京）在内的燕云十六州割让给了契丹。此后燕京长期处于少数民族政权统治之下，前有契丹，继有女真，至蒙古政权掌控时，历史车轮已悠悠碾过近三百年，已是十几代人的生息兴替了。如此长久的磨砺，人们对汉族统治的记忆早已淡忘，归属的情结也已迟钝。数百年的胡汉混杂，夷狄之分也许仅剩下一些模糊的概念了。况且金朝衰朽昏聩，汉族统治的南宋又软弱无能，金宋无不给人以气数已尽之感。所以燕京人对改朝换代并没有表现出太多抵触。蒙古新政权进入，除了个别仕金官员或文人士子出于名声气节考虑，拒绝与新朝合作，如诗人刘因就创作了大量反映沧桑之变抒发黍离之悲的诗作外，总的来说，燕京地区既没有像江南那样出现大规模激烈抵抗，人们也很少表现出改朝换代惯有的遗民情结。刘秉忠的【木兰花慢】《混一后赋》便是直接歌颂元朝一统之作：

  望乾坤浩荡，曾际会，好风云。想汉鼎初成，唐基始建，生物如春。东风吹遍原野，但无言、红绿自纷纷。花月留连醉客，江山憔悴醒人。

  龙蛇一屈一还伸，未信丧斯文。复上古淳风，先王大典，不贵经纶。天君几时挥手，倒银河，直下洗嚣尘。鼓舞五华鸑鷟，讴歌一角麒麟。

  上阕一个"望"字，表达了作者穿越历史以观未来的开阔眼界与胸怀；"想汉鼎"三句，是说元朝不输于中国历史上最伟大的汉朝和唐朝。汉、唐是中国历史上最为强大富庶的王朝，不仅幅员辽阔，而且在世界上具有广泛的影响力。它们的首都洛阳、长安，都是最具文化魅力的城市。这里将蒙古族建立的元朝与汉、唐相提并论，是对其乃我中华一统的认可。"东风"以自然变化之不可阻挡，言新政之必行，取譬生动，气象浑成，表达出顺势而为的历史观。下阕抒发了作者要辅佐君主、广济苍生，传承华夏文明，开创历史新辉煌的远大志向。"龙蛇"二句，实际上是为时人答疑解惑。当时很多人认为蒙元统治之下，将使得华夏文明走向终结。刘秉忠认为，这实在是多虑了。他对中华文化源远流长薪火相传充满信心。事实上,"大元"的命名,和"大都"的建立,无不彰显了中华文化在新的历史时期的发扬光大。此作通篇一气呵成,境界高远,声情壮伟,颇具元朝开国气象。这种对新政权统治的认可不以族裔而以文化为标准,在思想上很有代表性,在政治上影响也很大。燕京人不仅对统治者的族裔、出处不敏感,没有太多抵触情绪,甚至对强悍的蒙古人能够很快结束长期混战完成统一大业充分肯定。元初著名儒学大师许衡、郝经等思想家对新朝的态度是:"中夏夷狄之名,不藉其地与其类,惟其道而已矣。"①"今日能用士,而能行中国之道,则中国之主也。"② 都是当时主流思潮的代表。元朝许有壬为官修地理总志《大元大一统志》所作序,反映了时人对大一统的态度,很有代表性:"春秋所以大一统者,六合同风,九州共贯也。然三代而下,统之一者,可考焉:汉拓地虽远,而攻取有正谲,叛服有通塞,况师异道,人异论,百家殊方,指意不同,亡以持一统,议者病之。唐腹心地为异域而不能一者,动数十年。若夫宋之画于白沟,金之局于中土,又无以议为也。我元四极之远,载籍之所未闻,振古之所未属者,莫不涣其群而混于一。则是古之一统,皆名浮于实,而我则实协于名矣!"③ 作者回望国土分裂、人民南北阻隔的苦难历史,论述新朝实现了名实相符真正统一的难能可贵,其着眼点正是国家版图达致前所未有的宏大和统一之后,百姓可以安享和平安宁。元杂剧作家不可能脱离这一普遍广泛的社会思想认知基础。从大都元代散曲中我们常常可以看到对新政权建立后太平盛世的歌颂,如杂剧著名大家马致远散曲中,随处可见"至治华夷,正堂堂大元朝世""小国土尽来朝,大福荫护助里"④

---

① (明)何瑭:《河内祠堂记》,见(元)许衡《许衡集》卷十四《郡人何瑭题河内祠堂记》,东方出版社2007年版,第345页。

② (元)郝经:《与宋国两淮制置使书》,见《郝文忠公陵川文集》卷三十七,收录于《全元文》第四册《郝经》,凤凰出版社2005年版,第164页。或(元)郝经著《郝文忠公陵川文集》,山西人民出版社2006年版,第514页。

③ (元)许有壬:《大一统志序》,见《至正集》卷三十五,中华书局1966年版。或《许有壬集》,傅瑛、雷近芳校点,中州古籍出版社1998年版,第435页。

④ 隋树森:《全元散曲》,中华书局1964年版,第273页。

"寰海清夷,扇祥风太平朝世,赞尧仁洪福天齐"①(【中吕·粉蝶儿】)这样的词句。即使是桀骜不驯特立独行的关汉卿,散曲中也有"普天下锦绣乡,寰海内风流地,大元朝新附国,亡宋家旧华夷"(【南吕·一枝花】《杭州景》)②的词句,掩饰不住对蒙元灭亡南宋,结束数百年南北对峙,再造国家统一的兴奋。所以,只要不顽固坚执华夷正朔之偏见,很难不顾历史史实悍然断定这些都是时人违心的奉迎之作。有关元初文人对蒙元政权的态度,南开大学李治安教授曾作过剖析,颇具说服力。③

当然,元代毕竟是中国历史上阶级矛盾、民族矛盾、社会矛盾冲突较为尖锐突出的朝代。元代科举废弛,撤掉了隋唐以来中国读书人步入仕途平步青云的天梯,"士无入仕之阶,或习刀笔为吏胥,或执仆役以事官僚,或作技巧贩鬻以为工匠商贾"④,他们的失落与痛苦无疑普遍而深刻,对新政权这方面的不满也显而易见。王国维在《宋元戏曲考》中因此推断说"元初之废科目,却为杂剧发达之因,盖自唐宋以来,士之竞于科目者,已非一朝一夕之事,一旦废之,彼其才力无所用,而一于词曲发之"⑤。"废科目""士无入仕之阶"与于苦海所论"辱在僚佐"列举的都是现象,其紧要处却在"枢要"二字。他们都认为不得高官而坐,难于进入政权决策层才是杂剧作家被迫从事创作的根本动因。但是通过对全国杂剧中心元大都以关汉卿为首的作家群的分析,却发现这样的结论实在不止于简单、草率,更可说是一个惑人数百年的伪命题。

二 对人生传统路径的颠覆与反叛

生活在大都的作家对官场凶险有更多的感受和认识,通过科举步

---

① 隋树森:《全元散曲》,中华书局1964年版,第257页。
② 同上书,第171页。
③ 李治安:《元初华夷正统观念的演进与汉族文人仕蒙》,《学术月刊》2007年第4期。
④ 《元史·选举志》,中华书局1976年版,第2017页。
⑤ 王国维:《宋元戏曲史》,百花文艺出版社2002年版,第77页。

入仕途未必就是他们的追求。人的主观意识由客观物质世界所决定。一般而言，传统的农耕文明地域，越是远离政治核心的地方，人们越是对入仕为官充满向往。因为他们眼中所看到的是官员出行的威仪，大权在握的风光，生杀予夺的快意。越是在天高皇帝远的地方，百姓受下层官吏的欺诈凌辱越严重，人们对朝廷以及高官生活越是充满了臆造的想象，那里的人们就更渴望鲤鱼跃龙门，步入仕途，飞黄腾达，从此不受盘剥，光宗耀祖，锦衣玉食；从此大权在握，实现理想和抱负。所以中原厚土历朝历代，越是农耕传统基础深厚的地域，对"学而优则仕"认可程度越高，也更愿意为此悬梁刺股，十年寒窗，期盼修得正果，能够登科中举，扬眉吐气。他们所能想象的人间至喜，恐怕就是"春风得意马蹄疾，一日看尽长安花"（唐代诗人孟郊《登科后》语）了。在这点上，商贸发达地区尤其是繁华的都市则不同。市民阶层普遍衣食无忧，广闻博见，决定了其子弟在生活方式、人生目标、价值判断和实现理想途径、手段等方面表现迥异于农耕子弟的差异。一般来说，在政治昌明、仕进通达的王朝，他们并不绝对普遍地排斥科举这个平步青云的天梯。但他们的确身心不愿接受太多的拘束、羁绊、扭曲、禁锢。而处于社会变革思想解放时代京城大都的士子，更看重的是对个人生命价值的体现和生活适意的追求，因为人生有更多机会，他们也就面临着更多的选择。

如果把官场比作"围城"，由于地缘关系，元大都的杂剧作家可算得上是能够站上城墙观风景的人。元大都是全国政治中心，官场黑暗、争斗残酷、倾轧无情的内幕传播得既广且快，这从时人所作的诗文、笔记中都有反映。看惯了"才见昨日高楼起又睹今日宴会散"的他们，更明白世事无常、官场险恶。元朝文人消极避世的吟咏特盛，这种灰色基调从元初刘秉忠开始，一直贯穿整个元朝。虽说鄙视功名、归隐田园的创作主题自古有之，至东晋陶渊明更成为专门题材，但以往不过是创作的点缀，而到元朝竟然成为整个时代文学创作主色调。诗、词、曲中辞官、归隐、及时行乐的主题俯拾即是，作者众多，常盛不衰。这是因为元朝统治者对于汉族文人一方面利用笼络，一方面猜忌防范。加之帝王更替无序，政策翻覆多变，"利名场反覆如云"（冯子振【鹦鹉曲】《市朝归兴》）①，凶险异常，"伏事君王不到头"（不忽木【仙吕·点绛唇】《辞朝》）②的悲剧时有发生。所以，尽管因为仕进不得而痛苦的"城外人"不少，这些人就像胡祗遹所描绘的那样，为求一官半职，从全国各地汇聚京师，"奔走于达官贵人之门，邀求荐达。尘颜俗状，日陪父老倡妓，迎饯使客于车辙马足之间"③，奴颜婢膝，丑陋不堪，但同时，却有不少晋身官场甚至已经跻于权力中心的"城中人"，避走官场如逃离虎穴，厌倦官职如扬弃草芥。其间，仕途坎坷畏惧凶险而避让者有之，如张养浩；宦海遂顺贵宠有加却依然果断逃离者亦有之，如贯云石、不忽木。他们体会到了官场的无聊："那的是为官荣贵，止不过多吃些筵席，更不呵安插些旧相知。家庭中添些盖作，囊箧里攒些东西"（张养浩【中吕·朱履曲】）④；看到了里面的倾轧："黄金带缠着忧患，紫罗襕裹着祸端"（张养浩【双调·水仙子】）⑤；醒悟到沉浮宦海早晚会大祸临头："昨日玉堂臣，今日遭残祸"（贯云石【双调·清江引】）⑥；时时体会到的是"功名纸半张，富贵十年限"（庚天锡【双调·雁儿落带过得胜令】）⑦的人生无常，官场无情。即使是位极人臣，也不过是"功名眉上锁，富贵眼前花"（刘秉忠【三奠子】）⑧，人们甚至觉得"宁可身卧槽丘，赛强如命悬君手"（不忽木套数【仙吕·点绛唇】《辞朝》）⑨。大都人士仰仗地利之便，耳闻目睹，深谙官场之丑陋凶险。马致远这个曾亲历经过宦海深浅的试水人，就以过来人的身

---

① 周振甫主编：《唐诗宋词元曲全集》第1册，黄山书社1999年版，第123页。
② 王文才：《元曲纪事》，人民文学出版社1985年版，第40页。
③ （元）胡祗遹：《贺丁适之得教授职序》，见《紫山大全集》卷八，文渊阁《四库全书》本。
④ 上海古籍出版社编，萧善田选注：《词曲荟萃·元散曲一百首》，上海古籍出版社1996年版，第47页。
⑤ 吴庚舜、吕薇芬主编：《全元散曲：广选·新注·集评》上，辽宁人民出版社2000年版，第392页。
⑥ 同上书，第1015页。
⑦ 同上书，第122页。
⑧ （元）杨朝英编，许金榜注：《阳春白雪注释本》，中州古籍出版社1991年版，第102页。
⑨ 王文才：《元曲纪事》，人民文学出版社1985年版，第40页。

份，极力劝诫汲汲于仕途的求进之人："蛩吟罢一觉才宁贴，鸡鸣后万事无休歇，争名利、何年是彻？密匝匝蚁排兵，乱纷纷蜂酿蜜，闹穰穰蝇争血。"（【双调·夜行船】《秋思》）他对官场的态度，在杂剧作家群中很有代表性。

三 创作的可行与职业的可靠

文化宽松，思想自由，表达权力的保障，是作家投身创作的前提。蒙元王朝政治上实行民族压迫政策，在思想文化统治方面，却较为豁达宽松。有元一代，鲜有文人因写事作文以诽谤之名获罪。孔齐《至正直记》中记载，有人上报朝廷，说宋朝遗民梁栋作诗，"讪谤朝廷，有思宋之心"。这样的罪名在其他王朝如清朝必定万劫不复，轻者发配，重者杀头，甚至株连师友、亲族，动辄数百人。翻检历史，从古到今，历朝历代，文字冤案可谓比比皆是。然而，元统治者对如此"重罪"却表现得毫不忌讳，态度更是出人意外轻描淡写："诗人吟咏情性，不可诬以谤讪，倘使是谤讪，亦非堂堂天朝所不能容者。"①《元诗纪事》卷九据《投瓮随笔》引录了这样一件事：桑哥（？—1291），畏兀儿人，是国师胆巴的弟子，因为杰出的语言天赋而受到了元廷青睐重用。至元后期，长期把持枢要，掌握着元朝部分财务税收物资等方面的实权。后受到了不忽木的弹劾，获罪处死。这时朝臣们提出，时任集贤侍郎的冯子振等应该一并治罪，因为冯子振曾经向桑哥献诗："五月，中书省臣言：妄人冯子振尝为诗誉桑哥，及桑哥败，即告词臣撰碑引谕失当。国史院编修陈孚发其奸状。"这时元世祖忽必烈站了出来，说："词臣何罪？必以誉桑哥为罪，则在廷诸臣谁不誉之，朕亦尝誉之矣。"② 由于最高统治者的开脱辩解，冯子振以及因写《桑哥辅政碑》（即《王公辅政之碑》）并将碑刻立于中书省前的诸位大臣才未因诗文而获罪。这件事很能体现蒙元最高统治者的一些性格特征。他们攻城略地，东西征伐，统治国家，奴役

---

① （元）孔齐：《至正直记》卷二《梁栋题峰》，《续修四库全书本》，中华书局1991年版，第45页。

② 《元史》卷一百二十八《世祖本纪》，中华书局1976年版，第362页。

诸族，却似乎不想统一思想，钳制创作。肚量的背后，展现的是统治自信、文化自信以及对文艺创作本质规律的尊重。这样的社会政治环境，使得文人创作少了因言获罪的后顾之忧。事实上，元代文学中对最高统治者的丑化，对统治秩序的质疑，对统治政策的鞭挞比比皆是，比任何朝代都大胆、直率。即使是杂剧《窦娥冤》《汉宫秋》《荐福碑》，散曲《高祖还乡》，以及众多的散曲或杂剧中的辞官题材，甚至是直指社会弊端、反映当时重大社会政治事件——包括坦言直陈当朝皇帝王位争夺血腥、残酷、卑鄙、丑恶，如萨都剌创作《记事》[①]，结果都一样，作家没被棒杀，作品没被封杀，思想高压的乌云没有降临创作的天空。动辄得咎的命运，噤若寒蝉的心态，这些历朝历代文人挥之不去的魔咒，元代文人不曾经历。思想自由，创作权利有保障，是有元一代文学的幸运，更是杂剧作家投身创作的前提。

　　思想意识形态方面的开放与宽容，正是文化发展多样性、多元化的关键，使得中国本土的儒学文化、道学文化以及外来的游牧文化、阿拉伯文化甚至是地中海文化共存共生，并通过碰撞融合，变革生新。元大都作为辽、金两代少数民族统治王朝的故都和有着极为广泛国际交往的元帝国首都，是多元文化荟萃之地。得风气之先，这里较少"学而优则仕"的传统禁锢，思想更加活跃、包容、开放，更易接受新的文化观念。在蒙古人、色目人为社会主流的文化价值观中，更看重人生的酣畅快意，重视实际利益的获得。蒙元贵族重视商贸，常借重色目商人之手放高利贷，把掌控更多资源的权力当作敛财工具，而不是把当官本身视作人生追求的唯一正途。而商贸繁盛，财富汇聚，也使得大都成为名副其实的享乐之都。新的思维方式、新的价值评判标准，都极大影响着大都人包括杂剧作家。杂剧在当时广受欢迎，"内而京师，外而郡邑，皆有所谓勾栏者，辟优萃而隶乐。观者挥金与之"[②]。巨大的市场需求使得杂剧从业者包括编剧、演员以及

[①] 陈衍辑撰：《元诗纪事》，李梦生点校，上海古籍出版社1987年版，第354页。
[②] （元）夏伯和：《青楼集志》，见崔令钦等《中国文学参考资料小丛书》（第一辑），古典文学出版社1957年版，第48页。

相关组织者都能获得非常丰厚的报酬。关汉卿作为剧坛旗帜和代言人，描述了杂剧作家典型的生活状态："花中消遣，酒内忘忧，分茶撷竹，打马藏阄，通五音六律滑熟，甚闲愁到我心头。伴的是银筝女银台前理银筝笑依银屏，伴的是玉天仙携玉手并玉肩同登玉楼，伴的是金钗客歌金缕捧金樽满泛金瓯。你道我老也，暂休。占排场风月功名首，更玲珑又剔透。我是个锦阵花营都帅头。"(【南吕·一枝花】《不伏老》)① 其他剧作家也不例外。石子章在散曲【仙吕·八声甘州】中更直截了当地炫耀自己的生活是"黄金买笑，红锦缠头。跨凤吹箫三岛客，抱琴携剑武陵游。风流，罗帏画烛，采扇银钩"②。梁进之也是日日"翠裙红裹，鲜羊糯酒，肥马轻裘"③。事实上，杂剧作家们的生活普遍如此，身边围绕着美丽聪慧技艺高超的绝色女子，相交的是"书会"中密切合作的艺术知音，在广大观众间享有极高声誉。他们收入丰厚，生活富足，无拘无束，洒脱自在，从经济自由成功实现了人格独立与创作鼎新，④ 享受着物质和精神高度满足的双重获得感。

四　理性的自愿选择

两种迥然相异的生活：仕宦生涯循规蹈矩、苟且钻营、钩心斗角、险象环生；创作生活激发灵性、酣畅情志、逍遥任性、富足安宁，既可娱人又可自娱。张养浩曾对比两种生活的巨大差异：一个是"人羡麒麟画，知他谁是谁？想这虚名声到底原无益。用了无穷的气力，使了无穷的见识，费了无限的心机，几个得全身？"(【双调·庆

---

① 人民文学出版社编辑部编：《中国古典词曲》，人民文学出版社1995年版，第236页。
② 隋树森：《全元散曲》，中华书局1964年版，第457页。
③ （元）钟嗣成、贾仲明：《新校录鬼簿正续编》，浦汉明校，巴蜀书社1996年版，第104页。
④ 傅秋爽：《从经济自由到人格独立与创作鼎新——元代杂剧作家地位以及文学功能的再认识》，《南开大学学报》2013年第1期。

东原】)①,另一个则是"唱歌,弹歌,似风魔,把功名富贵都参破。有花有酒有行窝,无烦无恼无灾祸"(套数【双调·新水令】《辞官》)②。一个是仿佛时刻胆战心惊行走在万丈悬崖边,一个是无忧无虑逍遥自在,如此对比悬殊的生活前景,不需要太多的人生智慧,一般人也都能作出正确取舍。

趋利避害是人类的天性本能,丰富精彩而有尊严的生活是人生的普遍向往。杂剧作家心性机敏,洞明世事,不乏衡量轻重判断得失的能力。他们潇洒不羁、率真任性、戏玩人生的秉性气质和态度③,在官场,是难为所容的致命缺陷;在文坛,则可变为创作中深邃主题、彰显个性的显著优势。所以,扬长避短,远离官场肯定是最为明智的选择。王实甫就告诫说唯有远离官场,才能明哲保身:"遇事休开口,逢人只点头。见香饵莫吞钩,高抄起经纶大手。"(【梧叶儿】)④ 马致远也说过同样的话:"图甚区区苦张罗?"他要"远红尘千丈波"(【南吕·四块玉】《叹世》)⑤。宫天挺则借严陵之口说出了自己"无君无臣,自由为上"的人生态度:"你也不是我的君,我也不是你的臣……我则是七里滩垂钓的严陵。"(宫天挺杂剧《严子陵垂钓七里滩》)⑥ 曾瑞也说"既功名不入凌烟阁,放疏狂落落陀陀"(【正宫·端正好】《自述》)⑦。由此不难看出,这些杂剧作家事实上既把杂剧当作自己融于时代,容于社会的安身立命之所,又将此当作规避政治凶险的避风港。王实甫对物质和精神生活的追求是:"有微资堪赡赒,有亭园堪纵游。保天和自养修,放形骸任自由。把尘缘一笔勾,再休

---

① 吴庚舜、吕薇芬主编:《全元散曲:广选·新注·集评上》,辽宁人民出版社2000年版,第384页。

② 吴庚舜、吕薇芬主编:《全元散曲:广选·新注·集评上》,辽宁人民出版社2000年版,第423页。或:(元)杨朝英:《朝野新声太平乐府》,中华书局1958年版,第259页。

③ 傅秋爽:《元大都城市文化与杂剧作家气质》,《天津师范大学学报》2012年第4期。

④ 周振甫主编:《全元散曲》第一册,黄山书社1999年版,第113页。

⑤ 卢前校:《乐府群珠》卷二,商务印书馆1955年版,第77页。

⑥ 王季思主编:《全元戏曲》第四卷,人民文学出版社1999年版,第340页。

⑦ 齐豫生、郭振海、李自然等主编:《四库全书精编·集部·全元散曲》(5),中国文史出版社(出版时间未详),第503页。

题名利友。"(【后庭花】)①他追求优裕、自在、安宁、随性,而摒弃官场名利和如影随形的灾难凶险。关汉卿的态度更鲜明:"平生肥马轻裘,何须锦带吴钩?百岁光阴转首,休闲生受,叹功名似水上浮沤。"(【越调·斗鹌鹑】《女校尉》)②他的意思再明白不过:我凭自己写剧本的本领和成就,就能安享富足、自尊、潇洒的生活,何苦再羡慕功名利禄,自投罗网当什么官呀吏呀的,为宦海沉浮担惊受怕?何况人生百年,转瞬即逝,为什么不自由自在充分享受呢?两个选择,两条道路,两种结果:为官,高投入,高风险,随时可能归零;作剧,身心自由,衣食无虞,平安喜乐。应该选择怎样的职业生涯,一目了然。所以,大都杂剧作家"门第卑微,职位不振"③,普遍没有显赫的政治地位是历史事实。但这样的一种普遍状态,恐怕不是创作的动因,而是他们鄙弃仕途自愿主动选择杂剧的结果。

五 万难之下自觉的勇气

作剧与为官,利害权衡,一一比较,怎样选择表面看并不困难,难的是打破传统的思维定式,确立全新的价值观念,并且要有坦然面对世俗指责批判的勇气。旧理念中,戏剧等绝对是"贱业",这从《元典章》以及相关的史料中都能得到充分的印证。主动放弃世人眼中"学而优则仕"的正途,以"贱业"为生,是典型的离经叛道,必然为世俗传统所不容。从"高尚之士,性理之学,以为得罪于圣门"④到"庸俗易之,世者嗤之。三君之心,固难识也"⑤等只言片语可以推断,当时的杂剧作家和艺术家表面光鲜亮丽,其实内心还是有很多

---

① 吴庚舜、吕薇芬主编:《全元散曲:广选·新注·集评上》,辽宁人民出版社 2000 年版,第 292 页。
② 吴国钦校注:《关汉卿全集》,转引自《太平乐府》卷七,《雍熙乐府》卷十三,广东高等教育出版社 1988 年版,第 612 页。
③ (元)钟嗣成:《录鬼簿序》,见中国戏曲研究院编《中国古典戏曲论丛集成》(二),中国戏剧出版社 1959 年版,第 101 页。
④ 同上。
⑤ (元)夏庭芝:《青楼集序》,见中国戏曲研究院编《中国古典戏曲论丛集成》(二),中国戏剧出版社 1959 年版,第 15 页。

苦闷。首先，是他们的创作贡献得不到正统和传统的世俗社会理解，而且承受着社会舆论的巨大压力和来自各个方面的种种非难。剧作家们对其所面临的局面，认识清醒而深刻，依然特立独行，坚持抉择。郑廷玉在杂剧《金凤钗》中直截了当戳破所谓"圣道"真相，不过是贻误读书人终生的迷途："从盘古没一个富书生，知他孔夫子有多少穷徒弟？"① 无名氏在杂剧《樵渔记》中借剧中人物之口，道破"学而优则仕"的谎言："十载攻书，半生埋没，学干禄。误杀我者也之乎，打熬成这一副穷皮骨。"② 马致远在杂剧《荐福碑》中也借张镐之口，说出了儒生在现实生活中卑微的地位和困窘的生活："我本是那一介寒儒，半生埋没红尘路。则为一尺身躯，可怎生无一个安身处？"③ 这些表述，冲破中国"君子不言利"的千年禁忌，以贫富为标准，将物质财富的多寡作为衡量人生成功与否的尺度之一，彻底颠覆了以官场进退为人生穷通的唯一标准，大胆而直率。

面对指责压力，关汉卿借助散曲表达绝不屈从的决心："我是个蒸不烂、煮不熟、捶不扁、炒不爆、响珰珰一粒铜豌豆……你便是落了我牙、歪了我嘴、瘸了我腿、折了我手，天赐与我这几般儿歹症候，尚兀自不肯休。则除是阎王亲自唤，神鬼自来勾，三魂归地府，七魄丧冥幽。天哪，那其间才不向烟花路儿上走。"（【南吕·一枝花】《不伏老》）④ 此处所谓的"烟花路"，并非专指青楼生活，而是代指包括杂剧创作、演出、交流等在内的一切文化活动。由此，不难看出他对杂剧发自内心的挚爱。没有坚定的人生信念和强烈的精神追求以及强大的内心力量，面对强大、顽固而无形的社会非难，绝不可能如此坚定，无所畏惧，至死不悔。必须指出的是，杂剧家们理智清醒的认识，坚定决绝的态度，不扭捏、不虚伪、不矫饰的表白和行动，都与元大都文化特质密不可分。这个国际化的商业都市，不仅以丰富的社会生活给予他们源源不断的创作灵感，众多观众热切的精神文化产品需求也在经济上为他们

---

① 王季思编校：《全元戏曲》（第四卷），人民文学出版社1999年版，第4页。
② 王季思编校：《全元戏曲》（第六卷），人民文学出版社1999年版，第384页。
③ 王季思编校：《全元戏曲》（第二卷），人民文学出版社1999年版，第79页。
④ 隋树森编：《全元散曲》上册，中华书局1964年版，第173页。

提供了广阔的生存空间。更重要的是城市文化的多元，营造了包容、兼美、尚实的浓郁氛围，人们的个性化追求受到了充分的尊重，不同的价值观念和思想理念可以平等共存。杂剧作家们得以以全新视角观察世界认识问题，可以正视自己内心真实的感受，遵从内心的意愿行动。正是因为这些思想文化的突破、创新，才迎来杂剧的繁荣时代。

元朝科举废弛，仕进无序，使大多数读书人陷入社会阶层向上流动停滞的困境。但是即使开科，元大都杂剧作家也未必就肯于像"正常"的朝代那样选择仕途。事实上，朝廷后来也陆续地不定期地进行过数期科举，而不少士子竟然拒绝参与。余阙曾为此叹惋不已："延祐中，仁皇初设科目，亦有所不屑而自甘没溺于山林之间者，不可胜道，是可惜也。"① 以杂剧作家对仕进的态度，可以肯定地说，当初他们非但不太会有人因为科举废止而痛苦，甚至还会因为没有误入官场而庆幸。在这点上，元人夏庭芝有过精辟的分析，他在《青楼集序》中就明确说元初杂剧兴盛之时，以关汉卿为首的这些剧作家"皆不屑仕进，乃嘲风弄月，留连光景，庸俗易之"②。从"不屑仕进"可以断定他们对所谓"经济仕途"的明确态度。

所以，杂剧作家们的职业选择既具有个人倾心创作、厌恶官场的感性成分，更是反复衡量得失进退后的理性抉择。作为时代文化的弄潮儿，他们对自己发自本愿的自主选择，信心满满，无比自豪，充满胜利者的骄傲。关汉卿获得了"驱梨园领袖，总编修师首，捻杂剧班头"③ 的崇高荣誉，他也以"我是个普天下郎君领袖，盖世界浪子班头"④ 自诩，自豪之情溢于言表。马致远也为自己杂剧创作"怪名儿

---

① （元）余阙：《杨君显民诗集序》，见《青阳先生文集》卷二。李修生主编：《全元文》第49册，江苏古籍出版社1998年版，第132页。

② （元）夏庭芝：《青楼集序》，见中国戏曲研究院编《中国古典戏曲论丛集成》（二），中国戏剧出版社1959年版，第15页。

③ （元）贾仲明：《录鬼簿》略传后所补挽词，见中国戏曲研究院编《中国古典戏曲论著集成》（二），中国戏剧出版社1959年版，第151页。

④ 隋树森编：《全元散曲》上册，中华书局1964年版，第173页。

到处喧驰的大"(【大石调·青杏子·悟迷】)① 而非常自豪。真正的有识之士,对他们凭借一技之长,过着惬意的生活也是极度赞许肯定的。明人臧晋叔在《元曲选·序二》中就说:"关汉卿辈争挟长技自见,至躬践排场,面傅粉墨,以为我家生活,偶倡优而不辞。"② 因此,杂剧作家更多的是关汉卿这样自觉自愿"不屑仕进"③ 神气十足的先觉者,而非入仕不得苟且栖身于杂剧行中悲苦落魄牢骚满腹的"断肠人"。后人受数千年小农经济基础上产生出的传统文化思想禁锢,站在官本位立场,妄自揣测杂剧鼎盛时期作家处境与心态,难免发生重大误读、误判、误解。

总之,大都文人由于特殊的地缘关系,对政治丑恶官场倾轧有更多了解;由于特定的文化政策和城市文化,人生选择、价值取向有别于传统;由于浓郁的商业氛围熏染,人生目标的设定既理想又现实。所以,没有元大都,就没有这些杂剧作家的生成与发展,就没有一代新文学的发展繁荣。

---

① 齐豫生、郭振海、李自然等主编:《四库全书精编·集部·全元散曲》(5),中国文史出版社,第483页。

② (明)臧晋叔编:《元曲选》第一册,中华书局1958年版,第3页。

③ (元)夏庭芝:《青楼集序》,见中国戏曲研究院编《中国古典戏曲论著集成》(二),中国戏剧出版社1958年版,第15页。

第三章　元大都文化环境

第一节　元大都杂剧繁荣的政治原因

政治，是任何国度、任何时代文化繁盛与衰败最重要甚至是起决定作用的环境条件。同样也是元代以杂剧为代表的大都城市文化繁荣不可忽视的重要因素。最高统治者的爱好和支持、科举制度的废弛，都对杂剧等文化形式的兴旺和创作人才的成长产生了深远影响。杂剧作为代表国家艺术形象的形式，固化为各种外交酬宾以及庆典活动中一项不可缺少的程式性的内容，同样反映了其受到尊崇的政治地位。

一　政治决策对杂剧发展的影响

杂剧在元代陡然而兴，之后又戛然而衰，迅疾的变化常常令人感到异常惊诧与困惑。明代人王骥德就曾感慨万千："此窍（指戏剧）由天地开辟而来，不知越几百千万年，俟夷狄主中华，而于是诸词人一时林立，始称作者之圣，呜呼异哉！"[1] 有关杂剧繁荣原因，在元代本朝，大致就已经产生了两种倾向性见解。虞集、罗宗信、周德清等人持"社会繁荣说"的主张，认为杂剧的繁荣与社会繁荣密切相关。虞集在《中原音韵序》中说："我朝混一以来，朔南暨声教，士大夫歌咏，必求正声，凡所制作，皆足以鸣国家气化之盛。自是北乐府出，一洗东南习俗之陋。"认为元杂剧代表了时代的文化精神，是

---

[1]（明）王骥德：《曲律·杂论》，见中国戏曲研究院编《中国古典戏曲论著集成》（四），中国戏剧出版社1959年版，第150页。

国家强盛兴旺的表现,开辟了文学创作的全新天地。贾仲明在为钟嗣成所作吊词中也说:"钟公《鬼簿》应清朝,《范蠡归湖》手段高。元贞年里,升平乐章歌汝曹。喜丰登雨顺风调。茶坊中嗑、勾肆里嘲:明明德,道泰歌谣。"认为元杂剧是国家升平、百姓安乐的时代产物,虽然以轻松娱乐的形式出现,但是依然继承了文学创作"文以载道"传统,弘扬了传统的道德。总结起来,这些观点基本上都是认为包括元杂剧在内的元曲兴起、繁荣,乃是国家太平、富足,民众物质和文化生活水平大幅度提高的结果。明代朱权更将此论点推向绝对:"杂剧者,太平之盛事,非太平则无以出。"①

与"社会繁荣说"完全对立的是"社会黑暗说",钟嗣成可算是这一观点的代表。他认为是社会的不公平和对士人的压抑,才引发了作家的不平之气,促进了元曲的兴盛。他在《录鬼簿》等著作中阐述了自己的这一主张:因为杂剧作家大多"门第卑微,职务不振",所以理应是社会混乱、政治制度黑暗、仕途道路的阻塞,造就了读书人的不得志,不合理的官僚仕进制度为渊驱鱼,将他们逼到了杂剧创作的队伍之中。同样对于杂剧创作的主体持消极被动理论态度的,还有明人胡侍,他在其《真珠船》卷四的"元曲"条中,就已表述得十分清晰明确:"盖当时台省元臣,郡邑正官及雄要之职,中州人都不得为之。每沉抑下僚,志不得申……于是以其有用之才,而一寓之乎声歌之末,以纾其怫郁感慨之怀,所谓不得其平而鸣焉者也。"②在这里,胡侍很明确地认定,是由于元朝统治实行民族歧视政策,造成知识分子无缘政治舞台,才无可奈何地"以其有用之才"而去从事杂剧创作这一"末业"的。臧晋权的《元曲选·序》也认为元代读书人"际天地闭塞之秋,无法展布所怀,只有躬践排场,迹偶徘优"。他们都是把元代大批知识分子从事杂剧创作的原因,归之于当

---

① (明)朱权:《太和正音谱》,见中国戏曲研究院编《中国古典戏曲论著集成》(三),中国戏剧出版社1959年版,第43页。

② (明)胡侍:《真珠船》卷四"元曲"条,引自《丛书集成初编》第338册,中华书局1985年版。转引自王文才编著《元曲纪事·总评》,人民文学出版社1985年版,第5页。

时读书人社会地位低下。近代学者王国维也认为："盖自唐宋以来，士之竞于科目者，已非一朝一夕之事，一旦废之，彼其才力无所闷，而一于词曲发之。""适杂剧之新体出，遂多从事于此。"① 当然也有学者认为有元一代，科举并未完全废止，况且还有其他的晋身之途，所以士人"进身的阶梯是没有抽掉"②。的确，元杂剧的兴起、繁荣、衰退，表面上与科举废弛相伴而生，在时间上基本同步，两者之间似乎存在着密切的因果关联。但事实上，科举废弛仅仅是元代众多客观存在中的一个，与杂剧兴废之间的关联仅仅是一种时间坐标上的巧合。这种偶然之下，掩盖着另外的必然，那就是有元一代扬弃、打破了传统的思想统治和社会层级秩序，习惯了"学而优则仕"的士人们，在以往"学得文武艺，货与帝王家"的出路被阻塞之后，一方面感到异常的苦闷彷徨，另一方面，被从科举的独木桥上赶了下来，走出书斋，却也获得了前辈士人从未有过的开阔视野和更多的人生道路选择的机会。客观上，走出书斋的士人，在感情上接近民众，了解民众的喜怒哀乐，他们以自己的杂剧创作，成为民众思想感情诉求的代言人。

以上两种观点如此对立，却似乎各有道理。事实上，它们都部分真实且充分地描述了元代社会现实。只是社会与文化之间的关系并非表面呈现出来的那样简单，或者一荣俱荣，一损俱损，或者完全相反，此消彼长。其间，相互的作用方式和影响后果充满了辩证性。但是无论如何，两种观点所能够统一的一个基本结论就是：政治统治集团所制定的任何重要的治国理政的策略和决策，都可能对文化发展的方向、形态和所产生的结果产生正向或者反向的作用，并引起连锁的、繁复而复杂的多重反应。政治方向和政治决策对于文化的影响实在不能小觑。

杂剧起源和形成尽管意义重大，但对从地域文化研究角度而言，

---

① 王国维：《王国维戏曲论文集》，中国戏剧出版社1984年版，第67页。王国维：《宋元戏曲史》，上海古籍出版社1998年版，第77页。
② 翦伯赞：《读郑振铎〈关汉卿戏曲集·序言〉》，见翦伯赞《历史问题论丛》合编本，中华书局2008年版，第348页。

更值得关注的应该是杂剧为什么在大都兴起、成熟并走向繁荣，是什么样特殊的政治文化生态环境使得大都成为鼎盛期的元杂剧中心。探讨大都影响杂剧发展的特殊性，较之对杂剧一般性影响因素的阐述更具意义。

元代当然不是一个符合中国人传统政治理想的社会。它是一个充满矛盾、冲突、纠结的时代，社会制度的变革，文化的对垒融合，人们价值观念的更新，传统伦理道德链条的断裂，都给人们的思想带来冲击、震动、混乱和痛苦，人们处在新旧两个时代的夹缝之间，不得不思考，不得不选择。然而现实带给作家的压抑、痛苦，经过思考依然无法释然、无法解脱，这些都是创作不可或缺的精神动力。好在元代又是一个开放的时代，变革的时代，精神解放的时代，可以自由表达的时代。敏感的、天才的杂剧作家们，创作激情终于在矛盾纠结中宣泄、爆发，历史将他们推向这样一个位置，使他们作为时代觉醒的战士，成为千千万万有着同样灵魂痛苦人们的代言人。

二 统治阶层喜好对杂剧发展的影响

蒙古族是一个对于歌舞音乐有着特殊喜好的民族，这对杂剧这种集音乐、歌唱、舞蹈、搬演故事于一身的文学艺术新体式的发展无疑是有着积极促进作用的。南宋孟珙的《蒙鞑备录》记载蒙古时期，即使是军旅之间，"国王出师，亦从女乐随行"。蒙元在开疆拓土南北征战中，对于不降之城，往往实行惨绝人寰的屠城政策。但对"优伶"——也就是那些具有音乐、歌舞等技艺的人——往往给予与工匠、术士、宗教人士等同等待遇，能够刀下留人，并作为财富据为己有。《元史》中《木华黎传》载，元兵在攻破广宁（今河北宣化）时，"除工匠优伶外，悉屠之"①。《世祖纪一》中也记载说，元世祖中统初"立仙音院，复改为玉宸院，括乐工"②，同时又立教坊司，对演员进行专业化管理。元开国功勋耶律楚材之子耶律铸（1221—

---

① 《元史》卷一百一十九，中华书局1976年版，第2932页。
② 《元史》卷四，中华书局1976年版，第46页。

1285），字成仲，是元初大臣。1244年耶律楚材死后，他任中书省事。后应诏监修国史，并多次出任中书左丞相。他在诗文集《双溪醉隐集》中，就有《初阅仙音院》（卷六）、《赠仙音院乐籍侍儿》（卷三）等诗作，反映了当时这些歌舞艺妓的主管机构组织艺妓到元宫廷里演出杂剧的情况。元朝掌管乐舞的机构和官员也受到了空前的重视，《元史·百官志》记载，元朝设立管理乐人的教坊司，其品位高达正三品，这是以往无论是唐、宋还是辽、金同等机构从来都不曾有过的高规格和高级别。由此可见蒙古统治者对乐舞的重视和喜爱程度。

专门人才的聚集为大都杂剧繁荣提供了充足的前提条件。蒙古统治者实行乐籍管理制度，凡在籍的乐舞人，本人、配偶甚至子女都将终生从事该行业。这从客观上保证了艺术人才队伍的稳定和各门技艺的很好传承。大都在辽金元三代，通过战争，从旧朝掳掠、迁移、蓄积了大量的表演人才。经过有进无出数代的积累、繁衍，最终形成了数量非常庞大的乐人队伍。他们是元代杂剧演出的主力军，也是杂剧表演艺术兴旺的人才保障。乐人除了在重大的庆典和日常的宫廷或官方宴饮场合为统治阶层服务之外，也可以参加一些商业演出。由于技艺精湛，他们赢得了观众和剧作家们的广泛尊重，其中的佼佼者多生活条件极为优裕。

燕京是较早纳入蒙古统治范畴的地域，之后，在统一南北的进程中，又成为权力枢纽、政治中心，后来更进而确立为国家首都，全国政治中心。大都集中、聚集、生活着大量高级别的，最具决策力、影响力的阶层，这种异常密切的地缘关系，无疑决定了统治集团的喜好对这个地域文学艺术形式的选择会产生非常直接而重要的影响。

元朝廷是历史上最为喜欢欢庆热闹的宫廷，也因此，大都就不仅是奢靡之城、享受之城，更成为一个永不落幕的歌曲戏剧娱乐之城。不尽的名目，花样翻新，元大都的各类庆典活动数不胜数，且十分隆重、热闹。这些庆典活动大致可分为几大类。一种是传统节日庆典；一种是宗教庆典；一种是宫廷庆典；一种是民俗活动。这个分类看似科学，但是许多庆典却难以简单归类。因为有时宫廷庆典借节日之名举行，如元宫的新年庆典，既是节日活动，又是宫廷庆典；宗教性活动也一样，有时又演变为节日庆典或民俗活动，如盂兰盆会。七月十五的盂兰盆会本是佛教的一个节日，根据佛经《盂兰盆经》中目连救母的故事记载衍生而来。后来在长期的传播过程中逐渐被赋予了更多孝亲的内涵，成为"孝亲节"。杂剧里也有《目连救母》的应景戏。

最高统治者沉迷歌舞享乐的情形，实际上在中国历朝历代都不鲜见。只是他们受到中华传统尤其是儒学统治思想的影响，即使坐拥天下，对于奢靡的享受和无尽的挥霍，在公开的场合往往也会多有顾虑和忌惮。况且朝中有谏官诤臣，会对超越礼制、法度的行为反复劝谏甚至弹劾。所以，即使戏曲表演的诸种成分多已具备，如到唐代，参军戏经过百年发展此时大兴，音乐歌舞受到西域等外来文化的影响，亦极为发达，但是它们并不能发展出成熟的戏曲。这与社会经济发展根本相关，同时与最高统治者对于文化功能、作用的定位也直接相关。因为按照传统儒家统治思想标准，戒除或减少奢靡、娱乐是对统治集团成员包括最高统治者的一项基本要求。以当时人们的理解，正如白居易在《长恨歌》中所描述的，"骊宫高处入青云，仙乐风飘处处闻。缓歌慢舞凝丝竹，尽日君王看不足"，最高统治者耽于享乐，会招致"渔阳鼙鼓动地来，惊破霓裳羽衣曲"的亡国之灾，因而会被限制，被劝谏。所以，当时的歌舞娱乐，往往都被限制在封闭的皇宫内廷或者贪腐官员私宅等比较狭小封闭的范围之内，遮遮掩掩。而到了元朝，情形则大不相同。蒙元政权依靠战争掠夺起家，财富聚集快速容易。立国后，注重商贸，大都成为财富聚集之地。他们不受儒学传统思想的制约束缚，对任何享乐都毫无思想的障碍。同时，由于军事力量的极度强大，在战争中攻城略地所向披靡战无不胜，导致了蒙古统治者强烈的文化自信。他们没有培育和产生对战败国汉文化顶礼膜拜的心理基础。所以，无拘无束无法无天野蛮生长的元朝，宫廷庆典比历史上任何一个王朝都要频繁、丰富，且名目繁多，大张旗鼓，隆重、开放。一年四季，各种法定的庆典就很多。官方最为隆重的大型庆典有：宫廷元日庆典。在元日，也就是春节这天举行。元朝，以西历二月作为新的一年的开始。这场庆典内容丰富，场面隆重，有对皇帝和皇后的礼拜，也有朝中王公贵族、各卿大臣们相互之间敬礼的团拜。然后是天寿节：这是宫廷活动中除了元日庆典外最为隆重的节日，又称为万寿节，是专为庆贺皇帝的生日而设立的。这个节日与新春元日节庆又有不同，君臣皆着金锦衣，场面蔚为壮观。再有就是回銮日庆典：每年的六月，皇帝带领王公贵族和文武百官，移驾上都，在那里要待到八月底或九月初，秋高气爽之际，才会返回大都。返回大都之后，要连续多天举行各种宴饮庆祝活动。其他宫廷或国家庆典还很多，每当国家或者皇家有大事发生，也同样要举行盛大的庆典，如出征军队打了大胜仗，征服了某个国家或者地域，在大都就要举行盛大的庆典活动。同样，皇帝登基或者册封皇后等大事，自然大都也要代表整个国家举行仪式，以示普天同庆。除这些宫廷贵族与大都官府特有的庆典活动之外，还有各种岁纪节日，熊梦祥的《析津志》记载甚详。元宫廷将杂剧演出引入宫内，各种史料中向宫廷"献剧"的记载很多。《马可·波罗游记》一书描述宫中生活时记载说"席散后，有音乐家和梨园子弟演剧以娱乐众宾"。元熊梦祥的《析津志·岁纪》记载，大都城内外在节日经常有一些规模很大的演艺活动，例如："二月八日……南北二城，行院、社直、杂戏毕集"；二月十五日皇城内"凡社直一应行院，无不各呈戏剧"；"仪凤、教坊诸司乐工戏使，竭其巧艺呈献，奉悦天颜。次第而举，队子唱拜，不一而足"。腊月，"仪凤司、教坊司、云和署、哑奉御，日日点习社直、乐人、杂把戏等，以备新元部家委官一同点视"[①]。由此可见，当时凡是庆典活动，都少不了杂剧、歌舞等演出助兴。元大都每逢节庆，必要进行规模宏大的向全城所有人——上至皇帝皇后、王公贵族、各国使节、巨贾富商，下至黎民百姓、贩夫走卒——皆可观赏甚至参与的开放式的游行活动及大型露天公演，此乃大都城市最具吸引力的活动，也是元代都城有别于其他朝代都城的特色之一，显现出世界城市的别样风采。

---

① （元）熊梦祥：《析津志辑佚》，北京图书馆善本组辑，北京古籍出版社1983年版，第224页。

朝鲜的《朴通事谚解》（卷上）中也有涉及大都院本演出的记载，写到一些人举行赏花筵席时，便有"着张三去，叫教坊司十数个乐工和做院本诸般杂技的来"之语。至于对杂剧演出的具体记述就更多，频繁见诸各家《元宫词》。元人杨维桢的《元宫词》说："开国遗音乐府传，白翎飞上十三弦。大金优谏关卿在，《伊尹扶汤》进剧编。"明初朱权的《元宫词》说："初调音律是关卿，《伊尹扶汤》进剧编。传入禁垣官里悦，一时咸听唱新声。""《尸谏灵公》演传奇，一朝传到九重知。奉宣赍与中书省，诸路都教唱此词。""风调雨顺四海宁，丹墀大乐列优伶。年年正旦将朝会，殿内先观玉海青。"朱氏所作《元宫词》共有百首之多，诗前朱氏曾自为小序，说明写作宫词的缘由和其本事依据："永乐元年（1403），钦赐予家一老妪，年七十矣，乃元后之乳姆女，知元宫中事最悉，间尝细访，一一备知其事。故予诗百篇，皆元宫中实事，亦有史未曾载，外人不得而知者。"① 以此来说明自己所作《元宫词》记载足以征信。杨维桢本人是元朝人，朱权所言渠道直接来自宫中知情人，所以他们词中反映的杂剧在元皇宫内苑备受欢迎的盛况是切实可信的。现存的元杂剧剧本，很多都残留着"录之御戏监"或"内府"字样，这都是当时宫廷"承应"所用的本子。臧晋叔的《元曲选》序文中也曾说："顷过黄从刘延伯借得二百种，云录之御戏鉴，与今坊本不同。"这些都足以证明杂剧的创作和演出当时确实受到最高统治集团的普遍喜爱和大力支持。

　　元时，在宫廷演剧的艺人分为两种，一种是专为皇宫服务的艺人，演员称作"乐人"。戏剧的教习、排练以及演出均由教坊司管理。明初朱权的《元宫词》中有一首专门描写了宫内教习戏曲的情形："内中演乐教师教，凝碧池头日色高。女伴不来情思懒，海棠花下共吹箫。"除了宫中乐人的演出之外，教坊或行院艺人每逢节日和庆典也经常进宫演出。《马可·波罗游记》在记载宫中活动时也说"席散后，有音乐家和梨园子弟演剧以娱乐众宾"。能够进宫演出的

---

① （元）柯九思等：《辽金元宫词》，北京古籍出版社1988年版，第19页。

第三章　元大都文化环境　139

剧团和演员，通常在剧坛都享有很高的声誉。宫中献演，对演员和编剧来说都是一种极高的荣誉。同时，它可以将社会上正在搬演的深受观众欢迎的最新的剧目带入禁中，使得宫中乐人有了新的学习模仿借鉴的样板。反过来，奉旨演出的剧团和剧目，无疑又成为他们在民间演出招徕观众最具号召力的质量和信誉保障。当然宫中乐人的演出，在某些方面也一定会对教坊行院戏剧艺术有所影响。这种相互的沟通与互动，将民间演剧场所和宫廷演出两个不同的空间联系起来，对整个大都杂剧艺术水平的全面提高自当裨益甚多。

统治集团的喜爱和支持虽然出于享乐目的，但在客观上会起到"上行下效"的鼓励作用，对杂剧繁荣起到积极影响。

胡祗遹曾专门著文批评当时的风气是"居官者，不以政治勋业致君泽民为乐，而日与优伶、女妓、酒色、声乐为娱，其位则卿相，其志趣则优伶也"[①]。这段话可以从几个方面来理解。第一，大都杂剧等繁荣异常，从业者众多。第二，当时观剧听曲与艺妓交往，已经形成社会时尚，并成为官场的普遍现象。虽贵为卿相，却并不以之为耻。第三，"其志趣则优伶也"说明杂剧等艺术的普及已经非常广泛，即使是国务百忙的高官，也都有了非常高超的艺术理解力和鉴赏能力。第四，胡祗遹不满意某些居官者的"不务正业"，他认为这些人应该"在其位谋其政"，以"致君泽民"为要，否则便失了为官的本分。胡祗遹在他的《礼乐刑政论》中认为观剧与艺妓交往，如果仅以"悦耳娱心，以助淫荒"[②]为目的，那就只能陷于荒淫龌龊。且这样的交往必定对杂剧等艺术的提升有害而无益，因为在此风气感染之下，杂剧等必定会堕落为"妩媚哇淫之欲快耳而称口"[③]，滑入粗俗浅陋淫秽的深渊。那对杂剧艺术将是万劫不复之难。第五，胡祗遹并非反对杂剧，而是认为杂剧除了要遵循艺术规律，起到纾解郁闷、娱乐情志作用之外，还应该起到"宣道"的作用。所以主张戏剧应

---

① （元）胡祗遹：《语录》，见《紫山大全集》卷二十六，台湾商务印书馆1973年版。
② （元）胡祗遹：《礼乐刑政论》，见《紫山大全集》卷一十三，台湾商务印书馆1973年版。
③ （元）胡祗遹：《语录》，见《紫山大全集》卷二十四，台湾商务印书馆1973年版。

该广泛反映生活,"五方之风俗,诸路之音声,往古之事迹,历代之典型,下吏污浊,官长公清……居家则父子慈孝,立朝则君臣圣明"①,以起到文艺祛邪扶正、匡正澄澈社会风气的作用。

三　宫廷生活对于城市文化及杂剧的影响

除了出于享乐目的而在宫中进行演出之外,杂剧更作为代表国家艺术形象的形式,已经固化为各种外交酬宾以及庆典活动中一项程式性内容。这种庆典、宴饮加杂剧演出的形式并非元朝独创,早在宋、辽、金时代,宫廷、官府、僚属机构就已经形成了惯例,在各类史料中常常可以发现这方面的明确记载。《东京梦华录》中"宰执亲王宗室百官入内上寿赐宴"条和"驾幸永殿争标赐宴"条中,都记载有杂剧演出。而《辽史》《金史》《宋史》中,宫廷举办大型饮宴活动或者是比较隆重的外交宴饮,也都常有"杂剧进"的记载。尽管宋、辽、金所言彼杂剧并非元曲意义中的此杂剧,但凡有庆典宴饮便有"杂剧进"的形式被保留了下来。元朝疆域辽阔,对外交往频繁,来到大都的外国使节、宗教领袖和高级商旅使团络绎不绝,有些友邦或者是藩属国的国王甚至因为迷恋大都生活而长期滞留中国,不肯离去。所有的国务接待中,杂剧已经成为必不可少的酬宾活动,如此,杂剧歌舞已经超出皇室、贵族个人欣赏喜爱的范围,上升为国家政治、经济、文化生活中不可或缺的重要组成部分。

受到蒙元宫廷的带动和影响,元代大都的城市庆典也就非常多。这些由政府或者宗教机构主导和组织的庆典有的是与宫廷生活相呼应,如游皇城;有些是从传统的民俗演变而来的,如除夕夜和元宵节等;还有一些是以宗教纪念日的名义进行的,当时元大都的宗教特盛,佛寺道观以宗教为号召,也经常性地举办各种名目的大型庆典。中国历史上从没有哪一个朝代能像元代这样拥有那么多的节日和庆典,也从没有哪一个城市能够像元大都这样充分享受所有这些节庆活动的欢乐。以游皇城为例,可以非常明显地表现出宫廷对大都文化生

---

① （元）胡祗遹:《赠宋氏序》,见《紫山大全集》卷八,台湾商务印书馆1973年版。

活巨大的政治影响力。

游皇城是元大都规模最大的公共文化活动，其传统形成于至元七年（1270），每年的二月十五日举行。这是一场由朝廷出面组织，皇帝皇后莅临、官民同乐的欢乐盛事。游皇城很像如今世界各国举行的彩妆游行。此日，各个艺术团体的演员纷纷出动，成为游皇城的表演主力和看点。《元史》卷七十七《祭祀志》（六）记载：

> 世祖至元七年，以帝师八思巴之言，于大明殿御座上置白伞盖一，顶用素绫，泥金书梵字于其上，谓镇伏邪魔护安国刹。自后每岁二月十五日，于大明殿启建白伞盖佛事，用诸色仪仗社直，迎引伞盖，周游皇城内外，云与众生祓除不祥，导迎福祉。岁正月十五日，宣政院同中书省奏，请先期中书奉旨移文枢密院，八卫拨伞鼓手一百二十人，殿后军甲马五百人，抬舁监坛汉关羽神轿军及杂用五百人。宣政院所辖官寺三百六十所，掌供应佛像、坛面、幢幡、宝盖、车鼓、头旗三百六十坛，每坛擎执抬舁二十六人，钹鼓僧一十二人。大都路掌供各色金门大社一百二十队，教坊司云和署掌大乐鼓、板杖鼓、筚篥、龙笛、琵琶、筝、籇七色，凡四百人。兴和署掌妓女杂扮队戏一百五十人，祥和署掌杂把戏男女一百五十人，仪凤司掌汉人、回回、河西三色细乐，每色各三队，凡三百二十四人。凡执役者，皆官给铠甲袍服器仗，俱以鲜丽整齐为尚，珠玉金绣，装束奇巧，首尾排列三十余里。都城士女，间阎聚观。礼部官点视诸色队仗，刑部官巡绰喧闹，枢密院官分守城门，而中书省官一员总督视之。先二日，于西镇国寺迎太子游四门，舁高塑像，具仪仗入城。十四日，帝师率梵僧五百人，于大明殿内建佛事。至十五日，恭请伞盖于御座，奉置宝舆，诸仪卫队仗列于殿前，诸色社直暨诸坛面列于崇天门外，迎引出宫。至庆寿寺，具素食，食罢起行，从西宫门外垣海子南岸，入厚载红门，由东华门过延春门而西。帝及后妃公主，于玉德殿门外，搭金脊吾殿彩楼而观览焉。及诸队仗社直送金伞还宫，复恭置御榻上。帝师僧众作佛事，至十六日罢散。岁以为常，谓之"游皇城"。或有因事而辍，寻复举行。

夏六月中，上京亦如之。

《析津志辑佚》也记载说：

> 过此，则有诏游皇城，世祖之故典也。其例于庆寿寺都会，先是得旨，后中书札下礼部，行移各属所司，默整教坊诸等乐人、社直、鼓板、大乐、北乐、清乐，仪凤司常川提点，各宰辅自办婵子车，凡宝玩珍奇，希罕蕃国之物，与夫百禽异兽诸杂办，献赏贡奇互相夸耀，于以见京师极天下之壮丽，于以见圣上兆开太平与民同乐之意；下户部关拨钱粮，应付诸该衙门分办社直等用，各投下分办簇马只孙筵会，俱是小小舍人盛饰以显豪奢。凡两京权势之家，所蓄宝玩尽以角富。盖一以奉诏，二以国殷，故内帑所费，动以二三万计。①

从这段描述中，我们可以获得非常丰富的信息。第一，游皇城的盛会是元世祖忽必烈时期形成的制度，故云"故典"。第二，整个活动的报批举办程序是"其例于庆寿寺都会，先是得旨，后中书札下礼部，行移各属所司"，可见这是奉诏举行、政府主办，国库出资、各机构参与的宏大庆典。第三，规模宏大，不仅有"凡宝玩珍奇，希罕蕃国之物，与夫百禽异兽诸杂办，献赏贡奇互相夸耀"的物质展示，更有"默整教坊诸等乐人、社直，鼓板、大乐、北乐、清乐，仪凤司常川提点，各宰辅自办婵子车"的文化展示。而且这是游行队伍的一个主要看点，队伍庞大，绵延不绝，"大都路掌供各色金门大社一百二十队，教坊司云和署掌大乐鼓、板杖鼓、筚篥、龙笛、琵琶、筝、纂七色，凡四百人。兴和署掌妓女杂扮队戏一百五十人，祥和署掌杂把戏男女一百五十人，仪凤司掌汉人、回回、河西三色细乐，每色各三队，凡三百二十四人。凡执役者，皆官给铠甲袍服器仗，俱以鲜丽整齐为尚，

---

① （元）熊梦祥：《析津志辑佚》，北京图书馆善本组辑，北京古籍出版社1983年版，第214—215页。

珠玉金绣，装束奇巧，首尾排列三十余里。都城士女，间阎聚观"。这是多么庞大的队伍，多么宏大的场面，乐队分成民乐、西乐，演员分为戏曲演员、曲艺演员、舞蹈演员等，各有各的队列，各有各的装扮，每队都达数百人之多。第四，花费巨大。并且成为各家富商争奇斗富的一个场所和机会，与农耕崇尚节俭以及藏富不露的民族习惯大相径庭。第五，规模宏大。上至帝王、后宫嫔妃、王公贵族、巨商富贾、朝中枢要、宗教领袖，下至市民百姓、各色僧众、百工艺妓，皆参与其中，可谓倾城而出。奉诏参与的教坊舞乐、竞逐豪奢的摆设、规模宏大的仪仗、庄严而欢快的质孙宴，可谓是空前绝后，盛大无比，无论是唐宋还是辽金乃至之后的明清，史料上都没有如此宏大场面的记载。而且整个活动各司其职，各守其位，表现得井然有序，显示了高超的组织、调度和掌控能力。第六，目的明确。是为了"于以见京师极天下之壮丽，于以见圣上兆开太平与民同乐之意"，一是展示国力，表现民富国强；二是展示皇恩浩荡，与民同乐。游皇城是元代大都特有的宫廷习俗。熊梦祥感慨说"伟观宫廷，具瞻京华，混一华夏，至此为盛"。而这种习俗，在西方尤其是欧洲是有传统的，元代在首都上演的这一"特殊"剧目，充分说明了元代大都城市的国际化程度到底有多高。元代著名诗人袁桷曾作《皇城曲》：

> 堂堂瞿昙生王宫，幼年夙悟他心通。
> 梵书未睹口已诵，底用城阙穷西东。
> 净居老人幻竟异，故作恐怖生愁容。
> 世间习妄了莫喻，要以神化开盲聋。
> 岁时相仍作游事，皇城集队喧憧憧。
> 吹螺击鼓杂部伎，千优百戏群追从。
> 宝车瑰奇耀晴日，舞马装辔摇玲珑。
> 红衣飘裙火山耸，白伞撑空云叶丛。
> 王官跪酒头叩地，朱轮独坐颜酡烘。
> 蛮氓聚观汗挥雨，士女簇坐唇摇风。
> 人生有身要有患，百岁会尽颜谁童？

西方之国道里通，至今生老病死与世同。①

这里虽然描绘的是上京游行时的盛况，但是从《析津志辑佚》等现存资料看，大都城各种节庆游行的规格和规模当不在上京之下。宫廷庆典隆重热闹、气势非凡；民间节俗也是如火如荼，欢快无比。除夕、元宵、中秋等民俗节日，在元代深受宫廷青睐和重视，成为大都全城的狂欢。商道的【南吕·梁州第七】描绘了大都城中元宵节时的热闹场面：

九衢三市，万户千门，重重绣帘高挂。列银烛荧煌，家家斗聘奢华。玉帘灯细燃琼丝，金莲灯匀排艳葩，栀子灯碎剪红纱。壁灯儿，巧画。过街灯照映纱灯、戏灯机关妙，滚灯、转甏灯耍。月灯高悬水灯戏，将天地酬答。

正月十九，大都称为燕九节，妇女们倾城而出，盛装打扮，都手拄着竹杖到南城的长春宫、白云观等寺院进香礼拜，纵情游玩。

二月八日开市节，当时大都深受富庶的江南影响，酒楼食肆已经臻于高档精美，这同样体现出了大都世界城市的文化气质。

这些节庆活动将所有的人群聚合成了一个整体，它们不仅仅属于一个阶层，也不仅仅属于一个民族，它属于大都的每一个人。通过节日，提高彼此认同感，具有民族融合和多种文化交流的积极意义。而在这些节日里，从来都不会缺少杂剧的身影。杂剧的队伍即是庆典的组成部分，是围观者的看点；同时，杂剧也借助着这些大型的公众文化活动，进一步拉近了杂剧与观众的距离，扩大了杂剧的广泛影响。

这些各类庆典已然成为元大都这个世界城市最亮丽而富有吸引力的城市文化名片。

---

① （元）袁桷：《清容居士集》（第6册）卷十六，上海商务印书馆，出版日期未详，第298页。

四　元朝对戏曲等限制性规定的影响

在思想统治和文化管理上，元朝是中国历史上极为特殊的时期。蒙古帝国在征战统一的进程中，更多依靠了武力，而崛起如此之神速，统治区域如此之广阔，文化差异如此之巨大，使得统治者根本无暇细细体味、慢慢吸纳被征服地的文化。作为起于边陲少数民族的国家统治集团，他们既缺乏辽、金政权对于以儒学为主的汉文化发自内心的崇拜，又不像清朝统治者那样能够清醒地意识到要充分利用汉文化进行有效统治。元是自汉代以来唯一没有明确以儒家思想为精神基础的统一王朝，也是中国历史上较少实施文字狱的一个。思想统治的懈怠与宽松，使得人们较少思想禁锢，杂剧作家们因而可以打破思想局限，在更广阔的空间放飞心灵，以多角度、多侧面感受生活，反映社会现实，迸发出创作的才情，展现自由的风采。

我们在元代的诗文中处处能够看到元杂剧繁荣兴盛的景象，史料中也多有相关部门设置、规模、管理的记载。字里行间，宫廷、勾栏、酒楼、家宴、郊游、聚会，各种场合里到处都是杂剧演员时时闪现的身影。但是，有关元廷大力扶持促进杂剧发展的正式文件却甚为罕见。反而是有些对杂剧的管理和限制甚至是禁止的律条文字不时映入眼帘。

《元史·刑法志三》记载，元朝法律规定："诸妄撰词曲，诬人以犯上恶言者处死。"[①] 《元史·刑法志四》记载，元朝法律规定："诸乱制词曲为讥议者流"，同时还规定"诸民间子弟，不务正业，辄于城市坊镇，演唱词话，教习杂戏，聚众淫谑，并禁治之"。[②] 刑法中还规定了可以从事杂剧演唱者的范围："除系籍正色乐人外，其余农民市户良家子弟，若有不务正业，习学散乐，般唱词话，并行禁约。"[③]

表面看这个制度是够严格的了，既不让创作，也不让练习演唱。但是仔细分析，并对照元朝史料记载，就会发现，这些规定并没有字

[①] 王晓传辑录：《元明清三代禁毁小说戏曲史料》，作家出版社1958年版，第3页。
[②] 《元史》卷一百零五《刑法志四·禁令》第八册，中华书局1956年版，第2685页。
[③] 《元史》刑法志，《大元通制条格》，郭成伟点校，法律出版社2000年版，第299页。

面上所表现出来的那样严苛。例如"诬人以犯上恶言"这条，好像并没有人真的因此而获罪。即使是权要桑哥被诛，有人想要牵连一些曾为桑哥著文立碑的朝官，也被元世祖忽必烈给阻止了。而"制词曲为讥议"的人，在元代则是比其他朝代更为常见。如关汉卿在杂剧《窦娥冤》中借角色之口发出了愤怒的呼唤："地也，你不分好歹何为地？天也，你错勘贤愚枉做天！"① 在将天、地视为最高统治者代称的古代社会，这绝对可以算作叛逆之言了。《南村辍耕录》记载：权臣伯颜当道，滥杀无辜，世人对他的倒行逆施看不惯，文人曹明善就敢于写成散曲《岷江绿》以讽刺之，并张贴于大都城的五门之上。② 曹明善是躲起来，直到伯颜失败而亡。关汉卿不仅始终进行他的杂剧创作，《窦娥冤》中呼天喊地指天骂地的词曲也还在各地舞台上堂而皇之地搬演歌唱。这在其他朝代简直不可想象。由此可见，元朝刑法中这些限制创作的律条基本上是空文一张。而对民间子弟禁戏的条律，其实也基本上是基于这样会导致百姓及子弟们"不务正业"的具体考虑所作出的。元世祖至元十一年（1274），确实也曾以劝民务农为由，下令禁止顺天路束鹿县乡民"习学散乐""搬唱词话"③。

至于《元史·刑法志四》"习用角抵之戏，学攻刺之术者，师、弟子并杖七十七"的规定，不仅发出禁令，而且还公告了详细的惩罚措施，则是因其与"演唱词话，教习杂戏"是完全两个性质的问题。因为前者触动了蒙元统治者的敏感神经，蒙古人以武力取得统治，入主中原，深恐民族矛盾激起反抗，所以对凡是习武之举格外警惕。因"角抵之戏"有强身健体、习武格斗之嫌疑，所以是真正被禁止的。后至元年间，丞相伯颜禁止江南使用铁质农具其实也是出于这方面的恐惧和顾虑。与此性质近似的是《元典章》卷五十七《刑部》的规定："今后不拣什么人，十六天魔休唱者，杂剧里休做

---

① 郭预衡主编：《中国古代文学作品选》（元明部分），湖南出版社1996年版，第22页。
② （元）陶宗仪：《南村辍耕录》卷八"岷江绿"条，中华书局1959年版，第105页。
③ 王晓传辑录：《元明清三代禁毁戏曲小说史料》，作家出版社1958年版，第4页。

者，休吹弹者，四大天王休妆扮者，髑髅头休穿戴者，如有犯罪过者，仰钦此。"这是因为这些涉及宗教的装扮和舞蹈，大都起源于娱神，或意味着与上天神灵交流，往往被人视为具有某种神秘的力量，且在国家宗教的礼制中有严格的规定。如若民间杂剧随意使用，不仅亵渎神灵，且统治者担心被异志人士所利用，成为娱乐掩护下推翻统治的力量。

其他的有些禁令，则是因为从社会风气和社会治安甚至是城市道路交通方面的考量来作出的。

如《元典章》卷五十七中，至大二年（1309）禁唱货郎曲的规定，就是因为"聚集人众，充塞街市，男女相混，不唯引惹斗讼，又恐别生事端"[①]，从社会治安清靖的角度来做出的。因为当时的大都，商贸繁荣，人口辐辏，街道上人来车往，热闹非凡。所以唱货郎曲这种大型的聚众活动，城市管理者就特别谨慎，害怕引起群体性的治安或者安全事件，所以禁止或者限制这种人口高密度聚集的大型活动。以今天的角度，依然是可以理解的。不过由此可见表演艺术是何等繁盛，竟然影响到市容市貌和城市的管理和治安了。

因之，对这些禁令或者条例要进行具体分析，不能因为书面文字，就轻信了元统治者禁止杂剧等文化活动的信息。反而应从相反的角度来使用这些材料，因为从中我们可以窥视到元代杂剧是如何的深入人心，广受欢迎。

第二节　元大都杂剧繁荣的客观条件[②]

城市经贸的繁荣，市民阶层的壮大，多元文化的刺激，是大都城市文化发展的客观环境和基础，也是戏剧发展的必备条件，更是大都成为元曲中心的重要原因。大都深厚的优秀传统文化积淀，多民族、多宗教、多元文化的全方位影响，城市开放式的发展格局和

[①] 王晓传辑录：《元明清三代禁毁戏曲小说史料》，作家出版社1958年版，第5页。
[②] 傅秋爽：《城市、商业、市民——大都杂剧繁荣的客观条件》，《泰山学院学报》2011年第4期。

发展理念，造就了大都特殊的市民群体。他们的思想观念、生活方式、价值取向和审美倾向，决定了杂剧题材、内容、形式的形成和基本面貌，并对其发展、繁荣产生了极其深刻而全面的影响。

一　城市功能定位的转变促进了市民阶层的发展

戏剧，是一种群体消费型的艺术。它不同于诗歌、散文、小说这类语言艺术，可以基本无视接受者的存在。戏剧的产生和生存，始终离不开它的消费群体。同样，杂剧的发展和兴盛，也有赖于该种文化消费群体规模性的成长。宫廷性的各种娱乐演出，包括与戏曲形式相近的演出，自古有之。但是要成为一种能够立足于世间独立的文化样式，非走向民众，拥有广泛的社会基础不可。杂剧早在辽代就已经具备了其基本形制和名称，尤其是一些重要的外交宴会场合，用杂剧演出招待来宾也已经成为惯例。当时这些杂剧主要流行于燕京一带。经过金代的发展，杂剧依然未成气候，还停留在宫廷而没能真正走向民众。到金末元初，一切都发生了根本性的改变。经济的发展、城市的繁荣以及城市性质的改变和真正意义上的市民阶层的崛起，为杂剧发展提供了必要的物质条件和广泛的消费群体。

对于杂剧兴盛与经济发展、城市繁荣之间的密切关系，不少学者持肯定态度。但是在发展和繁荣的内涵上却有很大的分歧。一种是正面的、积极意义的"繁荣说"，如蔡美彪等著《中国通史》认为，元代杂剧"是宋金时代戏剧合乎规律的发展，是在城市经济的土壤中生长繁荣起来的"[①]。阿英在《元人杂剧选》中也强调说："关键性地保证了元曲加速成长的，是元代的经济关系。元代经济繁荣，促进了元曲的发展。"另一种论点是与之相反的"畸形繁荣"说。他们认为元代在蒙古贵族统治下，农业生产遭受严重破坏，但由于统治者把财富集中到了少数大城市，把大量工匠赶到城市组织消费品生产，同时失去了土地的农民也陆续流入城市，从而导致了城市的畸形繁荣。围绕这些问题，长期以来研究者们进行了广泛探讨，但分歧依然。

[①]　蔡美彪等：《中国通史》第七册，人民出版社1983年版，第487页。

事实上，所谓"畸形繁荣"说的立论根基，依然是以中国传统经济模式重农轻商的保守思想为基础的。这种思想基础之上所制定的发展国策，必然导致中国长久以来的农业立国，广袤的农村从事着落后的农业生产，占国家人口绝大多数的农民被孤立地、分散地、牢牢地束缚在土地上，缺乏必要的流动性。城市数量和城市规模发展停滞不前，缺乏生机活力。如果以农村与城市的数量以及二者之间人口规模相比较，农业立国的中国传统经济模式才是失衡的、不成比例的、"畸形"的，同时也制约了生产力进一步发展。世界经济和城市发展的规律告诉我们，必须有生产的专业化分工，产业的规模化聚集，科技、商贸、交通、运输的全面配合，市场的有效开发，经济才能获得发展活力，城市才能健康成长。就像是衡量生产关系是否适应生产力发展就看生产力是否得到解放一样简单的道理，我们只要回顾一下元朝科技的发展水平，生产力的发展水平，在世界上的地位，文化的广泛影响，就可以比较清晰地判断出这个王朝所制定的经济发展政策是先进的还是落后的，是充满生机活力的还是腐朽衰败的。

整个元代，手工业的生产力与两宋、辽、金相比，都有了很大程度的发展，纺织、陶瓷、酿酒、制盐、冶炼、开矿和兵器制造业等都得到了长足发展，生产工具得到改良，技术水平极大提高，产品种类和数量都大为增加，国内外市场急剧扩大。在发展商业方面，蒙古政权采取了一系列"重利诱商贾"即挖池蓄水的措施，将大都的商贸税率压低到了四十分之一到六十分之一，甚至是"置而不税"，以此来吸引天下商贾。如此背景之下，元大都经济发展和城市繁荣的确超过了历史上其他时期，它甚至一跃成为在世界范围内举足轻重，极具影响力的国际大都市。而这是与元帝国广袤的疆域、强大的实力、先进的科技、广泛的商贸往来相匹配的，是元朝发展经济的努力所结出的丰硕成果，它的辉煌是有目共睹的，曾经让世界震惊。至于社会的不公和贫富的差距，那是政治层面上的问题，我们并不能因为政治上的失败而否定经济上的部分成功。明代文学家、戏曲作家李开先的认识更为客观。一方面他强调汉族士子"沉抑下僚、志不获展"，以其有用之才，寓于声歌，"以舒其怫郁感慨之怀"①。另一方面则承认"词肇于金而盛于元，元不戍边，赋税轻而衣食足，衣食足而歌咏作，乐于心而声于口……传奇戏文，于是乎侈而可准矣。穆玄庵谓'不可以胡政而少之'，亦天下之公言也"②。这里所说的"乐"是不事科举、自得其乐之乐。他将政治、经济、文化三者的关系归纳为"以见元词所由盛，元治所由衰也"③的辩证关系，表现出客观、理性、科学的精神。

世界戏剧发展史表明，任何国家或地域戏剧的发展繁荣，一定是以城市规模的扩大、商业的繁荣、建筑业的发达和市民阶层的壮大为依托的。如希腊悲剧的繁荣，有赖于雅典城邦工商业繁荣，建筑业发达，人口集中，政治活跃。后来罗马戏剧的兴盛也是如此。在东方，因为中国始终都是较为纯粹的农业国家，以农立国，重农轻商，工商业发展比较缓慢，因此，戏剧辉煌时期的到来要晚许多，比古希腊戏剧至少迟了一千多年。尽管中国历史上也有着以其辉煌足以傲世的著名城市，如唐代的长安，宋代的汴梁，但是，中国以农业立国的性质，决定其都城更多发挥的是政治、文化中心的效能。因而尽管长安、汴梁等城市当时手工业、商业也都非常繁盛，也都为戏剧产生准备了必要的条件，如唐代出现了戏剧的雏形参军戏，宋代作为戏剧商业演出场所的瓦舍勾栏大大兴盛，但它们终因城市的各项功能基本都是紧密围绕国家政治中心这个枢纽在运转，是以为宫廷和统治集团提供服务和物质保障为核心的，所以并非真正意义的商贸城市，庞大的较为富裕的市民阶层也没有能够真正发展壮大。

元代的情形就大不相同了，从金宣宗贞祐三年（1215）蒙古军队攻占燕京，到至元元年（1264）忽必烈将燕京立为陪都，之后又正式确定为国家首都，在近半个世纪的发展过程中，大都已经成为北方

---

① （明）李开先：《西野春游词序》，《闲居集》六，《李开先集》，中华书局1959年版，第334页。

② 同上。

③ （明）李开先：《张小山小令后序》，《闲居集》五，《李开先集》，中华书局1959年版，第297页。

乃至全国最大的城市。蒙古政权因其经济基础与汉族传统政权重农轻商不同,历来重视手工业生产和商贸活动。所以在城市功能和性质上,从单纯的服务政权向生产、流通、服务并重转化,通过发展手工业和商贸聚集财富,在促进城市功能转化的过程中实现了繁荣发展。蒙古政权对工艺技艺也有特殊的偏好,蒙元军队所到之处,烧杀抢掠,杀人如麻,唯独将医、巫、金银工、画家、塑匠、陶瓷、瓦木工等工匠艺人视为财富,不予人身性命伤害,而是抢掠据为己有。由于统治者对工艺美术特别重视,元代手工艺者和艺人这些在中国传统价值体系中地位低下的"末业"从事者,身价大幅度提高,如雕塑家阿尼哥、刘元等都曾得到皇家特殊礼遇,被封官并给以特权,许多画家也因为其艺术技能而得以为官。蒙古政权在武力征服世界的过程中,从西域和全国各地迁到京师大都大批的能工巧匠,工匠尤其是高等工匠的社会地位有所提高,并且在完成规定的生产额度之后,产品可以进入市场自由买卖,获得一定报酬。商人,尤其是大商人的利益得到了特殊的关照与保障,许多蒙古王室贵族将他们在战争中聚集的巨额财富,委托给色目人代为打理经营,谋取利益。因而,色目大商人的商业行为,往往具有王室或者贵族的雄厚背景,有些行业甚至具有官商垄断性质。为手工业和商贸提供一切尽可能的便利,这在首都城市规划和建设上也得到了鲜明的体现。元大都兴建之前,无论是辽南京、金中都,其城市格局都是继承汉唐坊里制,城市居民被隔离、封闭、限制居住在坊墙之内,通过宵禁等制度进行出入管理,公共娱乐受到了很大的限制。而大都在规划建设时,虽然保留了坊的形式,依然有坊门,规划整齐对称,但是坊基本只作为管理单位而存在,高大封闭的坊墙已被废除,实行空间开放的模式,出入便利,活动自由。

元代城市建设中,非常注重公共活动场所的设立,公共场所大多与商业市场相连,这使得包括杂剧在内的演出能够随时吸引更多的市民观众。大都城内民间演出戏剧主要是在专业的勾栏或歌台酒楼。平日里,戏剧演出主要在专业的演出场所即被称为"勾栏"的地方进行。据夏庭芝在《青楼集志》中说,当时"内而京师,外而郡邑,皆有所谓勾栏者"①。大都的勾栏众多且规模较大,以便适应这里观众旺盛的杂剧欣赏需求。在勾栏演出时,戏班演出的一般都是整本的戏。不仅有受欢迎的老戏,也有新编新排的新戏;不仅以名角为号召,也以名家作品相招揽;不仅有戏班事先安排好的剧目,而且也可以请观众临时点戏演出。

　　杂剧演出的另外一个场所,就是歌台酒楼。这里的演出可能不像勾栏之中那样正规,行当、服装、配乐未必齐全,应该是类似于清唱或者有伴奏的杂剧片段演出。元高安道的【般涉调·哨遍】《嗓淡行院》写道:"暖日和风清昼,茶余饭饱斋时候。自叹抱官囚,被名缰牵绊无休。寻故友,出来的衣冠济楚……待去歌楼作乐,散闷消愁。倦游柳陌恋烟花,且向棚阑玩俳优,赏一会妙舞清歌,瞅一会皓齿明眸,趁一会闲茶浪酒。"②可见当时的市民已经把酒楼和勾栏当成宴请新知故旧联络感情的重要场所,把欣赏杂剧当成了最重要的生活娱乐内容和方式了。元无名氏的【般涉调·耍孩儿】《拘刷行院》套曲中的【十三煞】,也对歌台酒楼里的戏剧演出有过非常生动的描述:"穿长街蓦短衢,上歌台入酒楼。忙呼乐探差祗候,众人暇日邀官舍,与你几贯青蚨唤粉头。休辞生受,请个有声名旦色,迭标垛娇羞。"③从这段话可以得知,歌台酒楼就坐落在市民可以方便进出的街上,而演员的演唱是随时可以付钱邀约的。

　　大都城内,像套曲中描述的这种戏剧演出场所很多。最著名的有两处:一处是"斜街",另一处是"羊市街"。位于皇城以北的"斜街"是元代很著名的歌台酒楼集中之地,这条街位于钟楼、鼓楼一带,与海子(今积水潭后海)毗邻。因这里是南北大运河的终点,商贸繁荣,人气鼎盛,所以在这条街上,"率多歌台酒馆"④。诗人宋

---

①　(元)夏庭芝:《青楼集志》,见中国戏曲研究院编《中国古典戏曲论著集成》(二),中国戏剧出版社1959年版,第7页。
②　隋树森编:《全元散曲》下册,中华书局1964年版,第1110页。
③　同上书,第1821—1822页。
④　(元)熊梦祥:《析津志辑佚》"古迹",北京图书馆善本组辑,北京古籍出版社1983年版,第108页。

裹词的【望海潮】《海子岸暮归金城坊》就描绘出了海子边斜街歌舞繁华的盛况："山含烟素，波明霞绮，西风太液池头。马似游龙，车如流水，归人何暇夷犹。丛薄拥金沟，更萧萧宫树，调弄新秋。十里烟波，几双鸥鹭两渔舟。暮云楼阁深幽，正砧杵丁东，弦管啁啾。淡淡星河，荧荧灯火，一时清景难酬。马上试冥搜，填入耆卿谱，摹写风流。明日重来柳下，携酒教名讴。"著名杂剧艺伎张怡云就居住在这里。另外一处是"羊角街"。元李好古的《张生煮海》杂剧有一段人物对白就提到了羊角市的砖塔胡同：

（家僮云）我到那里找寻你？
（侍女云）你去兀那羊市角头，砖塔胡同总铺门前来寻我。①

"羊市街"位于皇城西（在今西四南大街），这附近有两个胡同，一个叫"砖塔胡同"，一个叫"西院勾栏"，都是很著名的演出杂剧比较集中的地方。除了大都城内，城外周边经济较为活跃的地区如门头沟等地的杂剧演出也非常活跃，演出场所遍布。

富贵人家请艺人到自己的府邸演出，这些在明清戏曲小说中经常出现的场景，却是元代遗风。山西省运城市西里庄出土的元杂剧壁画，就是一组艺人在一个私人宅邸厅堂内表演的场面。② 画面上有12个艺人，有的演奏乐器，有的呈现表演的身段。由此可见当时这种"堂会"性质的演出，在元代就已经形成时尚风习了。而这种随时能请艺人到家中的便利，也是非城市居住所不能达到的，《南村辍耕录》"玉堂嫁妓"条中就有"姚文公（燧）为翰林学士承旨日，玉堂设宴，歌妓罗列"③ 的记载。可见，当时大都官宦之家的很多家宴都是有杂剧或散曲演员出席演唱助兴的。家庭的演出，有全本的，也有选择片段来表演的；有装扮整齐、锣鼓乐器齐全的，也有简单伴奏甚至是清唱的。

---

① 臧晋叔编：《元曲选》，中华书局1989年版，第1706页。
② 见山西省考古研究所《山西运城西里庄元代壁画墓》，《文物》1988年第4期。
③ （元）陶宗仪：《南村辍耕录》卷二十二，中华书局1976年版，第271页。

值得注意的是，大都当时还有在野外演出的。元人张碧山的散曲【双调·锦上花】《春游》就记载了元人在清明节扫墓时，不仅在郊外大摆水陆俱备的筵席，还要请戏班子来，演出"旦末双全"充满喜庆色彩的全本新杂剧。云："燕语莺啼，和风迟日，郊外踏青。禁烟寒食，拜扫人家。……摆一个齐整欢筵会，做一段笑乐新杂剧。杂剧要旦末双全，筵席要水陆俱备。"① 这样的场合竟然是这样的排场，真的不知道元大都人在什么时候、什么场合能够离得开杂剧了。

大都的杂剧演出除了勾栏之中、酒楼之上、宅邸之内的商业性演出之外，可以惠及所有京城居民以及外来商旅使臣的是公益性质的演出。杂剧演员"公差"性质的演出除了皇宫之内各种宴会以及外事活动的"应差"演出之外，每逢大型节日或者各种庆典——无论是国家庆典、皇家庆典还是宗教庆典，抑或是民俗庆典，都还要经常性地举行包括杂剧在内的百技汇集的规模宏大的露天表演。它们属于公益性质的演出，早在元世祖忽必烈时期开始风行，并基本形成定制。在这种场合，往往上至王公贵族，下至市井百姓，包括各地富商、各国使臣，无不辏集观赏。元熊梦祥的《析津志辑佚·岁纪》中就详细记载了大都二月初八日的庆典活动。这天本来是佛教节日，同时也是大都约定俗成的商家开市日，所以隆重热闹，是一年之内规模稍逊于游皇城的最大的庆典了。

> 二月八日，平则门外三里许，即西镇国寺。寺之两廊买卖富甚太平，皆南北川广精粗之货，最为富饶。于内商贾开张如锦，成于是日。南北二城，行院、社直、杂戏毕集。恭迎帝坐金牌与寺之大佛游于城外，极其华丽。……教坊诸等乐人、社直、鼓板、大乐、北乐、清乐……互相夸耀，于以见京师极天下之壮丽，于以见圣上兆开太平与民同乐之意。②

---

① 隋树森编：《全元散曲》，中华书局1964年版，第1646页。
② （元）熊梦祥：《析津志辑佚》"岁纪"，北京图书馆善本组辑，北京古籍出版社1983年版，第214页。

这种形式是如季国平先生认为的那样，属于"乡村间传统的迎神赛社的遗风"[①]，还是受到了蒙古习俗甚至是西域乃至欧洲城市文化的影响，可以再作学术性的探讨。但是在大都，经常性地举行这种大规模的全民参与的游艺演出活动，对杂剧艺术的广泛普及却是起到了积极的作用。

二 市民阶层文化构成决定了城市文化形态

元大都居民的构成非常复杂，概括地说是多民族、多职业、多等级、多文化。早在蒙古军队攻占金中都之前，这里的民族成分就已经非常复杂，最多的是汉族，还有女真、契丹等少数民族，数量也很可观。随着蒙古军队的进驻和蒙元统治政权的建立，蒙古民族和随之而来的西域各少数民族的数量大为增加。忽必烈确立大都为国家首都之后，蒙古宗王贵族及其家属、随从、仆役一同大批迁来，他们来自草原，虽然定居皇城，依然保留了许多草原生活习性。皇家卫队以及拱卫首都的嫡系部队，主要由蒙古族和色目人组成。宫中的嫔妃宫女也来自不同的国家和民族，她们面容姣好，很多人能歌善舞。在京的各级官署机构也容纳了大量的官员吏属，仅够品级的高等官员据《元典章》记载就有："朝官二千八十九员，色目九百三十八员，汉人一千一百五十一员；京官五百六员，色目一百五十五员，汉人三百五十一员。"此外，还有从事文化、教育、宗教职业的各种专业宗派领袖，他们及其生徒、追随者更形成了一个庞大的群体。当然，都城中，人口最多的还是从事各种手工业的工匠，职业繁多，行当齐备，几乎囊括了当时生产生活需要的各个方面，许多技艺都处在国际先进水平。从蒙古国时期，大批的工匠从西域少数民族地区迁来燕京，从事手工业生产，其管理单位为工匠总管府。一个总管府管辖的工匠少则数百，多则数千。而大都所设立的工匠总管府多至数百。由此推断，这是一个庞大的数字，加上工匠的家属，数量更为可观。这些工匠及家属成为大都常住人口的一部分。此外大都四通八达的交通，为商贸发

[①] 季国平：《元杂剧发展史》，河北教育出版社2005年版，第168页。

展提供了非常便利的条件,大都成为百物汇聚之处,天南地北的各种珍稀物产被运送到大都城,都能获得高额利润。所谓"四海为家天地开,诸侯方物集燕台。岂惟雉自越裳至,亦有獒从西域来。……黄金千镒璧十双,不如曹公一掷得老庞"①。这里因此而聚集了为数众多的商人,除了国内的坐贾行商外,还有大批来自中亚、西亚乃至欧洲各国的跨国商旅。《马可·波罗游记》描述说:"应知汗八里城(即大都)城内人户繁多,……郭中所居者,有各地来往之外国人,或来入供方物,或来售货宫中。……外国巨价异物及百物之输入此城者,世界诸城无能与比。百物输入之众,有如川流不息。……盖此城为商业繁盛之城也。"据元人王恽记载,中统年间,燕京路有回族商人多达二千九百余户。以每户5口人计算,也达到了万余人之多。来自周边国家日本、朝鲜、越南以及中亚、南亚、西亚,乃至欧洲、非洲的使团和商队络绎不绝。此外,由于蒙古政权对外交往的广泛,各国经济、文化使团的到访也保持着相当的规模和数量。进京觐见的宗教使团也是络绎不绝。据记载,早在忽必烈即位之前,罗马教廷就曾多次派出教团前来蒙古都城,忽必烈即位后,教廷又派出教团到大都,争取对他们在中原地区传播基督教义的支持。佛教的寺庙、道教的道观以及大都的各类专门的教育机构,不仅容纳了大量常住的专业人士和机构管理人士,也随时吸引着来自全国各地的大量同业者、学习者、朝觐者、游历者,这些共同构筑了大都庞大的流动人口群体。大量的城市常住人口和流动人口,产生了对文化商品的大量消费,数额极为惊人。马可·波罗在其游记中就曾经记载说:"汗八里(即大都)……正如我们前面所讲到的,那里有二万五千名娼妓。无数商人和其他旅客为朝廷所吸引,不断地来来往往,络绎不绝。娼妓数目这样庞大,还不够满足这样大量商人和其他旅客的需要。"②这

---

① (元)程钜夫:《曹承旨掷双陆得画犬一卷索赋》,见《程钜夫集》,张文澍校点,吉林文史出版社2009年版,第429页。
② [意]马可·波罗口述,鲁思梯谦笔录,曼纽尔·科姆罗夫英译:《马可·波罗游记》(第二卷,第二十二章),陈开俊、戴树英、刘贞琼、林键译,福建科学技术出版社1981年版,第111页。

里所谓的娼妓，并非单纯色相售卖，更多的是提供歌唱、舞蹈、音乐等文化技艺供人消遣。

反过来，城市的繁荣，经济的发达，生活的便利，文化生活的丰富，以及首都所独有的个人发展机会的优势，又使得城市吸纳能力急剧增强，吸引了来自世界的目光和人才到此定居。时人已经关注到大都这一特殊的现象，指出："京师众大之区，四方士苟负一艺一才，远者万里，近者数百里，航川舆陆，自东西南北而至。"① 这反过来又使得人口规模不断扩大，进一步促进了城市的发展壮大。据记载，至元顺帝时，大都已号称"人烟百万"，绝对称得上是人口众多较为庞大的世界城市了。这么一个宗教信仰不同，风俗习惯不同，语言和交流方式不同，杂居混处的庞大市民群体，使大都呈现出历史上从未有过的丰富多彩的文化生活形态。大都人口的基本构成、文化素养、价值观念和审美取向对文化产品的生产和发展起着决定性作用，是观众决定了杂剧这种文学式艺术的基本形态和面貌。

三 大都杂剧繁荣的民众基础

英国近代戏剧理论家威廉·阿契尔在他的《剧作法》一书中，开头就指出"戏剧除了对于观众以外是毫无意义的。它是用一种特殊的手法描绘出来的生活图景，这种手法本来设计的就是为了要用这种生活图景深深打动聚集在某一指定场合的相当数量的观众的。有句话说得很好：'观众构成剧院'"②。弗·萨赛也说过："任何戏剧作品，都是为了演给由若干人组成的一群观众观赏的，这就是戏剧作品的真正本质，这就是一个剧本存在的必要条件。"③ 英国当代著名戏剧理论家马丁·艾思林的《戏剧剖析》说得更为干脆明确："没有观众，也

---

① （元）危素：《送夏仲信序》，见《危太仆集》。李修生主编：《全元文》第四十八册，凤凰出版社2004年版，第171页。
② ［英］威廉·阿契尔：《剧作法》，吴钧燮、聂文杞译，中国戏剧出版社1964年版，第12页。
③ 转引自约翰·霍华德·劳逊《戏剧与电影的剧作理论与技巧》，邵牧君、齐宙译，中国电影出版社1989年版，第376页。

就没有戏剧。"① 其原因，用阿契尔的解释是："用戏剧叙述故事的艺术，必然与叙述故事的对象——观众——息息相关。你必须先假定面前有一群处于某种状态和具有某种特征的观众，然后才能合理地谈到用什么最好的方法去感动他们的理智和同情心。"② 英国当代著名戏剧理论家阿·尼柯尔也表达了近似的意见："戏剧是和整个戏剧表演的物质领域——包括它的拥挤的观众和普遍的感染力——紧密联系在一起，并以之为转移的。"③ 大都杂剧的繁荣是建立在同样的根基之上的，与当时、当地观众的社会生活和普遍心态有着密切关系。表面上看，杂剧艺术是依靠杂剧作家和表演艺术家来完成的，但实际上，创作什么样的作品，表达怎样的思想却是由观众所决定的。因为作为文化消费品的杂剧，要想赢得更多的观众，就必须针对消费对象考虑他们的喜怒哀乐，所思所想。应该说，有什么样的观众，才能产生什么样的杂剧。大都观众的指向，决定了大都杂剧创作中人物的选择和塑造，决定了其思想的表达、道德的评判、是非的抉择和审美意象。正如学者姚华所言："曲为有元一代之文章，雄于诸体，不惟世运有关，抑亦民俗所寓。"④

由于史料的缺失，文字记载的匮乏，今日我们对于大都杂剧观众的了解知之甚少。但是正如法国文艺理论家丹纳所说："艺术家不是孤立的人，我们隔了几世纪，只听到艺术家的声音，但在传到我们耳边来的响亮的声音之下，还能辨别出群众的复杂而无穷无尽的歌声，像一片低沉的嗡嗡声一样，在艺术家四周齐声合唱。只因为有了这一片和声，艺术家才成其为伟大。"⑤ 同样，从大都杂剧作家留给我们

---

① ［英］马丁·艾思林：《戏剧剖析》，罗婉华译，中国戏剧出版社1981年版，第16页。

② ［英］威廉·阿契尔：《剧作法》，吴钧燮、聂文杞译，中国戏剧出版社1964年版，第9页。

③ ［英］阿·尼柯尔：《西欧戏剧理论》，徐士瑚译，中国戏剧出版社1985年版，第1页。

④ 姚华：《曲海一勺·述旨》，见吴国钦《元杂剧研究》，湖北教育出版社2003年版，第74页。

⑤ ［法］丹纳：《艺术哲学》，傅雷译，人民文学出版社1963年版，第6页。

的剧本中，虽然遥远但是依然可以清晰地听到了大都观众的回响。我们从现存杂剧剧本中，可以窥视出当时观众的构成，和他们所关心的典型人物形象及其命运。一般来说，观众更易对与自己生活关系密切联系或者相似的人物命运倾注更多的关心。关汉卿的创作，将目光投射到社会下层人物的身上，歌颂他们的正义、善良、智慧、勇敢和反抗。这应该与当时观众的社会身份、地位以及接受心理相关联。因为就观众的接受心理而言，人们总是将戏剧作为一面镜子，来实现对自身生活与命运的观照。人们经常说作家的文学创作是借他人之酒杯，浇自己胸中之块垒，实际上观众的欣赏活动又何尝不是如此呢？他们同样更希望欣赏那些与自己生活密切关联或相似内容的作品。大都杂剧创作，题材极为丰富，反映了当时社会生活的丰富多样和人们情感的复杂多面。

这首先表现在对于文学样式的选择上。历史学家翁伯赞在《读郑振铎〈关汉卿戏曲集·序言〉》中认为："元代由于中西商路的畅通，城市经济更加繁荣，居住在城市的商人和富裕地主，在厌倦于物质生活的时候，他们也要求文化艺术的享受。而且他们对文化艺术的胃口，愈来愈大。他们已不能满足于单调的说唱和歌舞之类的艺术，要求更高级的文化艺术享受。戏剧正是适应这种要求繁荣起来的。"杂剧观众的主体是否是城市商人和富裕地主，还值得进一步商榷，此处姑且不论。但是人们不再满足单调的说唱和歌舞之类，要求更高级的文化艺术享受却是符合客观规律和历史真实的。顾学颉认为"杂剧是一种市民文艺的较高级形式，事实上超越了以往的市民文艺形式"，所以在元代得到市民阶层广泛欢迎，"突出地、活跃地、成功地发展起来，并达到非常兴盛的地步"[①]。无疑，杂剧这种更高形式的文化产品，是迎合了观众们日益提高的文化艺术品位而产生的。说明人们对文化的消费档次提高了，有了更高的要求。

同时，戏剧的形式，又是大都观众身份复杂、文化程度参差、欣赏口味差别化等矛盾之间相互妥协的结果。这种新的杂剧样式要比宋

[①] 顾学颉：《元人杂剧选》前言，人民文学出版社1978年版，第6页。

杂剧、金院本容量大得多，正如夏庭芝在《青楼集志》中所言："唐时有传奇，皆文人所编，犹野史也，但资谐笑耳。宋之戏文，乃有唱念、有诨。金则院本、杂剧合而为一，至我朝乃分院本、杂剧而为二。"其丰厚的内涵，能够满足观众不同的审美需求，吸引更多的人走进剧场。

不同的生活形态、社会地位、宗教信仰、欣赏习惯以及交流方式，都可能对人们选择怎样的文化消费品产生影响。除了部分"应差"——即用于宫廷、官府等行政性的演出——之外，杂剧在元代基本上是市场化的文化商品，观众对杂剧有着最大的选择自由。有什么样的消费者，就能产生什么样的文化产品。同时，文化产品又反过来影响更多的消费者。今天，我们赞叹元杂剧题材的广泛、思想的丰富、风格的多样，其实都与当时社会生活的多样性密切关联，更与观众们所关注的问题密切关联。例如，山东因地缘关系，民众有着浓郁的水浒情结，所以那里的水浒戏尤为发达。杂剧发展后期，中心转移到了江南，在题材上就发生了转变，家庭伦理道德剧大量增加，这说明那里民众的关注点与北方有很大的不同。大都杂剧创作搬演之所以悲剧、喜剧、悲喜剧诸体兼备，公案戏、三国戏、水浒戏、神道剧、爱情剧、社会剧全面繁荣，恰恰说明了大都观众社会层级涵盖面的广泛。试想，如果观众的主体是城市富商，杂剧中怎么可能大量充斥着对商人负面形象的无情刻画和尖锐嘲讽？如果商人之外杂剧的另外一个观众主体只是富裕地主，那么杂剧也许只是搬演一些《老生儿》《破家子弟》之类而已。大都杂剧是如此丰富多彩，朱权《太和正音谱》将杂剧分为十二科，说明当时的观众涵盖极为广泛。上至帝王，下至平民，有官员，有商人，有娼妓，有市民，有士子，有匠人，有僧侣，有信徒，有男有女，有老有少。所以，宫中搬演《伊尹扶汤》，百姓观赏《窦娥冤》，青年男女被爱情剧所吸引，僧侣信徒更愿畅游神道世界，落魄的士子希望在剧中实现登科翻身抱得美人归的理想。他们的诉求如此不同，有多少种观众，就有多少种杂剧题材。同样的题材，有些以感天动地的悲剧表现，有些用轻松、幽默、机智、嘲讽的喜剧手法出之，通过不同形式，反映社会生活的各个方面，塑造不同领域中的各种人物，以便观众认知社会、感悟人生：窦娥的冤屈（关汉卿杂剧《窦娥冤》）触动了普通民众对社会不平的愤慨，激发了对黑暗统治和官僚极度腐败的反抗；关云长英武豪、不畏强权、忠贞信仰理想的形象迈（关汉卿杂剧《单刀赴会》），"引导苦难的元代人民走向更高的精神境界、更高的理想、更高的品质"[1]，这使得所有的观众都能在相应的杂剧中找到自己的感动，灵魂在观剧中一次次受到震撼、洗涤、升华。元杂剧所表现出来的总体思想趋势，正是当时大都观众市民意识的主要特征和主导倾向。同时，观众"谛听忘倦，唯恐不得闻"[2]的强烈艺术反应，也足以说明大都观众文化素养普遍较高，欣赏兴趣广泛，他们关注历史、现实、政治等重大社会问题，易于接受新思想新观念，同时也颇具幽默素养。如此，杂剧才能引起他们强烈的共鸣，这是杂剧繁荣的民众基础。

四 大都杂剧发展的其他优势

除了文化根基方面的原因之外，杂剧繁荣于大都的另一个不可忽略因素，是这里民众与杂剧使用的语言、音乐等具有与生俱来的亲近感，这是一份得天独厚的优势。杂剧与散曲是盛开在大都文坛的一对并蒂莲，杂剧在唱腔上与散曲曲调为同一系统曲牌，在语言习惯、音韵腔调、表达方式上本于一源。大都是散曲肇源地，又是元代散曲鼎盛之都。散曲较之杂剧创作参与者更多、文化层次更高，杂剧较之散曲有更广阔的观众市场和民众基础，二者之间相互影响，彼此促进。散曲上口便利，不择场地条件，学习较易，传播亦广，这就为欣赏杂剧艺术做了"预演""顺耳"的准备，使得杂剧具有了更广泛的民众基础。杂剧具有文学特性，但从传播角度考察，更主要的是依赖于其表演特性；周德清总结说"要耸观，又耸听，格调高，音律好，衬字

---

[1] 宁宗一：《中国古典小说戏曲探艺录》，中州古籍出版社1986年版，第182页。
[2] （元）胡祗遹：《黄氏诗卷序》，《紫山大全集》卷八，文渊阁《四库全书》本。

无，平仄稳"①。耸观，就是书面读起来词句要美；耸听，是要易于演唱，易于理解。从接受学角度考察，音乐的旋律，歌唱的曲词，都要依靠耳朵聆听方能达到欣赏的目的，所以"造语必俊，用字必熟；文而不文，俗而不俗。太文则迂，不文则俗"②，太文雅高深，普通观众听不懂；太庸俗了，粗鄙不堪，没有美感。在"观"与"听"和"文"与"俗"之间把握平衡，都是为了达到广泛顺畅传播的目的。由于语言、用韵、音律等方面杂剧和散曲一样，都是以中原之音为正声的，元人孔齐曾明确提出："北方声音端正，谓之'中原雅音'。"③ 这种"中原雅音"就是以大都语音为基础的、类似于后世"普通话"的官话④，应用广泛，"上自缙绅讲论治道，及国语翻译、国学教授言语，下至讼庭理民，莫非中原之音"⑤。杂剧、散曲的创作及演唱，皆是以此为标准音，此即所谓"士大夫歌咏必求正声"⑥，"正声"即"中原之音""中原雅音"。其时元曲创作、传播兴盛，"自缙绅及闾阎歌咏者众"⑦，覆盖达官勋贵、吏员僚佐、文人士子、艺伎优伶在内的各个阶级、阶层的成员，范围极其广泛。从语言的角度来说，杂剧所用词语也都是大都话语，夹杂着一些流行大都的方言、俗语、非汉族的输入性语言，这些对于大都观众来说，耳熟能详，不仅不会造成理解的难度，甚至还可以增强语言的幽默感、认同

---

① （元）周德清：《中原音韵·作词十法·造语》，见中国戏曲研究院编《中国古典戏曲论著集成》（一），中国戏剧出版社 1959 年版，第 232 页。

② 同上。

③ （元）孔齐：《至正直记》卷一"中原雅音"条，见上海古籍出版社编《宋元笔记小说大观》6，上海古籍出版社 2007 年版，第 6563 页。

④ "我们认为，《中原音韵》音系反映的是元代大都音系，而且可能包含着两个语音层次：一层是从以前的四大家等人的作品里归纳出的十九个韵部；另一层是周德清通过亲自调查现实语言所得到的完整的声、韵、调体系。大都音就是《中原音韵》的基础方言。"见耿振生《音新通讲》，河北教育出版社 2001 年版，第 362 页。

⑤ （元）周德清：《中原音韵·起例》第二十则，见中国戏曲研究院编《中国古典戏曲论著集成》（一），中国戏剧出版社 1959 年版，第 213 页。

⑥ （元）虞集：《中原音韵序》，见中国戏曲研究院编《中国古典戏曲论著集成》（一），中国戏剧出版社 1959 年版，第 173 页。

⑦ （元）周德清：《中原音韵序》，见中国戏曲研究院编《中国古典戏曲论著集成》（一），中国戏剧出版社 1959 年版，第 175 页。

感和亲切感。大都观众在观赏、聆听和理解、欣赏杂剧方面既无语言障碍，又无音韵旋律等方面不适应的隔膜，这是大都观众的优势，也是杂剧原产地生长的优势，同时也是杂剧繁盛于大都的客观因素之一。

建筑业的发达，使得城市中用于杂剧艺术表演场所勾栏的建设非常容易。虽然大都戏剧舞台的实物并没有保留下来，但我们以文物考古、相关文献作参考，依然可以推断出其大致形制、结构。与现在山西遗存的元代戏台做比较，大都的舞台在形制、容纳观众规模、数量以及观众观摩时舒适度方面当有较大区别。因为现在山西遗留的戏曲舞台，多数位于村庄的核心地带，是较之周边几十户人家一个聚落的小村庄要稍微大一些的乡村或者小镇，一般都是依庙而建，保留了古代社戏敬神、娱神的功能。尽管当时也用作杂剧表演，但这些演出并非长期的、常规性的商业演出，而是在庙会、节日、庆典才有，是临时性的活动场所。十里八乡的人聚拢来，面向舞台，或者搬来长凳坐下，但更多的恐怕是站在那里观看一两出也就散了。其规模与当地人口应该是相匹配的，其形制与当地生活应该是相契合的。杜仁杰的散曲【般涉调·耍孩儿】《庄家不识勾栏》中则描绘了杂剧演出的标准场地："入得门上个木坡，见层层叠叠团圞坐。"那是一个设计合理，提供了科学的观看角度，能够坐下的半圆型的剧场，视、听清晰，出入方便，体感舒适。它不像乡村舞台是开放式的，而是空间基本封闭或半封闭的，必须经过有人把守的门才能进去，进去之后，每个人都能得到一个固定的、适合观看的位置。杜仁杰散曲中所描述的勾栏设在不大的城镇，应该属于比较简陋的临时或半临时性的建筑。大都相同的设施理应更为富丽堂皇，那应该是什么样子呢？也许类似古代罗马大剧院或者角斗场吧。因为既然马可·波罗等西方的宗教、商界人士和文化使者能够不远万里来到中国，传教、通商、进行文化交流，那么他们把在欧洲业已发展了千年的戏剧演出场所的形制、样式介绍到中国来，也应该是顺理成章的事情。而且对于聚集着大批能工巧匠，建筑水平高超的大都来说，勾栏建设即使规模再宏大，装修再富丽，技术要求再高应该也都不在话下。

要之，人口众多，经济发达，城市繁荣，市民阶层已经成为一个庞大的群体。他们的文化消费诉求，必然要通过某种形式得到满足。因此，经过辽、金多年酝酿，宫廷、节庆反复演练的戏剧，在加入了诸多新的元素后，逐渐完善，成为广受民众欢迎的成熟的艺术形式。与其说杂剧引导了民众的文化消费趋向，不如说是城市民众特有的文化需求呼唤了杂剧走向成熟和繁荣。

第三节　元大都创新能力探源

在第一章的第二节中，论述了元代以及元大都文化创新的成就，并表述了其中所表现出来的共性特征。那么文化创新需要怎样的条件？这些创新的人才来自哪里？创新的动能又是怎样产生的？

一　多元文化交汇的宝地

文化多元和这种多元文化的高度密集是元大都特色。那么多元文化是怎么发生相互联系，产生碰撞，并融合出新的呢？

首先来看看元初大都的文坛。依靠"借才异代"支撑起来的元初文坛，集中了金、宋两朝人才，大都文坛，荟萃了南北精华。与辽、金两朝初期"借才异代"的情形几乎一样，首先登上元代文坛的，大多数是由金入元或由宋入元的文人。在蒙古政权进驻中原之前，金朝的政治虽已衰败，但文化经过长期积累和发展，已经达到了很高水平，诗、词、文、赋、书法、绘画都出现了一批人才。这些人才在蒙古进驻中原之初，随蒙古政权不断扩张而陆续加入这个阵营，成为登上新政权文坛的最早一批。成吉思汗末年，在全真道士丘处机定居燕京后，经常与之来往的就有孙周、李士谦、刘中、陈时可、吴章、赵昉、王锐等人。窝阔台汗初，元好问又向耶律楚材推荐了大批文士，有王纲、王鹗、李献卿、李天翼、刘汝翼、张伯猷、李谦、高鸣、李冶、杨果、徐世隆、敬铉、李祁、刘郁、麻革、商挺、赵著、曹居一、王铸、杨恕等人，其中有些人在蒙元新政权中有所作为。元朝的开国元勋和文学奠基人耶律楚材，女真族，原本是辽帝王之后，先祖崇尚中原文化，引入并推广儒学，其父曾身居前朝相位，他本人也曾是金朝贵族和官宦。但是他却担负起中华优秀传统文化传承者的重任。从成吉思汗时代开始，楚材晋用，入仕元朝30年，高居相位，对元初的政治、经济、文化、教育各方面影响巨大，进行了一系列制度性的建设。在文学上，他同样成就卓著。他写作的大量诗文，有西域绮丽风光，边地奇特风俗，但更多的是对"济世泽民"理想的追求和对陶渊明生活境界的追慕和向往。后者，陶渊明隐逸之思在元代成为时代最为浓郁的文化思潮，这与耶律楚材这个时代文学开局者和奠基人不无密切关系。与耶律楚材同时，在燕京城中以诗文见称的还有赵著、吕鲲、郝经、李昶、王鹗等。在初建的翰林国史院任职的文士有徐世隆、阎复等。在元初大都文坛负有盛名的学士还有杨果、孟攀鳞、王构、李谦、王恽、胡祗遹、雷膺等人，他们也都曾长期生活在大都，代表着当时北方文化的最高水平，在元初的文坛上占有举足轻重的地位。

　　元代文化的多元与多样是一种历史的必然。元朝统一之前，中国是长达数百年的南北对峙，其间虽然文化交流并没有完全停止，但毕竟相对封闭，形成了南北各自独立发展的基本格局。无论是在文学还是在艺术上，都形成了比较鲜明的地域特色。中原农耕民族和北方游牧民族共存交融构成了元代之前北京地域文化最基本的特征。位居江南的南宋，虽然军事孱弱，但是经过百年偏安一隅的发展，经济异常繁荣，文化艺术发展也取得了极高成就，而且人才济济。忽必烈挥师南下，统一南北。在押送南宋君臣北上的同时，忽必烈"命姚枢、王磐选宋三学生有实学者留京师"给予任用，这是第一批来到大都的南方文士。随着"大一统"的到来，南北流动成为潮流和常态，范围广且有时尚化趋势。大批北方官僚文士南下的同时，元统治者又多次派人到江南搜求人才，以为己用。较早到大都任职的"南人"有陈孚、贡奎、程钜夫等。其后虞集、袁桷、邓文原、贡奎、揭傒斯等也先后来到大都任职。至元二十四年（1287），集贤直学士程钜夫把江南的一大批著名文士推荐到了大都，有叶李、赵孟頫、张伯淳、万一鹗、凌时中、包铸、吴澄等,"帝皆擢置台宪及文学之职"①。而科举制度的一度恢复,更使得文士大批北上。仁宗皇庆、延祐年间(1314—1320),科举一度恢复,招致全国文人士子纷纷涌向大都。通过科举,江南的许多优秀学者也得以脱颖而出。欧阳玄、杨载、范梈、宋本、宋褧等都由此开始显名大都文坛。民间讲学、游访甚至是定居等各种形式来到大都的更多不胜数。广泛而常态化的文化交流,使大都成为帝国内众多文人的目的地和出发点,通过发挥聚合、融汇和辐射作用,影响着整个元代文坛。

由此,元大都成为中国历史上文化最为多元的舞台,无论民族、地域、宗教都实现了前所未有的丰富和包容。元代宗教开放自由,佛教为国教,势力最盛,信奉者多是蒙古贵族或者称为"汉人"的汉、契丹、女真等北方民众。势力仅次于佛教的是道教,出于历史原因,信众多是"南人"和部分"汉人"。由于在大都生活的色目人和西域、中东、欧洲人士较多,基督教和伊斯兰教也很盛行。另外蒙古族的原始崇拜"萨满教"也得到了保留。"大都城不仅是宗教信仰多元化的都会,而且也是当时各种宗教派别相互融合、斗争的重要场所。"②宗教对于人们——上自宫廷,下至普通百姓——的社会生活产生重要的影响。大都的王公贵族和官僚文士们与宗教人士也有着千丝万缕的联系,有的甚至关系极为密切。著名的政治家、开国元勋、元代文学奠基人耶律楚材曾向燕京著名的禅宗领袖万松行秀学习佛法三年,在帮助成吉思汗立国安邦、实现宏伟霸业的漫长过程中,深得佛、儒所长。国家重臣、元大都的规划设计者、元代著名文学家刘秉忠出身佛门,本是稍后于万松行秀的禅宗领袖海云印简的弟子,经海云推荐,辅佐忽必烈,深受重用。

少数民族诗人群体的崛起是元代文坛一个突出的文学现象。陈垣先生引清人王士祯语谓:"元代文章极盛,色目人著名者尤多。"③有

---

① 《元史》卷一百七十二《程钜夫传》,中华书局1976年版,第4016页。
② 曹子西主编,王岗撰著:《北京通史》(第五卷),中国书店1994年版,第333页。
③ 陈垣:《元西域人华化考》,上海古籍出版社2000年版,第132页。

作品流传至今的蒙古诗人有二十余人,色目诗人约一百人。①许多少数民族文士都活跃在大都的文坛上,耶律楚材、贯云石、马祖常、廼贤、萨都刺、赵世延、李公敏、伯颜、不忽木、阿鲁威等都是。他们或以诗文著称,或以散曲称雄,或长于辞赋,或精于小令。清代诗论家顾嗣立评论元代少数民族诗人,认为他们的成就堪与最杰出的文学家媲美。顾嗣立在《元诗选》小序中说:"要而论之,有元之兴,西北子弟,尽为横经。涵养既深,异才并出。"他们"各逞才华,标奇竞秀。亦可谓极一时之盛者欤!"②充分肯定了少数民族作家群体在元代文坛上的特殊地位。

北上的江南士人与北方文士在思想情感和精神世界以及审美意趣等各个方面都有很大的不同。

这些来自南北东西,携带着多种文化基因的人们,汇聚到了大都的文化舞台,对大都文化发展的面貌产生了巨大的影响。江南的典雅清秀,精美婉丽,北方的雄浑壮伟,豪放率真,通过交流融汇,相互影响,使得整体的文化风貌在悄然之间发生了微妙的变化。南方文士消除了纤弱靡丽,北方文士增加了清雅周密,共同将文化发展推向了新的高度。元人欧阳玄在为《潜溪集》所作序中,曾描述当时的文坛所发生的这种变化:"中统、至元之文,庞以蔚;元贞、大德之文,畅以腴;至大、延祐之文,丽而贞;泰定、天历之文,赡以雄。"③这种文风变化之产生,既有社会生活对文学发展产生影响的作用,也是南北文化交流不断促进的结果。

这种交流和文化多元给大都乃至世界带来的变化以及所产生的影响是极其全面而深刻的。元大都作为国家首都,不仅吸纳统一国家南北各个区域民族的文化精华,而且在内外文化交流上,也发挥出更加

---

① 查洪德、刘嘉伟:《元代葛逻禄诗人廼贤研究百年回顾》,《民族文学研究》2007年第4期。

② (清)顾嗣立编:《元诗选》初集,戊集《萨都刺小传》,中华书局1987—2001年版,第1185—1186页。

③ (元)欧阳玄:《圭斋文集》卷七《潜溪集序》,又见(明)宋濂《宋濂全集》,黄灵庚编辑校点,人民文学出版社2014年版,第2722页。

广泛的作用。中华文明和大都所特有的文化,也通过交流,得到了最广泛的传播。据记载,忽必烈就曾命令中书省平章政事赵璧用蒙文翻译了《论语》《大学》《中庸》《孟子》等儒家典籍,命令色目大臣安藏翻译了《尚书》《贞观政要》《资治通鉴》《申鉴》等重要的史籍经典,为蒙古统治者学习和了解汉文化提供帮助。到元朝中后期,天历二年(1329),又设置了艺文监"专以国语(指蒙古语)敷译儒书"。当时的高丽和安南等国,也多次遣使大都,使得儒学为代表的中华文明得到了广泛传播。

二 襟抱开阔的英才聚集

对于元代文化横空出世所表现出的独特风貌,对于元大都文化发展的繁荣和兴盛,一些学者感到难以理解。比如,面对大都杂剧就是如此。它的勃然兴起,迅速发展繁盛,确实令人吃惊。但是真正深入元大都的文化氛围之中,就感觉到一切都顺其自然,毫无违和。其中最为根本的原因在于元人较多思想解放,较少精神禁锢。

对于俳优杂戏,中国古代道统捍卫者历来都是报以贬抑态度。例如,角抵戏。角抵戏为百戏之一,是一种历史悠久的汉族民俗娱乐表演艺术。它本是由两个人角力以强弱定胜负的技艺表演。后世的相扑、摔跤便由此发展而来。因为这种形式有很好的观赏性和娱乐性,所以有些艺人就试图用角抵的形式加上情节,来表现生活故事。这样就促使角抵向戏剧的转化,成为角抵戏。早在秦汉时代,这种以角抵为基础的、有故事情节和配乐的武打娱乐活动盛行起来。史料中就有秦二世曾在甘泉宫"作角抵俳优之观"的记载。汉代为了政治需要,还演出大角抵招待外国宾客。角抵不断发展变化,内容日趋丰富,后来称为百戏。有戏剧史家就把西汉的角抵戏《东海黄公》视为中国戏曲的雏形。显然这种表演形式一直受到了民众的极度追捧和欢迎。《隋书·柳彧传》就记载说:柳彧对当时京城和各州县每逢正月十五日夜,人们"充街塞陌,聚戏朋游,鸣鼓聒天,燎炬照地,人戴兽面,男为女服,倡优杂技,诡状异形"的状况很是不满,特上书隋文帝(581—604年在位)《请禁角抵戏疏》。认为这些"以秽嫚为欢娱，用鄙亵为笑乐，内外共观，不曾相避"的娱乐活动，不仅内容有失道统，而且常常引来大批观众"尽室并孥，无问贵贱，男女混杂，缁素不分"的异常聚集，大大有伤风化。并且排演杂戏也造成了人力物力巨大的浪费，"竭赀破产竞此一时"，所以坚决请求朝廷下令禁止。历史上以废除九品中正制闻名的隋文帝采纳了柳彧的建议，雷厉风行地禁止这项娱乐。据《隋书·长孙平传》记载：长孙平任相州刺史时很有政绩，名声也很好。仅仅是因为在州数年，禁元宵节不力，听任百姓正月十五日演大戏，引起皇帝不满而被罢官。而我们从柳彧上疏"高棚跨路，广幕陵云，炫服靓妆，车马填噎，肴醑肆阵，丝竹繁会"的描绘中，却看到了当时号称角抵戏这种表演形式的盛况和广受欢迎的程度，不仅演出者肯于倾家荡产以为竞争，而且百姓不分妇孺老幼，倾城而出，观者如云。可惜，这样有着勃勃生机的文化新生命，却被卫道士联合统治者无情地扼杀在摇篮之中。中国戏剧发展的历程因此而被改写。否则，至少在时间上，成熟的中国戏剧也许会提早诞生数百年，至少不会落后于西方那么久。然而，柳彧的迂腐、无知在中国历史上并非个例。宋代戏剧同样在城市冒出了兴盛的萌芽，但却依然不断有人跳出来反对、压制。宋陈淳在他的《上傅寺丞论淫戏书》中，就义正词严地历陈了戏乐的八大罪状。历史上即使人们偶然对戏曲有所肯定，也只是基于优戏中出现讽谏内容有补教化的立场。如洪迈在《夷坚支志》中所云："俳优侏儒固伎之下且贱者，然亦能因戏语而箴讽时政，有合于古矇诵工谏之义。"

而元人的态度却大为不同，胡祗遹就是一个典型。胡祗遹（1227—1295），字绍开，号紫山，磁州武安（今属河北）人，幼年丧父，八岁入元，因学养渊博见之于名流，经张文谦等人推举，荐为员外郎，从此走上仕途。至元年间，授应奉翰林文字兼太常博士，兼左司员外郎。因忤权奸阿合马而出为太原路治中，升河东山西道提刑按察副使。元灭宋后，历任荆湖北道宣慰副使、山东东西道和江南浙西道提刑按察使等职。对元曲这种新兴的艺术形式有较为深刻全面的认识，他所撰写的有关杂剧及相关曲艺样式大量的序跋，是元代前期研究元曲最为珍贵的文献。胡祗遹通过对元曲表演艺术家的赠诗作

序,较为系统地表达关于杂剧散曲表演的观念。在《赠宋氏序》中他说:

> 百物之中莫灵、莫贵于人,然莫愁苦于人。——眉颦心结,郁抑而不得舒。——所以无疾而呻吟,未半百而衰。于斯时也,不有解尘网、消世虑,熙熙噑噑,畅然怡然,少导欢适者一去其苦,则亦难乎其为人矣!此圣人所以作乐,以宣其抑郁,乐工伶人之亦可爱也。乐音与政通,而伎剧亦随时所尚而变。近代教坊院本之外,再变而为杂剧。既谓之杂,上则朝廷君臣政治之得失,下则闾里市井父子兄弟夫妇朋友之厚薄,以至医药卜筮释道商贾之人情物理,殊方异域风俗语言之不同,无一物不得其情,不穷其态。

这是批评史上最早的一篇关于戏剧理论的论文。首先,他充分肯定戏曲的娱情作用,这是对"文以载道"传统思想的突破,从根本意义上肯定了戏剧的价值和其存在、发展的合理性和必要性。胡祗遹这样的思想认识与元杂剧的市民化倾向是密切相关的。其次,充分肯定了杂剧有补于世可以正得失、厚道德的社会功能和作用。最后,充分肯定了戏曲是一门独特的艺术,它需要符合"无一物不得其情,不穷其态"即内在之情与外在之态相结合的艺术规律。

胡祗遹与元曲艺人交往密切,且对元曲创制、表演体会深刻,感悟独特,有深入研究。《赠宋氏序》《优伶赵文益诗序》和《黄氏诗卷序》表达了他的观点和见解。其中《黄氏诗卷序》中,提出"九美"的标准,从九个方面衡量演唱艺术的高低:

> 女乐之百伎,唯唱详焉。一、姿质浓粹,光彩动人;二、举止闲雅,无尘俗态;三、心思聪慧,洞达事物之情状;四、语言辨利,字真句明;五、歌喉清和圆转,累累然如贯珠;六、分付顾盼,使人解悟;七、一唱一说,轻重疾徐中节合度,虽记诵闲熟,非如老僧之诵经;八、发明古人喜怒哀乐,忧悲愉佚,言行

功业，使观听者如在目前，谛听忘倦，惟恐不得闻；九、温故知新，关键词藻，时出新奇，使人不能测度为之限量。

所谓"九美"，大致可分为三个方面。第一方面是演员姿容品貌、风度气质和文化素养。第二方面是演员的说唱和表演等基本功。第三方面是表演时要张弛有度，轻重有节，有节奏感，要体会角色的喜怒哀乐，并通过表演传达给观众，充满艺术感染力；表演的过程，是不断再创作的过程，要给人常看常新的感觉。如此，"九美既具，当独步同流"，才能成为卓然超群的艺术大家。胡祗遹的阐述已经远远超越了一般性的艺术点评，全面而系统，是最早的元曲理论专门研究著述。

如今的人们也许很难理解这些戏曲理论的价值和贡献，但是如果放到元代，却有开天辟地石破天惊的分量和影响。因为在此之前的历朝历代，戏曲根本难以取得与诗文同等的地位，更不要说登上文学艺术的大雅之堂被文人雅士摆到桌面上进行分析评说。到元代，像胡祗遹这样身为官员，在文坛颇有影响力的人，竟然站出来，公开对戏曲歌唱进行肯定并予以中肯认真的评论，这简直可算作是一场文化的革命。这既需要勇气，也需要见识，更需要对时代文化的自信。然而，大都的胡祗遹们就这样做了。

固然，蒙元统治集团对于文化较为宽松的政策和对于杂剧等艺术样式的喜爱是一个基础，但是元大都文化人的胸襟、见识却是另一个更重要的前提。一个地域的文化，养育特殊文化气质的人；同样，特殊文化气质的人，会影响和改变这个地域的文化生态。大都城中，就聚集着一批敢于进取，有见识、有胸怀、有眼光，敢担当、有责任、负使命、勇于为时代文化发声呐喊的伟大人物。考察元大都文化，把关注点聚焦在文化人才尤其是文化领军人物的身上，聚焦在这些具有文化革命思想的先行者身上，与其他王朝相比较，就会有更多的新发现。

首先，元大都在文化方面做出过较大贡献的，大多都是那些学养深厚、见识广博、经历丰富的人们。在保护、传承、发展中华文化方面居功甚伟的耶律楚材自不待言,他本是辽太祖阿保机的九世孙,金朝贵族,历仕金元两朝,深谙儒释,具有深厚的文化根底。博学多才,天文、地理、阴阳、医药、算学无所不知无所不晓。秉持济世泽民的坚定信念,追随成吉思汗西行万里,《湛然居士集》中大量的西域诗,反映河中府瑰丽的异域风光和奇特的民族风情,是一位胸怀天下堪称"社稷之臣"的伟大政治家。

刘秉忠,广学博览,潜心研究,精通儒释道三家,科技方面他还精通天文、历法、水利、算学等。他出仕之前,隐居讲学,在河北紫金山(今邢台西南一百多华里处)创建的紫金山书院,培育出了大批历史上堪称俊杰的用世之才,张文谦、王恂、张易、郭守敬皆出其门,他们在元初历史舞台上的政治、科技、工程等方面都发挥了极为重要的作用。刘秉忠因为学识渊博,见识高远,具有卓然的政治远见,在忽必烈激烈的帝位争夺过程中立下了汗马功劳,所以深受忽必烈信任,得以"参帷幄之密谋,定社稷之大计"。忽必烈登基之后,他在治国大略上多有建树。他对于元大都有着任何人不可替代的历史意义。是他建议建都燕京,《续资治通鉴》载:"景定四年(元世祖中统四年)春正月,蒙古刘秉忠请定都于燕,蒙古主从之。"又是他确定放弃燕京城旧址,而在其东北以金代的琼华岛离宫为中心兴建新都——元大都。之后,在大都城的设计和建造过程中,他完全继承和恪守《周礼·考工记》中所提出的有关王城建设的理念,建成了中国第一座完全符合这一理想的"巨丽宏深"的都城。也还是他,建议忽必烈依汉法,建号改元,建国号为大元。他对于元大都文化建设发展的贡献,堪称历史第一。

丘处机是金元交替之时在政治文化舞台上产生过重要影响的人物。丘处机(1148—1227),字通密,号长春子,是金元交替之际北方最有影响的道教领袖。成吉思汗闻其盛名,1219年冬派专人万里相邀,当时丘处机已经是七十二岁的高龄了,但他接受邀请,次年正月,带着十八位弟子欣然踏上了漫长艰苦的西行之路,在燕京(今北京)等地逗留多时。1221年春,离宣德(今河北宣化),取道漠北西行,当年十一月抵达撒麻耳干(今乌兹别克斯坦撒马尔罕);次年四月于大雪山（今阿富汗境内兴都库什山北麓）八鲁湾行宫中拜谒了一代天骄成吉思汗。十月离撒麻耳干东还，1223年回到了燕京，定居太极宫，受命掌管天下道教。《长春真人西游记》记述所经山川道里及沿途所见风俗人情，至今依然是研究13世纪漠北、西域史地及全真道历史的重要资料，而他这样的经历和见识，古今也并不多见。

即使是文人，元代也都特别强调以经世致用为要，而不是那些只知埋头读死书的书蠹。如元初著名的教育家、文学家、理学家郝经，师出名门，家学渊源深厚，是理学家赵复的弟子，崇奉朱熹之学，又从元好问学诗文。他奉皇命出使南宋，竟然被南宋奸相贾似道秘密扣押十六年，是元朝"苏武牧羊"式传奇人物。时评他就颇具此一特点。刘秉忠评价说："经之为人，尚气节，为学思致用。"①《元史》本传也说"经为人，尚气节，为学务有用"②。郝经一生每有机会，必定提出自己的政治主张。元宪宗二年（1252），忽必烈开府于金莲川。郝经奉诏北上。六年（1256）正月，见忽必烈于沙陀，忽必烈向郝经请教经国安民之道和帝王当行之事，郝经"援引二帝三王治道以对，且告以亲亲而仁民，仁民而爱物之义"，令忽必烈甚为欢欣。后来郝经上《立国规模》三十余条，对国是提出建议。之后又"举天下蠹民害政之尤者十一条上之，切中时弊"，忽必烈"皆以为善"。元朝建立忽必烈登基，郝经的这些建议，在王朝新政中得以体现。

相对于以农业经济为基础进行儒家文化统治的封闭王朝而言，作为游牧民族统治的王朝，元朝更加具有面向外部探索的目光和开放的胸怀。因而元代的官僚文人也就更多了许多走出去放眼看世界的机会。

赵良弼（1216—1286），字辅之，元代著名的外交家。赵州（今河北赞皇）人。女真族。聪敏多谋，敢于劝谏，深得世祖赏识。他是元代高丽、日本等外交事务方面的专家。主张中国待日以亲藩之礼，被世祖采纳。《元史》卷一百五十九记载了赵良弼经略高丽和至元七

---

① （光绪）《畿辅通志》卷一百零三，商务印书馆影印，光绪十年开雕，民国二十三年印。

② 《元史》卷一百五十七，中华书局1976年版，第2471页。

年出使日本的传奇历程。赴日期间他记载的日本群臣爵号、州郡名数、风俗土宜皆具有重要史料价值，回国后马上呈献给皇帝。后来元朝皇帝打算武力征讨日本，反复询问赵良弼的意见。良弼回答说："臣居日本岁余，睹其民俗，狠勇嗜杀，不知有父子之亲、上下之礼。其地多山水，无耕桑之利。得其人不可役，得其地不加富。况舟师渡海，海风无期，祸害莫测。是谓以有用之民力，填无穷之巨壑也，臣谓勿击便。"对日本的民族性格作出了客观评判，并提出了不宜用兵有利于两国友好的建议。赵良弼在涉外事务中始终维护国家尊严，又不感情用事，眼光长远，判断客观，意志刚毅，处事果断，确为当时外交事务的杰出人才。后退隐务农，追封韩国公，谥文正。其事迹见《元朝名臣事略》卷十一《枢密赵文正公》。他将出使日本所历所见写成了《日本纪行诗》。赵良弼不以诗闻名，这些日本纪行诗也没有留下来。所幸张之翰《西岩集》中有《题赵樊川日本纪行诗卷》，姚燧《牧庵集》卷三中有《赵樊川集序》等做了记载。元初人亲历异域，并留下了大量诗作，毕竟也是文化史上难以忽略的事情。

荆干臣（生卒年不详）是另一位走出国门的官员诗人。他虽生长豪族，但能折节读书。少年时游学于燕地（今河北、北京一带）。至元十一年和至元十八年两次随军出征日本。[①] 其诗词曲俱佳，王恽评价他说"素能诗"，元李庭在《寓庵集》中评价其"据幽发粹以昌其诗，语意天出，清新赡丽，无雕镂艰苦之态"。今北京大学有荆干臣所书《文庙瑞芝记》碑文拓本，书前自署官职是"奉训大夫彰德路转运副使"。

不仅是这些能臣干将表现出迥异于传统的文化特质，元朝即使是像虞集这样的纯粹文人，也表现出了多方面经世致用的才干。虞集是南宋宰相虞允文五世孙，早年师从儒学大师吴澄，元成宗大德初年，授大都路儒学教授。元文宗时，为奎章阁侍书学士，与中书平章赵世延共同担任《经世大典》总裁，一生久居大都。他是元代中期最负盛名的文臣之一，不仅朝中大量的典册、公卿碑铭都出于其手，而且

---

① 孙楷第：《元曲家考略》乙藁"荆干臣"，上海古籍出版社1981年版，第54页。

一生创作甚富,号称"平生为文万篇"(《元史》本传)。他倡导古学,引领风尚,奖掖后进,提携新俊,对大都的文坛产生了很大影响,开一代士林之风。有人将之比为宋代文坛领袖欧阳修,确有一定道理。他还精通蒙古语,能够直接使用蒙古语为历代皇帝讲解儒家经典。

陶宗仪的《南村辍耕录》中还记载了著名文学家元明善出使国外的一件逸事:"使交趾翰林学士元文敏公(明善),字复初,清河人。参议中书日,会朝廷遣蒙古大臣一员使交趾,公副之。将还,国之伪主赍以金,蒙古受之,公固辞,伪主曰:'彼使臣已受矣,公独何为?'公曰:'彼所以受者,安小国之心;我所以不受者,全大国之体。'伪主欢服。"[①] 在外交活动中很好地树立其清正廉明的大国官员形象。

大都城中始终聚集着这样一些经历丰富、视野辽阔、目光长远、见闻广博、品行端正、经世致用的文化显达,他们与传统社会中依靠书斋苦读科举而走上仕途或依靠诗书吟咏"二句三年得"而闻名的文人有极大不同。其见识、水平、能力、胸襟和判断,必然对大都的文化产生全面而深刻的影响。

三 萃华相生的文化交流氛围

与个人的历练修为相比,对文化发展影响更为直接的是,在大都,文化交流发挥着极为重要的作用。这里交流渠道多样而畅通,且各种交流极为频繁,成为常态。有倡导者、组织者、参与者,有场合、有平台、有氛围。

首先,任何交流,都是"物以类聚,人以群分"的,元大都的文化交流也是如此。只是,这里的"群分"与杰出文化人才经常性聚集密切相关。

至元二十九年(1292)三月,元朝统治者接受了御史大夫月儿鲁等人的建议。建议曰:"比监察御史商琥举昔任词垣风宪,时望所属

[①] (元)陶宗仪:《南村辍耕录》卷四,中华书局1976年版,第49页。

而在外者，如胡祗遹、姚燧、王恽、雷膺、陈天祥、杨恭懿、高凝、程文海、陈俨、赵居信十人，宜召置翰林，备顾问。"① 于是，分别从外地任所召回胡祗遹、姚燧、王恽等十人，入京为翰林。他们是至元后期大都文坛最为活跃的文臣，经常在当时一些环境幽雅、住持文化素养较高的寺庙道观场所汇聚，在此享受清幽美景的同时，相互诗文酬和，探讨文艺。"雪堂雅集"是当时最著名的文人雅集场所之一。所谓"雪堂"，是大都天庆寺住持释普仁的居所。释普仁，字仲山，号雪堂。俗姓张。至元二十二年（1285）至二十三年（1286）建成天庆寺，随之成为大都最著名的文坛活动场所。实际上，这种聚会的形式从至元九年（1272）就已经形成了。王恽《秋涧集》卷五十七《大元国大都创建天庆寺碑铭》记载雪堂雅集"自鹿庵、左山二大老已去，至野斋、东林，凡十九人，作为文字道。其不凡，时方之庐阜莲社云"。所谓"莲社"，是指晋代庐山东林寺高僧慧远，与僧俗十八贤结社念佛之地，因寺池有白莲，故称。莲社为佛教净土宗最初的结社，其特点就是参与者档次很高。时人将"雪堂雅集"视为"莲社"，可见其确实是当时公认的文坛最高档次的雅集，商挺、燕公楠、王磐、徐琰、阎复、王构、徐世隆、王恽、王博文、夹谷之奇都参与其中，名声之大可见一斑。刚刚为大都所接受的赵孟頫也成为雅集中的常客。姚燧的《跋雪堂雅集后》列出了参与"雪堂雅集"的文人名单。② 其中绝大多数是当时任职翰林、集贤两院的文臣雅士。杨镰在《元代文学编年史》中认为："只要略做增补，这便是至元后期大都文坛主要作家名单。"③ 这说明，元世祖至元年间，一个以馆阁文人为主体的诗人群体已经形成，并开始活跃在元代诗坛之上，支撑着元初诗坛局面，维系着诗坛命脉，引领着元代诗坛的走向，延续着元代诗坛以馆阁文人为主流的发展趋向。因而，元代馆阁诗人群体

---

① 《元史》卷十七《世祖本纪》，中华书局1976年版，第243页。
② （元）姚燧：《跋雪堂雅集后》，《牧庵集》卷三十一，《四部丛刊初编》本，上海涵芬楼藏武英殿聚珍本。见李修生主编：《全元文》（九），江苏古籍出版社1999年版，第406页。
③ 杨镰：《元代文学编年史》，山西教育出版社2005年版，第153页。

的形成要早于元诗"四大家"时期。①

元诗四大家是指虞集、杨载、范梈、揭傒斯四人。他们都是当时著名的馆阁文臣,因长于写朝廷典册和达官贵人的碑版而享有盛名。《南村辍耕录》卷四"论诗"条记述了他们之间的交往,从中对当时元大都文人生活、文化交流和文化氛围足以豹窥一斑:

> 虞伯生先生(集)杨仲弘先生(载)同在京日,杨先生每言伯生不能作诗。虞先生载酒请问作诗之法,杨先生酒既酣,尽为倾倒。虞先生遂超悟其理,继有诗送袁伯长先生(桷)扈驾上都,以所作诗介他人质诸杨先生。先生曰:"此诗非虞伯生不能也。"或曰:"先生尝谓伯生不能作诗,何以有此?"曰:"伯生学问高,余会授以作诗法,余莫能及。"又以诣赵魏公(孟頫)诗,中有"山连阁道晨留辇,野散周庐夜属橐"之句,公曰:"美则美矣,若改山为天,野为星,则尤美。"虞先生深服之。故国朝之诗,称虞、赵、杨、范、揭焉。范即德机先生(梈),揭即曼硕先生(傒斯)也,尝有问于虞先生曰:"仲弘诗如何?"先生曰:"仲弘诗如百战健儿。""德机诗如何?"曰:"德机诗如唐临晋贴。""曼硕诗如何?"曰:"曼硕诗如美女簪花。""先生诗如何?"笑曰:"虞集乃汉廷老吏。"盖先生未免自负,公论以为然。②

这段极为生动传神的描写,惟妙惟肖地刻画出这些著名诗人各自独特的性格,写出了他们既自信又自傲的个性,也写出了他们相互之间的敬佩互学。他们相互点评作品,提出意见和建议,情志高雅,谈吐诙谐,处处机锋,充满艺术的真知灼见。圈子中人员素质之高,意趣之美,数百年后读之依然令人羡慕不已。

元大都中与"雪堂雅集"齐名的另一处规格甚高的著名文化沙龙

---

① 叶爱欣:《"雪堂雅集"与元初馆阁诗人文学活动考》,《平顶山学院学报》2006年第6期。

② (元)陶宗仪:《南村辍耕录》卷四,中华书局1976年版,第50页。

是万柳堂。

> 京师城外万柳堂，亦一宴游处也。野云廉公，一日于中置酒，招疏斋卢公、松雪赵公同饮。时歌儿刘氏名解语花者，左手折荷花，右手执盃，歌小圣乐云："绿叶阴浓，徧池亭水阁，偏趁凉多。海榴初绽，朵朵簇红罗。乳燕雏莺弄语，对高柳鸣蝉相和，骤雨过，似琼珠乱撒，打遍新荷。人生百年有几，念良辰美景，休放虚过。富贫前定，何用苦张罗。"命邀宾宴赏饮芳醑，浅斟低歌。且酩酊，从教二轮，来往如梭。既而行酒，赵公喜，即席赋诗曰："万柳堂前数亩池，平铺云锦盖涟漪。主人自有沧洲趣，游女仍歌白雪词。手把荷花来劝酒，步随芳草去寻诗。谁知只尺京城外，便有无穷万里思。"此诗集中无。小圣乐乃小石调曲，元遗山先生（好问）所制，而名姬多歌之，俗以为"骤雨打新荷"者是也。①

文人雅集，总是缺不了这些歌者。元大都的馆阁文人和朝中官宦放下身段与艺人们相交的结果，就是元曲这种通俗文艺样式的大行其道以及曲艺的文学性增强与提高。

元大都的魅力在于，可以"群分"的资源很多。形成了主题多样、成员固定、氛围各异的众多雅集的圈子。每个圈子有相对固定的参与者，但在聚会时也常会援引圈外人参加。而有些圈子又是相互重合的，有些人又极为活跃，现身多个圈子。例如，"雪堂雅集"的重要成员胡祗遹就是如此。胡祗遹是元代前期文化修养比较高的官员，曾仕宦南北，眼界开阔，思想开放。能够打破尊卑观念，与杂剧作家白朴和关汉卿以及杂剧表演艺术家珠帘秀、赵文益等交好往来。正是在演艺圈子中的长期浸润，才使他能对杂剧、散曲等表演艺术有比较深刻的认识和理解，写出《赠宋氏序》《优伶赵文益诗序》和《黄氏诗卷序》等这样的戏曲理论的开山之作。

---

① （元）陶宗仪：《南村辍耕录》卷八，中华书局1976年版，第103页。

元大都当时堪称世界的宗教之都，各种宗教派别异常兴盛发达。有些势力很大，坐拥名山古刹，所以类似天庆寺住持释普仁那样适于"雪堂雅集"的场所很多。各种宗教为了发展势力，不仅运用各种手段争取最高统治者的支持，也采取多种多样的方式扩大影响，其中常用的手段是密切与社会名流的关系，文人雅士是他们争相笼络的重要目标。僧侣道人参禅打坐诵经之余，经常在寺庙、道观中接待社会文化名流，诗文唱和、书画雅集，颇具文化沙龙性质。许多方外人士，学识渊博，才华超众，本身就有很深厚的文学功底，他们的创作为元代大都文坛留下许多精美篇章。释英，字实存，号白云。俗姓厉，曾出游至大都，与赵孟頫结识后，一次攀登径山，写下了《径山夜坐闻钟》，有所感悟，于是出家为僧。号称"诗不离禅，禅不离诗"[1]。其作品《白云集》在元代是一部影响较大的诗集。

这些圈子聚会，由于场所不同，参与人员不同，主题不同，所以氛围也会有很大的不同。"雪堂雅集"的重要人物——元诗四大家之首的虞集，参加了另外一场颇为轻松的聚会。这次聚会是在同事家中的私宴上，为助兴，主人请来了当时大都著名的歌唱家顺时秀演唱散曲。席间，虞集被艺人美妙的歌声和颇具挑战的歌词押韵所激发感染，乘兴挥毫，即席创作。本为临时起意，展露才华。但是从此虞集此作必定成为顺时秀的保留节目，名家、名曲、名角演唱，广泛流行开来当是情理中事。《南村辍耕录》卷四"广寒秋"条：

虞邵庵先生（集）在翰苑时，宴散散学士家。歌儿郭氏顺时秀者，唱今乐府，其《折桂令》起句云："博山铜细袅香风。"一句而两韵，名曰短柱，极不易作。先生爱其新奇，席上偶谈蜀汉事，因命纸笔，亦赋一曲曰："鸾舆三顾茅庐，汉祚难扶，日暮桑榆，深渡南泸，长驱西蜀，力拒东吴。美乎周瑜妙术，悲夫关羽云殂。天数盈虚，造物乘除，问汝何如？早赋归欤。"盖两

---

[1] （元）赵孟頫：《白云集序》（题目代拟），文渊阁《四库全书》本《白云集》卷首。见李修生主编：《全元文》第十九册，江苏古籍出版社2000年版，第89页。

字一韵,比之一句两韵者为尤难。先生之学问该博,虽一时娱戏,亦过人远矣。《折桂令》一名《广寒秋》,一名《天香第一枝》,一名蟾宫引,今中州之韵,入声似平声,又可作去声,所以蜀术等字皆与鱼虞相近。①

当然,元大都最高规格的文化交流,当数皇廷中皇帝参与的雅集了。《南村辍耕录》卷七"奎章政要"条:

  文宗之御奎章日,学士虞集、博士柯九思,常侍从,以讨论法书名画为事。时授经郎揭傒斯亦在列,比之集、九思之承宠眷者则稍疏,因潜著一书,曰《奎章政要》,以进,二人不知也。万几之暇,每赐披览。及晏朝,有画授经郎献书图行于世,厥有深意存焉。句曲外史张伯雨题诗曰:"侍书爱题博士画,日日退朝书满床。奎章阁上观政要,无人知有授经郎。"盖柯作画,虞必题,故云。②

四 文人雅集的价值和意义

第一,各种文化主题的聚首,无疑是为了思想的交流、文学艺术创作经验的交流或学术的交流,人们在交流中寻求同道。当然,这种文化的交流并不局限于大都的馆阁、私宅和游乐宴饮场所,它们是随时随地发生的。《元史·宪宗本纪》记载,早在元宪宗三年,命忽必烈出征大理。此次出征,据《元史·世祖本纪》记载,忽必烈从甘肃临洮,穿越吐蕃(今青海),前往云南,九月至青海和云南交界之处,忽必烈在群山环抱的曼陀城建立大本营。第二年的二月,北还,再次经过曼陀城。这样的万里征程,刘秉忠和北方大儒姚枢都是随军而行的。途中,一释一儒,相互唱和。刘秉忠写了一组五言古诗,姚枢应邀和诗21首。③ 这组酬唱,这样的情形,与耶律楚

---

① (元)陶宗仪:《南村辍耕录》卷四,中华书局1976年版,第52页。
② (元)陶宗仪:《南村辍耕录》卷七,中华书局1976年版,第91页。
③ 杨镰:《元代文学编年史》,山西教育出版社2005年版,第69页。

材和丘处机在河中府的相遇非常相近。由此可见，当时的文人士子无论是儒、是释还是道，在王朝更替的乱世，当对文化传承抱以深深的忧虑，当舍身传道成为共同的理想和信念时，许多门户之见的壁垒是可以打破和跨越的。

第二，是为了各门类艺术人物之间相互的学习和借鉴。当时大都文人雅集的场合，其实很多就是多种艺术交流的场合。以上所引《南村辍耕录》卷四"广寒秋"条中虞集席间因听顺时秀歌唱而创作散曲就很符合这一特点。《南村辍耕录》卷二十六"诗画题三绝"条的记载，同样是这样一个"各长所长"的高水准聚合："高文简公一日与客游西湖，见素屏洁雅，乘兴画石古木。数日后，文敏公为补丛竹。后为户部杨侍郎得。虞文靖公题诗其上云：'不见湖州三百年，高公尚书生古燕。西湖醉归写古木，吴兴有补幽篁妍。国朝名笔谁第一？尚书醉后妙无敌。老蛟欲起风雨来，星随天河化为石。赵公自是真天人，独与尚书情最亲。高怀古谊两相得，惨淡酬酢皆天真。侍郎得此自京国，使我观之三叹息。今人何必非古人，沦落文章付陈迹。'此图遂成三绝矣。"[①] 特别需要说明的是，这里所写的西湖，并非今日浙江杭州那个被苏轼比作"西子"的西湖，而是当时元大都西郊的西湖，在今北京海淀区，即今颐和园内的昆明湖。

第三，发挥了援引、推介、传播之功。这样的深入交流，不仅对于提高文学艺术水平大有帮助，对于各种文学艺术体式的相互借鉴大有裨益，对于相互援引扩大影响、广泛传播更是意义重大。《南村辍耕录》卷二十"珠帘秀"条就很明确地表述说"由是声誉益彰"：

歌儿珠帘秀，姓朱氏，姿容姝丽，杂剧当今独步。胡紫山宣慰极钟爱之，尝拟《沉醉东风》小曲以赠云："锦织江边翠竹，绒穿海上明珠。月淡时，风清处，都隔断落红尘土，一片间情任卷舒，挂尽朝云暮雨。"冯海粟先生亦有《鹧鸪天》云："十二阑干映远眸，醉香空断楚天秋，虾须影薄微微见，龟背纹轻细细

[①]（元）陶宗仪：《南村辍耕录》卷二十六，中华书局1976年版，第328页。

浮。香雾敛，翠云收，海霞为带月为钩。夜来卷尽西山雨，不着人间半点愁。"皆咏珠帘以寓意也，由是声誉益彰。①

文化圈子中自古以来的顽疾是文人相轻。互不服气，互不买账，甚至互相拆台。更有相互构陷，酿成政治迫害的拉帮结伙。号称文治之世的宋代这样的例子就屡见不鲜。但是元大都的文坛上，谦让之风盛行。这足以证明大都文化生态的风清气正、明朗健康。《南村辍耕录》卷四"前辈谦让"条记载："延祐间，兴圣宫成，中官李丞相（邦宁）传奉太后懿旨，命赵集贤（孟頫）书额。对曰：'凡禁扁皆李雪庵所书。公宜奏闻。'既而命李赵偕至雪庵处，雪庵曰：'子昂何不书？而以属吾邪。'李因具言之，雪庵遂不固辞。前辈推让之风，岂后人所可企哉！"这种谦和与礼让，其实不仅仅基于客气，更是一种胸襟坦荡，相互尊重，说明了大都文坛的文明、正气与健康。

《南村辍耕录》卷二十二记载了翰林学士承旨、集贤大学士、当时与虞集齐名的文豪姚燧"玉堂嫁妓"的故事。"姚文公（燧）为翰林学士承旨日，玉堂设宴，歌妓罗列，中有一人，秀丽闲雅，微操闽音。公使来前，问其履历。初不以实对，叩之再，泣而诉曰：'妾乃建宁人氏，真西山之后也。父官朔方时，禄薄不足以给，侵贷公帑无偿，遂卖入娼家，流落至此。'公命之坐，仍遣使诣丞相三宝奴，请为落籍。丞相素敬公，意公欲以侍巾栉，即令教坊检籍除之。公得报，语一小史曰：'我以此女为汝妻，女即以我为父也。'史忻然从命，京师之人相传以为盛事云。"② 从这段后来改为戏曲传唱至今并有诗歌赞颂的故事中，我们不仅看到了姚燧悲天悯人的人性之美，更看到了他对身为贱籍歌者的尊重。而这种尊重，除了人格的平等精神之外，同样还有对艺术的尊重。

当时大都的士人可以与官员、歌妓等有广泛而随意的接触，彼此影响都很大。《南村辍耕录》卷十八"妓聪敏"条：

---

① （元）陶宗仪：《南村辍耕录》卷二十，中华书局1976年版，第243页。
② （元）陶宗仪：《南村辍耕录》卷二十二，中华书局1976年版，第271页。

第三章 元大都文化环境

> 歌妓顺时秀，姓郭氏，性资聪敏，色艺超绝，教坊之白眉也。翰林学士王公元鼎甚眷之。偶有疾，思得马板肠充馔，公杀所骑千金五花马，取肠以供。至今都下传为佳话。时中书参政阿鲁温尤属意焉，因戏谓曰："我比元鼎如何？"对曰："参政，宰相也；学士，才人也。燮理阴阳，致君泽民，则学士不及参政。嘲风咏月，惜玉怜香，则参政不如学士。"参政付之一笑而罢。郭氏亦善于应对者矣。①

这一段虽然意在说顺时秀的机敏聪慧，但是却让我们更多地感受到了大都雅集中那份轻松。没有板着面孔的高官，没有自以为是的权威；没有颐指气使，也没有低三下四战战兢兢。有平等而无霸权，有分歧而不失和谐。这一切是文化交流的基础。

更为重要的是，这种交流其实并不局限于"人以群分"。大都文坛上的活跃人物，才华横溢的多面手，往往能够打破社会阶层的界限，在不同社会地位、不同职业人群、不同文化艺术门类的各种圈子中自如穿行，犹如天马行空。例如，虞集。"雪堂雅集"馆阁文人的聚首中有他，"元诗四大家"之间不惜互黑、自黑的戏谑中有他，同事家的歌舞晚宴上有他，而与皇帝奎章阁中论诗论画的还有他。而他这样的人在大都却不是少数，如胡祗遹、赵孟𫖯、贯云石等都是如此。这些人的高低不吝、上下穿梭、左右逢源因为什么？这一方面取决于他们的性格，大多是热情友善；还取决于他们的心胸，大多是平等待人和睦相交；还取决于他们对各种艺术充满好奇和真知灼见，并无高低、雅俗、贵贱之分；更取决于他们自身的身怀绝技且多才多艺，懂得并充分尊重艺术规律。而结果呢？却担当起文化艺术沟通的使者的使命。他们，增加了通俗文艺中高雅、委婉的成分，却也将通俗文艺中的朴实、刚健与活泼感染给严肃的诗文创作；他们将民众喜闻乐见的形式介绍给了官员，使之传播得更高、更广、更远，却也以自己对艺术的独特见解，帮助这些文化不高身处贱籍的艺人们不断提高着审美的能

---

① （元）陶宗仪：《南村辍耕录》卷十八，中华书局1976年版，第235页。

力和水平,使之趋向文采高雅;他们贯通了诗文、杂剧、散曲、书法、绘画、音乐、演艺、创作等一个又一个的圈子,使得各个门类艺术的相互借鉴和借助成为可能。更有价值的是,他们的文化地位,决定了他们的文化态度具有文化的表率作用,广泛地影响社会文化之风。

第四章　元大都文化人才

第一节　人才茂盛是元大都文化繁荣的必备条件

人才茂盛是元大都文化繁荣的必备条件。元代大都作为全国杂剧中心，杂剧的发展与繁荣离不开以关汉卿为领军人物的大批剧作家的成长、聚集，离不开以珠帘秀为代表的大批表演家们对艺术的积累、传承、创新。大都为这些文学艺术人才的发展、提高、相互交流学习、密切合作提供了得天独厚的条件和氛围，他们相互砥砺，切磋技艺，启发思想，彼此促进，共同开创了大都杂剧艺术的鼎盛时代，也使得北京一举成为多民族统一国家名副其实的文化中心。

一　杂剧繁荣与杂剧人才茂盛之关系

中国历史文学之高潮，总是以一两位或数位创作成就堪称巅峰的大作家为代表，与之相伴而生或稍前稍后，总是一批优秀作家集中涌现，他们相互辉映，共同组成一个时代璀璨的文学星空。元曲亦复如此，杂剧这种以宋杂剧和金院本为借鉴，集音乐、舞蹈、歌唱、朗诵多种艺术于一身的新兴文艺形式，金末元初终于成熟。无论是剧本创作，还是舞台表演，都臻于完美，出现了关汉卿、珠帘秀这样卓荦冠群的大家，他们分别为其各自领域之翘楚、为领军、为旗帜。在其周围，是一个群星荟萃蔚为壮观的群体。

钟嗣成在《录鬼簿》中著录的大都籍杂剧作家有20多位。在元大都围绕着关汉卿、马致远、王实甫这些杂剧创作大师，有庾天锡、王仲文、杨显之、纪君祥、费君祥、费唐臣、张国宾、石子章、李宽甫、梁进之、孙仲章、赵明道、李子中、李时中等一大批才情豪健的剧作家。他们相互砥砺，切磋技艺，启发思想，彼此促进，共同开创了大都杂剧艺术的鼎盛时代。

作为一门综合艺术，元杂剧与以往纯文学创作最大的不同是，作家个体无法独立完成，因为剧本只是杂剧艺术的一部分，必须与表演艺术家通力合作，通过唱念做打的舞台表演，观众接受审美，才能实现其完整过程。与这些优秀杂剧作家同时代、密切合作的是一大批同样优秀杰出的戏剧表演艺术家。这是一个人数众多、基础广泛的群体。夏庭芝的《青楼集志》称："我朝混一区宇，殆将百年，天下歌舞之妓，何啻亿万！"《马可·波罗游记》称元初大都城中的妓女就有两万五千余人，其中相当部分是艺妓。这些数字或估算，未必精确，但当时艺妓之多，当是可信的。其中以杂剧表演艺术见长的不乏其人，她们集中在大都、真定、平阳、东平、杭州这些大中城市，为当时杂剧艺术的繁盛做出了杰出贡献。《青楼集》所记载的珠帘秀、顺时秀、南春宴、天然秀、国玉第、天锡秀、平阳奴、郭次香、韩兽头、赵偏惜、王玉梅、李芝秀、朱锦秀、赵真真、李娇儿、张奔儿、英蓉秀、翠荷秀、汪怜怜、顾山山、大都秀、帘前秀、燕山秀、荆坚坚、王心奇、李定奴、帽儿王等人都是杂剧表演的一代名伶。元大都是鼎盛时期全国杂剧中心，集中了杂剧艺术家中最为杰出的一批。《青楼集》等文献记载，元时大都的戏剧艺人已知有44人，其中绝大多数都是以搬演杂剧和吟唱散曲闻名。他们是珠帘秀、张怡云、曹秀娥、解语花、南春宴、李心心、杨奈儿、袁当儿、于盼盼、于心心、燕雪梅、牛四姐、周人爱、玉叶儿、瑶池景、贾岛春、萧子才、王玉带、冯六六、王谢燕、王庭燕、周兽头、刘信香、天然秀、国玉第、玉莲儿、樊真真、赛帘秀、王巧儿、大都秀、一分儿、孙秀秀、燕山秀等。①

---

① （元）夏庭芝：《青楼集》，见中国戏曲研究院编《中国古典戏曲论著集成》（二），中国戏剧出版社1959年版，第8—40页。

二 杂剧创作人才的成长契机

这些杂剧创作者、表演艺术家的集中出现，既是元杂剧繁荣的标志，也是元杂剧繁荣的原因。专门人才的聚集、成长、合作，为大都杂剧走向鼎盛提供了充足的前提条件。那么，是怎样的机缘巧合使得这些优秀的杂剧作家、表演艺术家像种子一般，不约而同地撒落、聚集、停留在大都，这里有怎样的文化土壤和成长条件，提供了怎样的生态环境，使得他们能够就此落地生根，如雨后春笋般迅速长成，并以不同的创作个性，多样的表演风格，像一棵棵形态各异的参天大树，开花结果，共同组成蔽野森林，如云花海，将大都剧坛装扮得姹紫嫣红？

首先是杂剧创作人才。杂剧的创作人才大致分为两类，一类是"沉抑下僚"的文人，一类是书会教坊中人。来源有以下几种情况。一种是"楚材晋用""借才异代"，位居"元曲四家"之首的关汉卿等即为由金入元之人。关汉卿生长于大都，一生创作杂剧60余种，在当时杂剧界享有极高威望，王国维在《宋元戏曲考》中赞美他"当为元人第一"。与他同样情况的还有梁进之、杜善夫等。还有一种情况是"开放引进"。这些最优秀的剧作家原籍虽非大都，但有许多创作活动却在大都。如白朴，祖籍山西，后来定居真定（今河北正定），但是多次前往大都，访游、会友，参与杂剧交流活动。郑光祖为元曲四大家之一，生活创作主要在山西平阳，但与大都杂剧剧坛同样联系紧密。第三种情况最多，即"本朝本土"作家迅速成长。创作了元代杂剧的巅峰之作《西厢记》的王实甫、创作有《汉宫秋》《青衫泪》的马致远，创作了世界著名悲剧《赵氏孤儿》的纪君祥以及杨显之、王伯成、赵明道、张国宾、秦简夫、庾天锡、王仲文、梁进之、费唐臣、石子章等都是大都成长起来的著名剧作家。

其次，他们共同成长于非常特殊的历史时代：金元交替，元兴宋亡。元朝是在草原游牧民族政权基础上，吸纳融汇了众多被征服国家和地域政治、经济、文化特色建立起来的强大帝国。它在消灭金、宋政权的过程中，由于政治、经济、文化各个方面与中原传统政权存在着巨大的差异,所以对于整个社会的震动比历史上任何一次改朝换代都要剧烈而深刻得多。社会生活的剧烈震荡,带来文化基因的突变。随着宋、金的覆亡,那些被征服地域或许是腐朽、没落、僵化、专制、严密,或许是光荣、优秀、传统、正确、高级的传统统治思想格局被打破,遭到彻底的荡涤。而蒙古政权适宜全国统治的新的思想统治格局尚未完备地建立起来,整个社会处在转型期,处在新旧交替的空白间隙,处在思想强权尚未建立的薄弱环节。新的政治制度、生产模式、社会管理方式,和由此产生的各种与旧有传统格格不入甚至完全相悖的新思想、新道德、新标准、新观念由此获得了滋生、发展、传播。与历史的以往是如此惊人的相似,这些新思想、新道德、新标准、新观念总会通过某种特定的形式在文学中表现出来,而恰在此时,成熟的杂剧形式成为时代的必然选择。如果说唯物史观的基本结论是时势造英雄,那么元代文学史,则是时代成就了一大批最优秀的杂剧作家。

燕京作为前朝故都,无论是辽之南京还是金之中都,它都是当时其统治辖区内的政治、经济、文化中心。在数百年的历史中,其文化、教育、科技都得到了优先发展,尤其是历代统治者对于京城教育发展的重视,以及科举对人才的吸引,使得这里人们的文化素养得到不断的培育和提升,而且在吸纳人才的能力方面,有着其他地方无法比拟的优势。文化积淀已经比较深厚,文化人才比较茂盛。所以,这里不仅是行政枢纽,文化中心的地位也持续不断地得到加强。文坛不但人物荟萃,而且对社会风气影响深刻。李庭的《送荆干臣诗序》(《寓庵集》卷四)通过评论诗人荆干臣,进一步对大都的文化氛围作了介绍:"干臣家世东营,虽生长豪族,能折节读书。幼游学于燕,夫燕,诚方今人物之渊薮也。变故之后,宿儒名士往往而在,干臣朝夕与之交,得以观其容止,听其议论,切磋渐染,术业愈精。一旦崭然见头角,遂为明天子所知……出使万里之外。"在中统、至元年间,大都不但有原金朝的社会名流以不同身份出入,南宋的大理学家赵复等也在此传徒授业。元世祖从金莲川幕府时期就不断拔擢人才,移步燕京统辖汉地时,更是广布网络,多方搜寻人才至于麾下,并派军政大臣到新近的占据之地搜罗各类英才俊杰。这使得大都科学、技术、教育、文化、艺术相当活跃，整体文化素养迅速提高。蒙古政权统治后，大都作为政治中心，作为一个迅速壮大的北方商业中心，是多种文化汇集融合的核心地带。这种环境对于具备一定文化素养，又较少保守思想，善于接受新生事物的年轻士子的转型、成长非常有利。他们只是需要一个契机，这就是新文化领军人物的出现。关汉卿、马致远、王实甫同为"元曲四大家"中人，他们的成功，不仅为这门新兴艺术开辟了前进的道路，作为杂剧领军人物，也对其他杂剧作家的成长树立了楷模，起到了示范的作用，带动了一大批作家的成长、成熟。这些领军人物的水准，决定着整个元代包括大都剧坛的地位与影响。这真是一个有趣的悖论：大都依靠科举吸引聚集人才收效甚微，但正是科举的崩坏，却使大都前赴后继地成长起大批最优秀的杂剧人才。

三 演员、乐工、教坊中人等多种艺术人才的聚集与成长

杂剧创作中教坊中人历来很少受到关注。这是因为：第一，他们的成就整体上要逊色于文化素养较高的士人，所以历史的身影长期为关汉卿等一代杂剧创作巨匠的光芒所掩；第二，受到某种偏见影响，史家不传。但他们对于杂剧成熟、发展的推动作用是不应该被忽视的。陶宗仪在《南村辍耕录》中说："金有院本、杂剧、诸宫调，院本、杂剧其实一也。国朝，院本、杂剧始厘而二之。"元人胡祗遹在《赠宋氏序》中也说："近代教坊院本之外，再变而为杂剧。"金杂剧或曰金院本在体制上与宋代官本杂剧基本一致。《梦粱录》中就曾说到宋官本杂剧的特点是"全用故事，务在滑稽"。金院本在很大程度上保留了这种特点。而将这些艺术样式的血缘基因传承下来的应该就是那些教坊中人。他们或者在金宋战争中被金军从宋国劫掠索要来到北方，将宋官本杂剧的体式带到了金朝，直接或者经过与金原有的戏剧形式相结合，形成了金院本。在传承的过程中，由于地域文化特色不同，审美习惯不同，不断融入新的元素，经过长时间的发展变化，就使得原本从宋官本杂剧移植或者借鉴而产生的金院本有了自己鲜明

的有别于宋杂剧的特色。元杂剧的产生，虽然具有革命性的意义，但它同样并非天外陨石，瞬间划破元朝寂静的夜空，降落到了元大都的勾栏之内。而是借鉴了金院本的体式，大力发扬了其"全用故事"部分，重视情节的曲折、人物的塑造、思想的饱满和内容情感的丰富充实，却极大削弱了其插科打诨"务在滑稽"部分。也就是说元杂剧虽具有崭新的革命性意义，但仍与金院本、宋官本杂剧有直接或间接的血脉联系。这种基因的保留与传承正是依靠那些教坊中人。从宋官本杂剧，到金院本，再到元杂剧，是一个漫长而曲折的过程。在这期间，不可能只有演员而没有编剧。事实上，各种史料对此也都有间接的透露。如《南村辍耕录》中就保留了大量的金院本名目，虽然院本本身并没有流传下来，编剧的名字也没有流传下来，但仅仅是这些名目，就足以说明在整个中国戏剧发展史上这些编剧同样功不可没。虽然最终金院本为元杂剧所替代，但是并不能由此抹杀他们在传承中的作用。没有他们作为先导，没有他们对"全用故事"的保留，元杂剧的辉煌可能还要迟到很多年。事实上，元代杂剧中有些剧目情节就保留了金院本的痕迹。《南村辍耕录》记载的"诸杂大小院本"中有"双斗医"的名目。元杂剧《西厢记》就直接借鉴了金代董解元《西厢记诸宫调》，甚至可以说，没有彼《西厢》，就难有此《西厢》。甚至其中不少院本的痕迹还是很明显被保留了下来。如杂剧《西厢记》第三本第四折中写张生因相思成疾，老妇人让和尚去请太医，剧本中就特意注明："洁引净扮太医上，双斗医科范，下。"说明扮演和尚的"洁"与由"净"这种行当所扮演的太医要表演"双斗医"的一段。即使在元代，许多地方仍有金院本的演出。如由金而入元的作家杜善夫，在散曲《庄家不识勾栏》中就写道："前截儿院本调风月，背后么末敷演刘耍和。"明确说在勾栏内的演出，一部分还是要表演院本的剧目的。而到元明之际，杂剧剧本《蓝采和》中，人物的场次中还有"旧院本我须知，论同场本事我般般会"之语可为佐证。"幺末"、同"么麽"，金院本也有"院幺"，可见幺末也是金院本的一种。由此可见，从元初到元末，金院本的演出并没有彻底销声匿迹，还经常在杂剧或者其他的演出场合作为前后或者过场点缀出现。同时也不排除这些金院本创作者中的一少部分人，也会转而进行元杂剧的创作。因为他们毕竟是行内人，对于艺术规律较之新入行的士人有更多更好更准确的把握。

对杂剧创作产生重大影响的还有杂剧演员。《录鬼簿》就记载说艺人赵文敬、红字李二和花李郎等都有杂剧剧本创作。红字李二和花李郎都是金代教坊著名演员刘耍和的女婿，也都是书会中人，他们二人与马致远、李时中四人共同合撰了杂剧《黄粱梦》。生活在大德前后，艺名喜时营，又称张酷贫的张国宾（一作张国宝），是大都著名杂剧人士，曾任教坊勾管。擅长作曲，所作通俗易懂，民间生活气息浓郁。代表作《汗衫记》，讲述了一起谋杀案的前因后果，情节曲折，人物丰满，是元杂剧中之名作。《太和正音谱》将其作列入"娼夫之词"，可见他还具有艺人的身份。杨驹儿是著名的艺妓，据《录鬼簿》（曹寅刊本）记载，杨驹儿不但是表演家，而且还曾经创作过杂剧《东窗事犯》。贯云石的【醉高歌·过喜春来】和【凭栏人】等两组《题情》都是专为杨驹儿所创作的，皆元曲名篇。大都杂剧艺妓中的许多人文化素养深厚，她们是否有完整的剧本创作未可知，但对剧本创作经常提供宝贵经验和意见当是意料中事。

因为杂剧艺术首先是表演艺术，演员演出不仅是传达杂剧作者的思想和感情，更是一个再创作的过程，同样融入了演员对角色的理解感悟，融入了对人物的思想感情和价值判断。因而"除去大批文人参加了杂剧剧本创作外，在杂剧舞台艺术上发挥了更多创造的，则是众多的杂剧演员"[①]。正是由于众多艺人的不懈努力，才使得元杂剧的影响日益扩大。

元朝对于音乐、舞蹈等艺术的高度重视，为杂剧表演艺术家的成长提供了得天独厚的条件。教坊是中国封建王朝管理宫廷俗乐的官署，其职能是管理祭祀等雅乐之外的音乐、舞蹈、百戏等事务，设置

---

① 张庚、郭汉城主编：《中国戏曲通史》（上册），文化艺术出版社2014年版，第82页。

始于唐。据《唐书》记载，唐代教坊品级属正五品，《宋史》记载，宋代"太乐署"为从七品。而元代将其品级由从五品提高到了正三品，《元史·百官志》对教坊司品级沿革情况有明确记载："教坊司，秩从五品。掌承应乐人及管领兴和等署五百户。中统二年始置。至元十二年（1275），升正五品，十七年（1280），改提点教坊司，隶宣徽元院，秩正四品。二十五年（1288），隶礼部。大德八年（1304），升正三品。延祐七年（1320），复正四品。"元代教坊司地位之高，前所未有，表明元统治者对其重视程度超过历代。

辽、金、元三个朝代不同的统治者们，都要通过战争等手段，从战败者那里不断索取、掳掠大批的音乐、舞蹈等表演人才，将这些色艺俱佳的艺妓优伶作为战利品，迁移、蓄积、集中到了政权的政治中心燕京，以供他们的国事活动和饮宴享乐。南宋徐梦莘编修的《三朝北盟会编·靖康》就记载金兵侵宋，不止一次地索要官本杂剧、说话以及各种百戏演员，动辄百人。天会五年（1127），"金人来索御前祗候方脉医人、教坊乐人、内侍官四十五人，露台祗候妓女千人，蔡京、童贯、王黼、梁师成等家歌舞宫女数百人。先是权贵家舞伎内人自上即位后皆散出民间……雕刻图画工匠三百余家，杂剧、说话、弄影戏、小说、嘌唱、弄傀儡、打筋斗、弹筝、琵琶、吹笙等艺人一百多家，令开封府押赴军前……金人来索什物仪仗等，……教坊乐工四百人。又取大内人、街坊女弟子女童及权贵戚里家细人。指名要童贯、蔡京家祗候凡千余人，自选端丽者。府尹悉捕倡优内夫人等。莫知其数，押赴教坊铨择，开封府尹四壁官主之，俟采择，里巷为之一空……又取车格冠冕及女童六百人，教坊乐工数百人"，又取"诸般百戏一百人，教坊四百人……弟子帘前小唱二十人，杂戏一百五十人，舞旋弟子五十人"[①]。可见当时金灭北宋，向宋朝索要的北宋歌舞音乐艺伎，门类繁多，无所不包。而且来源广泛，成分复杂。不仅有宫廷教坊内的乐工，还有蔡京、童贯这些权要之臣家庭蓄养的戏曲

---

① （宋）徐梦莘：（《四库全书》本）《三朝北盟会编》，卷七七"靖康中帙"，上海古籍出版社1987年版，第583—585页。

歌舞宫女，大概是金朝也都知道这些权倾朝野的政要们家中歌舞艺伎乐工的水平丝毫不逊色于宫廷，甚至高于教坊所有吧。他们不仅要雕工画匠，而且"杂剧、说话、弄影戏、小说、嘌唱、弄傀儡、打筋斗、弹筝、琵琶、吹笙"各类人才一应俱全。这种无度索要，使得宋朝数百年积累传承培养的艺术人才尽数为金所有。北宋竟然落得"里巷为之一空"的境地。至南宋，教坊之类的设置不断俭省，弊端百出，最后竟然一度罢废。① 这些人中的绝大部分被迫迁移到了当时的都城燕京，他们及后代，大多从此沉淀定居于此，之后又有被迫落籍者陆续加入。《元史》卷十三《世祖纪十》记载至元二十二年（1285）正月，"徙江南乐工八百家于京师"。元代甚至有成批的士人沦落进入乐籍，《元史·礼乐志》就记载：至元三年（1266）"籍近畿儒户三百八十四人为乐工"，这使在籍乐人人数不断增加。

当时的歌舞艺妓队伍数量庞大。这些艺妓除金朝或南宋原有的在籍专业人员及繁衍而来的后代之外，也有在战争期间被掠夺贩卖为娼的良家妇女。元灭金及灭南宋之际，有些汉族官宦子女沦为优伶。优伶真氏就是南宋著名政治家、理学家之后，其父曾官至户部尚书、参知政事。遭逢时变，父因官负债，女儿便被迫卖入娼家为艺妓。当然，他们中的大部分是贫寒之家女子，由于战争裹挟或者是天灾人祸而沦落陷入贱籍的。

元朝实行乐籍管理制度，职业演员属于"系籍正色乐人"，法律身份为贱民。规定凡在籍的乐舞人，不得嫁娶良人，《元典章》规定"乐人只娶乐人，其他人娶乐人为妻要治罪断离"②。又规定："诸倡妓之家所生男女，每季不过次月十日，会其数以上于中书省。有未生堕其胎、已生辄残其命者，禁之。诸倡妓之家，辄买良人为倡，而有司不审，滥给公据，税务无凭，辄与印税，并严禁之，违者痛绳

---

① 周裕锴编：《第六届宋代文学国际研讨会论文集》，巴蜀书社2011年版，第638页。
② 《元典章》卷十八《户部·婚姻·乐人婚·乐人嫁女体例》至元十五年条及"至大四年八月十八日，中书省"发布的类似条款。见方龄贵校注《通制条格校注》，中华书局2001年版，第156页。

之。"① 其本人、配偶甚至子女都将终生从事该行业。在《青楼集》中，记载女艺人与教坊管理者或同为教坊艺人缔结婚姻的比比皆是，一家几代数人从事此业的也不在少数。例如：著名杂剧旦角演员周人爱，其儿媳是艺人玉叶儿；瑶池景嫁给了教坊吕总管；以演出绿林杂剧见长的国玉第嫁给了教坊副使童关高；以多才著称的萧才子娶了艺人贾岛春；擅长小唱的牛四姐是京师唱社头牌元寿之的妻子。这种严格的乐籍管理制度显然有失人道，但从客观上却保证了艺术人才队伍的稳定。同时由于相互关系密切，利益相关，所以在技艺的传承、切磋方面更是毫无保留，有益于艺术的积累与提高。以歌唱闻名的宋六嫂，父亲和丈夫同为乐籍中人，其父是著名的筚篥演奏家，《青楼集》特别指出："宋与其夫合乐，妙入神品；盖宋善讴，其夫能传其父之艺。"张玉梅号"蛮婆儿"，其子刘子安艺术与母亲一样"擅美当时"，其女关关，被称为"小婆儿"，七八岁即已登台，颇得名声，这些都与家传密切相关。

当时艺人学习表演可能与后世戏剧、曲艺圈内师承的做法非常相似，须拜师，讲辈分。如赛帘秀、燕山秀都是珠帘秀的弟子，李娇儿被称为"小天然"，则是师宗闺怨戏大家天然秀。这种子承父业、师徒相继的模式，不仅使得演艺队伍不断扩大，而且各门技艺也得到了较好的传承。辽金教坊制度未见明确记载，但应该有相似之处。经过有进无出的数代不间断的补充、积累和繁衍，到元朝已经形成了数量非常庞大的乐人队伍。他们是元代杂剧演出的主力军和基础，也是杂剧艺术兴旺的人才保障。

乐人除了在重大的庆典和日常的宫廷或官方宴饮场合为统治阶层服务之外，为官员商人的家宴助兴，会相应地获得一定的报酬。应酬官派官差之外，还可以参加社会商业性质的演出，照章纳税即可。他们虽然社会地位低下，但是由于技艺精湛，赢得了观众和剧作家们的尊重。《青楼集》中记载了一百多位优秀艺伎的事迹，其中大都杂剧表演家占有相当大的比重。这些经过激烈竞争脱颖而出的优胜者，各

---

① 《元史》卷一百零五，志第五十三《刑法》四，中华书局1976年版，第2687页。

擅其长，生旦净末丑各有分工。但也有些是艺术的多面手，珠帘秀"姿容姝丽，杂剧当今独步"，杂剧艺术"驾头、花旦、软末泥等，悉造其妙"。胡祗遹在其《朱氏诗卷序》中有对她表演艺术的全面描述，说她扮演各式各样人物无不曲尽其妙，"危冠而道，圆颅而僧。褒衣而儒，武弁而兵。短袂则骏奔走，鱼笏则公卿。卜言祸福，医决生死。为母则慈贤，为妇则孝贞。媒妁则雍容巧辩，闺门则旖旎娉婷，九夷八蛮，百神万灵，五方之风俗，诸路之音声，往古之事迹，历代之典刑，下吏污浊，官长公清"①，不仅能够表现不同地位、职业、人物的特征，而且能够扮男、扮女、扮老、扮少，模仿不同民族、地域人的声色。更为可贵的是"九流百伎，众美群英，外则曲尽其态，内则详细其情，心得三昧，天然老成"②。由于其杰出的艺术才能和创新能力，受到文坛名流如卢挚、王恽、冯子振以及剧坛巨星关汉卿等人激赏，这些人都与她来往密切，并时有唱和。关汉卿创作了【南吕·一枝花】《赠朱帘秀》，王恽写了【浣溪纱】，胡祗遹有【双调·沉醉东风】，冯子振作【鹧鸪天】，卢挚更作了【双调·蟾宫曲】《醉赠乐府朱帘秀》和【寿阳曲】《别朱帘秀》。关汉卿是杂剧领袖，王恽、胡祗遹、卢挚、冯子振皆元廷清要，文坛巨擘。这些人青睐有加，足见珠帘秀的艺术成就和地位。由于她是杂剧表演艺术全方位的开创者，所以也被杂剧表演界尊为祖师爷式的人物，人们尊称"朱娘娘"。赛帘秀，以杂剧歌唱闻名，"声遏行云，乃古今绝倡"。燕山秀，则以表演见长，"旦末双全，杂剧无比"。元朝后期的顺时秀"性资聪敏，色艺超绝"③，在大都享有盛名。她与许多文人学士都有来往，如虞集、刘致、王元鼎等。张昱在《辇下曲》中对其更是赞不绝口，称："教坊女乐顺时秀，岂独歌传天下名。仪态由来看不足，揭帘半面已倾城。"由于其杰出的表现，顺时秀常常到宫中应承，明初高启的《听教坊旧妓郭芳卿弟子陈氏歌》有言：

---

① （元）胡祗遹：《朱氏诗卷序》，《紫山大全集》卷八，见《文渊阁四库全书》集部一三五，别集。另有《紫山大全集》二十六卷，台湾商务印书馆影印本1986年版。
② 同上。
③ （元）陶宗仪：《南村辍耕录》卷十九，中华书局1959年版，第235页。

文皇在御升平日，上苑宸游驾频出。
仗中乐部五千人，能唱新声谁第一？
燕国佳人号顺时，姿容歌舞总能奇。
中官奉旨时宣唤，立马门前催画眉。
建章官里长生殿，芍药初开敕张宴。
龙笙罢奏凤弦停，共听娇喉一莺啭。
遏云妙响发朱唇，不让开元许永新。
绣陛花惊飘艳雪，文梁风动委芳尘。
翰林才子山东李，每进新词蒙上喜。
当筵按罢谢天恩，捧赐缠头蜀都绮。
晚出银台酒未销，侯家主第强相邀。
宝钗珠袖尊前赏，占断春风夜复朝。①

"文皇"指元文宗。从诗中可以得知，这些优秀艺伎不仅为宫廷服务，同时为时所重，演艺活动非常频繁，所得报酬极为丰厚。顺时秀的弟子陈氏、宜时秀也都是教坊优人，名重一时，二人也都曾入宫表演。大都城市的繁荣，经济的发达，杂剧的兴旺，演艺界人士令人瞩目的成功，经过人们口耳相传，耀眼的光环被放大，演变为一个个人生传奇，必然会吸引乡村、集镇更多具有潜质的人纷纷加入其中。

四 杂剧艺术在大都得以不断提升的独特优势

元代杂剧表演者中的不少人有着较高的文化艺术修养。如梁园秀，她本人就是个散曲作家，其【小梁州】、【青歌儿】、【红衫儿】等作品，"世所共唱之"（《青楼集》）。如一分儿，有人在酒会上吟"红叶落火龙褪甲，青松枯怪螃张牙"两句，让她用【沉醉东风】词格续完时，她不假思索地应声接道："可咏题，堪描画。喜献筹，席上交杂。答剌苏，频斟入，礼廝麻，不醉呵休扶上马。"（《青楼

---

① （明）高启：《听教坊旧妓郭芳卿弟子陈氏歌》，见（清）金檀辑注《高青丘集》上册，上海古籍出版社1985年版，第330页；又见（清）沈德潜、周准编《明诗别裁集》，上海古籍出版社1979年版，第17页。文字略有出入。

集》）她们的才情，受到世人赞赏，当时文人在诗词曲作序跋笔记中多有透露，胡祗遹在《优伶赵文益诗序》中就记载了演艺世家赵氏一门的文化素养："赵氏一门，昆季数人。有字文益者，颇喜读，知古今……故于所业，耻踵尘烂，以新巧而易拙，出于众人之不意。世俗之所未尝闻者，一时观听者多爱悦焉。"[①] 许多演员不仅擅长歌舞表演，而且精通琴棋书画，甚至能够谱曲填词，在元代散曲中就经常能够发现她们与文人学士唱和的杰作。杂剧艺人张怡云，《青楼集》说她"能诗词，善谈笑。艺绝流辈，名重京师"。著名的文学家艺术家赵孟頫、画家高克恭等曾为其作画；许多高官贵戚亲临其在大都海子岸畔（今北京积水潭附近）的居处，著名理学家姚燧、阎复等"每于其家小酌"。此外她与大都文坛也有着广泛的交往，常以词曲唱和。卢挚、程钜夫等均有词作赞美其艺术。张怡云可谓"谈笑有鸿儒，来往无白丁"，自身文化修养、谈吐风度以及才思的敏捷都可见一斑。这种高雅的聚会、自由宽松的文化氛围和文化巨匠的密切交往，无疑对提高艺伎们的文化水平和全面素养有很大的帮助，这是他们杂剧表演艺术不断提高的重要原因。《青楼集》中这种才情女子比比皆是。如"解语花，姓刘氏，尤长于慢词。廉野云招卢疏斋、赵松雪饮于京城外之万柳堂，刘左手持荷花，右手持杯，歌【骤雨打新荷】曲，诸公喜甚"。

　　大都是人文荟萃之地，聚集着全国文化精华。其中不乏各个文化领域的硕人巨匠。他们对艺术有着超常的感受能力和极高的鉴赏水平，对表演艺术的欣赏、品评、归纳和理论总结，对于杂剧演艺水平突飞猛进的提高有着极其重要的意义，使得教坊艺伎千百年来师徒相授、口耳相传的古老传承模式得到了最有益的补充和改进。赵孟頫、胡祗遹都以书画诗词散曲著称于世，为世人所称道，是艺术感受最敏锐，艺术素养最全面、最深厚的人。他们对包括杂剧在内的元曲艺术都有精辟独到的见解，胡祗遹更是通过一些序跋，对

---

　　① （元）胡祗遹：《优伶赵文益诗序》，《紫山大全集》卷八，文渊阁《四库全书》本。见《文渊阁四库全书》集部一三五，别集。另有《紫山大全集》二十六卷，台湾商务印书馆影印本1986年版。

表演艺术进行了系统性的理论阐述。先后作有《赠宋氏序》《朱氏诗卷序》《赠伶人赵文益诗序》三篇序文和两首七绝，深入探讨了演员应具备的艺术素质和表演艺术，他提出的"九美"说，最有代表性。大都杂剧所处的这种文化氛围当是其他地方都难以企及的，可谓得天独厚。

当然，从事杂剧舞台表演的并非都是艺妓，《太和正音谱》引赵孟頫的话说："良家子弟所扮杂剧，谓之行家生活；娼优所扮者，谓之戾家把戏。盖以杂剧出于鸿儒硕士、骚人墨客所作，皆良家也。彼娼优岂能辨此？故关汉卿以子弟所扮，是我一家风月，虽复戏言，甚合于理。"由此看来，元时文人墨客、良家子弟，不仅亲自撰曲，也有登台扮演角色的。这就透露出一个重要的信息，杂剧作家不仅能够进行文学创作，他们对于表演艺术同样精通在行，这反过来使得他们的创作更符合舞台表演规律，能够取得最佳观赏效果。他们这种献身艺术的精神和躬行粉墨的素养，恰恰是后世一些戏剧创作者所缺乏的，因为不少人的作品美则美矣，却只能止于案头阅读，难以排演登台。同时，元杂剧作家作为教坊外人，可能旁观者清，对演艺的提高或许更有独到见识。

杂剧鼎盛期，大都涌现出大批最优秀的杂剧作家、曲作家和表演艺术家，他们之间密切的合作，往往通过书会的形式来实现。所谓书会，就是剧作家与表演艺人的结社，属于行会性质的民间组织。"结社"一词见于文献记载始于南宋，周密《武林旧事》卷六"诸色伎艺人"条就列有书会名目。元代的书会组织更多，当时大都就有玉京书会、元贞书会和燕赵才人等，据《录鬼簿》记载其成员多为关汉卿、珠帘秀一类的杂剧作家、曲家、艺人。杂剧书会的兴盛，是大都杂剧繁荣的标志，因为优秀剧作家的成功，带动了创作群体的扩大，产生聚集效应。作家与作家，作家与演员，演员与演员之间关系密切，书会为同时代作家相互砥砺思想，切磋艺术，互相启发，交流竞赛，提供了平台，它能使杂剧艺术家们的创新之泉永不枯竭。如杨显之，就因常为关汉卿修改剧本，补漏拾遗，获"杨补丁"之誉。王伯成与"马致远，忘年友。张仁卿，莫逆交"（贾仲明为王伯成所作吊词），一部四折《黄粱梦》由四个人一人一折共同创作。[1] 这种带有文化产业化雏形的形式，当是戏剧商品化的一种表现。书会不仅密切了作家之间的联系，促进了合作，而且有利于杂剧人才的传帮带，有益于新的杂剧作家的成长和锻炼，为杂剧继承创新提供了很好的条件和环境。与以往作家与演员隔膜疏离的关系不同，元代的杂剧作家和演员保持着密切的合作关系，私交也比较好。珠帘秀等一批优秀表演艺术家在文坛受到普遍尊重。《青楼集》记载，当时大都还有以歌唱为主的结社组织"京师唱社"，其记载云："李心心、杨奈儿、袁当儿、于盼盼、于心心、吴女燕雪梅，此数人者，皆国初京师之小唱也。"[2]

书会在杂剧作者和演员的生活中占有重要地位和影响，为杂剧作家和演员提供了一个各方受益的得力的文化平台，使得作家新作能够及时推向舞台，演员不断有新剧可供排演，并随着新剧的不断推出，演员艺术功力不断提高，名声越大，号召力越强。而且新剧越多，则越能将观众吸引到勾栏，这反过来又需要更多的创新作品满足人们的热切需要，这是一个良性的循环。因而书会对杂剧作家和演员个人发展都是极其重要的，并且其本身已经成为元代戏剧艺术成熟和繁荣的标志。孙楷第的《元曲新考》认为书会实际上成为"元杂剧之研究推行机关"，作家也成为"戏曲研究人而兼戏曲运动人"，此言不谬。但书会究竟是如何发挥作用的？剧作家的作品是否只能交给他所属的书会，演员是否只能与一个书会有固定的联系？除了剧作家、演员之外，书会中还会有其他什么样的人物？他们各自的分工和作用是什么？谁来负责书会的日常管理和人员召集，书会为演员和作家提供怎样的服务和支持，相互之间的经济关系如何？书会选择剧作家和演员入会的标准有哪些？书会与书会之间的相互关系怎样？等等。这些都值得关注研究。

---

[1] 天一阁本《录鬼簿》，贾仲明为李时中补写的【凌波仙】吊曲开篇中说："元贞书会李时中、马致远、花李郎与红字公，四高贤合捻《黄粱梦》。"四贤中，李时中、马致远是官员，花李郎、红字公则是典型的艺人。

[2] （元）夏庭芝：《青楼集》，见中国戏曲研究院编《中国古典戏曲论著集成》（二），中国戏剧出版社1959年版，第22页。

第二节　杂剧领袖关汉卿的贡献与价值

历来大师级文化人才的出现，是一个时代文化巅峰的重要标志。文化领军人物的高度，决定了时代文化的高度；在领军人物的带动之下，人才的多寡，是衡量这个时代文化繁荣的重要尺度。关汉卿是元代杂剧的旗帜，他的出现，是元代杂剧鼎盛的标志，也是大都剧坛辉煌的部分原因。他以辉煌的创作成就，奠定了在中国文学史上无可撼动的崇高地位；他以超凡的才华和作品的魅力，冲破阶层壁垒，获得王公大臣、文人士子、普通民众最广泛的认可和欢迎，创造了覆盖广泛堪称时代文化代表的杂剧神话；他以杰出的组织才能，以对杂剧作家、表演艺术家、杂剧组织管理者们最广泛的团结与合作，确立了中国戏曲行业全新的规程；他的号召力、影响力和示范作用，带动了使杂剧勃兴繁荣的一批艺术家，创造了一个时代文化的璀璨星空；他不仅书写了一个时代大众文艺的传奇，也为通俗文学和流行文化的结合开辟了广阔的未来。

一　中国戏曲创作第一人

王国维说："凡一代有一代之文学：楚之骚，汉之赋，六代之骈语，唐之诗，宋之词，元之曲，皆所谓一代之文学，而后世莫继焉者也。"[1] 元朝立国前后不过百年，文学上却取得了和唐诗、宋词并驾齐驱的成就，不能不说是由于杂剧艺术辉煌发展的贡献。元人周德清的《中原音韵序》从"盛""备""难"三个方面，表述了元代杂剧鼎盛时期的繁华盛况。[2] 而元代杂剧的实质就是通俗文学、大众文艺、流行文化。

大师级作家的出现，历来都是文化繁荣的重要标志和衡量标准之一。伴随关汉卿、王实甫、马致远等大师出现的，是一大批优秀作

---

[1]　王国维：《宋元戏曲史》，上海商务印书馆1915年版，第1页。
[2]　（元）周德清《中原音韵序》，见中国戏曲研究院编《中国古典戏曲论著集成》（一），中国戏剧出版社1959年版，第175页。

家，他们集中出现，将创作推向高潮。据《录鬼簿》统计，全元以杂剧创作著名者达一百五十人左右，属于鼎盛时期的作者，主要集中于帝国的首都元大都以及河北真定、山西平阳、山东东平等地。其中，又有近半数以上生活创作在大都。以关汉卿为首的"元曲四大家"，以自己的优秀创作，构筑杂剧巅峰，使之成为元代文学的代表。杂剧作家勤奋创作，佳作不断，产生了一大批在中国文学史上堪称经典的伟大作品。关汉卿的社会剧《窦娥冤》、爱情婚姻剧《救风尘》《望江亭》、历史剧《单刀会》等都是在中国文学史乃至世界戏剧史上难得的优秀之作。关汉卿，生平年不详，大都人。杂剧成就位居"元曲四家"之首，是杂剧的奠基人，是元代文学之代表和旗手。据朱经的《青楼集序》："我皇元初并海宇，而金之遗民若杜散人、白兰谷、关已斋辈，皆不屑仕进，乃嘲风弄月，留连光景。"可见关汉卿与杜善夫（杜散人）、白朴（白兰谷）同为由金入元之人。只是从关汉卿创作的《大德歌》创作年代向前推算，金亡时，他最多也就是十几岁而已。卒年一般学界认为当在大德元年之后，即1302年左右。《录鬼簿》将其列为"前辈已死才人"，《太和正音谱》称其"初为杂剧之始"。所以，关汉卿在杂剧界属于辈分非常高的一代。由其声望和成就推断，他开始杂剧创作的时间较早。同时具有旺盛的创作活力，艺术生命延续周期较长，基本上从始至终地贯穿了整个杂剧鼎盛的时期。元末人熊梦祥的《析律志》记载他时说："生而倜傥，博学能文，滑稽多智，蕴藉风流为一时之冠。"[1] 他无意于仕途经济，将一生全部的热情和精力都投入到了杂剧的创作之中。

《录鬼簿》收录了关汉卿所作杂剧剧本六十多种，流传至今的剧本有十八种。从内容上来划分，大致分为三类。一类是社会剧，以《窦娥冤》《蝴蝶梦》《鲁斋郎》为代表；一类是表现爱情婚姻的风情剧，以《诈妮子》《救风尘》《望江亭》《拜月亭》等为代表；还有一类是历史剧，以《单刀会》《双赴梦》和《哭存孝》为代表。可见

---

[1] （元）熊梦祥：《析津志辑佚》，北京图书馆善本组辑，北京古籍出版社1983年版，第147页。

其视野开阔，对生活有深入了解，题材极其广泛。据《青楼集》《录鬼簿》以及贾仲明《续录鬼簿后》等记载以及为部分元曲作家所作挽词看，关汉卿的主要创作生涯是在大都，却在全国戏剧界享有无可企及的崇高威望。《录鬼簿》中贾仲明吊词说他是"驱梨园领袖，总编修师首，捻杂剧班头"绝非溢美之词。

王国维在他的《宋元戏剧考》中赞美关汉卿"一空依傍，自铸伟词，而其言曲尽人情，字字本色，故当为元人第一"。关汉卿的剧作自诞生之日起，便受到了广大观众的热烈欢迎，每有新作，马上搬演，并迅速传播至全国主要城市及广大农村。名气之大，甚至经常能够得到皇帝"钦点"。《元宫词》百章载有关汉卿新作在皇宫演出的情况，云："初调音律是关卿，伊尹扶汤杂剧呈。传入禁垣宫里悦，一时咸听唱新声。"这首词说明关汉卿的杂剧曾在宫内演出，进献给皇帝，并大受欢迎。由此名声远扬，大江南北传唱不已，竟然成为名副其实的时尚流行文化代表。同时，他的剧作具有强大不朽的生命力，许多剧目七百多年来在全国戏剧舞台上长演不衰，不仅被许多其他剧种移植、保留，并被翻译成英、法、德、日、俄等多种语言，走向世界，成为全人类共同的宝贵财富。

二 关汉卿杂剧创作的特点

关汉卿的杂剧创作特点表现在以下几个方面：

第一，以女性为主角的剧目在数量上占有绝对的优势。据统计，目前所存十八种杂剧中，以女性为主人公的占了十三个。他塑造刻画了赵盼儿（《救风尘》）、窦娥（《窦娥冤》）、谢天香（《谢天香》）、燕燕（《调风月》）、谭记儿（《望江亭》）、王瑞兰（《拜月亭》）等女性典型，个个形象鲜明，生动万分。这一系列的女性形象，地位身份或高贵或卑微，性格或泼辣或端庄，个性或柔弱或刚强，共同的特点是品质高洁，道德高尚，充满正义感。而每一个形象的塑造，都极具功力，具有鲜明的典型个性，个个栩栩如生，绝无雷同。每一个人物都堪称戏剧长廊的不朽丰碑。

第二，作品内容具有强烈的现实性。不仅深刻地反映了广阔的元代社会现实，而且充满了浓郁的时代气息，以民众的语言，反映民众的心声。不管是悲剧还是喜剧，不管是社会剧还是历史剧，都与时代脉搏紧密相连，表现出对国家前途、民众命运等重大政治问题的关心。关汉卿的杂剧，善于通过人物刻画和情节组织，将社会的黑暗和不平浓缩于舞台，浓缩于有限的时空之内，反映无限广阔的社会生活。如《窦娥冤》概括社会生活就相当丰富，可以视为元代社会真实生活的缩影。这里面有靠放高利贷盘剥他人的寄生者，有横行不法的恶霸流氓，有贪赃枉法的官吏，也有穷困潦倒被迫卖儿卖女的穷苦书生。当时社会的种种丑恶、黑暗、混乱，都得到了充分的展示。

第三，作品具有强烈的反抗精神。关汉卿将无情批判的利剑指向社会种种丑恶，给予无情揭露与抨击。元代实行民族等级制度，一批不学无术的权豪势要及子弟横行于世，在社会上形成一股以"衙内"为代表的黑暗丑恶势力，他们为非作歹，民愤极大，关剧对此多有反映。《鲁斋郎》中鲁斋郎自夸："花花太岁为第一，浪子丧门再没双。街市小民闻吾怕，则我是权豪势要鲁斋郎！"《望江亭》第二折杨衙内自称："花花太岁为第一，浪子丧门世无对。普天无处不闻名，则我是权豪势宦杨衙内！"元代吏治混乱，法律不行，贪腐成风，《窦娥冤》写楚州太守桃杌道："我做官人胜别人，告状来的要金银。""但来告状的，就是我衣食父母。"作家甚至将矛头直接指向最高统治者及其政治制度，对"王法刑宪"和"皇天后土"进行激烈的抨击。《窦娥冤》中借角色之口喊出了"有日月朝暮悬，有鬼神掌着生死权，天地也，只合把清浊分辨，可怎生糊突了盗跖颜渊；为善的受贫穷更命短，造恶的享富贵又寿延。天地也，做得个怕硬欺软，却原来也这般顺水推船。地也，你不分好歹何为地？天也，你错勘贤愚枉做天！哎，只落得两泪涟涟。"表现出对社会黑暗的强烈愤懑和反抗。对社会法治、吏治等政治生活的核心予以彻底的否定。更重要的是，关汉卿杂剧中所表现出的对于传统伦理道德以及旧有传统思想规范的反抗，对后世更具有深远的社会影响。在他的杂剧中塑造的一系列女性形象，多是善良、正直、勇敢、智慧的化身。她们敢恨敢爱，有理想有追求，对男权社会提出了挑战。

第四，人物形象生动，充满生命活力和艺术张力。关汉卿始终将人物置于特定的社会、文化、家庭背景之下，通过对其生活经历、人物关系画龙点睛的描绘，使得人物性格更加丰满、可信，具有坚实的根基。窦娥出身贫困的读书人家庭，被卖到夫家，又失去了丈夫，与婆婆相依为命，在孤苦无依的环境中长大。因为生活圈子狭小，经历简单，所以她的性格善良、温顺、贞洁、规矩，对法律存有天真的期待。直到被庸吏冤判，才迸发出冲天的怨气。而赵盼儿则不同，她是风尘女子，送往迎来，见多识广，对世情有着透彻的洞悉，对周舍之类豪绅子弟朝三暮四的本性和丑恶嘴脸更是了如指掌。所以她的性格泼辣、机敏、老道，善于随机应变，能够使出风月手段，对付风月老手，这样的计谋非她这样的人不可为。

第五，语言本色当行。所谓本色，就是把口语入剧，使诗意与本色完美结合；所谓当行，就是善于借助语言来刻画人物，使之典型化的问题。吴梅在《顾曲尘谈》一书的《论作剧法》一节中这样写道："一本传奇，至少须有七八人，说何人宜肖何人，议某事宜切某事，赋风不宜说月，赏花不宜贩草，使所填词曲宾白，确为此人此事，为他人他事所不能移动，方为切实妙文。诗古文辞，总宜贴切，填词何独不然，各人有各人之情景，就本人身上，挥发出来，悲欢有主，啼笑有根，张三之冠，李四万万戴不上去，此即贴切之谓也。""要使其人须眉如生，而又风趣悠然，方是出色当行之作。"① 吴梅在这里所说的"贴切"和"须眉如生"云云，指的都是自然、真实、贴切、个性化，即戏剧创作必须遵循的环境和人物塑造的典型化原则。《救风尘》里赵盼儿的唱白，就将关剧的这个特点表现得淋漓尽致。

【浪里来煞】你收拾了心上忧，你展放了眉间皱，我直着花叶不损觅归秋。那厮爱女娘的心，见的便似驴共狗，卖弄他玲珑剔透。（云）我到那里，三言两句，肯写休书，万事俱休。若是不肯写休书，我将他掐一掐，拈一拈，搂一搂，抱一抱，着那厮通身

---

① 吴梅：《吴梅戏曲论文集》，中国戏剧出版社1983年版，第60页。

酥，遍体麻。将他鼻凹儿抹上一块砂糖，着那厮舔又舔不着，吃又吃不着。赚得那厮写了休书，引章将的休书来淹的撒了。我这里出了门儿。（唱）可不是一场风月，我着那汉一时休？（下）

赵盼儿的豪爽、泼辣、侠义，有谋略，有胆识，做事周密，在这段唱中都得到了充分展现。从语言角度来看，这段唱词充分体现了本色特征。表面上，很市井，甚至很粗俗，但却完全是性格化的语言。取譬设喻，声色口吻，都非常符合一个生活在社会底层风尘女子的身份。还是《救风尘》，在第二折赵盼儿嘴中形容妓女们迫切希望逃离火坑，嫁个富裕子弟的情景时形容说："一个个眼张狂似漏了网的游鱼，一个个嘴卢都似跌了弹的斑鸠。"而形容纨绔子弟骗取妓女感情对天盟誓的情景时则说："那一个不嗲可可道横死亡？那一个不实丕丕拔了短筹？"这样一针见血、泼辣形象的语言，只有风尘女子赵盼儿嘴里才能说出来，不仅老实厚道的窦娥（《窦娥冤》）、年轻端庄的寡妇谭记儿（《望江亭》）说不出来，就是同为妓女的谢天香（《谢天香》）、杜蕊娘（《金线池》）和宋引章（《救风尘》）同样说不出来。这些话，只有从深谙世事、聪明过人而又行侠仗义的赵盼儿嘴里说出来才可信，具有人物特有的生命活力。

关剧并不为俚俗而俚俗，刻意讨好、迎合观众，而是从人物形象、性格、气质、情景出发，决定语言个性和基调，为传神地刻画人物服务。如《单刀会》中关云长的语言就充满了豪迈、壮阔的浩然之气：

（正末云）看了这大江，是一派好水呵！

（唱）【双调】【新水令】大江东去浪千叠，引着这数十人驾着这小舟一叶。又不比九重龙凤阙，可正是千丈虎狼穴。大丈夫心别，我觑这单刀会似赛村社。（云）好一派江景也呵！

（唱）【驻马听】水涌山叠，年少周郎何处也？不觉的灰飞烟灭，可怜黄盖转伤嗟。破曹的樯橹一时绝，鏖兵的江水犹然热，好教我情惨切！（带云）这也不是江水，（唱）二十年流不尽的英雄血！

赋予语言极高的精神张力，使得人物刻画生动传神，充满个性。正如明人臧晋叔在《元曲选序》中评价的那样："人习其方言，事肖其本色，境无旁溢，语无外假，关目紧凑。"贾仲明的挽辞说关汉卿"珠玑语唾自然流，金玉词源即便有"，对其语言也给予了高度评价。

三　奠基戏曲行业规程基础的意义

关汉卿的历史贡献绝不仅仅限于杂剧创作本身，而是全面地确立了中国戏曲在文学史上的崇高地位。

他对杂剧艺术高度尊崇，以严肃的创作态度，对这一新兴的、通俗的艺术投入全部生命的热情。使之摆脱滑稽娱乐的状态，赋予深刻的思想内涵、独到的审美意境，使得这一通俗的娱乐样式，脱胎换骨，登上文学史的大雅之堂。并且无意中促成了中国文学从雅到俗的转变，元杂剧是中国文学的分水岭。

他规制、确立了中国戏剧的完整体系。他与元代杂剧作家们，通过大量的创作，将戏曲发展过程中逐渐形成的行当划分、虚拟表演、程式化结构等基本形式固定下来，形成了成熟的、符合东方审美的、中国独有的戏曲体系。这一体系经过八百多年的流传，依然被遵循。

他为中国戏剧艺术奠定了良好的行业规程。他不但编剧，更是冲破社会世俗偏见，"躬践排场，面敷粉墨，以为我家生活，偶倡优而不辞"[①]。是编剧兼导演和演员。当这种行为遇到社会非议时，他更是在散曲【南吕·一枝花】中明确地表示："你便是落了我牙、歪了我嘴、瘸了我腿、折了我手，天赐与我这几般儿歹症候，尚兀自不肯休。则除是阎王亲自唤，神鬼自来勾，三魂归地府，七魄丧冥幽，天哪，那其间才不向烟花路儿上走。"表现出了坚定无畏的信念。这种勇于进行深入的艺术探讨，勇于不断进行舞台实践的精神，使得他的杂剧创作符合戏曲规律，更贴近民众，能够在第一时间获得观众共鸣。而这一精神的神髓，至今依然是戏曲成功的制胜法宝。编剧必须懂得舞台，

[①] （明）臧懋循：《元曲选序》，见《元曲选》卷一，上海中华书局据明刻本校刊，出版日期不详，第3页。

懂得戏曲表演，懂得观众，剧本的创作才能取得成功。

他拆除了文人和表演艺术家之间的高墙深壑。从钟嗣成《录鬼簿》等有限的史料记载中，可以发现关汉卿与很多剧作家、表演艺术家相互之间不仅是事业同道，也是艺术知音，生活挚友，关系非常密切，合作也很多。如关汉卿与杨显之、梁进之、费君祥等为好友。关汉卿与珠帘秀之间时有唱和。杨显之号称"杨补丁"，亲力亲为地为他人修改润色剧本。相互之间建立如此友好、合作的关系，看似只是关汉卿个性化的个人行为，但是在中国文化史上却是一个了不起的具有时代性的跨越。传统上，中国文人与歌者、舞者、傅粉扮相者在身份地位上分野相距万里，贵贱有天壤之别。尽管唐宋时期文人墨客狎妓之风盛行，但是所持态度大多摆脱不了赏玩甚至玩弄。即使有些文人，如宋代的范仲淹、欧阳修、柳永、苏轼、辛弃疾、陆游这些闻名遐迩彰昭史册的大文学家，他们也养舞女，近歌女，纳小妾，狎妓的表象之下，存有一份真情，但即使是这份真情，也摆脱不掉男女性爱、情爱的范畴。而关汉卿则不同，他是烟花柳巷中常客，虽然自称是"浪子班头"，但与艺术家，包括女性艺术家，却建立了一份基于艺术的相互敬重、人格的相互尊重，地位的彼此平等关系。其实，在元代，教坊中人的身份地位是非常低的，属于贱籍。他们只能相互之间通婚，不能嫁娶平民，不能参与科举，不能步入仕途。而生下来的儿女，也入贱籍，等于是世代为奴。教坊色长赵文殷、教坊勾管张国宝、红字李二（他是教坊刘耍和之婿，按照推断应该也是身在贱籍）、花李郎（刘耍和婿）四人都写过杂剧，但是明初的朱权作《太和正音谱》，还是将这四个人列入"娼夫"之列，以示与其他作为"群英"的杂剧作家们的区别。他又引元代著名文学家、画家赵孟𫖯的话说："良家子弟所扮杂剧，谓之行家生活；娼优所扮者，谓之戾家把戏。"把同样的登台演出，分出"行家"和"戾家"，就是从社会身份着眼的。可见当时世人眼中，贵贱之分还是不容逾越的。作为作家，关汉卿与他同时期的杂剧创作团队，身份地位虽然不如创作诗文的"正途"文人，但是那只是百步五十之别，毕竟还属于相同的阵营。所以赵孟𫖯这样的"开明"人士，对杂剧这一新的文学样式进行肯定，不吝大加褒赞，称"杂剧出于鸿儒硕士、骚人墨客所作，皆良人也"。并指出："若非我辈所作，娼优岂能扮乎？"将一代文化繁荣的功劳尽数归于"群英"。而关汉卿在观念上则打破了这种禁忌，他不仅专事写作杂剧这种俗文学，还与"娼夫"为伍，更是"躬践排场，面敷粉墨"，欣然登台，与身份低微的表演艺术家们为伍。在与珠帘秀等人的交往过程中，更是充满了平等的尊重和艺术才华的相互赏识。这种平等尊重，充分交流沟通，是剧作家进一步掌握表演规律，进而提升创作艺术性的前提；同样也是表演艺术家深刻理解充分表现剧作家作品内涵，创造出典型形象的基础。更是元大都杂剧能够蓬勃发展兴盛的重要原因。后来，随着北方经济的衰退和社会动荡的加剧，以关汉卿、珠帘秀为代表的很多元大都的杂剧作家和表演艺术家陆续离开北方，来到富庶繁华的江南，在前朝旧都杭州流寓定居。由于大家是作为个体脱离大都原有的杂剧团队，到了南方也就星散流离了。所以，北杂剧在南方并没有能够形成气候，继续保持在大都的兴盛局面。这充分说明，戏曲艺术，是团队合作的艺术，创作和表演不可偏废。唯有信念坚定，精诚合作，利益共同，才能有所作为。关汉卿所引领的创作、表演、评论相互启迪，彼此影响，作家、演员、理论家相互交流、切磋，共同合作，同行之间相互学习、竞争，不断创新的机制，使整个大都剧坛异常活跃，充满生机活力。这样的作为，这样的影响，才是一个旗手、一个行业领袖应该起到的作用。

元代前期是杂剧的鼎盛时期，其中心在大都。到杂剧发展的后期，受到北方政治动荡，社会不安定等诸多因素的影响，使得这个中心南移。杭州是南宋首都，繁华优裕，南北一统后，美丽的湖光山色和浓厚的文化气息很快就吸引了大批的北方戏剧家来到杭州并定居下来。关汉卿、白朴等著名杂剧作家都先后到了那里，大都元代杂剧中心的地位由于关汉卿这样文化领军人物的大举南迁也被取代，让位于杭州。北杂剧在杭州虽然没有形成气候，但是由于其体制运营等方面的影响，以及北方杂剧作家的带动，大批南方杂剧作家迅速成长。王骥德在《曲律》中说"入元而益漫衍其制，栉调比声，北曲遂擅盛一代"①。于是，杂剧发展成为真正意义的"国剧"。

第三节 政治经济因素对文化人才及创作的影响②

元杂剧发展繁荣，与文学和商业的密切结合息息相关。杂剧演出市场的兴盛，是杂剧创作繁荣的显性后果，也是促进其大力发展的强劲动因。这在一定程度上改变了文学、政治、经济三者的关系，改变了文学家与统治集团之间的关系。当杂剧创作成为艺术演出市场链条中最重要环节时，杂剧作家有了在社会生活中安身立命的空间，他们在赢得经济自由的同时，自身也获得了心灵解放与人格独立，这些在他们的作品中得以凸显。杂剧作家和作品所表现出来的全新面貌，对作家地位和文学功能都具有革命性变革意义，也在一定程度上决定了未来文学发展的历史走向。

一 杂剧的商业化新属性

明朝方孝孺在《赠卢信道序》中评价前朝"元以功利诱天下，众欢趋之，而习于浮夸，负才气者以豪放为通尚，富侈者以骄佚自纵，而宋之旧俗微矣"。论断虽有偏颇，但确实又一针见血地道出了元朝与中国传统农耕社会的本质区别以及士风的根本转变。元朝重视商业，城市经济极为活跃，影响深入到了社会生活各层面。不仅在思想上冲击着重农抑商、崇义黜利的传统观念，而且在诸多方面打破了传统社会的旧有秩序。以杂剧为代表的俗文学商业化程度加深，改变了文坛基本面貌和整体格局，改变了中国文学发展的历史走向："俗"文学迅猛发展，赢得了与"雅"文学分庭抗礼的半壁江山，而

---

① （明）王骥德：《曲律》，见中国戏曲研究院编《中国古典戏曲论著集成》（四），中国戏剧出版社1959年版，第55页。

② 本节以《从经济自由到人格独立与创作鼎新——元代杂剧作家地位以及文学功能的重新确认》的题目发表于《南开大学学报》（哲学社会科学版）2013年第1期，并被《人大复印报刊资料》2013年第4期全文转载。

且带来了文学功能、作家地位等一系列的深刻革命。

元杂剧本身就是城市经济发达的产物。繁荣的商业，富足的生活，相当的文化素养，在人口密度较高的都市培养造就了足够多的消费观众，而且为戏班、剧作家、编导、演员提供了足以维持体面生活和延续创作新品的物质基础。元杂剧已经彻底脱离了戏剧敬神娱神的最初本源，也走出在宫廷、宴前娱悦君王的基本形态，蜕变为以满足精神消费为手段赚取商业利润的商业行为。杜仁杰的【般涉调·耍孩儿】《庄家不识勾栏》就形象地再现了某地杂剧演出的情景。这里不仅有相当于商业广告式的招揽："见一个人手撑着椽做的门，高声的叫：'请请'"；也有"要了二百钱放过咱"这种对纯粹商业性演出的清晰交代；还有"层层叠叠团圞坐"① 这种对专业演出场所的介绍。从中都可以看出元代杂剧演出，已经具备了商业化性质的所有必备元素。

一个城市，人们的生活方式、消费方式，是这个城市最显著的文化特征。元大都富足繁荣，人们注重物质和精神享受，看剧听戏成为最重要、最普遍、最基本的休闲文化活动，具有民众的广泛性。无名氏的【般涉调·耍孩儿】《拘刷行院》套曲中写道"穿长街蓦短衢，上歌台入酒楼，忙呼乐探差祗候，众人暇日邀官舍，与你几贯青蚨唤粉头。休辞生受，请个有声名旦色，迭标垛娇羞"②。高安道的【般涉调·哨遍】《嗓淡行院》写道："暖日和风清昼，茶余饭饱斋时候。……待去歌楼作乐，散闷消愁。倦游柳陌恋烟花，且向棚阑玩俳优，赏一会妙舞清歌，瞅一会皓齿明眸，趂一会闲茶浪酒"③。结伴看戏邀约听曲已经成为当时人们茶余饭后必不可少的休闲娱乐活动，而这种休闲娱乐是需要付费的。这是一个庞大的市场，众多的艺术爱好者，常态化的消费习惯，造就了杂剧的极度兴盛繁荣。这为包括杂剧作家在内的杂剧生产者提供了较为稳固而丰厚的经济保障，使得他们有史以来第一次通过市场获得经济独立成为可能。

---

① （元）杨朝英选辑：《朝野新声太平乐府》卷九，中华书局1958年版，第335页。
② 同上书，第342页。
③ 同上书，第346页。

二　杂剧作家以文为养的新生路

体制上，元代承续前朝，依然实行教坊乐籍管理制度，所不同的是，在籍的乐工、艺妓在完成官府规定的应招任务之余，可进行纯粹商业演出，并获取报酬。《青楼集志》云："内而京师，外而郡邑，皆有所谓勾栏者，辟优萃而隶乐，观者挥金与之。"①《马可·波罗游记》也说，在大都"附郭之中"居住的艺妓"计有二万有余，皆能以缠头自给"②。一般艺妓尚且如此，名家名角更是受到市场热烈追捧。顺时秀是大都名重一时的优秀演员，明初高启的《听教坊旧妓郭芳卿弟子陈氏歌》赞扬她歌舞的出类拔萃："仗中乐部五千人，能唱新声谁第一？燕国佳人号顺时，姿容歌舞总能奇。"而她的演出是如此的频繁："晚出银台酒未销，侯家主第强相邀。宝钗珠袖尊前赏，占断春风夜复朝。"③ 其演出邀约之多、之频繁、之殷勤、之迫切简直令人应接不暇。可见当时人们已经具备了非常清晰明确的品牌意识。一旦一种商品具备了品牌效应，那么，它就具备了获得超级利润的可能。消费名牌，对购买者来说，不仅是经济实力的象征，更是身份、地位的象征，可以使荣耀之心得到极大满足。这说明杂剧作为一种文化产品，其商业属性发展已经相当完备、成熟。观众对于优秀剧作家和演员不仅以掌声，更以酬金多寡来表达自己的好恶评判。我们从《青楼集》以及其他元人诗词笔记中可以管窥当时一些著名艺妓的生存状态。如大都艺妓张怡云"名重京师"，她住在大都最为繁华的黄金之地海子附近，家中日夜高朋满座，经常性地举行大型文化沙龙活动和豪华歌舞宴饮，赵孟頫、商道、高克恭等清贵近臣为其画像写真，卢挚等名公显贵为其题字作曲，姚燧、阎静轩、史天泽等高官与其关系密切交往频繁，其所用"酒器皆金玉"。这样豪华的排场必

---

① （元）夏伯和：《青楼集志》，见崔令钦等《中国文学参考资料小丛书》（第一辑），上海古典文学出版社1957年版，第48页。
② ［意］马可·波罗：《马可·波罗游记》卷二，第九十四章《汗八里城之贸易发达户口繁盛》，冯承钧译，中华书局1954年版，第379页。
③ 李圣华选注：《高启诗选》，中华书局2005年版，第31页。

有雄厚的物质资本支撑。张怡云席间献歌一曲，史中丞（天泽）马上取银二锭相酬，报酬可谓丰厚。① 关汉卿说珠帘秀"富贵似侯"（【南吕·一枝花】《赠珠帘秀》）。张玉莲因为丝竹等各种乐器皆精，通晓音律，贵公子多与之往来，所以"集家丰厚，喜延款士夫，复挥金如土，无少靳惜"②。歌妓樊真真所用梳篦竟然是金质的③，连身居高位见多识广的胡祗遹对此也不无感慨："富贵贤愚共一尘，万红千紫竞时新。到头谁饱黄粱饭，输于逢场作戏人。"④ 这些杰出的演艺者之所以能够在众多的艺妓中脱颖而出，除了自身的艺术水准较高外，众多优秀剧目的存在也是不可忽视的因素。她们与杂剧作家、优秀剧作三者之间有着极高的依存度。

商业以追逐利润为目标，激烈的市场竞争导致商品差异化。杂剧演出市场同样遵循这一经济规律，由于演出团体众多，竞争激烈，甚至"对棚"也就是打擂演对台戏的情形时有发生。杂剧是表演艺术，演员技艺固然是这个生产链条中重要的一环，杂剧作家富于创造力的作品则是同样重要的另外一环。为了更大规模地占有演出市场，所有的演出团体都期望拥有更多、更新、更适合不同观众审美需要的杂剧作品，这种需求源源不断。《青楼集》记载："勾阑中作场，常写其名目，贴于四周遭梁上，任看官选拣需索。"⑤《元刊杂剧三十种》也在剧目名称之前标明"大都新编""新刊关目""新刊的本""新编""新编关目""大都新刊""新编足本"等字样，在名称之后又分别注明是由关汉卿、高文秀、郑廷玉、马致远、武汉臣、尚仲贤、石君宝、张国宾、王伯成、纪君祥等人创作。同时，当时的许多杂剧脚本

---

① （元）夏庭芝：《青楼集》，见中国戏曲研究院编《中国古典戏曲论著集成》（二），中国戏剧出版社1958年版，第18页。

② 同上书，第31页。

③ 同上书，第25页。

④ （元）胡祗遹：《赠伶人赵文益》，见《紫山大全集》卷七，台湾商务印书馆1973年版。另见俞为民、孙蓉蓉主编《历代曲论汇编：新编中国古典戏曲论著集成》（唐宋元编），黄山书社2006年版，第217页。

⑤ （元）夏庭芝：《青楼集》，见中国戏曲研究院编《中国古典戏曲论著集成》（二），中国戏剧出版社1958年版，第38—39页。

都在宾白与唱词中特意说明是才人所编或新编，如无名氏的《蓝采和》杂剧第一折，末唱【油葫芦】："甚杂剧请恩官望着心爱的选，俺路歧每怎敢自专。这的是才人书会划新编。"① 可见出自名家，属于原创、新作，剧目丰富，已经成为争夺市场的决胜条件。观众对作家清晰的品牌意识，使得优秀作家的号召力丝毫不输于优秀演员。既然作家如此重要，他们的价值就一定会在市场的商业链条中以经济的方式得到充分体现。依据价值与价格对等原则推断，优秀的杂剧作家经济境况理应相当殷实。关汉卿在套数【南吕·一枝花】《不伏老》中描述自己的生活是："我玩的是梁园月，饮的是东京酒，赏的是洛阳花，攀的是章台柳。我也会吟诗，会篆籀，会弹丝，会品竹；我也会唱鹧鸪，舞垂手；会打围，会蹴鞠，会围棋，会双陆。"② 这样的生活，必有相当雄厚财力作后盾方能支撑。贾仲明为剧作家李宽甫所作吊词中称其："西台令史合肥官，局量胸襟怀抱宽，银鞭紫马驿蛮窜。宴秦楼，宿谢馆。肉屏风，锦簇花攒。金叵罗，醉斟琼酿。青定瓯，茶烹凤团。红绕羊，玛瑙犀盘。"③ 其奢侈豪华一样地不输王侯，可见财力雄厚非同一般。关汉卿、李宽甫都是大都作家，他们的收入和生活，理应具有一定的代表性。在谈及元代士人的经济地位时，现代史学家钱穆先生颇具真知灼见，他在《读明初开国诸臣诗文集》及续编中指出："元虽不贵士，然其时为者之物业生活，则超出编户齐氓远甚。……故元代之士，上不在廊庙台省，下不在闾阎畎亩，而别自有其渊薮窟穴，可以藏身。"又说："元廷虽不用士，而士生活之宽裕优游，从容风雅，上不在天，下不在地，而自在山林江湖可安，歌咏觞宴可逃。"④ 个人价值通过市场回报得以体现，经济的自立是杂剧作家建立独立人格发展自由精神的物质基础。与传统士子"达则兼济天下，穷则独善其身"的传统相比，杂剧作家能够抛弃

---

① 谭志湘、郭汉城编：《中国戏曲经典》第二卷，山东教育出版社2005年版，第510页。
② 人民文学出版社编辑部编：《中国古典词曲》，人民文学出版社1995年版，第236页。
③ （元）钟嗣成等：《录鬼簿（外四种）》，上海古籍出版社1978年版，第24页。
④ 钱穆：《读明初开国诸臣文集》，见《新亚学报》6卷，第2期，第245—346页，1964年。又见《中国学术思想史论丛》，台北：东大图书公司1993年版，第164页。

"不仕则隐"二选一的规则，自由地行走在第三条道路上。他们摆脱了千百年来文人士子附庸于统治集团的窠臼，闯出了一条以文为养的独特职业道路。这在中国文学发展历程中史无前例，具有开创性的革命意义。而这种变革得以最终实现，是元代社会政治、经济、文化多种复杂因素相互作用的结果。

三 自由独立的新精神

元科举制度的废弛堵塞了知识分子的仕进之途，但对剧作家的成长和壮大却绝非仅有灾难性的负面意义。科举自产生之日，就是为国家招揽、选拔、聚集人才的重要手段。但同时也是传播、灌输统治阶级思想的重要渠道，发挥着禁锢思想，限制人才自由成长与发展的作用。科举产生后，绵延数百年，即使是辽、金这样少数民族统治的王朝也从未彻底中断，唯有元朝成为一个异数。《元史》记载："帝（忽必烈）尝从容问曰：高丽，小国也，匠工弈技，皆胜汉人。至于儒人，皆通经书，学孔、孟。汉人惟务赋吟诗，将何用焉！"[1] 在不谙汉文化本质的蒙古政权最高统治者眼中，华夏传统文化所尊崇的孔孟之道与诗词歌赋毫无价值，甚至不如小国匠人的一技之长。科举废弛，阻断了文人士子传统的仕进出路，但却将他们从"四书五经"的禁锢中解放出来，社会上少了些"学而优则仕"的功名利禄追求者，多了一些寻找各种途径追求自我价值实现的人，目标更加多元。由于由科举而入仕途道路的阻断，以往可以预期的辉煌前程化为乌有，社会地位骤然降低，原本自命清高的文人士子被迫走出书斋，走近民众，开始了解人民的喜怒哀乐，这种感情的转变成为杂剧产生的思想基础。

与此同时，失却从政期许的文人士子立场也悄然游移，与统治阶级的关系发生了根本变化。"学得文武艺，货与帝王家"，在传统社会除了赢得君王赏识，政治上别无选择。如今科举废除，政治的羁绊和束缚随之松懈，既然荣辱穷通都与统治阶层无关，那么谁还愿意拜

---

[1] 《元史》，中华书局1976年版，第3746页。

倒在皇权之下，委曲求全，甘当附庸呢？虽然开始确曾感受到被抛弃的痛苦，但发现获得的却是"粪土王侯"的自由。杂剧作家们普遍追求放达适意，明显表现出对帝王、对统治政权的疏离感。庾天锡云："名缰厮缠挽，利锁相牵绊。孤舟乱石湍，羸马连云栈。宰相五更寒，将军夜渡关。创业非容易，升平守分难。长安，那个是周公旦？狼山，风流访谢安。"（【双调·雁儿落·过得胜令】《名缰厮缠挽》）① 在这位杂剧作家眼中，出将入相不过是烦心多多，即使贵为君王，也不值得羡慕。反倒是风流自适的谢安，可以引为同道知己。关汉卿在【越调·斗鹌鹑】《女校尉》中也明确地表示说："平生肥马轻裘，何须锦带吴钩？百岁光阴转首，休闲生受，叹功名似水上浮沤。"② 他要追求悠然自适无拘无束的生活："适意行，安心坐，渴时饮，饥时餐，醉时歌，困来时就向莎茵卧。日月长，天地阔，闲快活。"（关汉卿【南吕·四块玉】《闲适》）③ 马致远也说过同样的话："图甚区区苦张罗？"他希望能够"远红尘千丈波"（【南吕·四块玉】）。王实甫说得更直白："有微资堪赡赒，有亭园堪纵游。保天和自养修，放形骸任自由。把尘缘一笔勾，再休提名利友。"（【后庭花】）为此，他对自己的要求是明哲保身："遇事休开口，逢人只点头。见香饵莫吞钩，高抄起经纶大手。"（【梧叶儿】）④ 这些杂剧作家与历史上大多数传统诗文作家的人生是何等地不同，一个是积极入世、强颜谏诤的形象，一个却是悠然自适、远离红尘、充分享受生活的态度。

杂剧创作同样表现出自由、解放的精神。关汉卿在《窦娥冤》中指天骂地，这样的叛逆之言，在其他王朝根本听不到，也没有哪个诗词作家敢于说出口。说到与统治政权关系的疏离，元代杂剧作家与文

---

① 周振甫主编：《全元散曲》，黄山书社1999年版，第42页。（元）杨朝英编，许金榜注：《阳春白雪（注释本）》，中州古籍出版社1991年版，第101页。（元）杨朝英编：《元曲三百首》，中国文史出版社2003年版，第160页。

② 周振甫主编：《全元散曲》，黄山书社1999年版，第36页。

③ 陈乃乾编：《元人小令集》，开明书局1935年版，第215页。中国社会科学院文学研究所编：《词曲选读》，作家出版社2000年版，第92页。

④ 周振甫主编：《全元散曲》第一册，黄山书社1999年版，第113页。

学史上展现"魏晋风度"的群体表面看倒是有着几分形似。但魏晋士人寄情山水,注重内心体悟,追求清静无为。而杂剧作家却始终关注社会、关注民生,褒扬正义、褒扬爱情、褒扬真善美,抨击政治的黑暗、官场的丑恶、官员的无耻。他们以极大的热诚,特别的方式,体现出了"济世泽民"的情怀。所以二者之间,有着鲜明的本质区别。杂剧作家这种特立独行的态度,表面看是由元代特殊的民族政策、人才选拔制度、官吏任用制度所造成的,但是更根本的原因却是杂剧的商业化。对于杂剧作家来说,观众才是衣食父母、安身立命的根基、决定生死的上帝。杂剧不仅是个人表达激情的渠道、抒发感情的依托,更是他们立足社会赖以生存的谋生手段。为赢得观众,占有更广阔的艺术演出市场,他们就必须成为民众的代言人,以民众的喜怒哀乐为创作立场,以民众的喜好作为杂剧创作的审美追求,这使杂剧作家敢于大胆地发出前人未发之论见,唱出对理想生活的追求和对黑暗现实的呐喊、抨击,表现出以人为本的价值观念,艺术创作也更趋个性化。

尽管杂剧作家对进宫为皇家演出依然有所期待,但在他们眼中,皇帝已失去了神圣的光环。高启的《听教坊旧妓郭芳卿弟子陈氏歌》有言:"当筵按罢谢天恩,捧赐缠头蜀都绮。"[①] 既然皇帝观看演出并不白看,给予的赏赐如此丰厚,又有谁不愿意招徕这个财大气粗出手阔绰的多金"主顾"呢?何况,进宫演出对编剧和演员来说,都是一块不可多得的金字招牌,可以作为标明艺术水平、拓展市场时进行宣传的诉求亮点。《元宫词一百首》就记载说"初调音律是关卿,伊尹扶汤杂剧呈。传入禁垣宫里悦,一时咸听唱新声","尸谏灵公演传奇,一朝传入九重知。奉宣赍与中书省,诸路都教唱此词"[②],这里所说的"传奇"也就是杂剧。由词中可见皇帝的提携称赞对杂剧的传播大有裨益。

[①] 李圣华选注:《高启诗选》,中华书局 2005 年版,第 31 页。(清)沈德潜选编:《明诗别裁集》卷一,山东文艺出版社 1995 年版,第 692 页。

[②] (明)朱有燉:《元宫词一百首(并序)》,见《辽金元宫词》,北京古籍出版社 1988 年版,第 19—20 页。

四　以人为本的新创作

文学从本质上说是社会生活的反映，是作家真实思想情感的表达。但文学从未真正单纯过。它与政治、与统治阶层有着千丝万缕的联系。创作者始终带有或明或暗、或卑琐或崇高的功利目的。从《诗经》开始的兴观群怨，就是要使得民众的心声闻达于最高统治者。楚辞中屈原的《九歌》《天问》，也都是在呼唤最高统治者任贤纳良，改变国政。魏晋南北朝是文学的自觉时代，慷慨悲歌的建安风骨，以建功立业为主旋律，同样以报效为主旨。此后士人诗词歌赋的文学创作，也无不希望能够闻达于上，受到统治阶层赏识重用，以实现自己的政治理想和抱负。整个唐诗更是充斥着书生立誓建功立业图像凌烟阁的万丈豪情。李白最执着的人生信念就是"申管晏之谈，谋帝王之术，奋其智能，愿为辅弼"（《代寿山答孟少府移文书》），希望出将入相，建功立业。他歌颂求贤若渴、礼贤下士的英主，表示自己愿意像古代英才一样，为君王贡献一切："君不见昔时燕家重郭隗，拥篲折节无嫌猜。剧辛乐毅感恩分，输肝剖胆效英才。"（《行路难》）一生虽屡遭挫折，但初衷不改，自信"天生我材必有用"（《将进酒》）、"我辈岂是蓬蒿人"（《南陵别儿童入京》）。在古人眼中，君国一体，忠君就是爱国。杜甫所有的政治理想也只能通过君王实现，所以尽管知道"许身一何愚，窃比稷与契"但仍"虽乏谏争姿，恐君有遗失"，一再表示要"致君尧舜上，再使风俗淳"（《自京赴奉先县咏怀五百字》）。无论国家强盛还是动荡不安，唐代士子，眼中始终盯着的是君王，幸运的，诗作闻达天庭得到赏识，就算走上了"终南捷径"。即使长安大道不通，也要退而求其次，到镇守一方的藩镇那里寻求政治出路，所以进入幕府成为很多文人士子的选择，这也是唐代边塞诗作特别兴盛的重要原因。总之，文人的前途命运一定要与政权和统治阶层建立直接的联系，他们的创作往往是为实现政治理想服务。即使是看似纯消闲文学代表的唐传奇，也有着强烈的功利色彩。待举的士子，撰写引人入胜的传奇故事，展示才华文思，博得主考官关注青睐，以期在科场求得好名次。因而，传奇这种科举的敲门砖有一个更直截了当的名字,叫"温卷"。宋代更是儒家思想一统天下的王朝,无论是欧阳修、苏轼、黄庭坚,还是陆游、辛弃疾、秦观,诗词文中所表达的依然是被君王赏识的兴奋或不被重用、政治抱负难以实现的苦恼,忠君爱民思想始终是贯穿创作的中心主线。即使是被称为"浪子"的市井词人柳永,从他"奉旨填词柳三变"的自嘲中,也依然能够深切地感受到他对被君王遗弃后产生的巨大遗憾和内心悲哀。

到元代,杂剧作家的独立人格和精神解放,改变着文学创作的基本形态,杂剧这种新的文学样式,以全新的面貌展现于世。在中国传统文学中,无论诗词文赋还是其他形式,儒家文学观贯穿始终。从《诗经》的诗言志开始,文学就被赋予了太多的政治功能、社会功能,它要代统治阶级行克己复礼的"教化"之能。后世文学更将文以贯道、文以明道、文以载道作为文学创作的基本功能和最终目的。此"道"在大多朝代就是孔孟之道,核心是维护"君君、臣臣、父父、子子"的社会秩序,培养知足常乐的内心安宁。甚至由于对"道"过分强调,有些创作沦为解读、宣讲"道"的教科书,寡而无味,真情尽失。

杂剧作家虽然同样有着儒家思想的印痕,他们关注现实民生,但是,其作品所透射出的却是以人为本、思想解放的光辉。如对妇女的尊重与歌颂(《救风尘》),对真挚爱情的大胆追求(《西厢记》),无不彰显着对伦理、道德等社会旧有秩序的反叛精神。元杂剧最基本的精神就是卑贱者最聪明,高贵者最愚蠢。所以,寄居尼庵却春心萌动的少妇(《望江亭》),都市中沦落风尘的弱女子(《救风尘》),甚至是打家劫舍反对皇权秩序的绿林好汉(《李逵负荆》),都作为智慧、勇敢、正义的化身,成为站立在舞台中央的主角,备受歌颂。而"高贵者",包括飞扬跋扈的皇亲国戚、大权在握的地方官吏、财大气粗的商人,却都成了贪婪、丑恶、愚蠢的代名词,受到辛辣讽刺,无情揭露。剧作家甚至敢于将批判矛头直指最高统治者,嘲笑他面对强敌的软弱无能(《汉宫秋》)。更令人鼓舞的是,杂剧作家通过一系列妇女形象的成功刻画,直接对儒家传统道德观念、尊卑观念、男女不平等观念进行了大胆批判。如罗梅英面对恃财逼婚的李大户不仅敢于大打出手，还痛骂了离家十年，归来后竟然敢于调戏自己的丈夫秋胡，表现出自尊、自强、凛然不可侵犯的人格魅力。更为惊世骇俗的是，她竟对"夫纲"提出挑战，公然宣称"要整顿我妻纲"（《秋胡戏妻》）。须知，那是儒家纲常中被视为不可撼动的律条。《汉宫秋》中，国难当头，挺身而出的是柔弱女子，王昭君"情愿和番，得息刀兵"，被塑造成救国救民救君王救大臣于刀兵水火的盖世英豪。与之形成强烈对比的，竟是将相大臣这些国家栋梁的惊恐失色，是天命化身皇帝的软弱无能。元人创作中这些"离经叛道"的反传统观念，正是杂剧的光辉所在。在杂剧的功能上，胡祗遹在其《赠宋氏序》开篇进行了生动描述："百物之中，莫灵莫贵于人，然莫愁苦于人。……于斯时也（指观剧——作者注），不有解尘网，消世虑，熙熙暤暤，畅然怡然，少导欢适者，一去其苦，则亦难乎其为人矣！此圣人所以作乐以宣其抑郁，乐工伶人之亦可爱也。"[1] 这说明元代人们对杂剧的功能有着非常清醒、深刻的认识，他们是为了娱人，即满足观众精神需求而创作，并不以"载道"为目的。

圣人立德，君子立言，被视为世上不朽盛事，是文人生命价值的最高体现。深受儒学传统熏陶的中国传统士人，期望通过立言，影响君王按照儒学理想规范社会秩序，以达到立德之目的。而元代的杂剧作家甚至冲破了"立言"这个创作的基本底线，既不在意讨好皇帝，也不关心身后是否能够树立起千古流芳的"立言"牌坊。在他们眼中，观众才是真正的上帝。尽管周德清认为杂剧创作之社会功能是"观其所述，曰忠，曰孝，有补于世"[2]，但是创作的出发点并非是要立言、立德。这从杂剧作家很少注重作品的流传以及生平传记的撰写都可以得到印证。对此王国维先生看得极为透彻，他指出："盖元剧之作者，其人均非有名位学问也；其作剧也，非有藏之名山传之其人

---

[1] （元）胡祗遹：《朱氏诗卷序》，《紫山大全集》卷八，见《文渊阁四库全书》集部一三五，别集。另有《紫山大全集》二十六卷，台湾商务印书馆影印本1986年版。

[2] （元）周德清：《中原音韵序》，见中国戏曲研究院编《中国古典戏曲论著集成》（一），中国戏剧出版社1958年版，第173—179页。

之意也。彼以意兴之所至为之，以自娱娱人。"① 自娱，就是以独立自由之精神抒写情志；娱人，就是立足舞台，满足观众。杂剧市场上，观众是作家的衣食父母，因而文学功能由注重教化向注重娱乐的转变成为必然趋势。

对艺术功能认识的改变，同样也使得杂剧创作表现出与传统文学迥然相异的风格面貌。传统文学观本于儒学"中庸"理念，以温柔敦厚，怨而不怒为艺术衡量标准，讲求中和含蓄。但对此过分强调，难免流于道貌岸然，平庸寡味。而杂剧无论歌颂真善美，还是抨击假恶丑，都充满激情，无不表现得直率、真诚、大胆，显示出蓬勃的生机和活力。这同样是因为杂剧是市场化的艺术，是消费艺术。观众的娱乐需求就是衡量标准，决定了杂剧创作的文学立场和基本面貌，谐谑、蒜酪味道等特色无不由此而生发。

杂剧开辟了文学与政治关系的全新天地，作家摆脱了对统治集团的附庸地位，这对文学发展的历史走向具有革命性的意义。正是这种独立自由忠于现实的精神，这种视观众为上帝，把与民众的和谐共振视为创作宗旨及艺术最高追求，并将其置于重于一切的认识，为中国俗文学未来的发展提供了可供借鉴的样板。这也是后来明清之际《红楼梦》《三国演义》《西游记》《儒林外史》和《金瓶梅》等名著和奇书产生的历史基石。

著名哲学家金岳霖，1922年曾参与蔡元培、胡适发起的"好人政府"的讨论，发表了《优秀分子与今日社会》一文，对知识分子与社会之关系提出四点希望：第一，能成为"独立进款"的人。第二，不做官，不把做官当作职业。第三，不把发财当作目的。第四，能有一个"独立的环境"，要有一群志同道合的人在一起。其实在这里他描述了自己有关文人生存的理想状态，如果稍作诠释的话，那应该是：文化生产能够成为一种自食其力的职业；他们不需要依附统治政权而有生存权利；不仅能够享有生产的快乐，并且拥有独立思想存

---

① 王国维：《元剧之文章》，见《宋元戏曲史》第十二章，商务印书馆1915年版，第124页。

在并自由表达的环境。依此标准,考察中国历史上元杂剧作家,他们的生存状态从某种角度而言,令人羡慕。

第四节　元朝的文化政策及大都对文化人才的吸纳

一个地域文化的发展,必然受到所处时代统治集团政治制度和文化态度的巨大影响。对于国家的首都而言,这种影响更加直接显著。作为国策,蒙元统治者实行民族压迫政策,将域内所辖国民分为四等:国人(即蒙古人)、色目人、汉人、南人。蒙古人和色目人把持朝政和国家重要的权力中枢,占人口最多、分布地域最广的中原以及江南人民深受民族压迫之苦。他们仕进的道路被堵塞,很少有人能够走进军政中央枢要。但是,这并不意味着他们在元代文化发展中的缺位。事实上,知识分子的良知和社会责任感,使得他们在任何时候都能充分意识到人才的宝贵,战乱时元好问就曾给耶律楚材写信,阐述人才的重要作用,并向他推荐了一大批重点保护名单。他们始终是元代文化发展的主体。他们中的杰出者,也依然尽其所能地发挥着承担历史责任的作用。只是,作用发挥的大小,与最高统治者的态度密切相关。这同样是毋庸讳言的。

元朝百余年的历史发展,统治集团的文化态度并不稳定,文化政策也不完备和连贯。总体来说,往往与主政的最高统治者的"汉化"程度深浅相关。台湾著名的元史专家萧启庆先生在他的《忽必烈潜邸旧侣考》中指出忽必烈"扬弃蒙古传统而建立继续汉唐帝业'元朝'的主要原因"尽管有政治、经济、文化等很复杂的原因,"但最重要的,最初启迪他了解这些原因,后来协助他发挥这些有利因素,在思想上影响他,在行动上协助他的则是他在潜邸时代的一些接触的辅佐的贡献"①。忽必烈的人才政策，是最为根本的文化政策；这些人才成就忽必烈帝王霸业的同时，也确立了元朝的文化基调。他们中的大多数，也成为元大都文化最重要的部分。

一 元朝人才观

元朝前期历代最高统治者中，忽必烈对文化发展的贡献、作用和影响最大。与其他诸位前任相比，他受到过更多的汉文化熏陶，并且因为在争夺汗位的过程中，以汉地的经济、军事力量为后盾，又广得汉人幕僚的助力，所以即位之后，不仅将统治重心放在汉地，而且改行"汉法"治国。所谓的"汉法"，指的是从前代中原王朝继承下来的制度配套完备的典章制度和统治政策。立国都于燕，改国号为"元"，设计建设大都城严格依照《周礼·考工记》，这些本身就表明了尊崇"汉法"的态度。在整个元代的发展过程中，元世祖忽必烈是最为重要的一代帝王。这个时期政治稳定，科技进步，文化也得到长足发展。

忽必烈自身并没有系统、完整、严密的文化发展方针和政策，他对文化发展的贡献，在于营造了文化发展的环境，提供了文化发展的条件。而这一切都是通过他对人才的广泛吸纳、充分尊重、放手使用来实现的。在认识人才、发现人才、搜求人才、网罗人才、培养人才、使用人才、保护人才、尊重人才等各个方面，忽必烈应该属于历史上少有的明君。他在人才观上表现出罕见的包容与开明。对人才的认定不拘成见。

首先，在人才标准判断上，忽必烈等开明的统治者更为全面。儒家思想下正统的人才观从汉代董仲舒"罢黜百家，独尊儒术"开始，到元代已经统摄中国千年之久。什么是人才，人才的标准，人才的培养，人才的使用，作为治国理政中最重要的内容，已经因惯性成为定

---

① 朱耀廷主编：《元世祖研究》，燕山出版社2006年版。萧启庆：《元代史新探》，台北：新文丰出版公司1983年版，第264页。萧启庆：《蒙元史研究》上，中华书局2007年版，第114页。注明：参看姚从吾先生撰《忽必烈对于汉化态度的分析》，1955年载《大陆杂志》十一卷一期。

制。中国传统的人才观，在价值判断上，似乎对于"通才"一般较为重视，给予很高的社会地位。所谓的通才，也就是官本位思维之下的能够在仕途上有所施展和表现的人。这样类型的人因为多是通过科举考试产生，所以基本上都是精通文史，深浸经典的饱学之士。对其他非科举教程所产生的专业人才反而不那么重视。蒙元起于朔漠，他们的人才观有着全新的视角和标准。蒙元统治者的思维似乎更为单纯，并不对人进行全面的形而上的考察，也从不唯文凭论。他们直截了当，你会什么，能干什么，就去干什么。无论当官还是做事，并无高低贵贱之分。这种全面的人才观，可以最大限度地充分利用各种专门人才，以求发挥其特长和最大作用。

其次，是关于人才的认定。蒙元对医、卜、工匠等各类专业技术人员都很重视，一般都将他们与宗教人士同等对待，在战争中加以保护。在蒙元统治者的概念中，儒士与之相同，甚至远不如这些实用人才更有价值。《高智耀传》："宪宗（蒙哥汗）即位，智耀入见……帝问：'儒家何如巫医？'对曰：'儒以纲常治天下，岂方技所得比？'帝曰：'善。前此未有以是告朕者。'"① 事实上，蒙元对技能型实用人才始终极为重视，给予较高的地位。甚至成吉思汗最早将耶律楚材奉为上宾，也并非把他视为治国理政的国家栋梁，而是因为他上知天文，下知地理，精于阴阳、卜算、历法、医术等。后来在十年西域朝夕相处中，才逐渐了解了他在其他方面尤其是治国理政以及文化发展方面的雄才大略，才开始采纳他在政治、经济、文化建设方面的意见和建议。忽必烈建元之后，重视"方技"的人才观念也没有根本改变。他曾经总结说："朕求贤三十年，惟得窦汉卿（默）及李俊民二人。"② 窦默精通医术，李俊民以术数见长，可见在忽必烈心目中方技之士的地位有多高了。在此情势之下，以前专以儒术求为进身之阶的士子们，"百家九流之人，亦杂出于其间……士之所以求进者，亦

---

① 《元史》卷一百二十五，中华书局1976年版，第3072—3073页。
② 《元史》卷一百五十八《窦默传》，中华书局1976年版，第2488页。

不专以儒术"①。元代凭借卜筮术数、工艺营造等历代视为雕虫小技的技术性特长而官至高位者不乏其人。《元史》卷二百零三《方技传》序总结说："元有中土……以术数言事辄验，及以医著效，被光宠者甚众。"可见这是一个非常普遍的现象。蒙元的王公贵族往往攻城略地，杀戮人民，但是对有各种技能的工匠却下令赦免，而且把他们作为战利品保护起来，集中迁移到安全的地方，为我所用，同样是出于实用的考虑。另外，传统上中原文化重农轻商，耻于言利，一贯对从商者采取鄙夷轻视态度，商人的社会地位始终也较低。元朝对国家的税收管理和经济开发极为重视，这方面的人才受到特别的重视，从事商业经营的富商大贾在元代也享有较高的地位。色目人中颇多擅长经商理财的专门人才，而且与蒙古贵族渊源较深，关系密切，所以很受倚重。至元二年（1265）元廷规定"以蒙古人充各路达鲁花赤，汉人充总管，回回人充同知，永为定制"②。当然，从另外一个角度看，这成为蒙古政权实行民族压迫政策的一个例证。

这种对科学、技术、商业等各方面专门人才的普遍重视，极大地提高了元朝全面发展的水平。元朝是天文历法、数学、地理学、医药学、军事技术、印刷造纸等全面发展的时代。

再次，人才使用，尽其所长。在人才认定和价值判断以及使用过程中，忽必烈的基本方针是不求全责备，以使物尽其用，人尽其能，充分发挥各方面人才的特别优长。在世界历史上，包括中国历史上，宗教从来都是一股不可忽视的政治势力。正，则安宁人心，平复矛盾；反，则蛊惑人心，煽动反叛。元朝统治者对宗教势力的作用和能力有着非常清醒的认识，始终注重发挥各种宗教的正能量。他们对各派宗教领袖礼敬有加，建立了非常密切的关系，使各个宗教势力皆能为社会和谐稳定发挥作用。

元朝以佛教为国教，但对其他宗教，如道教、伊斯兰教、基督教也一律接纳，这在中国历代统一王朝的历史上是绝无仅有的。这些宗

---

① （元）朱德润：《送强仲贤之京师序》，见《存复斋集》卷四，文渊阁《四库全书》本。

② 《元史》卷六《世祖纪三》，中华书局1976年版，第106页。

教都对元朝产生过广泛的影响。各种教派，在大都最为集中。早期对蒙古政治和大都发生较大影响的是道教全真道龙门派创始人之一丘处机和佛教大师行秀。宗教对于社会生活的影响，遍及各个阶层、多个层面，包括文学、艺术。考察元代的人才，根据其用途大体分为几类：治国理政之人，如耶律楚材；科技人才，如刘秉忠、郭守敬等；经济人才，如回回商团；宗教人才，如丘处机、万松老人等。他们都对元朝的政治、经济、军事、文化贡献甚大。

蒙元统治者很懂得术业有专攻这样一个道理，在人才使用过程中，尽力发挥其所长。《南村辍耕录》卷二十四"精塑佛像"条："刘元，字秉元，苏之宝坻人，官至昭文馆大学士、正奉大夫、秘书监卿。元尝为黄冠，师事青州杞道录。传其艺非一。而独长于塑。至元一年，世祖建大护国仁王寺，严设梵天佛像，特求奇工为之。有以元荐者，及被召。又从阿尼哥国公学西天梵相，神思妙合，遂为绝艺。凡两都名刹，有塑土范金，抟换为佛，一出元之手，天下无与比。所谓抟换者，漫帛土偶上而髹之，已而去其土，髹帛俨然像也。昔人尝为之，至元尤妙。抟丸又曰脱活，京师语如此。"从这段记载可知，刘元兼具多方面的才能，但是于雕塑最擅长，所以就尽用其长，给他机会，给他条件，使他尽情发挥自己的专长才能，终于成就了一代杰出佛像雕塑艺术家的伟绩。

文化方面元统治者基本上是"搜求无度"与"无为而治"并存相生的态度。所谓的搜求无度，就是什么样的人才都不肯放过，都不肯舍弃，并在他们能够理解的范围内都给予重用。所谓"无为而治"就是不从主观出发，事无巨细，到处指挥，而是肯于放手，让人才在专门的领域充分发挥其聪明才智和积极性、主动性以及最大的创造能力。

最后，对人才的网罗，不拘一格。蒙古统治者以掳掠起家，"拿来主义"和"为我所用"似乎一直是他们的治世箴言。元朝统治者于文化产品的聚敛同样不遗余力。仅以图书出版为例，至元十二年（1275），在灭宋征战中，忽必烈就下令大军将帅和派驻官员，沿途不仅要搜集经籍、图书、书画等，而且全部北运。彻底灭宋之后，又专门派遣使者到江南各郡，搜集南宋遗留的官书版，将其运抵大都。

之后据版付印，便成了元版书。这种"拿来主义"，表现在物质和文化各个方面，也表现在对各种人才的广泛招揽搜罗上。蒙古军队在攻城略地过程中不乏屠杀行为，但是对各种有一技之长者却网开一面，大量搜罗被占之地的医生、星相家、各种工匠、书画艺术家、宗教人士，一律进行分类管理，并予以免除徭役赋税的一些优待，使之各尽其能，为我所用。

元朝许多开创性的事业，都是利用前朝旧臣来开辟的，在使用人才方面，开创了"楚材晋用"的成功范例。王鹗，原出仕金朝，官至翰林学士应奉。"至元朝，定宗闻其贤，而召之至，乃授资德大夫，翰林学士。元朝有翰林国史院，公为开府也。"[①] 忽必烈对他"甚敬重，每见，以'状元'呼之"[②]。

元朝是一个科学无国界的时代。元廷对于人才的任用，既不拘因循陈规又不拘一格，还表现在将全世界的有用人才搜罗旗下，尽为我用的气魄和胆量。在人才的使用上，忽必烈也极为开放，这表现在英雄不问出处。他基本上不在意人才的国籍、民族、身份、信仰、文化背景等，凡可用者皆为我用。蒙元军队征服西域后，大量的西域人随军东来，他们中有些人有较高的科技文化水平，且善于理财和行政管理，当时中原燕京行省的事务，蒙元统治者往往委托西域人具体主持。廉希宪是汉化程度很高的西域人，不仅熟悉畏兀儿字，且精通汉文，对儒学浸染甚深，有"廉孟子"之称。宪宗四年（1254）忽必烈命他担任地方安抚使，在关中改革，推行汉法，招揽许衡等人，发展教育。也黑迭儿是大食人，著名的建筑家，大都的城市和宫殿建设中，他担任官方主持人。

元代发展的历史证明，蒙元帝王霸业兴旺和王朝统治运转顺利时，都是统治政策较为正确的人才荟萃之际。从蒙古国时代对金朝旧臣耶律楚材等人的任用就可略见一斑。耶律楚材一系列政治、经济、军事主张

[①] （元）熊梦祥：《析津志辑佚》，北京图书馆善本组辑，北京古籍出版社1983年版，第145页。

[②] 《元史》卷一百六十《王鹗传》，中华书局1976年版。《四库全书》第一二〇一册，集部一四〇，别集，上海古籍出版社1987年版，第199页。

被采纳,在大元帝国成就霸业的过程中尤其是在燕京汉地治理方面发挥了关键性的作用,耶律楚材也成为元帝国的开国元勋。蒙元帝国一统天下的建立,消除了东西方交往、南北交流的所有阻碍,各国各民族各地域的科技、文化随着人才的流入,得以顺畅进入中国,大都作为首都受益最多。尤其是回族或西域的天文历法、地理学、医学都在这个时期与中国进行了充分的交流。通过科技、艺术等各个方面人才的吸纳、引进和使用,元朝广泛汲取、借鉴、利用全世界科技文化的前沿成果,使得元朝的科技、文化发展跃上新的台阶。例如,在大都的选址、设计、建设方面,元蒙统治者就大胆启用了刘秉忠、郭守敬、王恂、李冶、也黑迭儿等来自不同地区的各民族杰出科技人才和能工巧匠,才使得大都成为世界城市规划史和建设史上的奇迹。

二 善使人才

相对正确的人才观并非与生俱来,而是通过不断实践总结经验教训而获得的,也是善于汇集汲取各方面意见不断修正完善认识的结果。《南村辍耕录》卷二中有一则"治天下匠"非常有名,常被引用:"中书令耶律文正王楚材,字晋卿,在金为燕京行省员外郎。国亡,归于我朝。从太祖征伐诸国,夏人常八斤者,以治弓见之于上,诧王曰:'本朝尚武,而明公欲以文进,不已左乎?'王曰:'且治弓尚需弓匠,岂治天下不用治天下匠耶?'上闻之,喜,自是用王益密。"

元廷对儒士的认识有一个过程,对知识分子政策的落实更是需要监督才能完成。好在元廷有时还是能够兼听则明甚至从善如流的。《南村辍耕录》卷二"高学士"条云:"国朝儒者,自戊戌选试后,所在不务存恤,往往混为编氓。至于奉一札十行之书,崇学校,奖秀艺,正户籍,免徭役,皆翰林学士高公智耀奏陈也。"高学士的这些奏陈受到重视,在施政过程中有所体现。为了更好地使用人才,元廷在待遇上给予切实的优惠,建立和采取了一些保护人才的制度和措施。如实行儒户登记政策,在税收和差役方面给予减免。忽必烈多次下诏减免儒、医、文学之士某年税赋。如至元十三年(1276)就宣布"免大都医户至元十三年丝银"。

当人才在某一方面取得杰出成就做出突出贡献的时候,元廷对他们的奖励,包括政治地位的提高、官职的升迁与物质的奖励都会如期而至。刘秉忠,广学博览,精通儒释道三家,史称其"凿开三室,混为一家"。此外,他还精通天文、历法、水利、算学等。出仕前,隐居讲学,在河北紫金山创建紫金山书院,培育出大批历史上堪称俊杰的用世之才,张文谦、王恂、张易、郭守敬皆出其门,他们在元初历史舞台上的政治、科技、工程等方面都发挥了极为重要的作用。以刘秉忠为首的紫金山集团的成员成为元初名臣进入官僚体系,其中以刘秉忠本人的官职最高,官拜光禄大夫、太保、参领中书省事,汉人文武官员中位居三公的仅刘秉忠一人。张文谦曾任枢密副使,官至左丞相;张易官至枢密副使,知秘书监;王恂曾为太子赞善,官至太史令;郭守敬曾任都水监、太史院同知。刘秉忠本人因为学识渊博,见识高远,具有卓然的政治远见,在忽必烈激烈的帝位争夺过程中立下了汗马功劳,所以深受忽必烈信任,得以"参帷幄之密谋,定社稷之大计"。忽必烈登基之后,刘秉忠在治国大略上多有贡献。例如,议定百官爵禄,减轻税赋徭役,劝农桑兴学校等,都是元廷采纳听从刘秉忠等人的建议和意见而制定的。元代许多科学家、画家、文学家都像刘秉忠一样,因对元廷的巨大贡献而获得重用享有高官厚禄。

在吸引人才、使用人才中最为重要的是什么?中国人的理解就是尊重。许以高官,给予厚禄,这些固然很必要。但最重要和最根本的是对人才的尊重。尊重,表现为千金市骨,懂得人才的价值;尊重,表现为三顾茅庐,向人才释放诚意与恒心;尊重,表现为包容与耐心,允许人才"三年不鸣";但更大的尊重,是对人才价值观的认同,听取、接纳、采用他的建议和意见;是对人才的充分信任,放手使用,发挥所长。

《南村辍耕录》卷二十六"五龙车"条还记载了一则忽必烈尊重人才的故事:

> 叶公李为宋太学生时,上书极言贾似道权奸误国,几为所

害。及世祖平江南，即召见，官之，至中书右丞。凡有军国大事，必问曰："曾与蛮子秀才商量否？"盖指李也。一日，议事大廷，乃不在列。问其故，则病足。遂以所御五龙车召之至，命坐而决焉。尝于其孙以道处，见当时所画应召图，五龙车中，坐一山野质朴之老，其遭遇有如此者。使无贾似道以发其正大之论，直一书生耳。而望功名显天下，亦难矣。①

对这个亡国之邦的太学生，前朝的耿介之士，忽必烈不仅予以高官，委以重任，还能在生活工作细节上给予充满人情温暖的关怀；既能尊重其意见和建议，又能从善如流，不仅使之畅所欲言，更能充分采纳其主张。忽必烈这样的作为，所达到的效果应该不在古人千金市骨的影响之下。元帝这些尊师重道和尊重人才的故事总是为文人们所津津乐道。《南村辍耕录》"隆师重道"条记载的这个故事，其实也可视为对人才的尊重：

　　文定王（沙剌班），今上之师也。为学士时，尝在上左右。一日，体少倦，遂于便殿之侧偃卧，因而就寐。上因以籍坐方褥，国语所谓朵儿别真者，亲扶其首而枕之。后尝患疖额上，上于金钵中取佛手膏躬与贴之。上之隆师重道，可谓至矣尽矣。王字敬臣，号山斋，畏吾人。②

除了社会地位提升，还有物质奖励，甚至惠及身后。《南村辍耕录》卷一有"官不致仕"条，说明了元廷对有特殊贡献者有特殊奖励，他们可以打破年满七十必须退休的制度，享受终身荣誉。而这个制度恰是从对大元水利及大都建设做出过杰出贡献的郭守敬开始的："大德七年，诏内外官年及七十，并听致仕。时郭守敬，字若思，顺德邢台人，知太史院事。以旧臣，且熟朝廷所施为，独不许其请。至

---

① （元）陶宗仪：《南村辍耕录》卷二十六，中华书局1959年版，第324页。
② （元）陶宗仪：《南村辍耕录》卷二，中华书局1959年版，第20页。

今翰林太史司天官不致仕者，咸自公始。"① 这种倚重和信任，这些从物质到精神的激励和奖励措施，极大激发了人们为新朝尽心服务的积极性和创造性，使得当时的大都巨匠辈出，各方面成绩硕果累累，创造了一个科、教、文、卫全面辉煌进步的时代。

三　善养人才

忽必烈对人才的重视，是由他自身的识见、体悟和亲身经历所决定的。1241年，海云和尚因为给窝阔台做法事，应召前往当时蒙元帝都和林，路遇释名子聪的刘秉忠。海云发现他儒释道皆通，志向宏远，便建议他与自己同行。当时忽必烈作为亲王负责招待四方来访的僧人，于是乘机将海云等接到了自己的漠北府邸，寻问"佛法之要"。海云大师建议他将用人的重点放在寻求"天下大贤硕儒"之上。其间，忽必烈发现子聪和尚是个难得的人才，于是求得海云大师同意，将其留于帐下。在刘秉忠等人的积极影响之下，忽必烈更加认识到了"大贤硕儒"的作用，决心效法中国古代圣明君王唐太宗招致十八学士集成幕府的做法。《元史·世祖本纪》记载说"岁甲辰（1244），帝在潜邸，思大有为于天下，延藩邸旧臣及四方文学之士，问以治道"。1244年，还是乃马真氏当政时代，时忽必烈身为藩王，便有如此举动，可见从那时候起他就开始有意识地广延四方之士，招贤纳才了。刘秉忠是此建议的提出者，又是积极的贯彻者。刘秉忠平生以好推荐人才自任，对忽必烈智囊班底金莲川幕府的形成，做出了极大贡献。忽必烈潜邸集结人才主要是通过以下几种方式。一种是遣使礼聘。聘请的主要对象是金末已经享有盛名的社会名流。忽必烈对赵璧"爱其精敏，但以秀才呼"，安排他"首下汉境征四方名士"②"招纳儒士，拗谦问答，知草泽一士贤，飞书走币，犹恐失之"③。窦

---

① （元）陶宗仪：《南村辍耕录》卷一，中华书局1959年版，第18页。
② 《中书平章政事赵公神道碑铭》，见《西岩集》卷十九。张之翰：《大元故荣禄大夫中书平章政事赵公神道碑铭》，《张之翰集》，吉林文史出版社2009年版，第213页。
③ 《上都孔子庙碑》，见《至正集》卷四十四。傅瑛、雷近芳校点：《许有壬集》，中州古籍出版社1998年版，第519页。

默、郝经、王鹗、姚枢、许衡等人,都是通过这种方式进入幕府的。二是相互举荐。例如,张德辉在丁未年(1247)被召时,就举荐了魏璠、元好问、李冶等二十余人。随后,又举荐了白文举、郑显之、赵元德、李进之、高鸣等人。而魏璠之后又举荐了60多人。① 刘秉忠1251年就举荐了刘肃、李简、张耕治理邢州。宪宗三年(1253)又举荐了王恂、张易进入幕府。廉希宪又向忽必烈推荐了寇元德、张础等人,他们后来成为著名的官员。② 这样,在元初建立起了以刘秉忠为首,包括张文谦(1217—1283)、郝经(1226—1278)、姚枢(1203—1280)、许衡(1209—1281)、窦默(1196—1280)、郭守敬(1231—1316)和王恂(1235—1281)等人为中心的汉人智囊团。其中许多人都是相互援引加入。随着忽必烈受命总领漠南汉地事务,延引网罗人才的步伐进一步加快,当时这些举措在士人中引起很大的反响,深得众心。"爱民之誉,好贤之名,闻于天下,天下望之如旱之望雨。"③ 张德辉和元好问甚至在1252年尊忽必烈为"儒教大宗师"④,可见当时士人对于其所寄托期望之高之大。忽必烈在政治、军事、经济等诸多重大问题上,在个人生死攸关的紧要关头,因为善于听取和采纳汉族智囊团的建议,而获得了根本性的胜利和成功,所以对人才作用的认识自然深刻得多。在他登基称帝、稳定政局、兴建都城、确定官制、朝廷礼仪、劝农桑兴学校等方面,也都紧密依靠汉族文士,其中刘秉忠居功甚伟。忽必烈在灭金亡宋以及"立储"等历史紧要关口,当时所主要依靠的也都是汉儒智囊团。

这让忽必烈充分体会到了人才的重要性,所以,他试图通过人才制度的建立,来更大范围更有效地网罗搜求人才。

元朝统治者的人才选拔、任用以及人才标准趋向适时与实用,凡

---

① 《元史》卷一百六十四《魏初传》,中华书局1976年版,第3856页。
② 朱耀廷、赵连稳:《元世祖忽必烈传》,北京大学出版社2009年版,第36—37页。
③ (元)许衡:《鲁斋遗书》卷七《慎微》,见于陆学艺、王处辉主编《中国社会思想史资料选编》(宋元明清卷),广西人民出版社2007年版,第241页。又见《元代奏议集录》,浙江古籍出版社1998年版,第107页。
④ (元)苏天爵编:《宣慰张公》引《行状》,见《元朝名臣事略》卷十,中华书局1996年版,第205页。

是政治、军事、经济、文化方面有专长的人，在他们眼中都是人才。忽必烈在灭宋的战争中，多次反复命令前方将士要保护各方面人才："前代圣贤之后，高尚儒、医、僧、道、卜筮，通晓天文历数，并山林隐逸名士，仰所在官司，具以名闻。"① 一方面他通过战争夺取敌对方的人才，通过强制手段归为己有；另一方面还反复要求朝廷的各级官员在全国推荐或直接征召各类急需人才。文天祥是宋元战争中以忠勇闻名于世的南宋抗元领袖，位及宰相和最高军事统帅高位。作为敌对国的元首对他却充满崇敬之情，"执文天祥至大都，囚之。上（忽必烈）屡欲赦出相之"②，尝试各种方式试图促其归顺，为我所用。

1247 年，经刘秉忠推荐给忽必烈被征聘到忽必烈潜邸的有张文谦、窦默、李德辉等人。③《王恂墓志铭》载："岁己酉（1249），太保刘公（指刘秉忠）自邢北上，取道中山，方求一时之俊，召公（王恂）与语，贤其才，欲为大就之。"④ 可知王恂也是刘秉忠推荐给忽必烈的。

搜求举荐人才成为各级官员的一个非常重要的职责所在，也是官员政绩考核的一项重要内容。对人才的推荐与任用不论层级，不分职务，人人有责。东平派的成员在中统之后，大都出仕为官，成为元朝中央与各级政府的重要官员。以至在元廷形成了势力强大声誉甚隆的东平派。元代人袁桷说："朝廷清望官，曰翰林，曰国子监，职诰令，授经籍，以遴选焉始命，独东平之士十居六七。"⑤ 东平派的人物，在中统、至元、大德、至大的 50 多年时间里，身任要职，声震政坛，形成了十分特殊的历史现象。东平派与元初以刘秉忠为代表的邢州派，都是元初朝官集中之地的指称，他们相互之间也多是相互介绍援

---

① 《元史》卷九《世祖本纪六》，中华书局 1976 年版，第 179 页。
② （元）王恽：《玉堂嘉话》，（元）杨瑀：《山居新语》，中华书局 2006 年版，第 140 页。
③ （元）苏天爵：《内翰王文康公》，见《元朝名臣事略》卷一二，中华书局 1996 年版，第 237 页。
④ （元）苏天爵：《太史王文肃公》，见《元朝名臣事略》卷九，中华书局 1996 年版，第 182 页。
⑤ （元）袁桷：《送程士安官南康序》，见《清容居士集》卷二四，商务印书馆 1982 年版，第 119 页。另：袁桷：《清容居士集》附札记，中华书局 1985 年版，第 425 页。

引而入朝的。引荐人才成为当时官员政绩、政声的重要内容。徐世隆中统元年（1260）拜燕京宣抚使，在翰林所荐僚属多是国内名士，"时号得人"。阎复（1235—1312）是元朝著名文臣，袁桷说："自至元至于大德，更进迭用，诰令典册，则皆阎公所独擅。……在翰林最久，赞书积几，高下轻重，拟议精切，诵以为楷。"①修国史、建孔庙、大德元年加封孔子至圣封号等，都是他上疏所请，他为元代的文化事业做出了贡献。而他是在至元八年（1271）忽必烈时代，因王磐荐举入朝为翰林应奉文字的。

《南村辍耕录》卷二有"御史举荐"条云："姚文公先生燧，为中台监察御史时，忽御史大夫谓曰：我天子以汝贤，故擢居耳目之官。今且岁余，至如兴利除害之事，未尝有片言及之，但惟以荐举为务，何邪？先生答曰：某所荐者已百有余人，皆经世之才。其在中外，并能上裨圣治，则某之报效亦勤矣，又何待屑屑于兴利除害然后为监察御史之职任乎？大夫曰：真宰相器也！叹赏久之。"②由此可见，能够举荐人才，为元廷所用，是官员政绩最重要的考察内容和标准。元廷规定"有德才者，不拘品级，虽布衣亦选用"③。当然，举荐者也必须有识人之明，否则如果所推荐的人才不能称职，推荐者也可能受到牵连和责罚。

在元代历史上，李璮之乱是个无法绕开的话题。中统初元，蒙元朝廷中汉人经过金莲川幕府及之后的多年积累，已经占据着相当的优势。当时倡导权谋功利之说的王文统深受忽必烈赏识，在新王朝政治设计中发挥着相当重要的作用。山东李璮，是当时汉地实力最强大的世侯。他利用地处蒙宋之间的特殊位置，拥兵自重，不断扩充势力。并联络其他世侯，叛元归宋。最终李璮兵败被诛，牵连出与其关系密切的王文统。王文统原是受到刘秉忠、张易和廉希宪等人的大力举

---

① （元）袁桷：《翰林学士承旨赠大司徒鲁国王文肃公墓志铭》，《清容居士集》卷二十九，《四部丛刊》本，商务印书馆1982年版。又见李修生编《全元文》卷二十三，凤凰出版社2004年版，第589页。

② （元）陶宗仪：《南村辍耕录》卷一，中华书局1959年版，第23页。

③ 《元史》卷二十四《仁宗本纪》，中华书局1976年版，第535页。

荐，后又有名士宋子贞、刘肃、张德辉、杨果等人的激励襄赞而获忽必烈重用的。最终，受到牵连的王文统被杀，忽必烈还要追究其来路。刘秉忠、张易、廉希宪、商挺、赵良弼等曾经举荐赞誉过王文统的人都因此而受到了怀疑。加之有人趁机造谣诬陷，忽必烈对汉人的猜疑警戒之心大为增加。此时对朝廷汉化政策不满的保守的蒙古贵族集团借机大肆攻击忽必烈的用人政策，西域色目人也趁机极力散布"回回虽时盗国钱物，未若秀才敢为反叛"的言论，忽必烈对金莲川幕府的汉人儒臣开始疏远。忽必烈态度的重大变化，给时局以重大影响。①

人才不仅要招得来，更重要的是要用得好，才能留得住。大都各级官僚机构叠床架屋，官吏众多，成为吸纳文化人才的宝库。元廷的许多大型文化工程就体现了"用士是最好的养士"这样的规律。为此，元代设立了很多专门的机构，分别负责文化、科研和生产的管理。这些机构的职责是制定行业发展的规划、制定行业管理法规条例、吸纳专门人才，传承、教授、培育专业人才。王鹗所设立的翰林国史院，在元朝一直发挥着点缀文治、吸引文士的重要作用。类似的容纳儒士较多的中央机构还有集贤院、国子监、太常礼仪院等。在此为官者，有本地人才，但更多的是外地进京为官者。在中统、至元年间，大都不但有前朝金代的社会名流出入新朝，而且宋代许多旧臣文士也聚居于此。他们在元初文化发展过程中，起到了承前启后的关键作用。正如苏天爵所言："我国家累圣相承，兴崇治化，凡议大政，皆命文学老臣共之。"②

另外吸纳、使用、培养文化人才的办法是进行大型文化工程建设。元代大型或超大型的国家文化工程很多，这些工程不仅要有资金保障，制度保障，更重要的是人才保障。如规模宏大的《元大一统志》从至元二十二年（1285）开始，到大德七年（1303）完成，共

---

① 周良霄、顾菊英：《元史》，上海人民出版社2003年版，第285—289页。
② （元）吴澄：《送卢廉使还朝为翰林学士序》，《吴文正公集》卷十四，文渊阁《四库全书》本。李修生主编：《全元文》（第十四集）卷四百七十六，江苏古籍出版社1999年版，第92页。

1300卷，延续时间长达十九年之久，其中在至元二十四年（1287）还绘制了彩色地图。这样大型的国家科学文化工程，没有稳定的机构、制度作保障，没有国家雄厚的财力支撑，是没有办法完成的。

为了提高效率，元廷在人才管理制度上井然有序。所不同的是，为了体现对某方面的特别重视，分类更细，有时机构的职别也更高。例如，工部，在元朝的级别是正三品。职责是"掌天下营造百工之政令。凡城池之修浚，土木之缮葺，材物之给受，工匠之程式，铨注局院司匠之官，悉以任之"①。下设15个机构，包括雕刻佛像的、掌管铸造的、掌管金银器制造的、掌管印染的等。另外，还有36个驻外派出机构。这些百工技艺的掌管者，也都是行内懂管理的技术专家。在手工业中，完善了许多行业的管理，在大都有很完善的分门别类的手工业管理部门。政府机构里，不同政治、历史、文化背景下的众多官员，携带着各自深厚的文化烙痕聚合到大都，在此形成文化的碰撞与融合，使得大都文化异常活跃。

除了给人才提供发挥才能的平台和机会，并且建立较为科学完善的人才管理制度之外，创造宽松的政治环境，是政治生活中更为重要的一个方面。

与中国其他时代包括之前和之后的王朝相比，元代思想专制最为松懈。整个元朝，基本没有因言获罪的文字狱。《南村辍耕录》"厚德"条记载："徐文献公（琰），字子方。至元间，为陕西省郎中。有属路申解到省，误漏圣字，案吏指为不敬，议欲问罪。公改其牍云：'照得来解内，第一行脱去第三字。今将元文随此发下，可重别申来。'时皆称为厚德长者。"② 这样宽慈的行为，固然与个性上的仁义厚道有关，但是也是时代环境所决定的。若是一个动辄得咎风声鹤唳的社会，即使有人想要宽厚，不受株连恐怕也是难的。在元代的杂剧、散曲中，甚至能够经常看到直截了当地对最高统治者不甚恭敬的言辞，这在动辄得咎甚至欲加之罪何患无辞的其他王朝简直完全不可

---

① 《元史》卷八十五《百官一·工部》，中华书局1976年版，第2143页。
② （元）陶宗仪：《南村辍耕录》卷五，中华书局1959年版，第57页。

想象。明代文人祝廷心对此就甚为感慨,他说:"(元)不以政柄属诸士,而亦不以法度诛之。故士之仕者,苟循理自守,则可以致名位而无患祸。"① 平心而论,元廷在这方面确实是比较有胸怀的。即使是对于那些屡次征召而不肯奉诏而至的文化学人和科学家们,元廷基本上也都是以礼相待,表现出了应有的尊重,并没有进行政治迫害。

除了对从事阴阳的术士们的活动有所约束之外,元廷对其他的学术活动基本上也都是采取支持和不干涉的政策。

四 广育人才

在人才的培育方面,元朝也有别于其他朝代,表现出较为独特的时代特色。

中华传统政治制度,特别重视正统教育,认为读书才是培育人才的正途,所谓"书中自有黄金屋,书中自有颜如玉"。隋代之后至元代之前的中国历代君王,除了开国皇帝之外,承平年代一般多是通过四书五经的学习和科举考试制度来培养、选拔治国理政的人才,定期将成绩优异者充实到各层官僚机构之中。传统的人才观似乎更重视人才思想品德的高度。而且科举自产生之日起,就是传播、灌输儒学思想最重要的载体之一。但是元代统治者对于科举制度始终抱着一种可有可无、游移不定的态度。元前期,曾开科取士,但是之后不久又取消了科举。仁宗延祐年间虽然恢复,但其后再次中断。科举废弛,阻断了文人士子传统的出路,但却又从思想上解放了他们,促进了文学创作的繁荣。随着儒学思想统治地位的极大削弱,社会生活亦随之改观,如元代妇女较少封建礼教的严格限制,她们可以自由地外出、聚会。在元朝,除了军政财务高级官员由蒙古贵族或者其代理人色目人来担任,文教专业性很强的高级官署中也有一部分由汉人、南人来担任。但是一般的政府官员却必须从吏——也就是办事员开始做起,经过多年历练,层层选拔,逐步提升,才能成为决断事务的官员。整个

---

① (明)祝廷心:《药房居士集序》,见(明)程敏政编《皇明文衡》卷四十,《四部丛刊初编》集部。

元代选拔官员的政策是有变化的。元末余阙的《青阳集》卷四《杨君显民诗集·序》中说："我国初有金、宋,天下之人,唯才是用之,无所专主。自至元以下,始浸用吏。虽执政大臣,亦以吏为之。由是中州小民粗识字能治文书者,得入台阁,供笔札,累日积月,皆可以致通显,而中州之士见用者遂浸寡"。在体制上就没有中国传统科举中那种一朝金榜题名,便鲤鱼龙门身价百倍注定成为官员的成例。两相比较,元代人才选拔和使用,更注重管理实务过程中对实操能力的培训和提高。区别在于一个更重视文化理论养育,一个则更强调技能方法训练;一个更重视道德品行,一个则更强调具体实务能力。所以元朝做官不再有唐宋那种一朝中举天下闻的晋升捷径。对官与吏,元朝统治者从思想观念上,也从来不像中土那样,觉得有太大的分别。他们对正统文化中崇尚士人,鄙视胥吏的观念不以为然,在他们看来两者之间没有什么差别："靡有轻贱贵重之殊,今之官即昔之吏,今之吏即昔之官。"①

当然,废弛科举,并不意味着忽必烈忽视儒学之士,忽视教育,忽视传统的中华经典学习。事实上,忽必烈代表的蒙元政府,在这方面也是有所努力并有不少斩获的。

忽必烈即位之前,在攻城略地和治理汉地的过程中,就已经比较清醒地意识到了儒教在赢取人心、国家治理中的巨大作用,因而陆续招纳延请了一批儒士充当幕僚。《国朝文类》卷四十《经世大典序录·礼典·进讲》中说："世祖之在潜藩也,尽收亡金诸儒学士及一时豪杰知经术者而顾问焉,论定大业,厥有成宪。在位三十余年,凡大政令、大谋议,诸儒老人得以经术进言者,可考而知也。"忽必烈即位时,宰相机构中书省的主要官员,大部分都是儒士。

教育肯定是批量培育人才最正规、最有效的渠道和手段。为保证王朝所需的各类人才保持源源不断的供给,忽必烈颁布法令,兴办学校。中国古代的教育分为官学、私学和书院。元朝教育体系出现了一

---

① (元)吴澄:《吴文正公集》卷十四《赠何仲德序》,文渊阁《四库全书》本。李修生主编:《全元文》(第十四集)卷四百七十六,江苏古籍出版社1999年版,第87页。

些特殊的变化。过去官学中以儒学为学校正统教育的架构之外，增添了许多的少数民族专门学校和技术型专科学校。《至顺镇江志》卷十一《学校》云："昔之为学也一，今之为学也增其三焉，曰蒙古字、曰医、曰阴阳。"元朝专门负责文化教育的重要机构是集贤院，隶属翰林国史院，直接对国子监和国子学进行管理。另外回回国子监、国子学，也隶属于翰林国史院管理。地方行政机构大都路，设有自己相对应的教育机构大都路学。下辖的州县，也都有一一对应的教育管理机构。忽必烈任命著名学者许衡为国子祭酒。《元史·世祖本纪》："衡纳还旧俸，诏别以新俸给之。命设国子学，增置司业、博士、助教各一员。选随朝百官近侍蒙古、汉人子孙及俊秀者充生徒。"许衡力荐姚燧等主持国子学。又将弟子12人招入大都，担任各斋斋长，共同负责国子学中各斋学生的学习。

著名儒学大师赵复进京传播儒学是文化史上的一件大事。元灭宋战乱中，他混迹于被俘难民里，被随军的另一个著名的儒学大师姚枢发现，将他从行将成为奴隶的战俘群解救出来，送至燕京，又由杨惟中建造了太极书院，安置他在此讲授宋儒理学。这才使得南方盛极一时的理学首次北上，在北方系统传播。

大都的教育资源无疑是最为优质而充裕的，中央官学这样的机构和规格，其他地方更是难以望其项背。这些高端的文化教育机构，吸引了教与学两方面的高端人才来到这里。元朝全国最为著名的理学大家许衡、刘因、吴澄都在大都，并且领衔主持文化和教育部门。无论是中央所属的国子学，还是地方官学，以及私塾、学馆以及书院，在教学内容上都是儒学为主。至元二十四年（1287）之后，形成定制。依次学习《孝经》《小学》《论语》《孟子》《大学》《中庸》，同时还有《诗经》《尚书》《礼记》《周礼》《春秋》《周易》等。

除了统治阶层的人才观念和人才政策，首都地位本身对文化人才的吸引产生了类似于物理学上的虹吸效应。文化生态环境越好，那么这种虹吸作用就越强。

科举是中国古代文人学士通过入仕实现政治理想和抱负的主要渠道和重要台阶。三年一场的殿试从来都是京城异常隆重而热烈的文化盛事。整个元朝的科举总共进行了 15 次。虽然元代的科举时断时续，但是有限的数场科举，依然为官场选拔了不少优秀的人才。而且科举也把大批学子吸引到了京城，其中的一些人成为元大都文坛的最为活跃的分子。元代主持科举的，都是享誉全国的文坛领军人物，如赵孟頫、元明善、邓文原、马祖常、袁桷、虞集、吴澄、黄溍、揭傒斯等。而欧阳玄、黄溍、杨载、许有壬这些后起之秀，则是通过科举走向政坛并开始活跃在大都文坛的。

第五章 元大都文化影响

第一节 元大都文化的号召力

元代杂剧发展的鼎盛之时，元大都成为全国杂剧中心。与此同时，当时的山东东平、河北的真定、山西的平阳，也呈现出杂剧繁荣兴旺之势。形成既相互联系，又相对独立的地域性杂剧中心。它们与大都交相辉映，形成了历史上罕见的"三星拱月"文化奇观。

研究戏曲兴盛的原因，如果只以元大都为样本，不免受到首都全国政治、经济、文化中心等复杂因素的影响。而将三个同时代、不同区域的杂剧地域中心纳入考察范围，进行相互之间的横向比较，则更容易发现其文化共性。可以帮助我们更深刻地理解元大都杂剧发展过程中，哪些是起到决定作用的根本因素，有利于我们更深入地揭示戏曲兴盛发展的内在规律。

在自然界，有种物理现象称为共振。机械共振是指机械系统所受激励的频率与该系统的某阶固有频率相接近时，系统振幅显著增大的现象。元大都与三地的杂剧，互助声威，产生了远高于简单相加后果的叠加效应，不仅在北方三地，而且在全国产生了巨大的影响，当是文化界的共振现象。共振中，结构是根本的。具有相同或相近的结构，才能在不同物体之间发生联系，产生共振。因而，研究它们的文化结构就显得极为重要。

一　"三星拱月"的文化奇观

对于元杂剧兴盛原因的研究历来受到重视，各种版本的中国文学史、断代文学史以及戏剧研究专史专著，都有不同深度广度的涉猎。论者或从社会政治、经济、文化变革的宏观视野，或从文学流变规律、音乐元素更新、科举制度废弛、多种戏曲元素整合等微观角度来进行多角度的广泛研究和阐述。但对于元大都之所以成为杂剧中心的生态考察，如果仅仅宽泛地从宏大的政治、经济、文化以及文学本身的层面上阐释，似乎总是缺乏更令人信服的力量，因为它不能说明历史为什么选择了大都而不是其他，也就是说它不具有理由的唯一性和排他性。而如果仅从首都文化学的角度来对元大都本身进行特点的解剖与论证，似乎也难有特别的说服力。尽管文化文学的表现与首都地位之间的关系很密切，但毕竟首都的确立决定于政权的选择，其中存在着深刻的偶然性、可变性。最理想的状态是能够从地域文化比较的角度来进行观照和比对，也许含混的难以确定是否发挥决定作用的诸多因素瞬间即可清晰起来，所具有的权重、地位和在实际中所发挥的作用也就可以一目了然了。在文学发展的历史中，许多时候这种参照并不一定存在，而对于北京杂剧研究而言，在这点上恰好是极为幸运的，因为历史提供的参照物不止一个。如此，使用新的研究方法，将杂剧现象置于文化的三棱镜之下，通过光谱折射，瞬间貌似混沌的状态就被分析出层次，形成易于分辨的图谱，透彻清晰地呈现出它的本源。这样的机会在文化史研究上，简直就是天赐良机。而从这个角度来反观北京元代杂剧的发展繁荣的原因，虽然不一定能够解决所有问题，但是却提供了一个更为客观全面的视角。

一般来说，元杂剧的发展以元灭掉南宋统一南北为界被分为前后两期。从元太宗窝阔台灭金据有中原到灭宋统一中国，为元杂剧发展的前期。前后的创作从创作主体到作品主题、题材、风格，都存在诸多差异。但最大的界限标志就是前后期元杂剧创作中心的不同。前期的中心在大都，而后期的中心则转移到了杭州；前期作家众多，后期则逐渐减少；前期创作旺盛，作品多而影响广泛深远，后期则作品少而影响力小并日渐衰落；前期杂剧范围广阔，分布在今北京、河北、山东、山西、河南的北方广大地区，而后期则基本集中在浙江和江苏两地的狭小范围内；前期北京为首的北方创作风生水起蔚为壮观之时，南方的杂剧几乎是一片空白；而到后期，尽管杂剧的重心已经南移，但北方的创作和演出却依然能够薪火相传余脉不断，一定程度地保持了不俗的成就。前期是整个杂剧内容健康、特色分明的上升阶段，后期则是形式日趋精美而内容渐趋苍白贫乏的衰弱过程。

元代杂剧发展繁荣一个不争的事实是，杂剧的根基在北方，兴盛的地域并非一个，在大体相近的时间段中，还集中在真定（今河北正定）、平阳（今山西临汾）、东平（今山东东平）几个点，它们相映生辉，与元大都（今北京）杂剧中心形成"三星拱月"之势，共同辉耀着鼎盛时期的北方剧坛。据河北省社科院王维国先生《元曲家地理分布研究》所作统计，在整个杂剧前期创作中，大都17人，156本；河北12人，53本；山西9人，60本；山东8人，60本。[①] 在整个前期创作总人数56人，360多本的总数中[②]，四地所占比率竟然分别高达82%和约91%。尽管具体数值由于资料来源差异，统计采信有别而略有出入。也尽管河北作家并非都在真定，山西的作家并非全在平阳，山东作家并不一定都集中在东平，亦如大都的作家虽以本籍人士为主，但也有部分留寓者，以籍贯为标准的统计具体到某个作家会因迁移等可变因素缺乏严密的准确性，如白朴籍贯山西，却长期在真定从事创作活动，并且与大都杂剧作家来往密切，经常两地往返。但所有这些特殊的情况，并不能改变这样一个基本比值。从统计学上看，在可控范围内，所得出的比值大体反映历史真实，这些从时人和历代研究者所传达的信息中亦可得到印证。本文的重点在于揭示元杂剧发展繁荣的基本规律和生发条件，无意于针对具体作家做具体考证，所以凡是不影响分析基础与结论本质的因素，都可忽略处置。

真定著名杂剧作家7人：白朴（祖籍山西，寓居真定）、李文蔚、尚仲贤、侯克中、史樟（号史九散仙、史九散人）、戴善甫（亦名戴善夫）、汪泽民。他们被钟嗣成在《录鬼簿》中称为"名誉昭然"者。其中白朴是元曲四大家之一，所作杂剧今知有16种，其《梧桐

---

① 王维国：《元曲家地理分布研究》，见首届元曲国际研讨会组委会编《首届元曲国际研讨会论文集》，河北教育出版社1994年版，第714页。

② 根据钟嗣成《录鬼簿》统计。

雨》和《墙头马上》分别被戏剧界公推为中国古典十大悲剧和十大喜剧之一。尚仲贤的《柳毅传书》、李文蔚的《燕青博鱼》等，同样都是久传不衰的优秀剧目。7人共创作杂剧40多种。在现存的160多种剧本中，属真定的有12种之多，可见其创作生命力的强盛。真定作家创作题材广泛，历史演义剧、社会家庭剧、神话传说剧、道德说教剧兼备，思想深刻，语言生动，剧情曲折，风格多样。明代人朱权在《太和正音谱》中评价说："白仁甫（白朴，字仁甫）之词，如鹏搏九霄"；"李文蔚之词，如雪压苍松"；"尚仲贤之词，如山花献笑"；"戴善甫之词，如荷花映水"。日本的元杂剧研究家青木正儿在《元人杂剧概说》中，将元杂剧分为五种风格流派，真定作家就占了其中的三种。白朴为绮丽派代表，李文蔚豪迈激越，戴善夫温润清丽。他们的作品在历代戏剧研究家眼中，都是光彩夺目的瑰宝。真定杂剧繁荣程度仅次于大都，在全国具有突出地位。"元曲，包括散曲和杂剧。元曲研究方面最直接、最可靠的文献资料——元人钟嗣成所著的《录鬼簿》所录元杂剧兴盛的前期作家五十六人，作品三百四十五种，其中正定作家七人，作品四十五种，分别占总数的12.4%和13%。这除了当时的元大都（今北京）外，是无处可比的。"①

平阳杂剧最具代表性的7人为赵公辅、于伯渊、狄君厚、孔文卿、石君宝、李潜夫、郑光祖，被称为"元曲平阳七大家"。这些剧作家大多出身卑微，社会地位低下，亲历下层社会生活，写出了不少反映现实生活的好作品，现在流传下来的有13本。在元前期作家中，石君宝的创作生涯主要在平阳，所作杂剧今知9种，现存2种，《秋胡戏妻》为其代表作。郑光祖所作剧本已知的有17种之多，现存5种，《倩女离魂》为其代表作。《太和正音谱》赞其词"如九天珠玉"。李潜夫的代表作《灰阑记》故事情节曲折，心理刻画细腻，人物生动逼真，有德、法、英、日多种译本，在世界戏剧史上有着重大影响。

山东元杂剧作家10人。他们是东平人高文秀、赵良弼、张时起、

---

① 正定县教育委员编：《正定教育志》，河北教育出版社1996年版，第44页。

顾仲清、张寿卿、曹元用，济南人武汉臣、岳伯川，益都人王廷秀，棣州人康进之。他们共写杂剧60部，南戏1部，内容为历史剧、社会风情剧、神仙道化剧、水浒英雄剧、清官公案剧等。戏剧活动主要集中于北方杂剧处于兴盛时期的东平。高文秀是东平杂剧最为杰出的作家，一生创作剧本33个之多①，被《录鬼簿》列为"前辈已死名公才人，有所编传奇行于世者"行列的第二名，并注明"东平人，府学，早卒"。《天一阁》本注文曰："东平府学生员，早卒，都下人号小汉卿。"关心民生疾苦是东平杂剧的主流。由于山东是宋代宋江领导的农民起义发生地，所以梁山好汉的故事在民间流传甚广，东平的作家广受影响，取材民间传说进行杂剧创作，形成了颇具地方特色的"水浒"题材系列。高文秀的《双献功》和康进之的《李逵负荆》是元杂剧中水浒戏的代表作。

二　共同的时代大背景

13世纪初铁木真统一漠北草原各部落成立"大蒙古国"后，走上了征服世界的道路，西征一直打到今日的东欧、西亚等国，然后一路向南，先后开始了旷日持久的吞并剪灭金国和南宋的战争。成吉思汗首次攻金是在1211年。两年后再次攻金，夺居庸关，包围中都，之后，三路大军南下中原，"河北②郡县尽拔，唯中都、通、顺、真定、清、沃、大名、东平、德、邳、海州十一城不下"③。这一区域的人民由此陷入深重的战争苦难之中："金崇庆（金卫绍王年号，1212）末，河朔大乱，凡二十余年，数千里间，人民杀戮几尽，其存者以户口计，千百不一余。"④ "自贞祐元年（1213）冬十一月至二年春正月，凡破九十余郡，所破无不残灭。两河、山东数千里，

---

① 据瞿庵《曲海目》疏证。
② "此处所指河北，系指黄河以北的金朝疆域，包括今河北、河南、山西、山东、辽宁等地，非今日河北省之地。"据曹子西主编，王岗撰《北京通史》（第五卷），北京燕山出版社2012年版，第9页。本书从其说。
③ 《元史》卷一《太祖纪》，中华书局1976年版，第11页。
④ （元）刘因：《武强尉孙君墓铭》，《静修先生文集》卷九，《四部丛刊》本。另，李修生主编：《全元文》（第十三集）卷四百六十七，江苏古籍出版社1999年版，第448页。

人民杀戮几尽，金帛、子女、牛羊马畜皆席卷而去。屋庐焚毁，城郭丘墟矣。"[1]"鞑人贪婪，初无远略，既破两河，赤地千里，人烟断绝。"[2]

金宣宗被迫渡过黄河从中都（今北京）迁都汴京（今河南开封），第二年蒙古军占领中都后退兵漠北。1217年，成吉思汗命令木华黎专征金朝。木华黎在燕、云地区建立军事机构，遵照成吉思汗"招集豪杰，戡定未下城邑"的旨意，采用广泛招纳各地官僚、土豪，利用他们的力量来扩大占领区的政治和军事策略。凡纳土归降、扩地有功者，都按其实力和地盘授予大小官职，许其世袭，称为世侯。当时，金朝在黄河以北的统治已陷于崩溃，各地豪强竞起，纷纷招兵买马，争夺地盘，扩大势力。在蒙古强大军事进攻和巨大的利益诱惑双重夹击之下，这些地方武装头目多纳土归降，并率部跟随蒙古军攻略其他州县。金朝也采取了与蒙古同样的政策，笼络豪强，凡能守护或收复失地的，都授为当地长官，并封其中最为强势的九人为"公"。在河北，易州张柔率先于1218年降蒙，攻取了金的真定以东和深、冀以北的三十几座城市，被授予河北东西路都元帅。1220年蒙古军与史天倪攻真定（今正定），招降金"九公"中势力最大的恒山公武仙，于是史天倪被蒙古授予河北西路兵马都元帅之职，镇守其地。后武仙叛蒙降金，史天倪为其所杀，蒙古军复攻取真定，以史天倪之弟史天泽袭兄职守之。东平世侯严实的情况也大体相同。金贞祐元年（1213），蒙古军分三路南下攻金，掠夺中原之后北归。金东平行台调民为兵，任命严实为百夫长。1220年，严实投向蒙古木华黎。严实（1182—1240），字武叔，金末泰安长清（今山东长清）人。其家"在长清西五十里，今称鹊里者是也"。严实"幼警悟，略知读书。及长，志节豪宕，若以生产为不足治者。为人美仪观，喜交结，好施予。落魄里社间，不自顾藉。屡以事被系，侠少辈爱慕之，多为

---

[1] （宋）李心传：《建炎以来朝野杂记》乙集卷十九《鞑靼款塞》，中华书局2000年版，第850页。

[2] 同上书，第852页。

之出死力，以故得脱去"①。1220年9月，严实因"宋不足恃"，"籍彰德、大名、磁、洺、恩、博、滑、浚等州户三十万来归"，木华黎"授实金紫光禄大夫、行尚书省事"②为山东西路行省之首。范围包括今河北南部东部、河南东北部、山东西北、西南部地区。在当时归附蒙古的汉地世侯中，严实与真定史天泽、益都李全、顺天张柔势力最为强大。严实归降蒙古后，先后攻占曹、濮、单、东平等地，于1221年进驻东平以为治所，故又称东平行台。1235年，被授予东平路行军万户。元好问曾对严实在这一时期的影响、地位和经历在其所撰《东平行台严公神道碑》中概述如下："初，贞祐南渡，豪杰乘乱而起，四方之人无所归命。公（严实）据上流，握劲兵，威望之著，隐若敌国。人心所以为楚为汉者，皆倚之以为重。至是，晓然知天命所在，莫敢有异志。"③ 1221年，张林降蒙。1226年，济南土豪张荣以所统济南、淄州降蒙。用这种各个击破滚雪球式的收复办法，河北、山东很快尽归于蒙。只有山西太原、平阳等地，由于蒙、金双方争夺激烈，直到窝阔台攻金时期才完全占领。

　　金元交替时这场旷日持久的战乱从1211年成吉思汗攻金开始，一直持续到1234年金朝灭亡，共20多年的时间。中国北方广大地区，无论城乡，惨遭荼毒，尽为焦土；生灵涂炭，百姓流离；妻离子散家破人亡的人间悲剧随处可见，无人幸免。元好问哀叹："呜呼！兵兴三十年，河朔之祸惨矣！盛业大德、名卿巨公之后遭罹兀元，遂绝其世者，多矣！仅得存者，亦颠沛之不暇也。"④ 社会遭到了极度

---

① （金）元好问：《东平行台严公神道碑》，《遗山先生文集》卷二十六。又见王云五主编《万有文库》第二集七百种，（金）元好问：《遗山先生文集》（1—4册）共4本，商务印书馆1937年版，第341页。任继愈主编：《中华传世文选·金文雅》卷十六，吉林人民出版社1998年版，第275页。

② 《元史》，中华书局1976年版，第3505页。

③ （金）元好问：《东平行台严公神道碑》，《遗山先生文集》卷二十六。又见王云五主编《万有文库》第二集七百种，（金）元好问：《遗山先生文集》（1—4册）共4本，商务印书馆1937年版，第341页。任继愈主编：《中华传世文选·金文雅》卷十六，吉林人民出版社1998年版，第275页。

④ （金）元好问：《冠氏赵侯先茔碑》，《金文最》卷一百零六。李修生主编：《全元文》（第一册），江苏古籍出版社1998年版，第652页。

破坏，"在1/4世纪里，中国北方经历了该地区特有的战争和行政上的混乱。在金代晚期的1207年，这个帝国所拥有的人口为约5300万人，通常情况下全中国的人口则一直保持在1.1亿至1.2亿之间。到这个世纪末的1290年，中国全部在册人口已经降至不足6000万人，并直到14世纪末的明代初期一直维持在这个水平上。东北部地区①的人口下降尤为严重。1207—1290年的80年内，河北山东的人口灾难性地降至此前人口水平的1/3略强"②。在这场空前的浩劫中，名公贵族之家，书香门第之后，同样惨遭战火摧残，文化的重要设施——学校，也遭到了前所未有的破坏。大部分学校被损毁，师生流离，文化遭到毁灭性打击。

这种情况，随着地方世侯豪强兴起，势力范围划定并逐渐稳固后才在某些地域的局部区域有所改观。黄河以北的广大地区，在世侯豪强势力的保护之下，形成了一个个范围较大但相对独立的区域割据政权。为了稳固地方，提升实力，他们往往广揽人才，发展教育，恢复经济，形成了稳定发展的局面。真定、东平、平阳，皆处于实力较大的地方强权保护之下，又都有幸遇到政治相对开明，文韬武略稍胜一筹的世侯首领。

这样的局面，给予颠沛流离生死难料的知识分子以生机和选择。此时，世侯势力对文人的庇护和供养，是对传统文化最好的保护，使中华文脉得以传承与传播，是极具历史文化价值的行为。以东平为例，严实父子称藩东平，《长清庙学碑阴记》里说："严武惠公（即严实）称藩于东平，以长清为汤沐邑，往来其中，能折节下士"。著名文学家元好问也说，严氏父子"既握兵柄，专生杀，时年已长，经涉世故久，乃更折节自厉，间亦延儒士，道古今成败，于前人良法美

---

① 此处所指并非今天意义上的中国东北三省地区，而是指北京及周边的原燕云十六州范围地区。作者在下文中说"东北地区也没有增长，尽管相当多的人口开始集中在现在的北京附近，北京是辽金的大都市"。——本书著者注

② ［德］傅海波、［英］曹瑞德编：《剑桥中国辽西夏金元史》，中国社会科学出版社1998年版，第38页。

意所以仁民爱物者，辄欣然慕之"①。他在《杨君神道碑》中更直接地说："东平严公喜接寒素，士子有不远千里来见者。"在此情况之下"河洛名士翕然响风"②，"一时名士会聚于此"③。当时在东平的名士有宋子贞、王磐、康晔、李昶、刘肃、张特立、徐世隆、张昉、商挺、杜仁杰、元好问等。金代衍圣公孔元措也被严实接到东平。元太宗窝阔台十二年（1240），严实去世。他的儿子严忠济"佩虎符，袭东平路行军万户、管民长官，开府布政，一法其父"④，元世祖忽必烈中统二年（1261），严忠范取代其兄袭万户。至元元年（1264），忽必烈罢去所有汉地世侯，"立转迁法"。自严实进入东平的1221年至此，严氏父子统治东平43年。此时的东平，聚集了一大批金亡以后的名流人物，"曹南商正叔先生、商公（指商挺），参政江孝卿、崔君佐，隆安张仲经，太原杨震亨，冀州李仲敬，徐州赵仲祥，汴梁赵季夫辈，乐聚此邦，文风于是在此"（《长清庙学碑阴记》）。他们聚在一起，纵论天下，宣讲王道，探讨学术，演习礼仪，形成了真正的思想智库。除此之外，他们还在东平府积极开办府学、庙学，发展教育，养育俊才。《元史》卷一百五十九《宋子贞传》："延前进士康晔、王磐为教官，招致生徒几百人，出粟赡之，俾习经艺。每季程试，必亲临之，齐鲁儒风，为之一变。"⑤《东平州志》载："东平庙学（府学）故隘陋，改卜高爽地于城东，教养诸生，后多显者。"《遗山集》《东平新学记》里，也记录了东平改建新府学这件事："今嗣侯范位，以而国家守成尚文，有司当振饬文事，以赞久安长治之盛……隶教官王磐署，乡先生康晔儒林祭酒以主之。盖经始于壬子

---

① （金）元好问：《东平行台严公神道碑》，《遗山先生文集》卷二十六。又见王云五主编《万有文库》第二集。（金）元好问：《遗山先生文集》（1—4册），商务印书馆1937年版，第341页。另，任继愈主编：《中华传世文选·金文雅》卷十六，吉林人民出版社1998年版，第275页。

② 《长清庙学碑阴记》，见光绪《济南府志》艺文四，卷六十八。转引自孔繁信选注《杜仁杰诗文选》，济南出版社2009年版，第147页。

③ 《长清县志》。

④ 《元史》卷一百四十八《严实传》，中华书局1976年版，第3507页。

⑤ 《元史》卷一百五十九《宋子贞传》，中华书局1976年版，第3736页。

(1252)之六月,而落成于乙卯(1255)六月。"毕三年之功建成新府学,迎来百年育人之果。

严氏父子在天下大乱的动荡之中所建立的独立藩地,除了推行孔孟仁德之道之外,还给百姓以休养生息发展生产的环境。而且非常具有文化远见。金亡后,严实首先把孔子五十一代孙孔元措从汴京请到东平,行礼乐之教,不仅保护了大批的礼乐人才,也发展了当地的礼乐文化。其后还为元廷输送了一批礼乐人才,使得延续千年的礼乐文化之脉得以接续。严氏父子治理东平的近50年的时间里,数次到曲阜祭孔,意在宣扬孔孟的仁义礼乐之教,把东平治理成为远近闻名的一方"王道"乐土。

在文化上,严实父子以求贤之名,广揽文儒饱学之士,一时四方文士云集东平。著名的文学家王若虚、元好问、杜善夫、商挺,著名学者宋子贞、刘肃、李昶等都不远千里投奔。严氏父子重视文学,有时自己还参与诗词文赋曲的创作,对文学发展繁荣形成鲜明的导向作用。著名的散曲作家、诗人杜仁杰在东平府中颇具代表性。他是山东长清(今属济南市)人,家学渊源深厚,诗、词、曲、文俱佳。金正大元年(1224),杜仁杰离家南游汴梁,参加金廷科考未中,乃滞留京师,并结识了著名诗人元好问等。开兴元年(1232)金元交战,金军大败,杜仁杰北渡黄河,逃归山东,与张澄、商挺等入严实门下为幕府。从乃马真后称制到至元初的二十余年间,杜仁杰、与严氏父子志同道合,亦师亦友,在东平行台和东平府学方面谋划出力颇多。至元初年,东平行台严氏兄弟相继去职家居,而长期在东平休戚与共朝夕相处的诸多好友也都入朝为官,东平散府,步入老年的杜仁杰才离开东平,隐迹山林。他大量的诗作虽已散佚,但从传世不多的散曲,却仍然可以看到其风格诙谐幽默,颇具特色。套曲【般涉调·耍孩儿】《喻情》,通篇用歇后语写成,而自古闻名的【般涉调·耍孩儿】《庄家不识勾栏》套曲更反映了这一特色,确如虞集所称的"善谑"。

河北真定世侯史天泽及其家族,是汉地世侯代表。史家本为乡里大姓,祖上财力雄厚,史天泽之父史秉直爱读书,尚义气。金元之际,为自保,拥兵自重,拥有一支数万人之多的私家武装力量,是河北最大的一支地方势力。木华黎军进河北，史秉直率部迎降，因战功卓著授行尚书六部事，史氏家族在蒙元的政治军事地位从此确立。史家也由此成为忽必烈推行汉法所依赖的主要大臣之一。在兵荒马乱以及连年天灾中，史天泽多次奏请元廷减免赋税，甚至倾其私产，替民还债。由于采取一系列爱民保民措施，使得一方百姓获得喘息之机，生产和经济得以恢复，当时真定的人口迅速超过了其他郡。元宪宗二年（1252），宪宗蒙哥赐史天泽卫州五城为分邑。忽必烈命史天泽、赵璧等为经略使治理河南，此时的河南混乱之极，军队掳掠平民，百姓流离失所，堪称人间地狱。史天泽等至河南，兴利除弊，不过两三年，河南大治，表现出极高的治理能力。中统元年（1260）忽必烈登基，向史天泽询问治国方略，史天泽以先立省部以正纲纪、设监司以督诸路、施恩泽以安反侧、退贪酷以任贤能、颁俸禄以养清廉、禁贿赂以防奸佞等方策为对，深得忽必烈赞许，被一一采纳。李璮之乱平定后，史天泽主动将史氏子侄十七人解除兵权，以安君心。史天泽作为以军功出将入相之人，"年四十，始折节读书，酷嗜《资治通鉴》，真积力久，义精理贯，至成败是非，往往立论出人意表，虽老师宿儒，有不加详者。至于矢谟庙堂，运筹戎幄，良法美意，契合融会，见诸行事者，诚无愧于古人"[①]。史天泽待人礼贤下士，乐善好施，有很高的政绩人声，《元史》之《史天泽传》称他"出将入相五十年，上不疑而下无怨，人以比于郭子仪、曹彬云"。王恽的《开府仪同三司中书左丞相忠武史公家传》中记载说：癸巳年即金天兴二年（1233），"北渡后，名士多流寓失所，知公好贤乐善，偕来游依。若王滹南、元遗山、李敬斋、白枢判、曹南湖、刘房山、段继昌、徒单颢轩，为料其生理，宾礼甚厚，暇则与之讲究经史，推明治道，其张颐斋、陈之纲、杨西庵、张条山、孙议事，擢府荐达，至光显云"[②]。

---

① （元）王恽：《秋涧先生大全集》卷四十八。见李修生主编《全元文》第六册，江苏古籍出版社1999年版，第349页。

② （元）王恽：《开府仪同三司中书左丞相忠武史公家传》，《秋涧先生大全集》卷四十六，文渊阁《四库全书》本。李修生主编：《全元文》（第六册）卷一百八十一，江苏古籍出版社1999年版，第349页。

王滹南（1174—1243），即王若虚，承安经义进士，累迁应奉翰林文字，后为翰林直学士。元遗山（1190—1257），即元好问，兴定进士，金行尚书省左司员外郎，是金末最著名的文学家。李敬斋（1192—1279），即李治，金末进士，钧州知事。白枢判，即白华，贞祐进士，正大七年（1230）任枢密院判官。这些都是金末闻名于世的名士。著名元杂剧大家白朴，亦在其中。他与当时的杂剧作家们有较多来往，著名表演艺术家天然秀的母亲，曾在史天泽府中待过。史天泽与白朴、侯克中、李文蔚杂剧作家关系密切，自己本人对赋诗和杂剧写作也有兴趣。从史天泽之父史秉直，到史天泽之兄史天倪，再到史天泽，其后是史天倪之子史楫、史权，三代经管真定五十年，真定成为安定富庶的商贸文化名城。

三　相似的城市特征与文化环境

真定、东平、平阳三地，除了元初都是世侯强藩统辖之地外，在历史和现实中也有很多的相近相似之处。

（一）交通便利带来了经贸的极度昌盛

首先，历史上，三地同属燕云十六州范围之内。都经历了强藩割据以及宋、辽、金、元轮番交替的统治，历经多民族文化的反复浸染洗礼。元灭南宋后，版图大幅度扩充，国家幅员辽阔。为了更方便地管理广袤的疆土，实行行省制度，将全国设为十个行省。在临近首都大都的今河北、山西、山东、内蒙古等地区，不设行省，而是由中书省直辖，称为"腹里"。此时，三地在元代又同属"腹里"重地。

其次，地理位置上，三地不仅与燕京（今北京）相近，且全部处于燕京南下、东出、西行的必经通道之上。自晚唐五代后数百年的漫长历史时期，无论是战争时期南北军事争夺的拉锯战，还是和平对峙时期南北商品的贸易交流，三地皆处通道要地，战略地位极为显要。

同时三地也都是州郡治所所在。

以真定为例。真定地处冀中平原，"枕中山而挹秀，跨冀野以钟灵"，自古有东垣、真定、恒山、恒州、镇州、镇阳、北都、中京等多个称谓，但以常山、真定最为人们熟知。它"面临滹水，背倚恒山,左接瀛海,右抵太行",历史上作为"河朔重镇",曾与北京、保定并称"北方三雄镇"。因其"当燕赵之冲、雄于河朔","为京师辅郡、南北襟喉之冲","正定一路,山蟠西北,犬牙交制,实天作阻固,以限夷夏。故其势利守御,所以坚人心而作士气者,莫敢忽也"的重要性,所以自古乃兵家必争之地。春秋战国,晋战鲜虞,赵争中山。汉高祖三征东垣,韩信背水一战。五胡乱中原,唐平安史乱等,这些历史上重要的事件都发生在这里,这里自古就是战略要地和重要的战场。宋、金、元三国也在此反复开展拉据战。与此同时,这里又是商贸要地。自秦汉时,真定就已经是远近闻名的商埠,商人极为活跃,在社会生活中占有重要地位。从北魏皇始三年(398)将常山郡迁至此,设常山县开始,此后的1600年间,这里一直是方国、封国、郡、州、路、府、县的行政治所和军事驻地,始终是河北中南部政治、经济、军事、文化中心。在唐,是成德军的治所,在辽,是大辽的中京,宋元时期也都是府治所在。清初甚至一度成为直隶省会。在这些时期,其辖区很大,曾经太行山以东、北京以南、黄河以北、东至齐鲁地区尽为其所辖。从隋唐开始,由于行政地位步步高升,这里的城市规模和商贸发展都很快,成为北方闻名远近的商贸中心。唐代生产的丝、罗制品成为朝廷贡品。自"安史之乱"后,真定始终处于地方势力强势控制之下。为了自身利益的巩固,历任都极为重视城池建设和城市发展。在唐后期,按照当时标准,真定就已经达到了中等城市规模。宋时,这里又成为宋、辽、金三国争夺之地,交通上的重要性,决定了军事上的战略地位,军事上的地位,又决定了对城市的建设投入。北宋初(977)开始,这里是北宋与辽的边贸城市,贸易地位进一步加强。宋王朝设河北西路,又以真定府为都转运使使厩,真定府商贸中心地位进一步加强。宋人吕颐浩著《燕魏杂录》,称当时的真定府"雄盛冠于河北一路。府城周围三十里,居民繁庶,佛宫禅刹掩映于花竹流水之间,世云塞北江南"。金人占据真定后,这里成为金国腹地。

自秦修驰道起,这里成为交通要冲。1206年,金朝实行了急递铺制度,相当于建立了全国邮政快递专线。全国共有五路专线,其中一路自中都经真定，过平阳，通达京城；另一路自真定，过彰德，通达京城。五条专线中有两条专线都要经过真定，足见这里交通和军事战略地位是何等重要。元朝承袭和借鉴了金朝邮传制度，在全国设立四通八达的驿道、驿站，使得全国的交通和通信成为覆盖全面完整的网络。真定地处要冲，在交通上的地位进一步凸显。东西南北的交通运输往来都必须经过这里，所以成为内陆各省邮驿中最为繁忙、业务量最大、开支最多的驿站。

　　金元之际，由于史家父子多年经营，真定的安宁与富庶，吸引了大批人口和商贾。当时的真定，不仅"豪商大贾，并集于此"，而且由于战争的驱赶因素，蒙古联宋攻金过程中，陆续有很多汴梁、郑州等地民众主动或被动地迁来真定。人口的大量聚集，使原本基础就相对较好的工商业得到了进一步发展。以酿酒业为例，"在城每日蒸汤二百万石，一月计该六千余石"[①]。由于交通的便利，元代在此设织染、杂造局。这里又成为北方重要的丝织品生产、贸易中心。丝织品贸易规模宏大，《马可·波罗游记》就记载说这里"使用纸币，恃工商为生，饶有丝，以织金锦丝罗，其额甚巨"[②]。由于商贸发展所需，带有金融性质的典当、资本借贷等新兴的商业因素也兴盛起来，反过来又促进了市场贸易，这里的货币流通量迅速增加。元世祖继位之前，"真定行用银钞，奉太后旨，交通燕、赵以及唐、邓之间，数计八千余锭"[③]，这样巨额的货币流通使用量，足见真定商业的繁荣程度。所以元人也盛赞真定是"燕南赵北之雄藩，东鲁西秦之都会"[④]。

　　外来人口大量涌入，社会安定，工商业发展，商贸极度繁荣，这些都使得社会生活和城市文化面貌发生了本质性的巨变。纳新《河朔访古记》就深刻地感受到了当时真定的这一文化特征，他说："大抵

---

① （元）王恽：《禁醨酒》，见《秋涧先生大全集》卷九十，文渊阁《四库全书》本。
② [意] 马可·波罗：《马可·波罗游记》，冯承钧译，上海书店1999年版，第315页。
③ （元）苏天爵：《元朝名臣事略》卷十《尚书刘文献公》，中华书局1996年版，第197页。
④ （元）释永住：《龙兴寺重修大觉六师殿记》，见李修生主编《全元文》卷三十五，凤凰出版社2005年版，第52页。

真定极为繁丽者,盖国朝与宋约同灭金,蔡城既破,遂以土地归宋,人民则国朝尽迁于此,故汴梁、郑州之人多居真定,于是有故都之遗风焉。"① 可见,由于这一特殊的历史变迁,虽然真定只是一个地域性的城市,但是由于城市居民成分的巨大改变,它却拥有了中国文化鼎盛时期北宋国都汴梁的文化之风了。战争不幸,真定大幸。这样脱胎换骨的幸运,实在不是哪一个城市都能够随便获得的。居民成分的改变,使得城市文化面貌大为改观。来自汴梁、郑州等大都市人们的生活方式、文化精神追求也给真定城市面貌带来巨大改观。当时真定的集市、庙会日趋活跃。据正定方志记载,真定城里天天有集,"每月一日西关,二日小十字街,三日县前,四日阳和楼前,五日南关,六日顺城关,七日东关,八日北关,九日北门里,十日隆兴寺前,周而复始"。可以说,真定既有悠久的商业历史传统,又有深厚的商业生活现实,加上外来文化的迅速渗透,真定人们的思想意识、消费习惯和生活方式,不仅更加城市化,甚至已然有迅速地跨越为都市化的迹象了。

金元之际东平的城市发展轨迹与真定非常类似。严氏父子统辖东平近半个世纪,东平已经发展成可与当时的济南府媲美的中原大城市了。待到至元二十六年(1289)南北大运河山东段(即会通河)全线开通,东平再次迎来城市发展的重大机遇。这座坐落在元大都和南宋故都杭州南北交通大动脉中端的城市,迅速成为南北货运和东西物产交流最重要的聚散地。它不仅可以漕运粮物,而且便利商贾客旅。《马可·波罗游记》第六十二章记载东平府时是这样描述的:"离开济南府,南行三天,路经许多工商业兴盛的大城镇和设防的要塞。这一带地方,飞禽走兽的猎物非常丰富。日常生活必需品的生产和供应也很充裕。第三天的傍晚,便抵达东平州(Singuimatu)城。这是一个雄伟壮丽的大城市。商品与制造品十分丰盛。所有的居民都是佛教徒,都是大汗的百姓,使用大汗的纸币。有一条深水大河流过城南,

---

① (元)纳新:《河朔访古记》卷上《常山郡部》,见《石刻史料新编》第三辑(25)《钦定四库全书》本史部十一,地理类九,台北:新文丰出版公司(出版日期不详),第143页。又:有称《河朔访古记》为葛逻禄廼贤所著。

居民将河分成两条支流（运河），一支向东，流过契丹；另一支向西，流向蛮子省。大河上千帆竞发，舟楫如织，数目之多，简直令人难以置信。这条河正好供给两个省区的航运便利。只要观察河上的船舶穿梭似的往返不断，运载着最有价值的商品的船只的数量和吨位，确实就会使人惊讶不已。"金元之际北方最著名的士人诗人元好问游东平时，描述其繁华之景，"老马凌兢引席车，高城回首一长嗟。市声浩浩如欲沸，世路悠悠殊未涯"[1]。由此可见当时东平的繁荣富庶以及商贸的昌盛。

山西平阳的地理位置也极为重要。它位于山西省西南部汾河谷地，东倚太行山与长治、晋城相连，西北沿吕梁山与吕梁地区毗邻，西隔黄河与陕西相望，北以韩信岭为界与晋中地区相隔，南与运城地区接壤。汾河自北向南贯穿全境，沿河形成了临汾盆地。吕梁山延伸临汾的部分叫姑射山，而屹立在平阳西面的山峰叫平水。因城池建于平水之阳而得名平阳，有"尧都平阳"之说，又因城如卧牛，亦称卧牛城。在唐代，平阳属河东道。作为国都之门，交通要地，战略地位十分重要。太宗李世民就强调说这里是"王业所基，国之根本。河东殷实，京邑所资"[2]。当时帝都长安的粮食供给，很大一部分要依靠平阳以东地区，那里的粟米等农副产品通过漕运经过平阳源源不断地运送到长安这个世界上人口最多的城市。由于交通和贸易的关系，平阳繁华异常。"河渭之间，舟楫相继，会于渭南。"平阳的手工业也非常发达，这里的白蜜、蜡烛、龙须席等，均被列为贡品。炼矾、冶铁也都很出名。晚唐五代，由于战乱不已，平阳遭受了巨大损失，人口锐减，经济衰落。直到北宋初年，经济才得到部分恢复。后来因为作为冶铁铸钱之地，这里成为当时北方重要的手工业和商贸重镇。从保留至今的碑刻和铸造的大钟可见，当时书法、雕刻和铸造等技艺的水平已经很高。赵宋王朝偏安江南，南北对峙。山西全境为女真族所据，平阳成为府治所在。由于人才聚

---

[1] （金）元好问：《元好问诗选》，人民文学出版社1959年版，第79页。
[2] 《旧唐书》卷二《太宗本纪》，吉林人民出版社1995年版，第14页。中国文史出版社编《二十五史》卷六《旧唐书》，中国文史出版社2003年版，第5页。

集，除了保持手工业和铸造业优势之外，这里更成为著名的造纸和刊刻、印刷重地。平阳麻纸驰名全国，这里又是金朝四大刻书中心之一，平阳所刻印的书籍在金元时叫"平水版"，有着很高的知名度。著名的赵城《大藏经》就是由民间集资雕刻印刷的。平阳姬姓雕版作坊所刻的《四美人图》《关羽图像》绘画精美，形象逼真，开创了人物版画的先声，是中国版画的一大转折。金朝，全国总共设置有五处绫锦院，其中一个就在平阳。①《马可·波罗游记》描述元代时这座城市"离开太原府，再西行七天，经过一个美丽的区域，这里有许多城市和要塞。商业、制造业兴旺发达。这一带的商人遍及全国各地，获得巨额的利润。过了这个区域，到达一个很重要的大城市，叫平阳府（Painfu，今山西临汾）城内同样有许多商人和手艺工人。这里盛产生丝"②。始建于北宋的平阳鼓楼，坐落在今临汾市区中心，楼高 40.5 米，古人称为"拔地千寻，依云逼日"。高楼四面设有回廊。南北东西有高宽各 5 米的券门。四个券门横额分别题刻"北达幽并""南抵秦蜀""东临雷霍""西控河汾"。这十六个字，高度概括了平阳地理位置的重要性。

（二）悠久的文化教育资源成就了城市的文化优势

三地不仅是远近闻名的商贸繁盛的富庶之地，且是历史极为悠久的文化名城。蒙古南下之前，中国北方在金朝百年统治下，已经形成了覆盖全境的教育网络。文化事业得到了迅速发展。"文风振而人才辈出，治具张而纪纲不紊。有国虽余百年，典章文物，至比隆唐宋之盛。"③ 窝阔台加强汉地治理的措施之一，就是恢复文化教育事业。在燕京地区他们将前金枢密院旧址改建成了孔庙。后又正式下诏，以孔庙为国学校舍，增建孔庙校舍，选拔蒙古子弟和汉地官员在一起学习，要求相互掌握对方语言，并指定了严格的教学责罚制度。而东

---

① 参见临汾市统计局编《临汾年鉴 2001》（总第 4 期），中国统计出版社 2001 年版，第 47 页。
② ［意］马可·波罗：《马可·波罗游记》，福建人民出版社 1981 年版，第 281 页。
③ （元）王恽：《浑源刘氏世德碑铭》，《秋涧先生大全集》卷五十八，李修生主编：《全元文》（第六册）卷一百九十一，江苏古籍出版社 1999 年版，第 503 页。

平、真定两地在金元两朝，也都属于政府的教育重地。金朝在全国设有22座女真府学，东平府和真定府各有一座。元代的乡试制度始于仁宗延祐元年（1314），终于顺帝至正二十五年（1365），每三年举行一次，大约举行了16次。苏天爵的《燕南乡贡进士题名记》记载说："昔者皇庆之时，肇定乡试之所，由两都、十一行省、河山之东二宣慰司，及真定、东平，共十有七。"全国总共才十七个考点，真定、东平皆位列其中。乡试虽然是元代后期才开始的，但却足以证明真定和东平的教育成就和分量。

真定教育有着悠久的历史传统。古代真定教育起步早，发展快，文化积淀深厚。早在商周时代，真定就已经出现塾馆教育。至汉，学校数量大增。据清人梁清远的《雕邱杂录》记载，早在东汉时期，常山（真定）太守伏恭就在此地"敦修学校，教授不辍，由是北州多伏氏之学"。这种重教崇学的风气对后世的影响很大。隋朝真定为郡治所在，许多著名学者前来授课，大大活跃了这里的学术思想。房晖远是真定当地的著名教育家，他精通五经，历史记载说他"幼有志行，恒以教授为务。远方负笈而从者，动以千计"[1]，在当时影响极大。经隋至唐，科举取士成为定制后，真定已成为"礼乐政教之乡"。按照唐朝的规定，在各府、州、县皆立官学，"各文学一人，掌以《五经》授生，助教一人"[2]。真定为郡县治所，官学兴盛，民间私塾也很发达。北宋真定又立府学。"靖康之变"后，金朝入主中原，真定府作为教育重地，除了传统的府郡县官学外，还立有特殊的女真府官学。元代，府学经过多次重修，规模日益扩大，规制更加齐备。元代科举废弛，但是真定官学和私学照样兴盛。在官学发展的同时，私学也吸引着远近的莘莘学子。真定辖内最早的书院"封龙书院"始建于唐。唐代的郭振、宋代的李昉、元代的李冶皆曾在此授课。元代著名的杂剧作家白朴、李文蔚以及著名文学家苏天爵都曾就读于封龙书院。苏天爵的高祖，从汴梁前来真定，就在老滋河畔购置

---

[1] 光绪元年《正定县志》。
[2] 转引自郭开兴编《正定大观》，内蒙古人民出版社1999年版，第41页。

田产，建造书馆——滋溪书堂。父教子学，四世相延。苏天爵在《志学斋记》中说，这样的教育形式，并非他一家。当时"授德于家"在家庭中开展正规教育的，当地还有"安氏祖孙、马氏父子"等。元代真定府学曾经五次重修扩建，官学设施相当完备。同时元世祖忽必烈开展民众普及教育，"劝农立社"，规定"每社立学校一，择通晓诗书者为学师，农隙使子弟入学，且民路设社学，学风日盛"。这一措施的推行，使得真定有了较为深厚的民众文化根基。由于教育发达，真定自古人才辈出，代有其人。宋金交替之际，"天会元年（1123），（金）斡离不既破真定，拘集境内进士试安国寺"，除褚承亮拒不应试外，"余皆放榜，凡七十二人，遂号七十二贤榜"。一次就能聚拢这么多的人才，可见当地教育的兴盛发达，文化之昌盛。金代，真定名人辈出，文学史中有名的文学家就有蔡松年、蔡珪、冯璧、周昂、周嗣明、李著、苏大年等八人。其他还有音韵学家韩道韶、韩孝彦二人，又有著名医学家李果、罗天益等人。到元初，又涌现出了白朴、李文蔚、尚仲贤、侯克中、史九敬仙、戴善甫、汪泽民等著名的杂剧作家。其中的白朴是元曲四大名家之一。[①] 所以，苏天爵在《燕南乡贡进士题名记》中不无自豪地说："当汉唐宋金之世，文武将相之储，经术词章之粹，皆于斯而取焉。"[②]

东平府地处齐鲁，儒教之风浓郁，教育昌盛。唐宋以来，崇儒设教盛行。东平为州府治所，官学、私学也很兴盛。金朝女真族入主中原，承袭宋制，兴办学校，开科取士。东平为全国四大集中考点之一。《金史·选举志》记载说："山东西路、大名、南京（汴梁）者，则赴东平试。"全国设女真府学22处，而"东平府"就有一处，不仅如此，诗词赋科和策论进士及武举人的特殊考试，全国仅设几个考点，东平也是其中之一。[③]

---

① 参见正定县教育委员会编《正定教育志》，河北教育出版社1996年版，第44页。
② 李修生：《全元文》（第四十册）卷一千二百五十七，凤凰出版社2004年版，第162页。
③ 参见孔繁信《元代东平府文化的特色及影响》，收录于李正明、张杰主编《泰山研究论丛》（第二集），青岛海洋大学出版社1990年版，第65页。

东平教育在严氏统辖时期达到了历史的鼎盛。从严实1221年进驻东平开始兴学养士。宋子贞、王磐、元好问、李世弼、李昶、张特立、刘肃、徐世隆、张昉、商挺、杜仁杰等这些在严实幕府任职或在府学教书的文化名流,构成东平派,以承继金代学术为特点。严实时代恢复和兴建的学校除了东平之外,统辖区域内长清县学、冠氏县学、博州学等都重新发展起来。1240年严实去世,严忠济继任,坚持大力发展教育的一贯方针。宪宗二年(1252),开始兴建东平新府学,宪宗五年(1255)建成。府学学生共75人。75人的规模在元初的学校中规模是最大的。因为按金章宗大定二十九年(1189)的定制,东平府学是60人,与大兴、开封、平阳、真定府学的人数相同。这在《金史》卷五十一《选举志一》中有明确的记载。东平府学的75人分成了两部分,其中的15人是孔氏族姓的子弟,收孔、颜、孟三姓子弟,他们与其他60人是分开授课的。所以实际上东平新府学还是遵守了额定人数60人的规定,与真定、平阳规模相等。新府学以王磐、康晔、梁栋、徐世隆、李桢、元好问、李昶等为教师,培养了李谦、阎复、徐琰、孟祺、申屠致远、张孔孙、李之绍、吴衍、马绍、王构、杨桓、曹伯启、刘赓、夹谷之奇、周砥等优秀的学生。东平派在中统之前的几年里达到了鼎盛时期。东平派的成员在中统之后,大都入朝为官,成为元朝中央与各级政府的重要官员。宋子贞,东平府参议、领学校事兼提举太常礼乐。世祖中统年间,拜右三部尚书,"会创立省部,一时典章制度,多公裁定"[1]。王磐,在东平府学教了几年书后,中统元年(1260),元世祖设十路宣抚司,王磐拜益都路宣抚副使,又拜翰林直学士,同修国史。升翰林学士,荐宋衜、雷膺、魏初、徐琰、胡祗遹、孟祺、李谦等,皆为名臣。康晔,著名教育家。阎复在《乡贤祠祀》中列出了他的9个著名学生:"自复斋徐公接武始,国子祭酒、集贤学士周砥,翰林学士承旨李谦,江西行省参政翰林学士承旨徐琰,翰林供奉淮东提刑按察使孟祺,礼部尚

---

[1] (元)苏天爵:《元朝名臣事略》卷十《平章宋公》引墓志铭,中华书局1996年版,第202页。

书、集贤大学士张孔孙,集贤学士刘赓,国子司业杨桓,吏部尚书翰林直学士夹谷之奇,扬历馆陶者十余人,司风宪、握郡符及不求闻达者尚众。"① 这么多优秀人才全出于康氏门下。商挺,至元元年(1264)入拜参知政事。忽必烈欲知经学,商挺"与姚左丞枢、窦学士默、王承旨鹗、杨参政果纂《五经要语》,凡二十八类以进"②。徐世隆担任东平幕府掌书记,主张收养寒素,为人才培养贡献很大。中统元年(1260),拜燕京宣抚使,经他举荐而入朝的僚属多是国内名士,"时号得人"。至元七年(1270),拜吏部尚书,九年出东昌路总管,修庙学,起驿舍,"郡人颂之"。李昶,李世弼子,金末战乱,"奉亲还乡里",为严实"辟授都事,改行军万户府知事"。严忠济升之为经历官。之后,为东平府学教授,一时名士,"李谦、马绍、吴衍辈,皆出其门"③。李谦(1234—1312),至元十八年(1281)在翰林升直学士,为太子左谕德。至元、大德间,李谦与孟祺、阎复、徐琰"并以文学政事为世典型",被当时人尊称为东平"四大老"。阎复(1235—1312)文化建树颇多,袁桷说:"自至元至于大德,更进迭用,诰令典册,则皆阎公所独擅。……在翰林最久,赞书积几,高下轻重,拟议精切,诵以为楷。"④ 京师建宣圣庙、恢复曲阜守家户、设置孔林洒扫户、设置祀田,以及大德元年(1297)加封孔子至圣封号等,都是他上疏所请,为元代的文化事业做出很大贡献。徐琰(?—1301)是较早被元廷派往江南任职的官员,著有《爱兰轩诗集》。《宋元学案补遗》说他任浙西肃政廉访使时,在宋太学旧址建

---

① (元)阎复:《乡贤祠祀》,引自康熙五十一年《高唐州志》卷十。见李修生主编《全元文》(九)卷二百九十五,江苏古籍出版社1999年版,第249页。
② (元)苏天爵《元朝名臣事略》卷十一《参政商文定公》。又见《参政商文定公墓志》,收录于李修生主编《全元文》(第二十四册)卷七百六十一,引自《清河集》卷六,江苏古籍出版社2001年版,第376—379页。
③ 《宋元学案》卷二《泰山学案》。王云五主编,缪天绶选注:《万有文库》第一集一千种《宋元学案》,商务印书馆1923年版,第39页。黄宗羲原著、全祖望补修:《宋元学案》卷二《泰山学案》,中华书局1986年点校本,第73页。
④ (元)袁桷:《翰林学士承旨赠大司徒鲁国王文肃公墓志铭》,《清容居士集》卷二十九,《四部丛刊》本,商务印书馆1982年版。又见李修生主编《全元文》卷二十三,凤凰出版社2004年版,第589页。

西湖书院，"有文学重望，江南人士重之"。孟祺（1231—1281），为东平"四杰"之一。任职江南时，以嘉兴路总管之职，首以兴学为务，创立规则。李之绍（1254—1326），曾任教东平。至元三十一年（1294），以马绍、李谦荐，授将仕郎、翰林国史院编修官，纂修《世祖实录》。大德六年（1302），升应奉翰林文字。至大四年（1311），升承直郎、翰林待制。皇庆元年，迁国子司业。延祐三年（1316），升奉政大夫，国子祭酒。"夙夜孳孳，惟以教育人材为心。"另外还有王构（1245—1310）、张孔孙（1233—1307）、杨桓（1234—1299）、曹伯启（1255—1333）、夹谷之奇（？—1289）、刘赓（1247—1328）、马绍（1239—1300）等。至元二十年（1283），胡祗遹在《泗水县重建庙学记》里说："今内外要职之人才，半出于东原府学之生徒。"袁桷说："翰林院东平之士独多，十居六七。"这些已知出仕的东平派的人物，除商挺、杨桓、曹伯启、马绍未进或未知外，其余14位均进入过翰林院。王磐、李谦、阎复、李之绍、王构、刘赓，他们几乎终生在翰林院为官。东平派的人物，在中统、至元、大德、至大的50多年时间里，身任要职，声震政坛，形成了十分特殊的历史现象。东平新府学成为东平派的学术基地。东平派在新理学还未发展起来的时候，是北方的第一大学术派别。

（三）开放的多元文化基础

真定是历史悠久的文化名城，文化积淀深厚，名胜古迹众多。

正定有2400年的建置史和1600年的建城史。对科技、艺术、手工业都极为重视。从秦汉至隋唐，真定的科学技术获得了长足发展。冶金、铸造、鎏金、建筑、雕刻、绘画以及纺织技术，都在全国享有很高的声誉。真定著名的"四塔八大寺"都是那个时候建设、铸造、雕刻、绘制的。宋金元时期，这里的纺织、冶金、建筑、水利、畜牧以及兵器制造诸多方面技能都有新的提高。绫锦院制造的锦、绮、绫、罗在当时称为上品，高达22米的大悲铜铸像更属世间稀有，代表了艺术设计、工艺铸造、鎏金技艺以及数算、建筑等多方面的科技艺术成就。元代，真定经济文化繁荣，贸易发达，商旅往来、名流云集，成为元大都之外北方最大开放城市。瞻思等在经学、史学、天文、地理、历算、水利等方面都有很丰硕的成果。

真定是佛教重镇。宗教活跃、宗教建筑精美、历史悠久是其最大的特点。中国佛教寺院，向有"唐寺宋塔"之说。而留存至今的"四塔八大寺"中的八大寺，3座建于唐之前，5座建于唐。四塔全建于唐代。寺、塔均开佛教先河。这些宗教建筑不仅建造在中国传统文化最为兴盛的时期，而且表现出了非常高超的艺术水准。天宁寺凌霄塔，始建于唐咸通元年，宋、明、清均有修葺，是古城内最高的古建筑。临济寺澄灵塔，始建于唐咸通八年（867）。唐代义玄和尚在镇州（今正定）创建了佛教临济宗，义玄去世后，教徒建塔葬之。现仍以此寺为临济宗发祥地，此宗、此塔、此地在日本及东南亚地区影响很大。华塔，坐落在城内南门里，又名广惠寺多宝塔。始建于唐贞元年间，造型独特，雕饰华美。坐落在城内西南街，又名开元寺须弥塔，始建于东魏兴和二年（540），唐乾宁五年重修，现仍保留唐塔的特征。砖塔东面有一古钟楼，内有一巨大铜钟，钟楼大钟敲响时，方圆几十里都可听见。规模最大、最为著名的是隆兴寺，始建于隋开皇六年（586），原名"龙藏寺"。唐代更名为"龙兴寺"。宋初扩建，形成现在的规模。而慈氏阁的永定柱造做法，乃是我国现存宋代古建筑中的孤例。大悲阁后面，是单檐歇山顶弥陀殿。最北端的毗卢殿，殿内的铜铸毗卢佛，共铸大小铜佛像1072尊。它们千姿百态，构思奇特，铸造精细，被人称为"千佛绕毗卢"。隆兴寺以大悲阁内的铜佛著称。古人曾形容它"五层画阁碍云低，七丈金身可与齐"。可见大佛之高，隆兴寺也因此俗称大佛寺。此佛在铸成之后的千年间，直到20世纪，一直是中国最高的佛像。寺内建筑独特，当推摩尼殿。殿后南壁浮雕五彩悬山中的倒坐观音，头戴宝冠，肩披璎珞，胸臂裸露，圆润丰满，姿态优雅，神态安详，被鲁迅先生誉为"东方美神"。寺内碑碣林立，最珍贵的首推隋朝龙藏寺碑。它是国内现存著名碑刻之一，被王国维誉为"此六朝集成之碑，非独为隋碑第一也"。真定寺庙在宗教上的显要地位，受到了历代帝王的高度重视。隋文帝兴佛敕建龙藏寺、赵匡胤亲驾真定铸大佛、康熙帝六巡古城书匾额、乾隆爷七临正定留诗文都是历史的明证。除了佛教之外，道教、伊斯兰教在真定也都有自己的寺院、宫观。这不仅保障了文化的多元，而且这些寺观，也为当地民众文化和贸易生活提供了方便的场所。

平阳与东平、真定一样，也有着悠久的文化历史。西晋末年，匈奴人刘渊起兵反晋，称帝后即定都平阳。其势力一度伸展到今山西、河北、河南、山东等地。这里的科技、手工业、图书刊刻印刷艺术等都很发达。自唐代发明雕版印刷术后，由于盛产雕版印刷所需要的基本原料白麻纸、墨锭、枣木，平阳雕印业发展兴盛起来。金元时期，这里更成为北方文化名城之一。中央政府在此设立经籍所，委派书籍官，专门管理官民经营的书坊工铺。这里雕版印刷精美，刊刻水平高超，出现了以张存惠为代表的一大批刻书家。除了古代典籍、佛教道教经卷、民间文艺和农医杂书之外，还有著名的工具书《平水韵》风靡全国。大型版画《四美图》是我国最早的木版年画。平阳所印书册，常标以"平水新刊"，足见"平水版"在当时已经有相当的品牌市场号召力。这里出版业之兴旺，完全可以与燕京媲美。同时，平阳和真定一样，也是佛教兴盛之地。东晋高僧法显，是平阳武阳人。他到天竺取法，历时13年，共游历30多国，带回很多梵文佛经，还将沿途游历所见所闻写成《佛国记》。法显是我国西行求法的第一人，比唐玄奘西行求法早230年。平阳的大云寺，砖塔内有唐贞观时铸造的铁佛头像，洪洞广胜寺有唐太宗御制赞石刻，千百年来无言地述说着佛教文化在此曾经的辉煌。而曲沃阎村宝藏的初唐四杰之一的王勃撰写的灵光寺碑，表现了历代平阳人对文化艺术的珍视。

平阳的杂剧发展与宗教以及宗教艺术也有着千丝万缕的联系。保留下来的几十处古代戏台，都是宗教寺庙建筑的一部分。魏村元代戏台，就位于平阳附近魏村牛王庙内。那里至今保存着多处古代戏剧壁画、雕刻和戏剧艺术建筑。庙内的元代戏台，重建于元至治元年（1321）。舞台设计极为精巧，既便于演出的观看，音响效果也很好，显示了古人运用科技原理的高超能力。姑射山仙洞，位于姑射山内。相传为尧王夫人鹿仙女诞生地，因庄子的《逍遥游》中有"藐姑射之山有神人居焉"之语而出名。是一个集古代神话传说和佛教、道教于一体的综合建筑群。仙洞创建于唐武德年间，历代不断修葺扩建，至今依然留存有建筑40余处，庙堂120多间，石窟洞70多孔，亭、台、楼、阁点缀其中。整体由北仙洞和南仙洞两部分组成，南北对峙，其间一条数百米的深谷相隔。北洞有兴佛寺、云雾寺、王母阁等；南仙洞有兴隆寺、神居洞、碧岩寺、观音阁和戏台等庙宇寺观。有各种塑像200多尊，铁铸、铜铸、木雕、泥塑等皆有，壁画、碑碣也都有一定历史和艺术价值。大小殿宇多数依山背洞就势构筑，颇有"仙境"之感。这一切表明，平阳不仅有悠久的儒释道多种文化传承，而且善于接受多种文化的融合，建筑、雕塑、绘画艺术也颇有创新能力。

（四）三地都有深厚的乐舞传统和济济的乐舞人才

东平地处齐鲁，为礼仪乐舞之乡。祭祀天地郊庙神灵的礼乐乐舞自古盛行。

到宋代，由于东平成为河南道的属邑，直接受东京文化的影响，民间音乐俗曲也广为流传，并在此基础上形成具有地方风味的时调。故燕南芝庵在《唱论》里说："凡唱曲有地所：东平唱《木兰花慢》；大名唱《摸鱼子》；南京（汴梁）唱《生查子》；彰德唱《木斛沙》；陕西唱《阳关三叠》《黑漆弩》。"由此可知这里不仅有高古雅致的正声韶乐，民间俚俗的时调也非常流行。当然，对元杂剧产生影响更为直接的原因是大批礼乐旧人由于战乱迁徙到了东平，据《元史·礼乐志》载：金亡后，知礼乐旧人，令徙东平府，由衍圣公孔元措教习礼乐。元太宗十一年（1239），孔元措奉旨入燕京为朝廷制礼乐。至元三年（1266），"召用东平乐工四百一十二人"。至元十三年（1276），"复征用东平乐工"。由此可见，东平府不仅成为这批礼乐旧人免受战火灾难的庇护所，为国家保存延续了礼乐文脉，而且东平也成为礼乐发展的福地，源源不断地为朝廷输送着高等礼乐人才，与此同时也培育出了音乐植根民间的沃土并播撒了音乐的种子，改善了这里人们的文化结构，提高了人们的音乐素养。从史料上看，金元之际的东平府无论是官学还是私学，因为授课的老师各类人才齐全，所以对学生的教授也都是六艺兼备。当时在东平执教的康晔、王磐、商正叔、商挺、宋子贞、杜善夫等,都是金末元初著名的散曲作家。在他们的影响和培育之下,大批散曲创作人才的出现当是顺理成章的事情。

而元散曲恰恰又是元杂剧的基础。《录鬼簿》的作者钟嗣成本人也是东平府学生,他写自己的同窗好友赵良弼,"字君卿,东平人。总角时,与余同里闬,同发蒙,同师邓善之、曹克明、刘声之三先生。又与省府学同笔砚。公经史问难,诗文酬唱及乐章小曲,隐语传奇,无不究竟。所编《梨花雨》,其辞甚丽。后补嘉兴路吏,迁调杭州。天历元年(1328)冬,卒于家。公风流醒籍,开怀待客,人所不及,然亦以此见废。能裁字,善丹青,但以末技,故不备录"。由此可见,当时东平的教育可谓是德、智、音、体、美全面发展,为杂剧这种综合性艺术形式的发展繁荣奠定了基础。

真定地处燕南赵北,是燕赵文化的结合交汇带,既有丰厚的中原文化传统,同时作为边贸城市和东西、南北交通要道,又受到多种地域文化的影响。早在汉代,真定民间技艺就已开始流行。南北朝时,产生了且歌且舞的"踏摇娘"艺术形式。到隋,民间艺术广为流行。北宋又出现一种以歌唱为主,有舞蹈配合的"大曲"艺术,在民间传播,直至金代。金灭北宋以及元灭金和南宋的过程中,大量都市移民北迁移居真定,其中不乏乐舞和杂剧艺人。南宋著名的爱国主义诗人范成大于乾道六年(1170)出使金朝途经真定,曾感慨而言:"虏乐悉变中华,唯真定有京师旧乐工,尚舞《高平曲破》。"并为此赋诗《真定舞》云:"紫袖当棚雪鬓凋,曾随广乐奏云韶。老来未忍耆婆舞,犹倚黄钟衮六幺。"[①]可见当时的山东、河北、山西一带,由于女真的统治,音乐舞蹈等已经一改中原传统,胡夷之风成为主流了。只有少数一些地方,像元人纳新《河朔访古记》所说的,由于北宋灭亡,原来居住在汴梁及郑州的大批民众迁居到真定,所以真定受故都汴梁这些大城市的影响就很大。由于拥有大批避乱而来的京师旧乐工们的存在,所以还能演奏传统乐舞。当时东平和真定情况大抵

---

① (宋)范成大:《真定舞》,见周汝昌编注《范成大诗选》,人民文学出版社1959年版,第133页。

都是如此。居住在真定的大量宋金遗民，许多来自汴梁、郑州这些大都市，他们的到来，不仅改变着真定整个城市的文化气质，而且旧宫乐舞艺人的存在，同样成为杂剧在此发展兴盛的基础。元初时，真定城南文化游乐极为发达。《河朔访古记》中写道：阳和楼"左右夹二瓦市，优肆娼门，酒垆茶灶，豪商大贾，并集于此"①。瓦市，又名勾栏，是专门演出杂剧的场所。仅阳和楼一处就有两座剧场，可见真定当时杂剧的繁盛。世侯史天泽藩于真定，礼贤下士，勤政爱民，使这里经济繁荣，为元杂剧发展提供了经济基础；且史天泽本人有很高的艺术鉴赏能力，喜好与杂剧表演艺术家交往，擅长填词作曲，钟爱戏曲，给了元杂剧创作直接支持。

　　元代平阳是全国最著名的戏曲之乡。现存于临汾乡村80余处的元代舞台，似乎在述说着历史上曾经有过的辉煌。元世祖中统元年（1260），山西运城永乐宫旧址潘德冲石棺刻有戏曲纹饰，元世祖至元十六年（1279）山西新绛吴岭庄墓室杂剧砖雕，元成宗大德五年（1301）山西万荣孤山风伯雨师庙戏台石柱刻字"尧都大行散乐人张德好在此作场，大德五年（1301）三月清明施钞十贯"字样，元泰定帝泰定元年（1324）山西洪洞明应王殿杂剧壁画，上题"大行散乐忠都秀在此作场"字样，元泰定帝泰定元年（1324）山西翼城乔泽庙戏台，元顺帝至正四年（1344）山西临汾东羊村东岳庙戏台，所有这些繁多的戏曲文物，足可以证明元代杂剧在以平阳为中心的河东地区兴盛发达的盛况。并且从元代初至元代末，平阳地区的杂剧始终保持着繁盛的势头。② 同时这些丰富多样的戏剧文化遗存，也使我们知道戏曲在当时和之后的平阳生活中占有怎样重要的地位。

---

① （元）纳新：《河朔访古记》卷上《常山郡部》，见《石刻史料新编》第三辑（25）《钦定四库全书》本史部十一，地理类九，台北：新文丰出版公司（出版日期不详），第143页。又：有称《河朔访古记》为葛逻禄廼贤所著。

② 郭万金主编：《河朔贞刚：北方民族政权下的文学与文化》，商务印书馆2014年版，第333页。

四 杂剧发展规律总结

总结三地杂剧发展规律，发现了一些共同特点，可以作为未来发展戏曲艺术的参照。

第一，商业发达，社会安稳，生活富庶的城市，是培育戏剧观众的必要条件。

城市的商业文化、城市的人口数量、城市的消费水平都非常重要，缺一不可。真定、东平、平阳三地在金元时期，都是府治所在地，又都是商业发达的富庶之地。它们都是本地域的政治、经济、文化中心。而手工业、商贸、运输的发达，使之人口数量稳定在中等以上城市的水平，商贾云集，使整个城市的消费水平普遍提高。

第二，三地都有热爱文化、思想开明，允许杂剧发展的强权首领。

在这个关键点上确实存在着相当的偶然性。但三地的确都非常幸运。中国历史上，打着道统的旗帜，以风化为借口，对戏曲大加责罚限制的地方官员并不在少数。好在三地的官员不仅懂得治国理政，致力于保一方平安，富裕一邦百姓，同时也很懂得发展文化的重要性，为文学和艺术创作营造了和谐宽松和支持的氛围。重视文化的社会功能和审美功能，是史家世侯、严氏父子等遵从儒教传统的具体体现。

第三，便利的交通，南来北往的商旅，带来多元文化，开阔了人们的视野。

三地在战乱中，都涌入了大批的外来人口。真定是汴梁、郑州都市人口以及乐工的融入，改变了原有的人口文化素质；东平是大批躲避战乱的文人的加入，提高了当地的文化教育水平，活跃了学术思想；平阳是汴梁等地大批刊刻、制纸等手工业者的迁移加入，带动了这里刊刻、印刷、图书出版产业的兴盛。商贸的流通、移民的迁入，宗教的传播，使三地的文化南北融通，东西交汇，古今融合。而且外来人口——尤其是文化大都市人口的融入，会带来更多的社会生活方式和城市精神面貌的改变，使观众和杂剧创作者的精神得到解放，进而产生符合时代精神、广受观众欢迎的作品。

第四，教育兴盛，文化悠久。

三地均为世侯多年经营之地，重视人才培养；同时又是府治所在，县、州、府等官学建置规整，私学兴盛，教育普及率高。这样既能培育剧本写作之才，也有很多历史文化遗产可以挖掘，成为用之不尽、取之不竭的戏曲创作题材宝库。我们发现了一个非常值得关注的现象：尽管元代科举废弛，知识分子的晋身之路被阻断，但是受过较好教育有着深厚文化功底的文人们，仍然有着较多的走入上层和主流社会的机遇。他们对社会生活的参与程度远远高于非知识阶层。即使是元杂剧这样较为通俗民众化的艺术，其实也需要创作者深厚的文化功底和观众较高的文化素养。教育可以提高民众的综合艺术素质，使得戏曲文化获得更多爱戏、懂戏、能欣赏、会品鉴的观众。

第五，音乐人才，是戏曲发展必不可少的重要因素。

他们既是戏曲演出的演奏者、音乐的创作者，同时又必须与剧本创作者合作。两方面人才的密切合作，才能使剧作家的创作更符合曲牌唱腔的音韵节拍要求；使音乐创作者创新曲牌，以更好地适应塑造舞台人物性格的需要。东平、真定在金元交替之际，都迎来了大批国家级高水平的音乐团体的成员，这样使得杂剧所需音乐舞蹈等，都具备了很高的起点。

第六，创作人才聚集，形成相互影响相互合作的创作氛围，对于一个地域文学创作繁荣非常重要。

戏曲尤其不是个人单打独斗的个体创作，需要精诚合作的团队。白朴的父亲白华为投靠史天泽而移居真定。当时年幼的白朴跟随父亲的好友元好问逃难在外，元好问送他来到真定时他才十岁。在真定，他和李文蔚、侯克中、史天泽的儿子史樟（史九敬仙）结为好友，一起在封龙书院"习进士业"，受到元好问的精心指导和培育。尚仲贤和戴善甫也是情投意合的好朋友。他们课业之余，一起吟诗作曲，从而形成了一个杂剧的作家群。

第七，文化领军人物，具有高度的号召力。

全国杂剧创作的第一人是大都的关汉卿。各个次中心其实也有自己的文化领军人物。在元前期作家中，石君宝的创作生涯主要在平阳，剧作最多，成就最高，其代表作有《秋胡戏妻》等。高文秀是山东东平杂剧的领头人，创作最多，艺术成就最高。河北真定的白朴，是元曲四大家之一，具有全国性的影响力。作杂剧16种，今存《唐明皇秋夜梧桐雨》《裴少俊墙头马上》《董月英花月东墙记》。另有《天籁集》词2卷。散曲存小令37首，套曲4首。这些戏曲领军人物，具有效果显著的引领和示范作用，会带动更多的人加入创作之中。

第八，当时的戏曲，是杂剧剧本原创和现场演出效果并重，体现了戏曲艺术平衡健康发展的状态。

当时刊印的很多剧本上，写着"新刊"等字样，说明原创的剧作受到了普遍的欢迎；而元代壁画等戏曲遗存中如"大行散乐忠都秀在此作场"等字样，又说明了著名演员的舞台号召力。如此，从观众的角度来说，他们对于新剧和名角是同等看重的。剧作和演出相辅相成，共同创新，不断发展。

第九，真定、平阳、东平三地均在腹里，与大都距离适中，是大都文化辐射圈的内环。

相近的历史经历，相似的文化环境，相同的文化传统，相像的文化结构，使得以元大都为中心的杂剧文化共振成为可能。另外，三地相互之间距离并不遥远，相互往来便利。许多作家有很多共同的文人朋友，或者干脆本身彼此交往就很密切。当时的交通虽然远不及现代便利，但是文人之间的关系却极为密切，他们之间交流之频繁，远远超出我们的想象。康进之本是大都人，因战乱曾避居东平[①]，王恽、胡祗遹也都曾在东平做过官，后来都成了大都文坛名宿。而东平在大都为官者甚众，且多据清显，在翰林院中竟然形成显赫的东平派。以一代文宗元好问为例，他就曾在燕京、山东、河北、山西的广大地区大范围活动。元好问（1190—1257），字裕之，号遗山。今山西忻县人。14岁起跟郝天挺学习6年。兴定五年（1221）中进士，仕金。金亡，元好问寓于多处。在保定，他与王鹗、郝经在一起聚于张柔门

---

① 孔繁信：《略论高文秀的英雄杂剧》，见首届元曲国际研讨会组委会编《首届元曲国际研讨会论文集》，河北教育出版社1994年版，第403页。

下；在真定，他与王若虚、李冶、白华等投史天泽门下；在冠氏，他与杨奂、商挺寓于赵天锡处。之后，严实请他到东平校试诸生文，元好问在《东平行台严公祠堂碑铭》中说他自己"好问客公幕下久"。他一个人将山西、河北、山东、大都等地在朝、在野的文士们紧密串联起来，而这些人相互之间的关系也是密如织网，纵横交错。这样密切的关系和相互影响，不仅有利于彼此借鉴经验，提高创作；而且能够互为声势，便于戏曲消费市场的迅速扩大以及创作剧本和演出队伍的交流。

多地域次中心的产生，不仅扩大了杂剧的影响范围，而且也造就了百花齐放的繁荣。

三地之间，文化同质而不同相，也造就了杂剧创作各有地域特色，如东平的水浒戏就比较发达，平阳以生活剧见长，真定创作题材广泛，历史演义剧、社会家庭剧、神话传说剧、道德说教剧兼备。它们与大都杂剧同繁荣，共发展，形成了百花齐放欣欣向荣的盛况。

第二节 散曲对元大都文化发展的巨大贡献

元曲，包括杂剧和散曲。文学史上以"元曲"作为元代文学的代表，这是极为精到恰切的。但是以往人们把更多关注的目光投射向了元杂剧，而对于散曲只是将其视为一种新兴的文学样式来看待。事实上，元散曲的时代贡献和影响并不亚于杂剧。第一，没有散曲就没有元杂剧；第二，散曲为杂剧训练了创作和演出的后备军；第三，散曲创作成为最佳介质，在元大都等城市文化集聚地，把进行诗文等严肃文学创作的士人与进行杂剧等通俗文学创作的创作者联系起来，相互借鉴艺术、相互影响风格、相互扩大影响；第四，散曲肇源于燕京，又借助着首都地位广泛传播，为元大都世界城市文化中心地位的确立做出了贡献。

一 散曲发展之概况

杂剧是戏曲，以歌唱为主。以歌唱交代背景，以歌唱塑造人物，以歌唱推演故事，以歌唱抒发情感。散曲是杂剧最根本的构成，是杂剧的血肉脉络。散曲连缀产生杂剧，没有散曲就没有杂剧。杂剧通过故事情节的精彩设计、人物艺术形象的精心塑造、表演艺术家在舞台的完美演绎，使得构成杂剧的散曲得以在更为广泛的范围内传播。

散曲形式上分为套曲和小令两种。因为散曲合乐不用锣鼓，所以又称为"清曲"。曲中小令又称"叶儿"，是单独的一支曲子。它与词中小令以字数论有所不同。凡是表达一个完整意思的，不论字数多寡，都称小令。套曲又称散套，将两支以上的、同一宫调若干个单调的曲子按一定的方法和顺序连缀组织起来，便是套曲。《燕南芝庵论曲》中说："成文章曰乐府，有尾声曰套数，时行小令曰叶儿。"[1] 也就是说套曲与小令的区别，就是看有无"尾声"。有尾声的就是套曲；没有的，只用一个曲牌的，就是小令。在散曲中，小令因为体制短小，易于掌握，创作更为广泛，优秀作品总体而言也更多。套曲因体制要求较高，非才情过人者难以为之，故创作者寡。但套曲创作优秀者因为套曲篇幅较长，表达情、事较小令更为丰富完整淋漓尽致，所以影响更大。元代散曲作为新的韵文式样，继唐诗、宋词之后，成为元代文学时代成就的代表。但在元代并无散曲之名，当时人们把散曲当作诗歌看待，统称为"乐府""新乐府""北乐府""今乐府"等。

前称"辽中都"、后称"元大都"的燕京是散曲肇源之地，这里也是全国散曲创作、演出、传播的中心。作品内容丰富，参与者众，风格多样，影响广泛，堪称引领。其思想艺术水准，为散曲繁荣鼎盛时期代表。

大都的散曲发展经历前、中、后三个时期，但在具体时间节点和发展曲线上，与散曲在全国的发展大势错落交叉，呈现出地域文化的独特风貌。

元散曲产生的年代以及与元杂剧先后关系，历来学界有三种观点：一种是散曲早于杂剧，如郑振铎《插图本中国文学史》；一种是散曲晚于杂剧，由杂剧派生而出，如杨荫浏《中国古代音乐史稿》；

---

[1] （元）陶宗仪：《南村辍耕录》，中华书局2008年版，第340页。

持第三种意见的比较多,认为是散曲与杂剧同时产生。如果要探讨清楚这个问题,首先应该还原散曲产生的具体时间、地点,以及促其形成的外部条件和艺术内在发展规律。

时间上,王文才在《元曲纪事》中言:"北曲虽盛于元,始行自在宋金之际。时燕乐渐衰,中原乐曲乃融契丹、女真、达达之乐,滋演新声,自成乐系。"①甚有见地。他认为金元之际中原乐系受到少数民族音乐影响,适应新乐系的散曲应韵而生。散曲肇源地历来也是学界关注的问题,但是大多数学者统而论之,认为其产生于北方,间或有人称中原,或曰汴京。其实其肇源地正是后来发展蔚为壮观的鼎盛之地即金代称中都、元代称大都而如今称为北京的燕京,此问题我们已经在第一章第三节中进行了详细的论述。在散曲与杂剧产生的先后顺序上,应该是先有散曲而后有杂剧。杂剧是综合艺术,集舞蹈、韵白、歌唱、叙事等于一身,散曲是杂剧艺术最重要的构成要件之一,只能产生于前。散曲的发轫、成形、成熟、普及,为杂剧的诞生、发展、繁荣准备了必要的构成条件和广泛的创作、观赏基础。至于杂剧推动并普及了散曲这种艺术形式的创作、演艺与传播,则另当别论。但是二者之间的先后次序却是清晰明了的,绝不可本末倒置。不能因为戏曲的雏形形成很早,就认为杂剧这种艺术形式早于散曲产生。须知,杂剧属于戏曲,但是却不能说戏曲就是杂剧。偷换概念,必然导致结论的谬误。元陶宗仪的《南村辍耕录》云:"稗官废而传奇作,传奇作而戏曲继,金季国初,乐府犹宋词之流,传奇犹宋戏曲之变,世谓之杂剧。"这种相互之间的关系是清晰而不能混淆的。散曲对宋词的承继与杂剧对唐宋传奇的承继,都属于体裁的流变现象。

元大都是元杂剧发展鼎盛期全国中心,已成定论。元大都同时也是鼎盛时元散曲的全国中心,学界却鲜有论及。其实这里不仅是散曲的肇源之地,而且也是散曲鼎盛时期全国创作与演出中心。这从夏庭芝的《青楼集》中所记艺人多在京师便可得到足够的印证。夏庭芝

---

① 王文才:《元曲纪事》,人民文学出版社1985年版,第281页。

的《青楼集》专为元著名表演家艺术家树碑立传，所记载的一百多人，多为散曲、杂剧艺人。她们中的许多人活跃在大都舞台，清晰记载或可推断为"京师"大都艺妓的计有：张怡云、曹秀娥、解语花、珠帘秀、顺时秀、南春宴、李心心、杨奈儿、袁当儿、于盼盼、于心心、燕雪梅、牛四姐、元寿之、周人爱、天然秀、国玉第、玉莲儿、潘事真、赛秀帘、周喜歌、王巧儿、玉叶儿、瑶池景、贾岛春、萧子才、王玉带、冯六六、王谢燕、王庭燕、周兽头、刘信香、连枝秀、樊真真、和当当、鸾童、陈婆惜、观音奴、大都秀、王一分儿、孙秀秀、燕山秀等。另有一部分虽未明确注明从艺地点，但是以其师承等关系可以推想她们很有可能也是活跃在京师大都的舞台上，如与珠帘秀、顺时秀、天然秀同为"秀"字辈的梁园秀、朱锦秀。这些青史留名的杰出艺人中，既有杂剧表演艺术家，也有专以歌唱散曲著名者。据《青楼集》记载，当时大都以唱散曲而著名的李心心、杨奈儿、袁当儿、于盼盼、于心心、燕雪梅、牛四姐等"皆国初京师之小唱也"，而元寿之为京师唱社"巨擘"。这说明当时大都不仅歌唱散曲者人数众多，有专以歌唱散曲而尊享盛名的歌者，并且有与杂剧行业组织"书会"相对应的散曲歌唱行会组织"唱社"，"京师唱社"即是其中拥有众多著名演员的一个知名唱社。

元代，散曲作家比杂剧作家的范围要广泛得多。从事散曲创作的作家，除了杂剧作家之外，还有馆阁重臣、理学大儒、翰林文士以及云游四方的才子。艺妓中那些文化素养较高的，也能够自如地创作散曲。《南村辍耕录》卷八"万柳堂"条记载了在大都最著名的文人雅集之地万柳堂宴游时所发生的一件趣事：

  野云廉公，一日于中置酒，招疏斋卢公、松雪赵公同饮。时歌儿刘氏名解语花者，左手折荷花，右手执，歌小圣乐云："绿叶阴浓，偏池亭水阁，偏趁凉多。海榴初绽，朵朵蹙红罗。乳燕雅莺弄语，对高柳鸣蝉相和，骤雨过，似琼珠乱撒，打遍新荷。人生百年有几？念良辰美景，休放虚过。富贵前定，何用苦张罗。"命邀宾宴赏饮芳醑，浅斟低歌。且酩酊，从教二轮，来往如梭。既而行酒，赵公喜，即席赋诗曰："万柳堂前数亩池，平铺云锦盖涟漪。主人自有沧洲趣，游女仍歌白雪词。手把荷花来劝酒，步随芳草去寻诗。谁知只尺京城外，便有无穷万里思。"此诗集中无。小圣乐乃小石调曲，元遗山先生（好问）所制，而名姬多歌之，俗以为"骤雨打新荷"者是也。①

野云廉公，乃文武双全、被忽必烈尊称为"廉孟子"的元朝名臣廉希宪；疏斋卢公，乃元朝著名诗文、散曲作家卢挚；松雪赵公，乃著名画家、书法家、文学家赵孟頫。三位或为台省元臣，或为当朝清贵，座中其他人虽未一一介绍，但由三人可以推断其他人的地位、旨趣当不在其下。这样一个"谈笑有鸿儒，来往无白丁"的雅聚场合，一个身处贱籍的歌者解语花却能侧身其中，应付裕如，不见违和之感，并即兴创作，而且深得中国历史第一才子赵孟頫的赞赏，即席赋诗，加以称誉，可见其才华也是非同寻常。

元代的散曲作家们，他们中的绝大多数不一定能够从事杂剧创作，尽管杂剧作家必须能够创作散曲。一般来说，散曲作家群体的社会地位总体上要比杂剧作家高一些，因为人们将散曲目为诗、词在新时期的流变，认为它是一种新兴的文学样式。所以散曲作家地位自然也就可以与汉魏唐宋的诗词作家比肩，受到社会的普遍重视与敬重，这从人们将散曲称为"乐府"可以得到印证。他们的作品因其社会地位、政治地位和所秉持的文化正统观念而受到广泛认可。散曲这种新的韵文形式起源于民间，流行的时间较长。而其进入文人视野，文人开始有意识地创作散曲则在金末，由于文人的广泛参与而引起社会的普遍关注。其形成历史较杂剧为早，是北方杂剧歌唱的音乐、音韵基础。金朝遗民元好问、杜仁杰等都有散曲的创作，这一时期是文人创作使得散曲正式进入文学创作视野，并使之成熟、固化为散曲形式的阶段。元初不少达官显贵如杨果、刘秉忠、商挺、许衡等人都有散曲创作，并且取得了较高的成就。尽管散曲创作参与广泛，时尚性

---

① （元）陶宗仪：《南村辍耕录》，中华书局2008年版，第103页。

强，影响力大，社会流传程度很高。但是馆阁朝臣、翰林文士依然是创作的主体。他们的作品更多，影响更大，流传更广，正如周德清《中原音韵》所言："鼓舞歌颂，治世之音，始自太保刘公、牧庵姚公、疏斋卢公辈，自成一家。"他们的参与，对散曲确立其在文坛上的地位具有重要影响。而另外一部分更具特色的散曲创作则来自杂剧作家和部分的杂剧表演家，关汉卿、马致远等是其中最杰出的代表人物。因此，诗文作家的荟萃之地和全国的杂剧中心大都自然也就成了散曲创作中心。在元初和中期发展时期都是如此。到后期，随着大批文人南下，散曲创作的中心实际上也随之南移了。并且，风格发生了整体的变化。

二 元大都散曲创作分期

元代散曲发展的分期，是学术界的热点，始终备受关注。最早进行划分是从钟嗣成的《录鬼簿》开始的。他将杂剧和散曲作家统而论之，以自己的生活时代为基点，对作家创作的时期进行划分，大致分为"前辈已死名公才人""方今已亡"和"方今名公才人"三个阶段进行论述。王国维在《宋元戏曲史》中，把整个元曲的时代分为三期：第一时期蒙古时代，从元太宗窝阔台六年（1234）取中原至元世祖至元十六年灭南宋（1279）为止；第二时期一统时代，自忽必烈一统（1280）到后至元末（1340）；第三时期至正时代，自顺帝至正元年（1341）到至正二十八年（1368）元朝灭亡。日本人青木正儿《元人杂剧序说》中把元剧作家的时代分为三期，即初、中、末期。其时间划分基本借鉴了中国已有的成果，只是论述更为详细完备而已。初期指蒙古取中原后，到1279年元灭南宋，约五十年，即钟嗣成在《录鬼簿》中所说的"前辈已死名公有乐府行于世者"那个时段。在此分期中，初期的作者多为北方人，他们活动的地区也多在大都及中书省所属之地。这一时期，有作品流传到现在的作者有元好问、杨果、刘秉忠、商道、杜仁杰、王和卿、商挺、胡祗遹、不忽木、徐琰、王恽、鲜于枢、卢挚、关汉卿、白朴、姚燧、高文秀、庾天锡、马致远、王实甫、滕斌、邓玉宾、王伯成、阿里西瑛、白无咎、冯子振、贯云石、张养浩、鲜于必仁等。中期就是王国维在《宋元戏曲史》中所说的"一统时代",从元世祖至元到元顺帝后至元之间,约有六十年,其作者也就是钟嗣成所说的"方今已亡名公才人,余相知或不相知者"。这时,南宋已亡,南宋的国都临安(今浙江杭州市)仍然繁华,许多北方的散曲作家移居到了江南。中期有作品流传至今的重要作家有宫天挺、郑光祖、范康、曾瑞、沈和、施惠、孛罗御史、睢景臣、乔吉、刘时中、薛昂夫、吴弘道、赵善庆、任昱、高栻、王晔、朱凯等人。元散曲的末期,就是王国维所说的"至正时代"。至正是元顺帝最后的一个年号,共二十八年。这期的作者,也就是《录鬼簿》所说的"方今名公、方今才人"。邓绍基主编的《元代文学史》将散曲创作分为前后两期,大致以元仁宗延祐年间为界,前期全国散曲中心在大都,后期全国散曲中心转移到了杭州。赵义山的《元散曲通论》汲取已有考据研究成果,将元曲的发展分为四个阶段,即1234年至1260年的演化期,1261年至1294年的初盛期,1295年至1332年的鼎盛期,1333年至1368年的衰落期。

考察散曲发展的实际情况,笔者认为大都散曲发展大致可将其分为前、中、后三个时期,主要的标准是从生活时代、作家组成、创作风格、作品影响、繁荣程度等几个方面综合衡量判断。其时间断代与社会政治经济发展状况相一致,与杂剧和诗文创作发展阶段略有交错。与一般的研究论著不同的是,在此时期对元好问、杜仁杰略而不论,主要原因不仅是他们并未出仕新朝,更主要的是其作品内容多遗民倾向,所以将其划入金代。而一般中国文学史意义的所谓散曲研究所指的所谓发展后期,对于大都文坛来说,基本上是个空白,因为随着大批散曲创作人才迁居江南,散曲的创作重心也随之南移,之后大都散曲创作在部分馆阁文士支撑了一段时间后基本归于沉寂,如此,对非大都籍同时也未在大都展现散曲才能的作家基本也就略而不述了。具体考察大都文坛,本书的散曲三分法虽与一般基于整个元代中国散曲创作研究的三分法在方法论上有一致的地方,但在具体时间划分上则存在较大的差异。

第一期为文人试作阶段。起始年代从金朝末年蒙古大军实际控制燕京地区开始，是燕京地区历经金朝末世、战乱、改朝换代到社会政治、经济、文化逐渐恢复的时期，这是散曲由民间文艺正式进入文人创作并逐渐成熟发展的阶段。散曲在经历了较长时间和较为复杂的演化过程后，不仅引起文人墨客的关注，而且通过他们的专业化创作，正式登上文坛，逐渐走向繁盛。这期间蒙古政权中汉族幕僚、达官显贵、文人雅士，即所谓"显宦名公，词章行于世者"（钟嗣成《录鬼簿》语），如杨果、刘秉忠、商挺、商道等人的创作，这些人多由金入元，受到了新政权的认可，位列卿相，社会地位较高。又以馆阁重臣兼诗文大家的身份，一律只作韵体散曲，未作杂剧，在文坛上具有特殊的影响力。是他们使得散曲不仅从民间登堂入室，走进了文学的高雅殿堂，获得普遍认可，而且散曲在他们手中，本阶段也唯有依靠他们，才得以确立了在新朝文坛上与诗词并驾齐驱的崇高地位。所以应该把这样一个对散曲确定身份、地位的时期作为一个特殊的阶段加以认识。这些创作者的社会政治地位和影响，吹响了大都散曲最早、最为响亮的奏鸣曲，是散曲走向全面繁荣并在更为广阔的地域空间和文化空间展示其艺术魅力的开始。

第二期为大都散曲的繁盛阶段，时间在前元时代和元代前期，主要集中于中统、至元、贞元、大德四朝，至灭宋统一，以关汉卿、王实甫、马致远等为代表。周德清在其所著《中原音韵》的序言中即说："乐府之盛、之备，之难，莫如今时。其盛，则自搢绅及闾阎歌咏者众。其备，则自关、郑、白、马一新制作，韵共守自然之音，字能通天下之语，字畅语俊，韵促音调；观其所述，曰忠，曰孝，有补于世。"[①] 这一时期的作家在大都已属于散曲第二代，他们大多以杂剧剧作家或表演艺术家的身份兼作散曲。

第三期为变异阶段，时间在元中期，以乔吉、张可久、贯云石为代表，这时期的作家属于大都散曲家的第三代。这一时期的突出特点

---

① （元）周德清：《中原音韵序》，见中国戏曲研究院编《中国古典戏曲论著集成》（一），中国戏剧出版社1959年版，第175页。

一是非本籍作家大量增加，其中以进京为官者居多，馆阁文士成为散曲创作的主力；二是在题材、内容和思想情趣上与第一期、第二期都有明显的区别，创作风格也发生了较大的变化；三是讲究格律、追求典雅，出现较为明显的散曲雅化倾向；四是出现了以散曲创作为主或专攻散曲的作家，这与第一期的诗、文、散曲兼作以及第二期的杂剧、散曲兼作都是有很大区别的。

当然以上的划分只是根据散曲发展主流倾向的变化来确立的。实际上任何时代、任何阶段的文学发展都是复杂多样的，很难统而论之。对于参与者众多、民间基础广泛、上流社会雅好、才人各逞其能的散曲来说尤其如此。将关汉卿等杂剧作家归纳为第二时期，其实也是大致划分，相对而言。因为这些人"门第卑微，职位不振"，缺乏史料记载，许多人连生卒年代都还不能确定，作品的具体写作年代就更难准确考证了。能够确定的是他们创作主要集中在第二时期这个时段，某些个别作品是否早于这个时段，与第一个时期的分界点在哪一年，则不能作机械化理解。即使是在第二时期，也并非仅有杂剧作家和表演家创作散曲，名高位显的官员，如胡祗遹、姚燧、卢挚等都以自己的创作，为散曲繁荣作出了极大的贡献，他们的创作甚至一直延续到关汉卿等人南下后，成为支撑起大都散曲第三时期的主力。

三　元大都散曲创作的特点

大都散曲最具特色的是第二个时期，即散曲创作的鼎盛时期。这个时期与第一期散曲作家明显不同的有以下几点：

（一）杂剧作家对散曲的贡献

第一，他们大多是本土作家，许多人本身就是燕京本地人，或来自周边文化特质相同的地区，如白朴。这一时期的作家在大都已属于散曲第二代，他们大多以杂剧剧作家或表演艺术家的身份兼作散曲。

第二，他们社会地位普遍不高，属于体制外自由编剧或者是表演艺术家之类，关汉卿、珠帘秀堪为代表。他们的身份地位与第一期的馆阁重臣身份和社会地位相差悬殊。

第三，由于其杂剧创作或者表演方面的巨大成功和影响，因而这部分作家社会知名度甚高。

第四，由于社交圈子不同，传播渠道不同，更主要的是受体不同，这期与第一期散曲作品主要通过官场交际、文人雅集的上流社会流行不同，他们的作品在社会各个层面尤其在民间受到普遍欢迎，其影响并不逊于第一期作家，在流传广泛性和受欢迎程度上甚至可能更胜一筹。

第五，随着蒙元灭宋，杭州归于统一版图，这些作家大多先后离开大都，到了江南，并在那里继续着散曲创作。

第六，这期创作的内容和风格与之前的第一期、之后的第三期都有显著区别，作家创作的个性特征极为突出，将散曲通俗、本色、率真的特征发挥到了极致，这将在后面的分析中具体论述。

他们都是杂剧创作中的领军人物，表演艺术家和歌女伶工依靠他们的扶持帮助才能创造出更加生动的舞台形象，提高自己的知名度和美誉度，而他们的剧本创作，又通过艺术家们高超的舞台表演再创作，才能最终实现其价值，这种彼此依赖生存的关系，使得他们之间来往密切，配合默契。与此同时，一些著名的表演艺术家，在社会上也有广泛的交际，他们交往的对象和圈子不仅是杂剧作家，甚至是达官贵人、社会名流。如著名女演员珠帘秀在大都与关汉卿、胡祇遹、冯子振、王恽、卢挚等交往密切，至元十九年（1282），珠帘秀要出游江南，这些人均作曲以赠，可见当时文坛众人与勾栏中人关系之密切。[1] 这种不同的文化圈通过杂剧和散曲演唱者彼此勾连成为一个非常完整的传播链条，极大程度地扩大了散曲创作在社会上的影响力，它使得剧作家的散曲作品，不仅在当地广为流传，还借助演唱者的社会交际，进入到了一个以高官贵戚文人雅士为主的另外的文化圈子，并通过他们传播到更远的地方，甚至由于他们的文字记录，得以留存后世。另外这个时期散曲的题材和内容都得到了开拓，反映社会生活

---

[1] （元）夏庭芝：《青楼集》，见中国戏曲研究院编《中国古典戏曲论著集成》（二），中国戏剧出版社1959年版，第17—40页。

和作家情感更加广泛,而自然风流的韵致也得到了充分的表现。这在关汉卿、王和卿的创作中表现尤其突出。当然,其他人的创作也各有特色。

(二)歌舞艺伎对散曲传播的贡献

首先,她们活跃了元大都的演出市场。珠帘秀等人虽以表演杂剧闻名于世,但她们散曲演唱功力、名声应都不在其他专门散曲演唱艺人之下。事实上,散曲这种时尚流行文化才是真正的大众文艺,夏庭芝在《青楼集志》中所言:"我朝混一区宇,殆将百年,天下歌舞之妓,何啻亿万!"《马可·波罗游记》称元初大都城中的妓女就有两万五千余人,其中相当部分是艺妓。这些数字或估算,未必精确,但当时艺妓之多,当是可信的。她们中绝大多数应该都能自如地演唱散曲,是散曲最得力的传播者。

其次,她们将帝王将相、馆阁清要、军政要员与杂剧创作者联系起来,通过演唱,将文人之作和杂剧作家之作传播开去。

元人宴饮,邀请歌舞艺伎前来歌唱助兴乃是当时非常流行的时尚。歌者不仅尽情展喉献艺,而且把盏劝酒,活跃气氛。其中一些色艺俱佳、聪慧机敏者便大受欢迎。"鲜于伯机宴客,命妓曹娥秀佐酒,曹赋性聪慧,色艺俱绝,鲜于偶因事入内,曹为行酒,酒适遍。"曹娥秀与前面"万柳堂"条提到的"长于慢词"的解语花都是京城非常优秀的歌唱艺妓,曹娥秀"色艺俱佳"[①]。《南村辍耕录》卷四又记载:"虞伯生在翰苑时,宴散散学士家,歌儿郭氏顺时秀者唱今乐府。其《折桂令》起句云:'博山铜细袅香风。'一句而两韵,名曰短柱,极不易作。先生爱其新奇。"张怡云是前文"万柳堂"条中提到的卢挚非常赏识的另外一位歌者。他曾经专门创作了词【蝶恋花】相赠:"前度归田嵩山下。野店荒村,抚掌琵琶女。忽听乐园新乐府,离鸾别鹤清如许。歌管声残绘解语。玉简春泉,心口相忘庆。明日扁舟人欲去,晓风吹作潇湘雨。"

[①] (元)夏庭芝:《青楼集》,见中国戏曲研究院编《中国古典戏曲论著集成》(二),中国戏剧出版社1959年版,第17—40页。

可见当时大都的宴饮文化，堪与"无酒不欢"相提并论的简直就是"无歌不欢""无妓不欢"了。张昱的《可闲老人集》卷三《惆怅六首》云："至今惆怅在东城，结伴看花取次行。辇道驻车招饮妓，宫墙回马听流莺。星河织女从离别，海水蓬莱见浅清。不有酒船三万斛，此生怀抱向谁倾？"无名氏的【仙吕·醉中天】也说："酒饮葡萄酿，橙泛荔枝浆。烂醉佳人锦瑟傍，翠袖殷勤唱。"可见这种善于歌唱的陪酒女郎是可以随时随地召唤而来的，饮酒和听歌简直就是宴饮不可分割的重要部分。因为生活的真实存在，所以才造就了《青楼集》《南村辍耕录》等书中，有那么多元代歌唱艺妓在宴饮场合与将相诸侯、文人雅士交往的记载。

（三）由于文人艺术批评的介入，使得元曲创作和演唱获得了理论和实践的双重提高

元代涉及元曲创作和表演的文艺理论和文艺批评，除了胡祗遹的《黄氏诗卷序》《优伶赵文益诗序》《朱氏诗卷序》等文之外，另有燕南芝庵先生的《唱论》、周德清的《中原音韵》、夏庭芝的《青楼集》、钟嗣成的《录鬼簿》、贾仲明的《录鬼簿续》等系统之作，同时元人笔记中还记载了不少。

《南村辍耕录》"作今乐府法"条：

> 乔孟符（吉），博学多能，以乐府称。尝云："作乐府亦有法，曰凤头、猪肚、豹尾六字是也。大概起要美丽，中要浩荡，结要响亮。尤贵在首尾贯穿，意思清新。苟能若是，斯可以言乐府矣。"此所谓乐府，乃今乐府，如《折桂令》《水仙子》之类。

乔吉是元代中期著名的杂剧作家和散曲作家。其散曲与张可久齐名，现存作品小令213首，套数10套，在元代散曲作家中散曲创作数量仅次于张可久，位居第二。他所总结的散曲创作文法上"凤头、猪肚、豹尾"，当是多年创作实践经验的总结。

燕南芝庵先生总结"凡唱所忌"：

子弟不唱作家歌，浪子不唱及时曲。男不唱艳词，女不唱雄曲。南人不唱，北人不歌。①

此段讲歌唱表演。强调每个人要根据自己的身份、地位、修养、性别和嗓音特点来选择歌唱的内容和作品风格，才能体现出作品"本调"特征。所谓"本调"，应该是作家想要传达的思想、情感和风格。

《唱论》还对歌唱时容易犯的毛病进行了提醒：

凡人声音不等，各有所长。有川嗓，有堂声，皆合破箫管。有唱得雄壮的，失之村沙。唱得蕴拭的，失之乜斜。唱得轻巧的，失之寒贱；唱得本分的，失之老实；唱得用意的，失之穿凿；唱得打掏的，失之本调。

凡唱节病。有困的、灰的、涎的、叫的、大的。有乐宫声、撒钱声、拽锯声、猫叫声、不入耳、不着人、不彻腔、不入调、工夫少、遍数少、步力少、官场少、字样讹、文理差、无丛林、无传授、嗓拗劣、调落架、漏气。②

（四）大都散曲的发展呈现出以下几个特征

在时间上，贯穿元代全程；在范围上，参与者众，上自馆阁重臣，下至市民艺伎；在创作题材和作品风格上，丰富多彩，较为全面地反映了社会生活的各个方面，且具有传情达意灵活生动的特征；在影响上，广泛而久远，形成与诗词创作同样重要的文学新体式。琐非复初序《中原音韵》中这段话可以作为这几个方面的印证："以余观京师之目、闻雅乐之耳，而公议曰：德清之韵，不独中原，乃天下之正音也。德清之词，不惟江南，实当时之独步也。"这种观

---

① （元）燕南芝庵：《唱论》，见中国戏曲研究院编《中国古典戏曲论著集成》（一），中国戏剧出版社1959年版，第161页。

② （元）燕南芝庵：《唱论》，见《中国古典戏曲论著集成》（一），中国戏剧出版社1959年版，第161页。（元）陶宗仪：《南村辍耕录》，中华书局2008年版，第339页。

念，在明初依然盛行。张雄飞的《董解元西厢捴弹词序》说："国初词人，仍尚北曲，累朝习用，无所改。更至正德之间特盛。毅皇帝御制乐府，率皆北调，京师长老，尚能咏歌之。"可见其影响深远广大。

周德清的《中原音韵》指出："欲作乐府，必正言语；欲正言语，必宗中原之音"，因而元代散曲的兴盛与流行，对幅员辽阔、方言繁复的华夏民族语言媒介的规范化、标准化，有着特别深刻的意义。

第三节 元大都文化的传播及影响

元曲是元代文学的代表，创作上取得了巅峰成就。杂剧和散曲统称元曲，是通俗文化之典型。杂剧和散曲产生、成熟、兴盛皆在大都，发展、繁荣、传播中心也在大都。除了政治、经济、文化政策、价值观念和各类人才以及文化受众等方面的原因之外，元大都的文化生态至关重要。宫廷、官府及王公贵族、高官贵戚，供职于官府的文化清贵以及散布大都的各类文人士子，还有元杂剧和散曲的创作者以及杂剧和散曲的演唱者，他们通过不同场合的聚合，相互之间产生不同形式的联系，形成良性互动。

一 官府、清贵、作家、演员之间的交往和相互影响

宫廷性的演出，使得元杂剧作家的作品通过演职人员的演出进入最高统治集团的视野。最高统治者的赞誉和肯定，为元杂剧在大都的顺利发展和不断扩大影响提供了便利。同时，也使其成为由国家购买的经常性公共文化项目的一个重要部分。通过"游皇城"之类高规格、大规模、开放式、规制型的公共文化活动，不仅提高了元杂剧与普通民众广泛的接触机会，而且国际和国内的认知度、美誉度大幅度提高。须知，古代社会，作为国际性的世界城市，这里发生的任何令人印象深刻的新鲜事物，都会成为来过此处又走出此处人们所津津乐道的话题。一传百百传千地依靠茶余饭后的口耳相传，使之名声远

扬。大都每天络绎不绝的文化使团和商队，每一个人都会成为其声誉的传播者。无论是虽在国内，但并未亲历其事的陶宗仪在所作《南村辍耕录》中的记载，还是意大利旅行家马可·波罗恰逢其盛，在其《行记》中的追忆，抑或是《录鬼簿》《青楼集》中对有关杰出人物的全面描绘，更有黄文仲在《大都赋》中气势恢宏的抒写，无不对元杂剧进行浓墨重彩的叙述。由此可见当时元杂剧影响之大，堪称元大都的城市文化名片。

除了宫廷之外，属于官方性质的演出主要还是大型的公共文化活动。一年到头，名目繁多，但是性质却颇为相似。如国家法定的一些节日，甚至包括宗教节日和民俗节日，都可以看到属于教坊司管理的演职人员的身影。据《析津志·岁纪》载，大都城内外在节日经常有一些规模很大的演艺活动，如"二月八日……南北二城，行院、社直、杂戏毕集"。而在皇亲国戚和权贵政要的私宅演出，则属于另外的商演性质。尽管这些人往往会利用权势逼迫演职人员以出"官差"的名义前来。

清贵名义上也是官员身份，任职各级官署，有品有级，有俸禄。他们多在"清水衙门"，承担的多是与教育、文化性质有关的工作。虽有管理、组织职权，但是却有鲜明的文化属性标签。他们一般都有较高的文化或学术素养，艺术欣赏水平较高，本身也多能从事文学艺术方面的创作。他们中的一些人与演职人员的交往颇多，虽然交往的地点在酒楼、宴饮或者某人家宴以及佛寺道观的雅集场合，但最显著的特点是，他们所交往的这些表演艺术家除了演唱技艺都很出色之外，文化素养也较高，一般都是艺妓之中的佼佼者。《青楼集》中张怡云海子湖畔的华宅豪聚，曹秀娥在鲜于伯机宴席间的机敏应对，解语花在廉希宪万柳堂与卢挚、赵孟𫖯的执荷花而歌唱，都为人所津津乐道。梁园秀歌舞出众，又亲文墨、能书法、可吟诗，自创散曲竟能达到"世所共唱"的水平更是赢得很多赞许。

这些艺妓很乐于与清贵们来往。虽然较之豪门，他们没有多少权势，较之巨贾富商，他们也并不富有，但是，他们的见识和风雅、懂情重义以及对表演艺术发自内心的喜爱和欣赏，却是艺妓们非常看重的。与他们交往，艺妓们往往收获颇丰。他们中很多人都是散曲创作高手，可以通过获得最新创制的作品，提高在演艺市场的吸引力。他们中不乏艺术的鉴赏家，胡祗遹的《黄氏诗卷序》，就对诸宫调的表演进行了总结，提出了"九美"之说，对演唱的举止、吐字、发声、仪态、表情等进行了全面的指导。通过如胡祗遹们内行的评论指点，可以扬长避短，使演艺获得跨越性的进步。艺术的灵感往往是相通的，他们文化艺术修养深厚，如赵孟𫖯绘画书法堪称绝世之作，艺妓们通过接触不同门类的文学艺术，可以熏陶出书卷气，激发出创作灵感，使演艺层楼更上。当然，他们多数还是著文高手，通过他们的褒奖，可以名声远扬，获得更多观众的认可。

清贵和权贵圈子一般情况下是壁垒分明的，但是在与艺妓的交往上，两个圈子有时又很难严格区分。例如，史天泽本是真定世侯，金元之际权力相当于是割据一方的诸侯，后来在朝中位及右丞相，位高权重。但是他却因为喜爱杂剧和散曲，所以也会常常混迹于清贵的圈子，与艺妓们熟悉而活络地交往。

清贵们虽然实权不大，但是往往地位不低。他们中的一些人甚至能够有机会接触到最高统治者皇帝。他们的认可和褒奖，真说不准能够影响到艺妓个人命运和演艺事业进程。这样的事例并不鲜见，如当时"京师之人相传以为盛事"的姚燧"玉堂嫁妓"，就出现在元人的笔记中，很是让人津津乐道。可以推想，那些幸运者，必然成为艺妓们暗中艳羡的对象，同时成为她们愿意结交清贵的动力。总之，艺妓与清贵们的交往内容虽不完全排除色相，但是绝不以色相为主，更多的时候是艺术的切磋和探讨，是艺术灵感的相互启迪和触发。

杂剧作家们肯定都能进行散曲创作，但是散曲作家却不一定能够创作杂剧。清贵们中很多人不仅能够进行诗文创作，有些还能进行通俗文艺形式散曲创作，且是其中高手。但就现有史料看，清贵们与杂剧作家却鲜有直接的、频繁而密切的接触。除了《录鬼簿》《青楼集》外，专门著文书写杂剧作家成就的文字确实很少。

艺妓尤其是专职杂剧表演的艺妓们与杂剧作家的合作无疑是最为密切的。他们之间既是艺术的知音，同时也是经济利益的共同体。杂剧作家的作品，通过艺妓们的演出，通达到观众，实现其完整的创作过程。杰出的作品，需要艺妓们精彩的演绎；而艺妓们也离不开杂剧作家不断推陈出新，有新剧本出炉以供旺盛的杂剧市场需求。唯有如此，才能赢得更多更为忠实的观众，实现商演市场的占有优势。

元代杂剧作家有个非常优良的传统，就是他们不仅写戏，而且能够演戏。关汉卿等名家就经常粉墨登场，搬演杂剧。这样经常性地直接与观众接触，对观众反应保持敏感，就保证了他们的剧本并非案头读本，而是更受观众欢迎的、适应舞台、适应市场之作。

明初朱权在《太和正音谱》中引用赵孟頫的话。把杂剧表演区分为"戾家把戏"和"行家生活"。戾家，就是非行家，不是正途出身。而行家则是指专事杂剧创作的被称为"良人"的那些鸿儒硕士、骚人墨客。他们所扮演的杂剧称为"行家生活"。不管赵孟頫和后来的朱权在他们的引述中如何理解关汉卿的这段话，是否因为对杂剧表演存在偏见从而产生了扭曲和误解，至少我们可以看出关汉卿将扮演杂剧当成是杂剧创作者的本分。同时也可以看到，他极为强调搬演者只有具备"鸿儒硕士、骚人墨客"所具有的文学艺术功底和深厚的文化涵养，才能深刻理解杂剧作品深刻的思想感情内涵，认为若非如此，便不能成为表演的"行家"。

当然，杂剧演员也有能够自己写作散曲和剧本的。《南村辍耕录》和《青楼集》中的"玉堂嫁妓""妓聪敏"条中就记载了聪颖出众的张怡云、顺时秀们与鸿儒博学之士，宴席间应对自如地讨论散曲，她们中很有些人是能够出口成章的。至于更为复杂的杂剧写作，只有极少数的教坊中人能够尝试。

通过梳理不难看出，在四者关系中，艺妓们是最为活跃的因素。她们不仅仅是表演者，还充当了串联各方、沟通信息的信使的作用。她们把最新颖的剧作带给特殊的观众——宫廷主人、帝国的统治者、自己命运的掌控者，又把这些尊贵观众的意见转达给杂剧创作者；她们是清贵们宴席雅聚的参与者，但因特殊的性别和身份却又往往成为聚会中的引人注目的焦点人物。《南村辍耕录》卷十八"妓聪敏"条是一段很有情趣的记载：

> 歌妓顺时秀，姓郭氏，性资聪敏，色艺超绝，教坊之白眉也。翰林学士王公元鼎甚眷之。偶有疾，思得马板肠充馔，公杀所骑千金五花马，取肠以供。至今都下传为佳话。时中书参政阿鲁温尤属意焉，因戏谓曰："我比元鼎如何？"对曰："参政，宰相也；学士，才人也。燮理阴阳，致君泽民，则学士不及参政。嘲风咏月，惜玉怜香，则参政不如学士。"参政付之一笑而罢。郭氏亦善于应对者矣。[①]

可见当时大都的艺妓与翰林清贵、位及卿相的高官有广泛而便利的接触，谈话也都轻松随性。这样的场合，是进行文学艺术探讨的绝佳场合。他们会把新作的信息及时传递给聚会的人们，而聚会人们在轻松愉快中对新作"怎样更好"的修改意见或者对表演的评价，也会被他们及时消化，并传递给未在场的第三方——杂剧的作家。杂剧家们的新作通过他们的传扬，可以抵达给商演市场之外的宫廷、清贵。而宫廷又成为他们与作家联合生产作品的特殊用户，这个用户的价值是权威质量认定和政府采购订单。——尽管采购表面看可能是无偿的，但是一样具有品牌认定的内在价值，也一样能够影响商演市场的占有率。

二　元大都元曲商演的市场及管理

谈到元散曲的风格特色，元明时人将之概括为"蒜酪味"和"蛤蜊味"。蒜酪，本是一种食品，具有辛辣而醇美的风味。比喻散曲讽刺辛辣，味道浓烈醇厚的风格。蛤蜊，本是一种海产品，喜者以为其味道鲜美，风味别具，厌恶者则认为其腥膻难耐。元人钟嗣成的《录鬼簿序》说："余因暇日，缅怀古人，门第卑微，职位不振，高才博艺，俱有可录……若夫高尚之士，性理之学，余有得罪

[①] （元）陶宗仪：《南村辍耕录》卷十八，中华书局1959年版，第235页。

于圣门者。吾党且唊蛤蜊,别与知味者道。"很有种个中甘甜自知,只与同道者才能分享的情绪。元人王举之散曲【双调·折桂令】《赠胡存善》说:"问蛤蜊风致何如?秀出乾坤,功在诗书,云叶轻盈,灵华纤腻,人物清癯。采燕赵天然丽语,拾姚卢肘后明珠。"可知元人心目中的"蛤蜊味"就是天然轻灵,不造作,不板滞。后人明何良俊特举《琵琶记》例,总"蒜酪"与"蛤蜊"来说明散曲与其他文体之间在风格上的特征性的区别:"高则诚才藻富丽,如《琵琶记》'长空万里',是一篇好赋,岂词曲能尽之?然既谓之曲,须要有蒜酪,而此曲全无,正如王公大人之席,驼峰、熊掌,肥腯盈前,而无蔬、笋、蚬、蛤,所欠者,风味耳。"(《四友斋丛说》)将价格低廉风味天然的蒜酪、蛤蜊,与经过赤油浓酱精心烹制的肥甘厚味价格昂贵的驼峰、熊掌对举,比喻散曲与词赋的不同之处,正在于其亲民、天然、个性鲜明、醇厚朴实,保持了民间文学的自然淳朴的风韵。

在元曲中有一类题材最能体现"蒜酪""蛤蜊"特征,就是嘲谑徘谐之作。《庄家不识勾栏》和《高祖还乡》都是这方面的杰出之作。大都元曲作家们在这方面一向恃才斗胜。王和卿最善嘲谑,元曲巨擘关汉卿不甘落后,与之力争上下不敢懈怠。王和卿写了《胖妓》《咏秃》《胖夫妻》《王大姐浴房吃打》等作品,关汉卿就写了《秃指甲》《从嫁媵婢》等与之较量。就连创作态度一向严肃庄重的曾瑞也有《嘲俗子》《嘲妓家》《村夫走院》等。无名氏的此类作品就更多了,如《讥贪小利》《驼背妓》《细人穿破靴》《嘲妓刘黑麻》《嘲风情》《嘲贪奴》《叹黑妓》《妓好睡》《嘲妓家匾食》等。

这类作品中多以现实生活为批判对象,其中相当一部分是嘲讽演艺市场种种丑恶现象的。这固然说明演艺市场极为繁荣的现实,但是也能从人生百态的别样角度窥视到当时演艺市场竞争的激烈。

无名氏的【般涉调·耍孩儿】《拘刷行院》是一篇嘲讽冒充行院艺人文艺表演拙劣俗滥的长篇套曲:

昨朝有客来相访，是几个知音故友。道我数载不疏狂，特地来邀请闲游。自开宝押台乌帽，遂掇雕鞍辔紫骝，联辔儿相驰骤。人人济楚，个个风流。

【十三煞】穿长街蓦短衢，上歌台入酒楼，忙呼乐探差祇候。众人暇日邀官舍，与你几贯青蚨唤粉头。休辞生受，请个有声名旦色，迭标垛娇羞。

【十二】霎儿间羊宰翻，不移时雁煮熟，安排就。玉天仙般作念到三千句，救命水似连吞了五六瓯。盼得他来到，早涎涎澄澄，抹抹彪彪。

【十一】待呼小卿不姓苏，待唤月仙不姓周。你桂英性子实村纣。施施所事皆无礼，似盼盼多应也姓刘。满饮阑门酒，似线牵傀儡，粉做骷髅。

【十】黑鼻凹扫得下粉，歪髻子扭得出油，胭脂抹就鲜红口。摸鱼爪老粗如扒齿，担水腰肢臜似碌轴。早难道耽消瘦，不会投壶打马，则惯拨麦看牛。

【九】有玉箫不会品，有银筝不会挡，查沙着一对生姜手。眼到间准备着钳肴馔，酪子里安排搦按酒。立不住腔腔嗽，新清来的板齿，恰刷起黄头。

【八】青哥儿怎地弹，白鹤子怎地讴，燥躯老第四如何纽？恁胸怀休想我一缕儿顽涎退，白珠玉别得她浑身拙汗流。倒敢是十分丑，区朴沙拐孤撒尺，光笃鹿瓠子骷髅。

【七】家中养着后生，船上伴着水手，一番喝几般偷量酒。对郎君划地无和气，背板凳天生忒惯熟。把马的都能够，子宫久冷，月水长流。

【六】行咽作不转睛，行交谈不住手，颠倒酒淹了他衫袖。狐朋狗党过如打掳，虎咽狼餐胜似趁熟。唤得十分透，鹅脯儿砌未包裹，羊腿子花篓里忙收。

【五】张解元皱定眉，李秀才低了头，不提防这样淹僝僽。他做女娘伫世儿夸着嘴，俺做子弟今番出尽丑。则索甘心受，落得些短吁长叹，怎能够交错觥筹？

【四】忍不得腹饥,揩不得脸上羞,休猜做饱谙世故慵开口。俺座间虽无百宝妆腰带,你席上怎能够真珠络臂韛。闻不得臊腥臭,半年两番小产,一日九谝昏兜。

【三】江儿里水唱得生,小姑儿听记得熟。入席来把不到三巡酒,索怯薛侧脚安排趄,要赏钱连声不住口。没一盏茶时候,道有教坊散乐,拘刷烟月班头。

【二】提腔有小朱,权司是老刘,更有那些随从村禽兽。唬得烟迷了苏小小夜月莺花市,惊得云锁了许盼盼春风燕子楼。慌煞俺曹娥秀,抬乐器眩了眼脑,觑幅子叫破咽喉。

【一】上瓦里封了门,下瓦里觅了舟,他道眼睁睁见死无人救。比怕阎罗王罪恶多些人气,似征李志甫巡军少个犯由。恰便是遭遗漏,小王抗着毡缕,小李不放泥头。

【尾】老卜儿藉不得板一味地杀赸,狠撅丁夹着锣则顾得走。也不是沿村串瞳钻山兽,则是暗气吞声丧家狗。①

作者以极度的夸张、形象入微的描述,无情地嘲讽着女艺人丑陋的容貌、粗俗的举止和低劣的演技。这几个荒腔走板自称是行院的人,实际上都是没有经过任何正规艺术训练的村夫愚妇,谎称"有声名的旦色",在演艺市场上招摇撞骗。"行院"本为演杂剧艺人居处,借指在籍的艺人。当消费者对"行院"的艺术水准大感错愕之时,谜底揭开,原来这些人根本就是骗吃骗喝骗赏钱的江湖骗子。"拘刷"即拘捕。由此可见,当时的演艺市场其实也是鱼龙混杂,良莠不齐。而大都的教坊司不仅有对在籍的相当于体制内的演职人员进行管理、培训和演出安排的职责,而且负有对市场进行管理的权力。从"教坊散乐,拘刷烟月班头"来看,他们似乎还有部分的执法权力。可见当时大都的文化市场,既有宽松、自由、活跃的一面,又有资质认可、有序管理、严格执法的一面。这样才保证了大都文化的健康发展。但是,文化内容的管理,却不是任何行政执法部门所能够严格控

---

① (元)杨朝英选《朝野新声太平乐府》,中华书局1958年版,第342页。

制的。当时大都演艺市场竞争激烈，为了迎合部分观众低级趣味，也很有一些作品走向色情、荒诞、格调低下的庸俗一路。这段套曲，非常像后世的小品或者漫画，风格辛辣、尖锐，所用手法是抓住特点，无限夸张，无情讽刺，刻镂透骨。而且，形象、幽默、诙谐，让人读之捧腹大笑的同时，也提高了鉴赏真伪的能力。这在客观上也起到了引导消费，软性净化文化市场的作用。

元大都的元曲演出市场，根据演艺者的艺术水准、声誉高低和市场认可度，分为高、中、低档。能够进出豪门，结交权贵或者是清要的多是那些名声斐然的高端从业者。例如，色艺双绝的珠帘秀，"姿容姝丽"，杂剧独步一时，驾头、花旦、软末泥等悉造其妙，在大都杂剧舞台上极为活跃，影响很大，稳坐全国表演艺术家的第一把交椅，被人称为"朱娘娘"。当时名公文士对她都极为敬重。剧坛领袖关汉卿，当朝清贵文坛领军胡祗遹、卢挚、冯子振、王涧秋等都与她有交往。胡祗遹、卢挚以及关汉卿都有赞美她的专门创作。胡祗遹以《沉醉东风》曲赠云："锦织江边翠竹，绒穿海上明珠。月淡时，风清处，都隔断、落红尘土。一片闲情任卷舒。挂尽朝云暮雨。"冯子振亦赠以《鹧鸪天》云："凭倚东风远映楼，流莺窥面燕低头。虾须瘦影纤纤织，龟背香纹细细浮。红雾敛，彩云收。海霞为带月为钩。夜来卷尽两山雨，不著人间半点愁。"另一位官至翰林学士承旨的散曲家卢挚的【双调·蟾宫曲】《醉赠乐府珠帘秀》也说："系行舟谁遣卿卿，爱林下风姿，云外歌声。宝髻堆云，冰弦散雨，总是才情？恰绿树南熏晚晴，险些儿羞杀啼莺。客散邮亭，楚调将成，醉梦初醒。"关汉卿的【南吕·一枝花】《赠珠帘秀》曾这样形容她："十里扬州风物妍，出落着神仙。"珠帘秀也有对他们的一一应答。如流传下来的【双调·寿阳曲】《答卢疏斋》："山无数，烟万缕。憔悴煞玉堂人物。倚篷窗一身儿活受苦，恨不得随大江东去。"珠帘秀、张怡云这些人演出的报酬非常丰厚，身家富有，堪比王侯。关汉卿就曾说珠帘秀是"富贵似侯家紫帐，风流如谢府红莲"。（【南吕·一枝花】《赠珠帘秀》）

勾栏和酒楼是元大都演出元曲的专门场所。勾栏中一般演出杂剧的全本剧目，角色齐备，舞台、布景、乐队、道具一应俱全。勾栏之内的演出可以是剧团自己排定，也可以是应观众邀约确立剧目。当时大都城市内外，遍地勾栏。大都城内，最著名的元曲演出地集中在"斜街"和"羊市街"两个主要的街区。斜街位于皇城以北的钟楼、鼓楼一带，因为此街近邻海子，也就是如今的什刹海，那里是南北大运河北部终点，大都城内的客货码头，集中着很多的巨贾富商，所以在这条街上，"率多歌台酒馆"。诗人宋褧有【望海潮】《海子岸望海潮》描述此地胜景曰：

> 山含烟素，波明霞绮，西风太液池头。马似游龙，车如流水，归人何暇夷犹。丛薄拥金沟，更萧萧宫树，调弄新秋。十里烟波，几双鸥鹭两渔舟。暮云楼阁深幽，正砧杵丁东，弦管啁啾。淡淡星河，荧荧灯火，一时清景难酬。马上试冥搜，填入耆卿谱，摹写风流。明日重来柳下，携酒教名讴。

"羊市街"位于皇城西（在今西四南大街），这附近有两个胡同，一个叫"砖塔胡同"，另一个叫"西院勾栏"，也都是元曲的演出胜地。

在"歌馆吹台""歌棚舞榭"这些高档酒楼等处的演出，由于场地限制，则要简略一些。一般有名角和主要配乐，还有充当经纪人角色和做服侍事务的跟班等。演出什么内容，由客人来确定。但因为高档酒楼本身就是奢侈之地，"取银酬歌"乃是商演的基本规矩，聚集在这里的"他方巨贾，远土谒宦"往往都能够"挥金与之"，所以在这些地方演出的名角往往收获丰厚。

当然除了海子边斜街那些高档酒楼外，在大都还遍布着数不清的中低档茶肆类兼作演出场所，供中等收入阶层听戏需求。一般的市民，花不了多少钱就能看上几段，听上几场，一饱眼福、耳福。高安道在《嗓淡行院》中就描写道：

> 【哨遍】暖日和风清昼，茶余饭饱斋时候。自叹抱官囚，被名缰牵绊无休。寻故友，出来的衣冠济楚，相貌端严，一个个特

清秀。都向门前等候，待去歌楼作乐，散闷消愁。倦游柳陌恋烟花，且向棚栏玩俳优。

由此可见，看戏、听曲已经成为绝大多数包括下级官吏在内的普通市民茶余饭后的一项最基本的消遣方式。就连来大都经商的小本生意的外国人，也都将这些场所视为洽谈生意联络感情的最佳选择。

而连入茶楼的钱都支付不起，处于社会底层的民众，他们一年到头也少不了看戏听曲的机会。那些连勾栏都不得入的低端的演出者，则只能在城市空旷的地方或郊区撂地摊，称为"打野呵"。元大都人称为"南城"的地方，原本是金中都故城，元大都新城起，此处废弃，渐渐成为新城人们踏青赏春或文人墨客伤逝凭吊之地。不少的戏班子就会趁着人多时在此"打野呵"。围观的人，凭着心情，扔上几文钱，就能看上几场，听上几段。每逢节日，包括民俗节日、宗教节日，"打野呵"就特别集中、活跃。在大都新、旧城之间的郊外寺庙拉开露天场子，杂剧、百戏等各种技艺的艺人汇集，作全民性的演出。上至帝王嫔妃、达官贵人，下至本地百姓、各地富商，无不辏集。"打野呵"的剧团虽然剑戟刀枪、帐额牌旗等道具和锣鼓板笛等乐器也是一应俱全，但因为没有固定的演出场所，不得不像吉普赛人的大篷车那样四处流浪。所以富裕是绝对不敢奢望的，能够混个温饱也就很不错了。不过，也许正是由于这些被挤出城市中心舞台的演艺者们的努力，杂剧才能够在非中心城市甚至是广袤的乡村获得普及。

三 传承、提高与传播

元曲是实践的艺术，依靠口传身授进行代际传递、传承。这种传递与传承，在元代演艺人员往往是在教坊司管理之下的家族内或师徒间实现的。钟嗣成的《录鬼簿》中有很多这方面的线索。例如：

花李郎，刘耍和婿。
红字李二，京兆人，教坊刘耍和婿。
黄德润：……沈和甫同母弟，风流韫藉，不减于兄。

> 梁园秀：姓刘氏，行第四。歌舞谈谑，为当代称首……其夫丛小乔，乐艺亦超绝。①
>
> 南春宴：又有牛四姐，乃元寿之妻，俱擅一时之妙。寿之尤为京师唱社中之巨擘也。②

这主要是由元朝特殊的管理制度所决定的。元朝规定，在籍的歌舞、戏曲、音乐等艺妓，终身不得脱籍，婚配也只能在籍内进行。在籍者不得与非籍人员通婚，在籍者婚生子女，生下来便自动落籍。这样，自然在家族和姻亲之内形成了翁婿、婆媳、父子、母女、兄弟姊妹皆为同业的特殊现象。除了家传外，师徒相授的情景也很普遍，钟嗣成的《录鬼簿》中，珠帘秀之后，有很多以"秀"为艺名的杂剧表演家，有些可能表明师徒相授的辈分，也有些可能就是表示对前辈的尊崇与技艺的高超。

不仅是杂剧或者散曲的表演，后辈在杂剧和散曲的创作的传承方面，也有类似的代际传承痕迹。

《录鬼簿》记载以"甜斋"著称的散曲作家徐再思时写道：

> 徐再思，字德可，嘉兴人。好食甘饴，号甜斋。嘉兴路吏，多有乐府行于世。为人聪敏秀丽。与小山同时。其子善长，亦有才，颇能继其宗风。③

可见是家传。

师徒相授的也有，《录鬼簿》载：

> 杨显之：……王元鼎，师叔敬……

---

① （元）夏庭芝：《青楼集》，见中国戏曲研究院编《中国古典戏曲论著集成》（二），中国戏剧出版社1959年版，第17页。
② 同上书，第22页。
③ 同上书，第133页。

这段是说王元鼎拜著名的杂剧作家杨显之为师。

> 朱士凯：……王彦中，弓身侍；陈元赞，拱手听；包贤持，拜先生。

这段是说王彦中、陈元赞、包贤持都拜元杂剧作家朱凯（字士凯）为师，学习杂剧。

无名氏的《录鬼簿续编》也载：

> 贾仲明：……所作传奇、乐府极多，骈丽工巧，有非他人之所及者。一时侪辈，率多拱手敬服以事之。①

这段是说贾仲明的杂剧和散曲创作都有很深的功底，被多人尊为老师，向他学习。当然这种师徒相授是像后来一样正式拜师学艺，经过几年后出徒单挑，还是只是经过老师临时点拨提高技艺，因为缺少相关资料，具体情形也就不得而知了。

这种家传和师徒相授的传承形式，是由表演艺术的特殊性和戏曲创作的特殊性所决定的。表演的精髓难以通过其他形式表达，唯有口传身授，才能将多年积累的表演经验和舞台经验一代代传承下去。元代乐籍管理制度，限制了人身自由，极不人道，但是对艺术的传承，却有很大的益处。梨园世家子弟，从小耳濡目染，既利于学戏，也便于搭戏，戏剧表演实践方面有着诸多得天独厚的条件和便利。而戏曲剧本的创作，同样无法独立依靠书斋内完成。因为剧本最终要通过舞台表演与观众见面、互动，才能够完成创作和欣赏的艺术全过程。不了解表演、不了解观众，同样难以写出成功的符合舞台表现的好剧本。这方面子承父业和师徒相授，同样符合艺术规律。一般来说，当时的剧本故事情节的构架和依曲和乐的唱词基本上是由创作者完成的，而宾白则往往由演出者现场即兴发挥，有很大的灵活性。

---

① （元）钟嗣成等：《录鬼簿（外四种）》，上海古籍出版社1978年版，第111页。

在对戏曲的传播方面，元人也表现出了极大的智慧和创新能力。各种各样形式、渠道吸引观众的努力，元人也是花样翻新，创意无限。

从散曲《庄家不识勾栏》中，可以看出当时人们已经有了非常强烈的广告宣传意识。通过剧目张贴和大声的招徕，以及对剧情扼要而富有煽动力的介绍，来吸引观众。将本无观剧打算，且无戏剧消费习惯和无基本戏剧常识的路人拦截引导进入到了剧场，使之完成了最初的观剧体验。

剧场内，他们通过在杂剧表演中的文白，现场发挥，随时把最新的杂剧创作和演出信息以预告的形式，传递给在场的观众，吸引他们再次走入剧场。这是对固定观众群消费意愿的进一步锁定，使得这种文化消费得以持续进行。

元无名氏的杂剧《货郎旦》第四折中"唱货郎"的张三姑唱："【转调·货郎儿】也不唱韩元帅偷营劫寨，也不唱汉司马陈言献策，也不唱巫娥云雨楚阳台，也不唱梁山伯，也不唱祝英台，只唱那娶小妇的长安李秀才。"唱词提到的"韩元帅偷营劫寨""汉司马陈言献策""巫娥云雨楚阳台""梁山伯""祝英台"都是当时盛行的元杂剧曲目，指的是无名氏的《韩元帅暗度陈仓》、关汉卿的《升仙桥相如题柱》、杨讷的《楚襄王梦会巫娥女》、白朴的《祝英台死嫁梁山伯》等情节相关的杂剧剧目。由此可见，民间说唱文学"唱货郎"也有传播元杂剧剧情的情况。[①] 当时杂剧、说唱、散曲等多种城市民间文学形式不仅在题材上可以彼此借用，而且相互生发、互相传扬。杂剧中张三姑作为说唱人的角色出场，脱口而出唱出这么多的剧目，可说是现实生活的真实再现，同时也是杂剧对说书人传扬杂剧的一种正面引导。

他们对潜在观众的争取更是不遗余力，通过对这些人文化消费习惯的深入研究，制定针对性非常强的戏曲推广措施，通过不同方式，将他们从潜在观众变为现实观众。

流传下来的剧本中，常有"新刊""全本""全相"等字样，通过精美的插图、最新的创作、全本的面貌，表明剧本的与众不同，达

---

① 参见罗斯宁《元杂剧和元代民俗文化》，广东高等教育出版社2007年版，第27页。

到赢得读者和观众青睐的目的。刊本虽然是以出售图书获得盈利为目的，但无疑也是要通过阅读，将断文识字的那部分观众吸引进入剧场。

宋元是话本小说通俗文艺盛行的时代，说书人在都市中有很大的市场。当时说讲史平话、小说话本以及说经等，都是最为流行的题材。茶馆和家庭，往往是说书人的场地。杂剧创作很善于"借东风"，即抓住说书市场的种种热点，通过题材衔接，进行相应的杂剧创作，使得那些听书人，通过对同类题材中人物命运的密切关注，走进剧场，从而使得杂剧能够与说书者分享共同的文化消费群体。元杂剧中水浒题材、三国题材以及婚姻家庭的社会剧题材都属于此类，都能在说书史料中找到相互对应的衔接点。当然，这种对应说书市场同样也是受益的，杂剧的观众为了获得更详细、系统和连贯的情节，也许会走入说书人的场地。

杂剧通过图书、全相话本、绘画以及生活日常器用的全面借助，将软性、硬性广告经营得无处不在。当然，作为杂剧作家，最为擅长的还是散曲创作。散曲是他们手到擒来的看家本领，他们当然不会放过这个唾手可得的宣传杂剧的机会。

如无名氏的【越调·柳营曲】《晋王出寨》就借助散曲介绍和宣传秦简夫的《东堂老劝破家子弟》："东堂老劝着全不听，信人般弄，家私儿掀腾。便似火上弄冬凌，都不到半载期程。担荆筐卖菜为生，逐朝忍冻饿。每日在破窑中，再不见胡子传、柳隆卿。"将剧目和故事梗概，通过唱散曲加以传播。

这方面的极致之作是元人孙季昌的【正宫·端正好】集杂剧名《咏情》，绝对算得上是留存、推广、传播杂剧的典型代表：

鸳鸯被半床闲，蝴蝶梦孤帏静，常则是哭香囊两泪盈盈。若是这姻缘簿上合该定，有一日双驾车把香肩并。

【滚绣球】常记的曲江池丽日晴，正对着春风细柳营，初相逢在丽春园遣兴，便和他谒浆的崔护留情。曾和他在万花堂讲志诚，锦香亭设誓盟，谁承望下场头半星儿不应，央及杀调风月燕燕莺莺。则被这西厢待月张君瑞，送了这花月东墙董秀英，盼杀君卿。

【倘秀才】玩江楼山围着画屏，见一只采莲舟斜弯在蓼汀，待和他竹叶传情诉咱闷紫。并头莲分做两下，鸳鸯会不完成，知他是怎生？

【滚绣球】付能的潇湘夜雨晴，早闪出乌林皓月明，正孤雁汉宫秋静，知他是甚情怀月夜闻筝？那时节理残妆对玉镜台，推烧香到拜月亭，则被这㑇梅香紧将咱随定，不能够写相思红叶题情。指望似多情双渐怜苏小，到做了薄幸王魁负桂英，撇得我冷冷清清。

【倘秀才】金凤钗斜簪在鬟影，抱妆盒寒侵倦整，想踏雪寻梅路怎行？弄黄昏梅梢月，香正满酷寒亭，伤情对景。

【叨叨令】当日被破连环说啜赚得再成交颈，谁承望错立身的子弟无音信。闪得我似离魂倩女相思病，将一个魔合罗脸儿消磨尽。径不着也么哥，如今这谎郎君一个个传槽病。

【脱布衫】我便似蓝桥驿实志真诚，他便似竹林寺有影无形。受寂寞似越娘背灯，恨别离如乐昌分镜。

【小梁州】他便似柳毅传书住洞庭，千里独行，吹箫伴侣冷清清。我待学孟姜女般真诚性，我则怕啼哭倒了长城。

【幺】京娘怨杀成孤另，怨你个画眉的张敞杂情，揣着窃玉心、偷香性。我则学举案齐眉，贤孝牌上立个清名。

【尾】金钗剪烛人初静，彩扇题诗句未成。后庭花歌残玉树声，琵琶怨凄凉不忍听。比题桥的相如忒寡情，戏妻秋胡不老成。想则想关山远路程，恨则恨衣锦还乡不见影。则不如一纸刘公书谨缄定，寄与你个三负心的敲才自思省。①

这个套曲共由10支曲子组成，巧妙地用元杂剧的剧目连缀，完

---

① 见元杨朝英辑《太平乐府》卷六、明无名氏辑《盛世新声》子集、明张禄辑《词林摘艳》卷六、明郭勋辑《雍熙乐府》卷二、明陈所闻辑《北宫词纪》卷六。

整地表达了青年男女的相思离别之情。由于全篇皆用当时流行剧目，所以此曲有非常重要的史料价值，成为研究元杂剧名目的重要文献。套曲搜集元杂剧包括佚名的《玉清庵送错鸳鸯被》、关汉卿的《包待制三勘蝴蝶梦》《唐明皇哭香囊》《贤孝妇风雪双驾车》《刘夫人书写万花堂》《诈妮子调风月》、白朴的《唐明皇秋夜梧桐雨》《唐明皇游月宫》、岳伯川的《罗光远梦断杨贵妃》、庾天锡的《杨太真霓裳怨》《杨太真华清宫》、石君宝的《李亚仙花酒曲江池》、郑光祖的《细柳营》等名目50多部。有些杂剧名目早已散佚，但是从这首套曲中我们可知其曾经的存在。这套散曲虽是游戏之作，但是当时亦应有很好的广告效应。因为所提皆名家名作，可以给人以"检缺"的线索。哪些剧已经看过，哪些剧还未曾观，什么时候才能看完这些名作，向人夸耀，对当时的杂剧"粉丝"们来说，这套曲子可以算是提供了非常大的帮助。

还有一些类似的集曲名，虽然并不直接地广告剧目和剧情，但是同样也是对杂剧进行宣传。元人王仲元的【中吕·粉蝶儿】《题情》可以视为这方面的代表。"金盏儿里倦饮香醪，盼到那赏花时甚实曾欢笑。别人都喜春来唯我心焦，出得那庆东园，离亭宴，暗伤怀抱。贪看那喜游蜂蝶恋花梢，想起贺新郎不知消耗。"散曲以"集调名"的体式，介绍了"金盏儿""赏花时""喜春来""庆东园""离亭宴""蝶恋花""贺新郎"等散曲和杂剧惯常使用的曲牌名，对观众进行杂剧知识的普及，使得观众通过散曲，熟悉并掌握这些杂剧经常使用的曲牌和曲调。散曲宜记宜唱，不受场地限制，易于流传。在歌舞酒楼、市井村野，随处可以传播。这样，又将那部分忠实的散曲观众吸引到了勾栏剧院当中，为杂剧争取了新的客源。

诸宫调是一种历史较为悠久的文学体式，盛行于北宋、金、元时期，属于大型说唱文学，因集若干套不同宫调的曲子轮递歌唱而得名。诸宫调以说唱为主，又因为它用琵琶等乐器伴奏，所以又称"弹词"或"弦索"。形式上它由韵文和散文两部分组成，演唱时采取歌唱和说白相间的方式，属叙事体。因而有学者认为，诸宫调为后世戏曲发展开辟了道路。元杂剧正是因为吸收借鉴了诸宫调而产生。这个与杂剧有着较为密切的"血缘关系"的诸宫调,在元代并没有被淘汰,而是有人继续创作,也有人继续演唱,如《青楼集》中所载的赵真真、秦玉莲都是以演唱诸宫调闻名的艺人。胡祇遹的《黄氏诗卷序》总结的是诸宫调的演唱经验。可见在元杂剧兴盛的时候,诸宫调依然还保持着比较可观的听众需求。王伯成是元代早期的杂剧作家,但是也能写作诸宫调。他在《天宝遗事诸宫调·遗事引》中"愁临阻险频搔首,曲到关情也断肠。虽脂妆,不比送君南浦,待月西厢"①之句,抒发了恨别离的情怀,似与王实甫的《崔莺莺待月西厢记》相关。但是王实甫的《西厢记》却是因为借鉴了金代董解元的《西厢记诸宫调》而完成。王伯成的生卒年不详,他与王实甫谁先谁后难以确认,而王实甫的《西厢记》和王伯成的《天宝遗事诸宫调》的具体写作年代更是难以考证。如果说《天宝遗事诸宫调》是要为王实甫剧作做宣传,实在有些勉强。但是如果说各个门类的通俗文艺之间在思想、故事、情节、人物、艺术表现诸方面相互影响和相互借鉴,却是一个不争的事实。杂剧是调动各种艺术形式进行宣传做得最出色的,也许这与杂剧本身就是综合艺术,需要杂剧作家有很强的综合利用各种资源的能力有关吧。总之,当时杂剧把一切艺术形式都当成了可供利用的传播媒体,进行了跨越体式、百无禁忌、全覆盖式的无缝衔接。

元曲的发展、兴盛并非出于创作一端,也非单纯强调艺妓表演可以毕其功于一役。它必是作家、表演艺术家和观众三者的密切互动、共同推进,方能达到繁荣鼎盛。

对元曲受欢迎的程度,史料中俯拾即是:

夏庭芝《青楼集》

梁园秀:歌舞谈谑,为当代称首……所制乐府,……世所共唱之。

张怡云:能诗词,善谈笑,艺绝流辈,名重京师。

---

① 朱平楚校点:《全诸宫调》,甘肃人民出版社1987年版,第178页。

曹秀娥：京师名妓也。

李娇儿……姿容姝丽，意度闲雅，时人号为"小天然"。

钟嗣成《录鬼簿》

关汉卿……驱梨园领袖，总编修师首，捻杂剧班头。

马致远……战文场，曲状元。姓名香，贯满梨园。

王实甫……《西厢记》，天下夺魁。

从以上的零星片段可以判断，当时元大都的杂剧作家和表演艺术家们鹊起的名声并非官府或者是某个个人、组织所授予，而是广大观众认可，在广泛赞誉的基础之上自然产生的。而"梨园领袖""杂剧班头""曲状元"等这样的称谓，不仅是对其成就的肯定，更具有了文化品牌的价值。只是这种品牌来自民众的广泛欢迎和认可。

由此可见，元曲的繁荣兴盛，是建立在广泛的社会基础之上的。而在其中，宫廷、官府所起到的积极作用不可忽略。虽然民众的文化需求是文化最根本的推动力，文化人才的聚集是文化发展的根本保障，文化创新和领军人物决定了文化发展所能达到的高度和水准，但是，放在中国历代思想文化长期处于严格统治的特定历史事实中进行比对，元朝宫廷与官府对文化创作的宽容，对帝京公共文化的高度重视，对文化管理方面的创新与宽严有度，对民众文化生活的顺势而为、积极促进，都是值得大加肯定与赞美的。《析津志·岁纪》载：

> 二月八日，平则门外三里许，即西镇国寺。寺之两廊买卖富甚太平，皆南北川广精粗之货，最为富饶。于内商贾开张如锦，成于是日。南北二城，行院、社直、杂戏毕集。恭迎帝坐金牌与寺之大佛游于城外，极其华丽。……教坊诸等乐人、社直、鼓板、大乐、北乐、清乐……互相夸耀，于以见京师极天下之丽，于以见圣上兆开太平与民同乐之意。

虽然最高统治者的目的在于向世界夸耀自己统治国度的强盛与富丽，但是客观上确实对文化普及起到了重要推动作用，为民众充分享受文化成果大开了便利之门。这使得包括元杂剧、元散曲之类的文化艺术有了更为广泛的民众基础,从而产生了更加旺盛的文化消费需求。

  元大都文化发展的良性循环就是这样产生并往复作用的,这种健康、富有活力的文化生态,是元大都世界城市文化建设和发展的基础。

参考文献

（晋）张华：《博物志》，文渊阁《四库全书》本。
（晋）张华：《神异经注》，《龙威秘书》本。
（唐）卢照邻：《卢昇之集》，文渊阁《四库全书》本。
（唐）贾岛：《长江集》，《全唐诗》本。
（辽）王鼎：《焚椒录》，群学社1936年版。
（宋）叶隆礼：《契丹国志》，上海古籍出版社1985年版。
（宋）沈括：《梦溪笔谈》，中华书局1985年版。
（宋）陈准：《北风扬沙录》，商务印书馆1927年版。
（宋）许亢宗：《宣和乙巳奉使金国行程录》，吴县王氏铅印本，1939年版。
（宋）洪皓：《松漠纪闻》，上海古籍出版社2001年版。
（宋）楼钥：《北行日录》，上海古书流通处1921年版。
（宋）范成大：《揽辔录》，中华书局1985年版。
（宋）周煇：《北辕录》，见《说郛》，商务印书馆本。
（南宋）彭大雅：《黑鞑事略》（中华书局点校本），中华书局1976年版。
（宋）耐得翁：《都城纪事》，中国商业出版社1982年版。
（宋）徐梦莘：（四库全书本）《三朝北盟会编》，上海古籍出版社1987年版。
（元）佚名：《元朝秘史》，齐鲁书社2005年版。
（元）陶宗仪：（中华书局点校本）《南村辍耕录》，中华书局1976年版。

（元）陶宗仪：(明洪武九年（1376）刻本)《书史会要》，上海书店1984年版。

（元）熊梦祥：(北图善本部辑佚本)《析津志辑佚》，北京古籍出版社1983年版。

（元）苏天爵：《元朝名臣事略》(畿辅丛书本)，中华书局1996年版。

（元）周密：《武林旧事》，上海古籍出版社1983年版。

（元）周密：《癸辛杂识》(四库全书本)，中华书局2010年版。

（元）刘一清：《钱塘遗事》，上海古籍出版社1985年版。

（元）鲜于枢：《困学斋杂录》(知不足斋丛书本)，上海古籍出版社1993年版。

（元）孔齐：《至正直记》(粤雅堂丛书本)，上海古籍出版社1987年版。

（元）释念常：《佛祖历代通载》，北京图书馆出版社2005年版。

（元）佚名：《元朝秘史》，中华书局1985年版。

（元）佚名：《圣武亲征录》，《续修四库全书》，上海古籍出版社2002年版。

（明）朱棣：《神僧传》，《续修四库全书》，上海古籍出版社2002年版。

（明）释如惺：《大明高僧转》，《续修四库全书》，上海古籍出版社2002年版。

（明）释明河：《补续高僧传》，《续修四库全书》，上海古籍出版社2002年版。

（明）蒋一葵：《尧山堂外纪》(四库丛刊本)。

（明）陈邦瞻：《元史纪事本末》(中华书局点校本)，中华书局1979年版。

（清）李元度：《国朝先正事略》，岳麓书社2008年版。

（清）厉鹗：《辽史拾遗》，中华书局1985年版。

喻谦：《新续高僧传四集》，北洋印刷局1923年版。

徐世昌：《清儒学案小传》，《清代传记丛刊》，台北：明文书局1986

年版。

王钟翰点校：《清史列传》，中华书局 1987 年版。

陈邦瞻：《元史纪事本末》，中华书局 1979 年版。

王文才编著：《元曲纪事》，人民文学出版社 1985 年版。

陈恒：《元典章校补》，《励耕书屋丛刊》，中国书店 1979 年版。

（金）元好问：《遗山先生文集》（四部丛刊本），上海书店 1989 年版。

（金）元好问：《中州集》（点校本），中华书局 1959 年版。

（金）王寂：《拙轩集》，文渊阁《四库全书》本。

（金）赵秉文：《滏水集》，文渊阁《四库全书》本。

（金）刘祁：《归潜志》，文渊阁《四库全书》本。

（金）元好问：《元遗山集》，文渊阁《四库全书》本。

（金）元好问：《续夷坚志》，山西人民出版社 1990 年版。

（南宋）文天祥：《文山先生全集》（四部丛刊本），（上海）商务印书馆 1936 年版。

（元）丘处机：《丘处机集》，赵卫东集校，齐鲁书社 2005 年版。

（元）耶律楚材：（点校本）《湛然居士文集》，中华书局 1986 年版。

（元）耶律铸：《双溪醉隐集》，文渊阁《四库全书》本。

（元）刘秉忠：《藏春集》，文渊阁《四库全书》本。

（元）胡祗遹：《紫山大全集》，文渊阁《四库全书》本。

（元）王恽：《秋涧大全集》（包括《承华事略》中堂纪事）《乌台笔补》《玉堂嘉话》等，文渊阁《四库全书》本。

（元）李冶：《敬斋古今黈》，文渊阁《四库全书》本。

（元）鲜于枢：《困学斋集》，《元诗选》本。

（元）鲜于枢：《困学斋杂录》《笺纸谱》，见《说郛》，商务印书馆本。

（元）陈孚：《陈刚中诗集》，文渊阁《四库全书》本。

（元）刘敏中：《中庵集》《平宋录》，文渊阁《四库全书》本。

（元）程钜夫：《雪楼集》，文渊阁《四库全书》本。

（元）赵孟頫：《松雪斋集》，文渊阁《四库全书》本。

（元）袁桷：《清容居士集》，文渊阁《四库全书》本。

（元）吴澄：《吴文正公集》，文渊阁《四库全书》本。

（元）揭傒斯：《文安集》，文渊阁《四库全书》本。

（元）虞集：《道园学古录》《道园类稿》。

（元）黄溍：《金华黄先生文集》。

（元）欧阳玄：《圭斋集》，《四部丛刊》本。

（元）许有壬：《至正集》，文渊阁《四库全书》本。

（元）马祖常：《石田文集》，文渊阁《四库全书》本。

（元）萨都剌：《雁门集》，文渊阁《四库全书》本。

（元）廼贤：《金台集》，文渊阁《四库全书》本。

（元）高克恭：《房山集》，《元诗选》本。

（元）卢挚：《疏斋集》，《元诗选》本。

（元）宋本：《至治集》，文渊阁《四库全书》本。

（元）宋褧：《燕石集》，文渊阁《四库全书》本。

（元）何失：《得之集》，《元诗选》本。

（元）张昱：《可闲老人集》，文渊阁《四库全书》本。

（元）赵孟頫：《松雪斋集》（四部丛刊本），西泠印社出版社2010年版。

（元）许衡：《鲁斋遗书》（四库全书本），上海古籍出版社1987年版。

（元）郝经：《陵川集》（四库全书本），山西古籍出版社2006年版。

（元）姚燧：《牧庵集》（四部丛刊本），上海书店1989年版。

（元）吴澄：《吴文正公文集》（文渊阁四库全书本），台北：台湾商务印书馆1983年版。

（元）刘因：《静修先生文集》（四部丛刊本），北京图书馆出版社2006年版。

（元）虞集：《道园学古录》（四部丛刊本），（上海）中华书局1935年版。

（元）苏天爵：《滋溪文稿》（适园丛书本），中华书局1997年版。

（元）黄溍：《金华黄先生文集》（四部丛刊本），商务印书馆1929年版。

（元）胡祗遹：《紫山大全集》（三怡堂丛书本），浙江古籍出版社1986年版。

（元）王恽：《秋涧文集》（《元人文集珍本丛刊》），台北：新文丰出版公司1985年版。

（元）王恽：《玉堂嘉话》（守山阁丛书本），（元）杨瑀：《山居新语》，中华书局2006年版。

（元）程钜夫：《雪楼集》（文渊阁四库全书本），台北：台湾商务印书馆1983年版。

（元）元明善：《清河集》（藕香零拾影印本），上海书店1995年版。

（元）赵孟頫：《松雪斋文集》（四部丛刊本）（附外集），（上海）商务印书馆1930年版。

（元）欧阳玄：《圭斋集》（四部丛刊本），（上海）商务印书馆1946年版。

（元）袁桷：《清容居士集》（四部丛刊本），中华书局1985年版。

（元）张养浩：《为政忠告》（四部丛刊本），辽宁教育出版社1998年版。

（元）张养浩：《归田类稿》（四部丛刊本），商务印书馆1972年版。

（元）虞集：《道园学古录》（四部丛刊影印本），上海古籍出版社1995年版。

（元）程钜夫：《雪楼集》（四部丛刊影印本），上海书店1994年版。

（元）周权：《此山集》（四部丛刊影印本），台北：台湾商务印书馆1986年版。

（元）范梈：《范德机诗集》，北京图书馆出版社2006年版。

（元）柳贯：《柳待制文集》（四部丛刊本），（上海）商务印书馆1929年版。

（元）揭傒斯：《揭文安公全集》（四部丛刊初编本），（上海）商务印书馆1929年版。

（元）胡助：《纯白斋类稿》（文渊阁《四库全书》），上海古籍出版社 1997 年版。

（元）张可久：《小山乐府》，（上海）中华书局 1931 年版。

（元）李庭：（影印本）《寓庵集》，上海古籍出版社 1995 年版。

（元）杨维桢：（点校本）《东维子集》，上海古籍出版社 1987 年版。

（元）萨都剌：《萨天锡诗集》（四部丛刊本），（上海）商务印书馆 1919 年版。

（元）贡奎：《云林集》（北图藏清刻本），迪志文化出版有限公司 2004 年版。

（元）廼贤：《金台集》（文渊阁《四库全书》本），台北：台湾商务印书馆、吉林出版集团有限责任公司 2005 年版。

（元）马祖常：《石田先生文集》（影印本），中华书局 2001 年版。

（元）叶颙：《樵云独唱》（四部丛刊本），迪志文化出版有限公司 2003 年版。

（元）危素：《危太仆集》（文集）（文续集），民国吴兴刘氏嘉业堂刻本 1914 年版。

（元）杨维桢：（文渊阁《四库全书》本）《东维子文集》，上海古籍出版社 1997 年版。

（明）萧洵：《故宫遗录》，北京古籍出版社 1980 年版。

（明）李开先：《李开先集》，中华书局 1959 年版。

（明）佚名：《丛书集成初编》本《北平录》，中华书局 1985 年版。

（明）姚广孝：《逃虚子诗集》，《逃虚类稿》，《四库全书存目丛书》，齐鲁书社 1997 年版。

（明）李贽：《李贽全集》，中华书局 1974 年版。

（明）胡侍：《真珠船》，台北：艺文印书馆 1968 年版。

（明）朱右：《白云稿》（《四部丛刊本》），上海古籍出版社 1991 年版。

（明）李贽：《焚书》（影印明刊本），中华书局 1974 年版。

（清）孙承泽：《元朝人物略》，《清代稿本百种汇刊》第二十八册，台北：文海出版社 1974 年版。

（清）孙承泽：（文渊阁《四库全书》本）《元朝典故编年考》，江苏古籍出版社 1988 年版。

（清）孙承泽：《藤阴札记》，《四库全书存目丛书》子部第十九册，齐鲁书社 1997 年版。

（清）孙承泽：《杉树》，《续修四库全书》史部第三百六十七册，上海古籍出版社 2002 年版。

（清）谈迁：《北游录》，中华书局 1960 年版。

（清）顾炎武：（文渊阁《四库全书》本）《日知录》，北京商务出版社 1934 年版。

（清）徐珂：《清稗类钞》，中华书局 1984 年版。

（元）苏天爵编：《国朝文类》，中华书局影印本 1962 年版。

（元）苏天爵编：（《四部丛刊》本）《国朝文类》，上海古籍出版社 1993 年版。

（元）夏庭芝撰，孙崇涛、徐宏图笺注：《青楼集笺注》，中国戏剧出版社 1990 年版。

（明）臧懋循编，隋树森校：《元曲选》，中华书局 1979 年版。

（明）王骥德撰，陈多、叶长海注释：《王骥德曲律》，湖南人民出版社 1983 年版。

（清）陈梦雷等：《古今图书集成》，上海中华书局 1934 年版。

（清）纪昀等：《四库全书总目提要》，中华书局 1965 年版。

（清）陈焯：（文渊阁《四库全书》本）《宋元诗会》，海南出版社 2000 年版。

（清）张金吾辑：《金文最》，中华书局 1990 年版。

（清）顾嗣立：《元诗选》，中华书局 1987—2001 年版。

（清）乾隆：《御定佩文斋咏物诗选》，文渊阁《四库全书》本。

（清）乾隆：《御定历代题画诗类》，文渊阁《四库全书》本。

（清）乾隆：《御定宋金元明四朝诗》，文渊阁《四库全书》本。

《清代稿本百种汇刊》，台北：文海出版社 1974 年版。

（清）永瑢、纪昀主编：（影印清杭州刻本）《四库全书总目》，中华书局 1956 年版。

（清）顾嗣立：《元诗选》（初集）（二集），中华书局 1987 年版。

（清）顾嗣立编，席世臣辑补：《元诗选》（癸集），中华书局 1987 年版。

（清）李渔撰，徐寿凯注释：《李笠翁曲话注释》，安徽人民出版社 1981 年版。

隋树森编：《全元散曲》，中华书局 1981 年版。

隋树森编：《元曲选外编》，中华书局 1980 年版。

宋浩庆：《元明散曲》，上海古籍出版社 1980 年版。

续修四库全书编委会编：《续修四库全书》，上海古籍出版社 1995 年版。

唐圭璋编：《全金元词》，中华书局 1995 年版。

程毅中：《宋元话本》，中华书局 1964 年版。

陶秋英编：《宋金元文论选》，人民文学出版社 1984 年版。

徐征、张月中、张圣洁、奚海主编：《全元曲》，河北教育出版社 1998 年版。

程树德等撰：《新编诸子集成》，中华书局 2009 年版。

（明）宋濂等：《元史》，中华书局 1976 年版。

周良霄、顾菊英：《元史》，上海人民出版社 1993 年版。

韩儒林、陈得芝、邱树森等主编：《元史》，中国大百科全书出版社 1974 年版。

韩儒林主编：《元朝史》，人民出版社 1986 年版。

曹子西主编，于光度、常润华撰著：《北京通史》（第四卷金代卷），中国书店 1994 年版。

曹子西主编，王岗撰著：《北京通史》（第五卷元代卷），中国书店 1994 年版。

北京大学历史系北京史编写组：《北京史》，北京出版社 1999 年版。

林传甲：《中国文学史》，武林谋新室出版，日本宏文堂印刷 1910 年版。

钱基博：《中国文学史》（整理本），中华书局 1993 年版。

郑振铎：《插图本中国文学史》，北京出版社1999年版。
容肇祖：《中国文学史大纲》，开明书店1949年版。
朱希祖：《中国文学史要略》，北京大学刊本1920年版。
郑振铎：《中国俗文学史》，作家出版社1957年版。
刘大杰：《中国文学发展史》，中华书局1963年版。
游国恩等主编：《中国文学史》，人民文学出版社1983年版。
郭预衡：《中国古代文学史》，上海古籍出版社1998年版。
袁行霈主编：《中国文学史》，高等教育出版社1999年版。
傅璇琮、蒋寅总主编：《中国古代文学通论》，辽宁人民出版社2005年版。
郭绍虞：《中国文学批评史》，商务印书馆1934—1947年版。
朱东润：《中国文学批评史大纲》，上海古籍出版社1983年版。
罗根泽：《中国文学批评史》，上海古籍出版社1984年版。
张少康：《中国文学理论批评发展史》，北京大学出版社1995年版。
李昌集：《中国古代散曲史》，华东师范大学出版社1997年版。
李修生：《中国文学史纲》（宋辽金元文学卷），北京大学出版社1987年版。
周贻白：《中国戏曲发展史纲要》，上海古籍出版社1979年版。
周贻白：《中国戏剧史长编》，人民文学出版社1960年版。
孟瑶：《中国戏曲史》，台北：传记文学出版社1979年版。
王永宽、王钢：《中国戏曲史编年》（元明卷），中州古籍出版社1994年版。
张庚、郭汉城主编：《中国戏曲通史》，中国戏剧出版社1981年版。
蔡源莉、吴文科：《中国曲艺史》，文化艺术出版社1998年版。
刘荫柏：《元代杂剧史》，花山文艺出版社1990年版。
邓绍基主编：《元代文学史》，人民文学出版社1991年版。
杨镰：《元代文学编年史》，山西教育出版社2005年版。
王国维：《宋元戏曲史》，（上海）商务印书馆1915年版。
［日］青木正儿：《中国文学思想史》，孟庆文译，春风文艺出版社1988年版。

吴梅：《辽金元文学史》，商务印书馆1934年版。

顾易生、蒋凡、刘明今：《宋金元文学批评史》，上海古籍出版社1996年版。

范文澜、蔡美彪：《中国通史》，人民出版社1983年版。

张晶主编：《辽金元卷》，傅璇琮、蒋寅总主编：《中国古代文学通论》，辽宁人民出版社2003年版。

侯外庐主编：《中国思想通史》，人民出版社1960年版。

朱耀廷主编：《北京文化史研究》，光明日报出版社2008年版。

朱明德、梅宁华主编：《蓟门集——北京建都850周年论文集》，北京燕山出版社2005年版。

吴海航：《元代法文化研究》，北京师范大学出版社2000年版。

首届元曲国际研讨会组委会编：《首届元曲国际研讨会论文集》（上下），河北教育出版社1994年版。

李修生、查洪德：《辽金元文学研究》，北京出版社2001年版。

陆林著：《元代戏剧学研究》，安徽文艺出版社1999年版。

幺书仪：《元代文人心态》，文化艺术出版社1993年版。

傅秋爽：《北京元代文学》，知识产权出版社2012年版。

陈得芝主编：《中国通史》第8卷中古时代·元时期，上海人民出版社2013年版。

袁行霈主编，莫砺锋、黄天骥本卷主编：《中国文学史》（第三卷），高等教育出版社2005年版。

张晶：《辽金诗史》，东北师范大学出版社1994年版。

张晶：《辽金元诗歌史论》，吉林教育出版社1995年版。

杨镰：《元诗史》，人民文学出版社2003年版。

郭预衡：《中国散文史》，上海古籍出版社1999年版。

孙楷第：《元曲家考略》，上海古籍出版社1981年版。

梁乙真：《元明散曲小史》，商务印书馆1934年版。

苏雪林：《辽金元文学》，商务印书馆1934年版。

张晶：《辽金元文学论稿》，北京广播学院出版社2003年版。

陶然：《金元词通论》，上海古籍出版社2001年版。

唐文标：《中国古代戏剧史》（北京），中国戏剧出版社1985年版。

任崇岳主编：《中国文化通史》（辽西夏金元），中共中央党校出版社2000年版。

李凭、全根先总纂：《中华文明史》（第七卷元代），河北教育出版社1999年版。

内蒙古社科院历史所蒙古族通史编写组编：《蒙古族通史》，北京民族出版社2001年版。

李劼：《满族文化史》，辽宁民族出版社1999年版。

陈高华、张帆、刘晓：《元代文化史》，广东教育出版社2009年版。

柳诒徵：《中国文化史》，上海古籍出版社2001年版。

田建平：《元代出版史》，河北人民出版社2003年版。

郑士德：《中国图书发行史》，高等教育出版社2000年版。

杜哲森：《元代绘画史》，人民美术出版社2000年版。

郭因：《中国绘画美学史稿》，人民美术出版社1981年版。

周传家、程炳达主编：《北京戏曲通史》，北京燕山出版社2001年版。

郑士德：《中国图书发行史》，高等教育出版社2000年版。

李泽厚、刘纲纪：《中国美学史》（多卷本），中国社会科学出版社1987年版。

万安伦：《中国文学奖励史》，北京出版社2013年版。

陈高华、史卫民：《中国经济通史》（元代经济卷），经济日报出版社2000年版。

王岗总主编："北京专史集成"系列

王岗：《北京政治史》，人民出版社2008年版。

尹钧科：《北京建置史》，人民出版社2008年版。

李宝臣：《北京风俗史》，人民出版社2008年版。

刘仲华：《北京教育史》，人民出版社2008年版。

郑永华：《北京宗教史》，人民出版社2010年版。

章永俊：《北京手工业史》，人民出版社2011年版。

齐大芝：《北京商业史》，人民出版社2011年版。
孙冬虎：《北京交通史》，人民出版社2012年版。
赵雅丽：《北京著述史》，人民出版社2012年版。
吴文涛：《北京水利史》，人民出版社2013年版。
徐辉：《北京民族史》，人民出版社2013年版。
王建伟：《北京文化史》，人民出版社2014年版。
傅秋爽：《北京文学史》，人民出版社2010年版。

朱耀廷、顾军主编："北京文化史"系列
朱祖希：《营国匠意》，中华书局2007年版。
李颖伯：《格致之路》，中华书局2015年版。
周晓翔等：《贾道燕蕴》，中华书局2015年版。
朱筱新：《文苑英华》，中华书局2016年版。

陈恒：《元西域人华化考》，上海古籍出版社2000年版。
张慧芝：《天子脚下与殖民阴影：清代直隶地区的城市》，上海三联书店2013年版。
王福利：《辽金元三史乐志研究》，上海音乐学院出版社2005年版。
[日]箭内亘：《元代蒙汉色目待遇考》，中华书局1962年版。
蒙思明：《元代社会阶级制度》，中华书局1980年版。
方志远：《明代城市与市民文学》，中华书局2004年版。
侯仁之主编，唐晓峰副主编：《北京城市历史地理》，北京燕山出版社2000年版。
陈高华：《元大都》，北京出版社1982年版。
孙昌武：《北方民族与佛教：文化交流与民族融合》，中华书局2015年版。
孙昌武：《佛教文学十讲》，中华书局2014年版。
北京市社会科学院历史所编：《北京与中外古都对比研究》，北京燕山出版社1992年版。
吴建雍等：《北京城市生活史》，开明出版社1997年版。

忻剑飞：《世界的中国观》，学林出版社1991年版。

尹钧科选编：《侯仁之讲北京》，北京出版社2003年版。

宁宗一、陆林、田桂民编著：《元杂剧研究综述》，天津教育出版社1987年版。

叶德均：《戏曲小说丛考》，中华书局1979年版。

吴梅：《吴梅戏曲论文集》，中国戏剧出版社1983年版。

王国维：《王国维戏曲论文集》，中国戏剧出版社1983年版。

姚文放：《中国戏曲美学的文化阐释》，中国人民大学出版社1997年版。

赵景深：《中国古典戏曲小说论集》，上海古籍出版社1985年版。

钱钟书：《谈艺录》，中华书局1984年版。

程毅中：《古代小说钞》（宋元卷），中华书局1995年版。

胡适：《胡适古典文学研究论集》，上海古籍出版社1986年版。

王国维：《人间词话》，江苏文艺出版社2007年版。

郑振铎编：《中国新文学大系·文学论争集》，上海文艺出版社2003年影印版。

王昆吾：《隋唐五代燕乐杂言歌辞研究》，中华书局1996年版。

幺书仪：《元代文人心态》，文化艺术出版社1993年版。

幺书仪：《元人杂剧与元代社会》，北京大学出版社1997年版。

徐子方：《元代文人心态史》，河北教育出版社2001年版。

赵义山：《元散曲通论》，巴蜀书社1983年版。

王星琦：《元曲艺术风格研究》，江苏文艺出版社1996年版。

王星琦：《元明散曲史论》，南京师范大学出版社1999年版。

门岿：《元曲管窥》，天津人民出版社1993年版。

门岿：《元曲百家纵论》，教育科学出版社1990年版。

门岿：《粉墨功名：元代曲家的文化精神与人生意趣》，济南出版社2002年版。

徐扶明：《元代杂剧艺术》，上海文学出版社1981年版。

黄克：《关汉卿戏剧人物论》，人民文学出版社1984年版。

顾肇仓：《元明杂剧》，上海古籍出版社1997年版。

陈益源：《元明中篇传奇小说研究》，华艺出版社1997年版。

陆林：《元代戏剧学研究》，安徽文艺出版社1999年版。

奚海：《元杂剧论》，河北教育出版社2001年版。

宁宗一：《教书人手记》，大象出版社2002年版。

季国平：《元杂剧发展史》，河北教育出版社2005年版。

罗斯宁：《元杂剧和元代民俗文化》，广东高等教育出版社2007年版。

郭英德：《元杂剧与元代社会》，北京师范大学出版社1996年版。

高益荣：《元杂剧的文化精神阐释》，中国社会科学出版社2005年版。

黄卉：《元代戏曲史稿》，天津古籍出版社1995年版。

李真瑜：《北京戏剧文化史》，北岳文艺出版社2004年版。

梅新林：《中国文学地理形态与演变》，复旦大学出版社2006年版。

朱耀廷、赵连稳：《元世祖忽必烈传》，北京大学出版社2009年版。

侯仁之、邓辉先：《北京城的起源与变迁》，北京燕山出版社2007年版。

丁守和、劳允兴主编：《北京文化综览》，北京师范学院出版社1999年版。

侯仁之主编：《北京城市历史地理》，北京燕山出版社2000年版。

李淑兰：《北京史稿》，学苑出版社1994年版。

姜立勋、富丽等：《北京的宗教》，天津古籍出版社1995年版。

冯秉文主编：《北京方志概述》，吉林地方志编委会1985年版。

王灿炽：《王灿炽史志论文集》，北京燕山出版社1991年版。

王灿炽：《燕都古籍考》，京华出版社1995年版。

阎崇年：《燕史集》，北京燕山出版社1998年版。

《北京地区文学历史及现状》课题组：《北京文学研究史料》，北京燕山出版社1998年版。

陈平原、王德威编：《北京：都市想像与文化记忆》，北京大学出版社2005年版。

赵园：《北京：城与人》，北京大学出版社2002年版。

李建盛：《北京文化60年》，北京大学出版社2010年版。

中国戏曲研究院编："中国古典戏曲论著集成"，中国戏剧出版社1959年版

  第一集　（元）燕南芝庵：《唱论》
     （元）周德清：《中原音韵》
  第二集　（元）夏庭芝：《青楼集》
     （元）钟嗣成：《录鬼簿》
     （明）无名氏：《录鬼簿续编》
  第三集　（明）朱权：《太和正音谱》
     （明）徐渭：《南词叙录》
     （明）李开先：《词谑》
  第四集　（明）何良俊：《曲论》
     （明）王世贞：《曲藻》
     （明）沈德符：《顾曲杂言》
     （明）王骥德：《曲律》
     （明）徐复祚：《曲论》
  第五集　（明）魏良辅：《曲律》
  第七集　（清）李渔：《闲情偶寄》
  第八集　（清）李调元：《雨村曲话》
     （清）李调元：《剧话》
     （清）焦循：《剧说·花部农谭》

齐豫生、郭振海、李自然等主编：《四库全书精编·集部·全元散曲》，中国文史出版社2002年版。
吴庚舜、吕薇芬主编：《全元散曲：广选·新注·集评》，辽宁人民出版社2000年版。

北京古籍出版社"北京古籍集成"系列，北京出版社 2015 年版

第一册：《长安客话》

第二册：《宛署杂记》

第三册：《帝京岁时纪胜　燕京岁时记　人海记　京都风俗志》

第四册：《京师五城坊巷胡同集　京师坊巷志稿》

第五册：《明宫史　金鳌退食笔记　昌平山水记　京东考古录》

第六册：《清代北京竹枝词》（十三种）

第七册：《天府广记》（上）

第八册：《天府广记》（下）

第九册：《琉璃厂小志》

第十册：《北平考　故宫遗录　京城古迹考　日下尊闻录》

第十一册：《帝京景物略》

第十二册：《宸垣识略》

第十三册：《日下旧闻考》（一）

第十四册：《日下旧闻考》（二）

第十五册：《日下旧闻考》（三）

第十六册：《日下旧闻考》（四）

第十七册：《日下旧闻考》（五）

第十八册：《日下旧闻考》（六）

第十九册：《日下旧闻考》（七）

第二十册：《日下旧闻考》（八）

第二十一册：《藤阴杂记　道咸以来朝野杂记》

第二十二册：《北京风俗杂咏　北京风俗杂咏续编》

第二十三册：《天咫偶闻》

第二十四册：《析津志辑佚》

第二十五册：《养吉斋丛录》

第二十六册：《石渠余纪》

第二十七册：《梦蕉亭杂记　旧京遗事　旧京琐记　燕京杂记》

第二十八册：《清宫词》

第二十九册：《明宫词》

第三十册：《国朝宫史》（上）

第三十一册：《国朝宫史》（下）

第三十二册：《光绪顺天府志》（一）

第三十三册：《光绪顺天府志》（二）

第三十四册：《光绪顺天府志》（三）

第三十五册：《光绪顺天府志》（四）

第三十六册：《光绪顺天府志》（五）

第三十七册：《光绪顺天府志》（六）

第三十八册：《光绪顺天府志》（七）

第三十九册：《光绪顺天府志》（八）

第四十册：《光绪顺天府志》（九）

第四十一册：《光绪顺天府志》（十）

第四十二册：《光绪顺天府志》（十一）

第四十三册：《光绪顺天府志》（十二）

第四十四册：《光绪顺天府志》（十三）

第四十五册：《光绪顺天府志》（十四）

第四十六册：《光绪顺天府志》（十五）

第四十七册：《光绪顺天府志》（十六）

第四十八册：《辽金元宫词》

第四十九册：《清宫述闻》

第五十册：《雪桥诗话》

第五十一册：《雪桥诗话续集》

第五十二册：《雪桥诗话三集》

第五十三册：《雪桥诗话余集》

第五十四册：《百哀诗　驴背集》

第五十五册：《西关志》

第五十六册：《燕都丛考》

第五十七册：《朝市丛载》

第五十八册：《恩福堂笔记诗钞年谱》

第五十九册：《春明梦余录》（上）

第六十册：《春明梦余录》（中）

第六十一册：《春明梦余录》（下）

第六十二册：《大清畿辅先哲传》（上）

第六十三册：《大清畿辅先哲传》（中）

第六十四册：《大清畿辅先哲传》（下）

第六十五册：《佳梦轩丛著》

第六十六册：《酌中志》

第六十七册：《国朝宫史续编》（上）

第六十八册：《国朝宫史续编》（下）

第六十九册：《人海诗区》（上）

第七十册：《人海诗区》（下）

第七十一册：《燕市积弊　都市丛谈》

第七十二册：《话梦集　春明梦录　东华琐录》

第七十三册：《水曹清暇录》

第七十四册：《三海见闻志》

第七十五册：《鸿雪因缘图记》（一）

第七十六册：《鸿雪因缘图记》（二）

第七十七册：《鸿雪因缘图记》（三）

第七十八册：《鸿雪因缘图记》（四）

第七十九册：《鸿雪因缘图记》（五）

第八十册：《鸿雪因缘图记》（六）

（明）吕毖：《明宫史》，北京古籍出版社1980年版。

（明）史玄：《旧京遗事》，北京古籍出版社1986年版。

（明）于燕芳：（《丛书集成初编》本），《燕市杂诗》中华书局1985年版。

（明）张爵：《京师五城坊巷胡同集》，北京古籍出版社1983年版。

（明）刘侗、于奕正：《帝京景物略》，北京古籍出版社1982年版。

（明）沈榜：《苑署杂记》，北京古籍出版社1982年版。

（明）蒋一葵：《长安客话》，北京古籍出版社1982年版。

（明）徐昌祚：《长安里语》，见《燕山丛录》，浙江巡抚采进本。

（明）徐贞明：《潞水客谈》，中华书局1985年版。

（明）冯梦龙：《燕都日记》，《记载会编》本。

（明）郭造卿：《燕史》，抄本，首都图书馆藏。

（明）孙国敉：《燕都游览志》，见于王灿炽辑录《燕都古籍考》，京华出版社1995年版。

（明）叶子奇：《草木子》，中华书局1959年版。

（清）孙承泽：《春明梦余录》，北京古籍出版社1993年版。

（清）孙承泽：《天府广记》，北京古籍出版社1983年版。

（清）孙承泽：《畿辅人物志》，《四库全书存目丛书》史部第一百一十九册。

（清）顾炎武：《昌平山水记》，北京古籍出版社1982年版。

（清）查慎行：《人海记》，北京古籍出版社1989年版。

（清）励宗万：《京城古迹考》，北京古籍出版社1981年版。

（清）王世祯：《池北偶谈》，中华书局1982年版。

（清）朱彝尊：《曝书亭集》，《四部丛刊》本。

（清）高士奇：《金鳌退食笔记》，北京古籍出版社1980年版。

（清）戴璐：《藤阴杂记》，北京古籍出版社1982年版。

（清）吴长元：《宸垣识略》，北京古籍出版社1982年版。

（清）震钧：《天咫偶闻》，北京古籍出版社1982年版。

（清）番潘荣陛：《帝京岁时纪胜》，北京古籍出版社1981年版。

（清）富察敦崇：《燕京岁时记》，北京古籍出版社1982年版。

（清）杨米人：《都门竹枝词》，北京古籍出版社1981年版。

（清）孔尚任：《燕九竹枝词》，北京古籍出版社1982年版。

（清）杨静亭：《都门杂咏》，北京古籍出版社1982年版。

（清）孙殿起：《贩书偶记》，上海古籍出版社1980年版。

《清宫词》上下卷，台北：纯文学出版社1986年版。

张次溪：《燕京访古录》，北平中华印书局1934年版。

夏仁虎：《旧京琐记》，台北：纯文学出版社1970年版。

瞿宣颖：《北平史表长编》，国立北平研究院史学研究会1934年版。

陈宗藩：《燕都丛考》，北京古籍出版社1991年版。
汤用彬：《旧都文物略》，北京古籍出版社2000年版。
陶亢德：《北平一顾》，宇宙风社1936年版。
陈莲痕：《京华春梦录》，广益书局1925年版。
林传甲：《大中华京兆地理志》，京师中国地理学会1919年印行。
田树藩：《西山名胜记》，西山八大处柳西山房1936年版。
胡乃庸：《京西名胜汇编》，出版社不详，1928年版。
吴质生：《香山名胜录》，北平斌兴书局1934年铅印本。
吴质生：《玉泉山名胜录》，北平斌兴书局1931年铅印本。
张肇松：《燕京纪游》，出版社不详，1914年发行。
侯仁之编：《故都胜迹辑略》，私立燕京大学历史系1940年版。
周作人编：《北京城》，开明图书公司1942年版。
张次溪：《清代燕都梨园史料》，北平邃雅斋书店1934年版。
张次溪：《清代燕都梨园史料续编》，北平松筠阁书店1937年版。
朱一玄、刘毓忱主编：《儒林外史资料汇编》，南开大学出版社1998年版。
王利器：《元明清三代禁毁小说戏曲史料》，上海古籍出版社1981年版。
沈子丞编：《历代论画名著汇编》，文物出版社1982年版。
陈高华：《元代画家史料》，上海人民美术出版社1980年版。
北京大学北京市师范大学中文系、北京大学中文系文学史教研室编：《陶渊明资料汇编》，中华书局1962年版。
张星烺编注：《中西交通史料汇编》第一册，中华书局1977年版。
（明）周仲撰：《通惠河志》，段天顺、蔡蕃点校，中国书店1992年版。
（清）李鸿章等：《畿辅通志》，河北人民出版社1989年版。
王芷章：《清升平署志略》，商务印书馆2006年影印版。
《北京志》，北京出版社2007年版。
翟宣颖编辑：《北京历史风土丛书》，北京广雅书社1925年石印本。
翟宣颖编辑：《同光间燕都掌故辑略》，上海世界书局1936年铅印本。

李家瑞等主编：《北平风俗类征》，上海商务印书馆1937年版。

《北平史迹丛书》二种，国立北平研究院史学研究会1937年版。

《北平岁时志》，国立北平研究院史学研究会1936年版。

《京津风土丛书》，中华风土学会1938年版。

吴廷燮等纂：《北京史志稿》（全15册），北京燕山出版社1998年版。

（清）张之洞：《书目答问》，上海古籍出版社2001年版。

邓绍基、杨镰：《中国文学家大辞典》（辽金元卷），中华书局2006年版。

曹道衡、沈玉成编著：《中国文学家大辞典》，中华书局1996年版。

吕薇芬：《全元散曲典故词典》，湖北辞书出版社1985年版。

袁世硕主编：《元曲百科辞典》，山东教育出版社1989年版。

李修生主编：《元曲大辞典》，凤凰出版社2003年版。

许道龄：《北平庙宇通检》，国立北平研究院史学研究会1936年版。

王灿炽：《北京史地风物书录》，北京出版社1985年版。

首都图书馆北京地方文献组编：《北京地方文献报刊资料索引（地理、名胜古迹部分1904—1949）》，北京哲学社会科学规划领导小组办公室1985年版。

首都图书馆北京地方文献组编：《北京地方文献报刊资料索引（历史部分）》，1985年版。

郗志群主编：《北京史百年论著资料索引》（1900—1999），北京燕山出版社2000年版。

谭烈飞主编：《北京方志提要》，中国书店出版社2006年版。

韩朴主编：《北京文献工具书辞典》，中国书店出版社2010年版。

韩朴主编：《北京历史文献要籍解题》（上下册），中国书店出版社2010年版。

曹子西主编：《北京史志文化备要》，中国文史出版社2008年版。

查洪德、李军：《元代文学文献学》，中国社会科学出版社2002年版。

［意］马可·波罗：《马可·波罗游记》，冯承均译，上海书店出版社2001年版。

［意］马可·波罗：《马可·波罗游记》，陈开俊等译，福建科学技术出版社1981年版。

道森：《出使蒙古记》，吕浦译，周良宵注，中国社会科学出版社1983年版。

［德］傅海波、［英］崔瑞德编：《剑桥中国辽西夏金元史》，中国社会科学出版社1998年版。

［美］牟复礼、［英］崔瑞德编：《剑桥中国明代史》，张书生等译，中国社会科学出版社1992年版。

［葡萄牙］平托等：《葡萄牙人在华见闻录》，王锁英译，海南出版社1998年版。

［西班牙］胡安·冈萨雷斯·德·门多萨：《中华大帝国史》，何高济译，中华书局1998年版。

马森：《西方的中华帝国观（1840—1876）》，杨育山等译，时事出版社1999年版。

［美］德龄：《清宫夜谈录》，百新书店1949年版。

（清）钱大昕：《辽金元三史拾遗》，商务印书馆1958年版。

［瑞典］多桑：《多桑蒙古史》，冯承钧译，上海书店出版社2001年版。

［意］利玛窦、［比］金尼阁：《利玛窦中国札记》，何高济、王遵仲、李申译，中华书局2010年版。

［美］马士：《中华帝国对外关系史》，张汇文译，生活·读书·新知三联书店1957年版。

后　　记

到2017年4月，我从新闻和出版行业重新回归科研队伍，接续中断了十年的学术研究，又是整整十年了。这十年，始终专注于北京古代地域文化和首都文化产业发展研究。只是，由于曾经长达十几年的新闻采访和期刊及图书编辑出版经历，由于在中央党校对社会发展战略专业的潜心学习过程，由于参与主编《北京文化蓝皮书（2008）》等，使得我与社会政治、经济、文化有了多方面的接触，对北京文化事业和文化产业发展有了更多的了解，较之之前在研究院对史料的闭门钻研，对学术研究更多了一些全新视角和深刻感悟。

本书是2012年以"元大都文化——北京世界城市建设的一个历史参照"为题立项的北京市社科规划项目的部分成果。尽管立项时我刚刚出版了《北京文学史》（北京市哲学社会科学"十一五"规划重点项目，北京市社会科学院重大课题）和《北京元代文学》（北京市社会科学院重大课题）两部相关研究专著，但是当从全新角度重新审视北京古今文化的发展时，还是感到了极大的难度和巨大的压力，不得不夜以继日苦苦钻研，甚至每一个除夕之夜和新春之晨都是在书桌前度过的。整整五年，几易其稿，最后完成书稿达到60万字，发表论文十几篇，其中核心期刊8篇。许多人说我傻，因为科研经费只有5万元，除去管理费、评审费等外，只剩下4万多一点，根本不足以应付购书、查阅资料、咨询专家的基本费用。用长达5年可以做好几个有"油水"课题的宝贵时间，以超出结项要求3倍的字数体量和数倍的论文发表成果，来完成这样一个堪称"贫瘠"的项目，投入产出完全不成正比，实在是得不偿失。但是，当今天看到这本书即将出版时，所有的酸甜苦辣都咽下，只是觉得欣慰。

谨以此书作为我回归社科研究十年的纪念。

在此，要感谢我所在的北京市社会科学院文化研究所所长李建盛同志，申报课题时他不仅给予我很多的指导，使得立项得以顺利通过。在著述的过程中，他又给予许多很好的意见，使得成果更加完善。

要感谢北京市社科院历史研究所所长王岗老师，他是元代历史研究专家，每次遇到问题，他总是不吝赐教，随时给予学术援助。在为人处世方面，他的公正、无私，他对后学的提携帮助，他对北京历史研究深刻的责任感和使命感，都令人崇敬钦佩。

要感谢北京市社科院原副院长戚本超同志，他在主管文化研究所期间，基于对北京文化研究的高度重视，对本课题的立项，给予了大力支持和帮助。

要感谢北京市社科规划办的李建平主任，他是北京文化研究方面的专家，对我的研究给予了很多精到的指点和帮助。要感谢规划办的尹岩、赵晓伟两位处长，她们在跟踪课题的过程中，也给予了很多帮助，并鼓励、帮助我随时将阶段性成果发表出来。

要感谢北京市社科院科研处的王燕梅、朱霞辉、俞音同志，在立项、结项、图书出版的整个流程中始终如一的支持和帮助。

还要特别感谢本书的责任编辑刘艳老师，在编辑本书的时候，她即将生产，还在一丝不苟地为本书的编辑和出版忙前忙后，尽职尽责。尽管至今我们依然素未谋面，但我心中充满感激。衷心祝福她即将出世的小宝贝健康、美丽、聪颖，一如她可爱的母亲。

傅秋爽

2017 年 10 月 26 日